中國學術思想研究輯刊

二七編

林慶彰 主編

第12冊

漢代道氣論思想研究（下）

楊婉羚 著

花木蘭文化事業有限公司

國家圖書館出版品預行編目資料

漢代道氣論思想研究（下）／楊婉羚 著 — 初版 — 新北市：
花木蘭文化事業有限公司，2018〔民107〕
目 6+266 面；19×26 公分
（中國學術思想研究輯刊 二七編；第12冊）
ISBN 978-986-485-382-3（精裝）
1. 道教 2. 陰陽學說 3. 漢代
030.8 107001873

中國學術思想研究輯刊
二七編 第十二冊 ISBN：978-986-485-382-3

漢代道氣論思想研究（下）

作　　者 楊婉羚
主　　編 林慶彰
總 編 輯 杜潔祥
副總編輯 楊嘉樂
編　　輯 許郁翎、王　筑　美術編輯　陳逸婷
出　　版 花木蘭文化事業有限公司
發 行 人 高小娟
聯絡地址 235 新北市中和區中安街七二號十三樓
電話：02-2923-1455／傳眞：02-2923-1452
網　　址 http://www.huamulan.tw 信箱 hml 810518@gmail.com
印　　刷 普羅文化出版廣告事業
封面設計 劉開工作室
初　　版 2018 年 3 月
全書字數 508818 字
定　　價 二七編 25 冊（精裝）新台幣 48,000 元

漢代道氣論思想研究（下）

楊婉羚 著

目 次

上 冊

下　冊

第六章　《太平經》道氣論思想

《太平經》爲東漢末年重要的道教經典，其內容對於道教成立、道教神仙系統與道教理論思想、科儀等地建立，皆有重要的影響。而其道教理論思想的建立，主要源自於道家思想、兩漢氣化宇宙論與《易緯》思想，並融合了儒家思想與古代巫覡觀與民間信仰，發展出具有神仙系統、儀式、戒規的早期道教思想架構，成爲道教正式成立的理論基礎。

《太平經》的本體論，站在道家思想的基礎之上，結合氣化宇宙論元氣思想，更加入宗教人格神的色彩，形成道氣是一，以神人引領元氣化生萬物的道教神道本體論思想。

第一節　元氣行道，以生萬物

一、夫道何等也？萬物之元首

> 夫道何等也？萬物之元首，不可得名者。六極之中，無道不能變化。元氣行道，以生萬物，天地大小，無不由道而生者也。〔註 1〕

道爲初始本體，不可言說，《太平經》承襲道家對道本體論述的傳統，以道作爲其理論思想的根源，故言道爲萬物元首，萬物生化的初始爲道，道透過其間生生元氣，化生萬物，因此宇宙間天地人物，皆源於道本體所生。故《太平經》云：「到於太初，乃反還也；天地初起，陰陽源也；入無爲之術，身可完也；去本來末，道之患也；離其太初，難得完也；去生已遠，就死門

〔註 1〕王明編：《太平經合校》（全二冊），上冊，頁 16。

也；……可不誡哉，道之元也〔註2〕」、「道爲化首，天爲人師法〔註3〕」，《太平經》爲說明道爲萬物元首的狀態，故以「太初」、「本」、「源」、「元首」等詞彙，點出道的本體義與初始的特質，不論是天地人物之本，或陰陽二氣相生作用之源，皆是元首之道，若是離開原本之道，陰陽化生作用便無法產生，天地人物也就無法生成而邁向死亡，故云：「可不誡哉，道之元也」，道爲《太平經》本體論基礎，更是道教理論、戒規根源，故不可不愼。

> 夫一者，乃道之根也，氣之始也，命之所繫屬，眾心之主也。〔註4〕
>
> 一者，數之始也；一者，生之道也；一者，元氣所起也；一者，天之綱紀也。〔註5〕

爲強調道爲初始本體的特質，《太平經》以一論之，《太平經》認爲一爲數字之始，具有初始、根源之義，故以一強調其絕對、初始之本體義，爲萬物創生之始，云：「夫一者，乃道之根也」、「一者，數之始也；一者，生之道也」。又一爲數字遞嬗之首，創生作用之起，萬事萬物變化生成皆由一始，因此具有法則、綱紀之義，故云：「一者，元氣所起也；一者，天之綱紀也」、「氣之始也」。又一不但是萬物化生之所由，更是人生命與認知判斷作用產生運行之關鍵，因此又具有主宰之義，故云：「命之所繫屬，眾心之主也」。

由此可知，在論述本體觀時，《太平經》經常直接以一論之，言一爲道創生作用根本，是化生萬物之元氣起始、天之綱紀準則，知《太平經》中雖標舉道爲本體，不可言說、不可命名，具至高無上初始之義，但將一與道共同論之，使一幾乎等同於道，具有初始義以及創生義，更爲其修養論的重要內容〔註6〕。

〔註2〕王明編：《太平經合校》（全二冊），下冊，頁470～471。

〔註3〕同註2，下冊，頁656。

〔註4〕同註2，上冊，頁12～13。

〔註5〕同註2，上冊，頁60。

〔註6〕羅熾云：「它認爲，『一』就是『道』。………這裡進一步強調了遵守『一』的重要性。『一』爲元氣之首，萬物之樞機。尊一則萬事順遂，否則便『不能活生』，難以生存。這種崇尚絕對的貴一思維，無疑是《易》之『天尊地卑，乾坤定矣。卑高以陳，貴賤位矣』理論的翻版。」羅熾主編：《《太平經》注譯》（上中下）（重慶：西南師範大學出版社，1996年8月），上冊，前言，頁19～20。羅鈴沛云：「這幾段資料所說的『一』，不應視爲比『元氣』更高層次的實體，事實上，『一』就是指『元氣』尚未分化，混沌不分之狀態，此『一』生於道，根植於道，是數之始，元氣之所起，元氣混沌都合就是『一』，與『三氣共一』說相互呼應。」羅鈴沛：〈《太平經》與《老子想爾注》守一法的比較〉，《東吳中文學報》第三十期（2015年11月），頁81。

一者，其道要正當以守一始起也，守一不置，其人日明乎，大迷解矣。明爲止，止者，足也，夫足者爲行生，行此道者，但有日益昭昭，不復愚暗冥冥也。十一者，士也。明爲止者，赤也，言赤氣得此，當復更盛，王大明也。止者，萬物之足也，萬物始萌，直布根以本足生也，行此道，其法迺更本元氣，得天地心，第一最善，故稱上皇之道也。〔註 7〕

「一者，其道要正當以守一始起也」，《太平經》認爲一之初始義、創生義與主宰的特質是道之關鍵，因此落實於人身修養上，當強調守一的功夫，故云：「守一者，天神助之〔註 8〕」、「故守一者延命〔註 9〕」、「守一明之法，長壽之根也。萬神可祖，出光明之門。守一精明之時，若火始生時，急守之勿失。始正赤，終正白，久久正青。洞明絕遠復遠，還以治一，內無不明也。百病除去，守之無懈，可謂萬歲之術也。守一明之法，明有日出之光，日中之明，此第一善得天之壽也。安居閑處，萬世無失。守一時之法，行道優劣〔註 10〕」，若能守一便可得到天神助祐，使精神清明，百病去除，到達延命長壽的道教修養終極目標。

綜上所述，「夫一，乃至道之喉襟也〔註 11〕」，《太平經》論道具本體初始特質時，同時論述一的重要性，使一與道具有同等位階，成爲本體論的重要內容，並逐漸脫離道家以道爲至尊無上的本體觀論述，將道與一並稱而論，同時更稱此爲「上皇之道」，使道產生人格神的意涵，逐漸朝向宗教思想轉化，成爲道教成立的理論基礎。

二、道與無爲，虛无自然

道與無爲，虛无自然，高士樂之，下士恚焉。〔註 12〕

道體虛無，《太平經》認爲道之所以可成爲萬物本體，自然無爲創生萬物，在於道具有虛無的特質，因爲虛無，故能包羅萬有，生化無窮，故云道：「虛无自然」、「凝靖虛無〔註 13〕」。

〔註 7〕王明編：《太平經合校》（全二冊），上冊，頁 64。
〔註 8〕同註 7，上冊，頁 13。
〔註 9〕同註 7，上冊，頁 13。
〔註 10〕同註 7，上冊，頁 16。
〔註 11〕同註 7，下冊，頁 410。
〔註 12〕同註 7，下冊，頁 472。
〔註 13〕同註 7，上冊，頁 282。

虛无者，乃內實外虛也，有若無也。反其胞胎，與道居也；獨存其心，縣龍慮也；遂爲神室，聚道虛也。但與氣游，故虛无也；在氣與神，其餘悉除也。〔註14〕

其二爲虛無自然者，守形洞虛自然，無有奇也；身中照白，上下若玉，無有瑕也；爲之積久久，亦度世之術也，此次元氣無爲象也。〔註15〕

道體虛無，但其內涵並非空虛無物，而是其中有實，實際存在流行於天地萬物之間，故云：「虛无者，乃內實外虛也，有若無也」，《太平經》認爲道雖虛無但是「內實外虛」、「有若無也」，故能成爲萬物本體，貫通形上形下，流行於具體形物之間，而其關鍵在於道中蘊含生生神妙元氣，「反其胞胎，與道居也」，元氣爲初始之氣，居於道中，爲萬物胞胎形成的關鍵作用，具有初始義與創生義，「但與氣游，故虛无也」，同時元氣具備既無形象，又能具體凝結化生萬物，流行溝通於有無之間的特質，故《太平經》云：「此次元氣無爲象也」。

天地開闢貴本根，乃氣之元也。欲致太平，念本根也。不思其根，名大煩，舉事不得，災並來也。此非人過也，失根基也。離本求末，禍不治，故當深思之。夫一者，乃道之根也，氣之始也，命之所繫屬，眾心之主也。〔註16〕

由此可知，《太平經》在詮釋道虛無特質時以元氣言之，使元氣具備了本體義與生生創造義，《太平經》云：「天地開闢貴本根，乃氣之元也」、「夫一者，乃道之根也，氣之始也」，元氣爲天地開闢初始、萬物創生本根，具有本體義特質，同時《太平經》又將一、道、元氣並舉，說明道本體具備初始、唯一、元首的特質，使一、道、元氣處於同一位階，皆具有本體意涵，而這與《老子》：「道生一，一生二，二生三，三生萬物，萬物負陰抱陽，沖氣以爲和」，言道爲形上超越，透過陰陽和氣化生萬物的道本體論出現差別，而《太平經》將道氣一視爲同質同層，同爲本體論的重要內涵，促使道教的本體論由原本道家道本論逐漸轉化爲道氣是一的本體論思想。

〔註14〕王明編：《太平經合校》（全二冊），下冊，頁469～470。

〔註15〕同註14，上冊，頁282。

〔註16〕同註14，上冊，頁12～13。

> 夫虛無絕洞之道，常欲使人好生而惡殺，閉口無泄，迺可萬萬歲也。〔註17〕

道體虛無，其中蘊含生生元氣，透過其中陰陽和三種生生作用，創生天地人物，《太平經》除了確立道氣爲萬物創生本體之外，更帶入人格神意涵，言道「常欲使人好生而惡殺」，道具有喜好、厭惡的認知判斷作用，道生萬物，具有無限創生能力，因此道好生惡殺，喜好具有無限生生能力作用者，厭惡破壞生生作用，使萬物邁向死亡者，因此對於破壞生生之道者便會給予譴告與責罰，而這種使道具人格神的傾向，成爲道教思想由道家自然道論轉化爲道教宗教式道氣本論的關鍵，故云若人能通達虛無之道，好生惡殺，以此修養自身使道氣不離身，便可到達道教修養功夫的終極目標長生仙壽。

由此可知，《太平經》此將本體論轉化爲具有人格神義涵，除了奠定道教本體論思想基礎之外，更成爲道教修養論必須遵行道戒、固守元氣，以達仙壽之重要理論依據。

三、道迺深遠不可測商

> 夫道迺洞，無上無下，無表無裏，守其和氣，名爲神；子近求則大得，遠求則失矣。〔註18〕

> 大道變化無常，乃萬里相望；上下無窮，周流六方；守之即吉，不守即傷，陰陽開闢以爲常。其付有道，使善人行之，其壽命與天地爲期。〔註19〕

道體虛無，爲形上本體，故具有無限超越義，「夫道迺洞，無上無下，無表無裏」、「上下無窮，周流六方」，《太平經》言道通達上下、偏流東西南北四方，周行於天地八方之間，道不但超越上下天地八方等具體空間觀念之中，同時更超越上下、表裡等空間觀念，於空間觀念內外皆蘊含道在其間，周流不息，無窮無盡，故云：「吾道乃能上安無極之天，下能順理無極之地〔註20〕」、「夫道迺深遠不可測商矣〔註21〕」、「冠無上，包無表，內無裏，出無間，入

〔註17〕王明編：《太平經合校》（全二冊），上冊，頁286。
〔註18〕同註17，上冊，頁258。
〔註19〕同註17，下冊，頁731～732。
〔註20〕同註17，上冊，頁127。
〔註21〕同註17，上冊，頁210。

無孔，天下凡事之師也〔註 22〕」，道不受空間觀念所限制，具有普遍義與流行義。

> 夫道迺大同小異，故能分別陰陽而無極，化爲萬一千五百二十字。中和萬物小備，未能究天地陰陽，絕洞無表裏也。故但考其無，舉其綱，見其始，使可儀而記。〔註 23〕

「夫道迺大同小異，故能分別陰陽而無極」，道中有元氣，元氣中有道，道體無限，萬物皆以道爲本體，無有差別，道創生萬物的過程，透過元氣中生生作用，化生陰陽和三氣，下生天地人三才，因此，道生萬物，不論事物小大，皆是由元氣所生之陰陽和三氣所化生，從古自今，大同小異，從陰陽和氣化生開始之前，至萬物結束之後，道的作用皆包裹貫通，沒有極限。

由此可知，《太平經》認爲道貫通古今，超越在時間觀念之上，古聖先賢透過觀古至今天地萬物創生過程，了解到道體變化無限，具有超越時間的無限性，但道生萬物並非毫於法則規範，而是以「陰陽開闢以爲常」，道中元氣之無限生生神妙創生作用，化生陰陽和氣，創生天地人的過程，便是道本體至高無上的關鍵所在，因此《太平經》加以紀錄傳誦，提醒世人知道、守道、行道的重要性，若能「使善人行之」，守氣行道，便可使「其壽命與天地爲期」。

《太平經》認爲道無上無下，超越有限空間觀念之上，且道自古至今大同小異，分別陰陽而無窮，因此超越時間觀念之上，具有超越義與無限義，而爲說明道能流動貫通上下表裡古今之間，《太平經》以氣言之，認爲道能無上無下、無表無理，且周流六方、分別陰陽而無窮之因皆在氣，道之元氣蘊含陰陽和氣，透過三氣作用化生天地人，創造萬物，而元氣中無限生生作用，《太平經》稱爲神，故云：「守其和氣，名爲神」，透過觀氣化生生變化，知道體無限特質，由此可知，氣爲道中重要元素，故《太平經》本體論的敘述過程中便常將道與氣並舉，置於同一層次論述。

> 吾道乃能上安無極之天，下能順理無極之地，八方莫不悅樂來降服，擾擾之屬者，莫不被其德化，得其所者也。〔註 24〕

> 夫道迺深遠不可測商矣，失之者敗，得之者昌。欲自知盛衰，觀道可著，神靈可興也，內有壽證候之，以此萬不失一也。此迺神書也，

〔註 22〕王明編：《太平經合校》（全二冊），下冊，頁 654。
〔註 23〕同註 22，上冊，頁 259～260。
〔註 24〕同註 22，上冊，頁 127。

還年之期，其道至重，何可不思。……道之可歸，亦不可禁，亦不可使，聽其可之，觀其成功，道不可空。〔註25〕

道體無限、至高無上，《太平經》在論述道本體具無限性的特質時，加入宗教神靈觀念，《太平經》認爲道無上無下，貫通天地，無窮無盡，因此具有至高無上的能力，故能使「八方莫不悦樂來降服，擾擾之屬者，莫不被其德化，得其所者也」，如此道便具有人格神特質，成爲具有神祕性的至尊神靈，能治理天地萬物，使其順道之規律法則而行，能懲善罰惡，使八方人民皆臣服於道之下。「夫道迺深遠不可測商矣，失之者敗，得之者昌」，失道者敗亡，得道者昌盛，遵行道義規範，便可太平無災。且「道之可歸，亦不可禁，亦不可使，聽其可之，觀其成功，道不可空」，道體虛無，無限超越，故不可禁止、不可驅使，但道並非空洞無實，而是蘊含生生元氣，爲萬物本體與創生法則，故可聽之習之，作爲一切行事修養的依歸。

因此，《太平經》以道爲至尊本體，形上超越，生生無限，一切事物法則規範皆須遵道而行，並加入了宗教神靈賞罰的觀念，具有神聖不可侵犯性，試圖站在道家本體思想之上，建立以道爲尊具有人格神式的宗教本體論思想。

四、道無不導，道無不生

道乃主生，道絕萬物不生，萬物不生則無世類，無可相傳，萬物不相生相傳則敗矣。〔註26〕

夫道者，乃大化之根，大化之師長也。故天下莫不象而生者也。〔註27〕

夫道者，乃無極之經也。〔註28〕

道無不導，道無不生。〔註29〕

道爲生生創造作用，萬物皆依道而生，若天地失去道中生生不息的創造作用將無法生化萬物，萬物若失去道中生生不息的創造力量，將會邁向敗亡，因此，道是「生之端首，萬事之長〔註30〕」，是萬物創生之始，是萬物之所以

〔註25〕王明編：《太平經合校》（全二冊），上冊，頁210。
〔註26〕同註25，下冊，頁701。
〔註27〕同註25，下冊，頁662。
〔註28〕同註25，上冊，頁25。
〔註29〕同註25，下冊，《道教義樞卷一》引《太平經》，頁736。
〔註30〕同註25，下冊，頁654。

生生不已的變化規範、法則，故《太平經》云：「夫道者，乃無極之經也」，知道具有生生義與法則義。「道無不導，道無不生〔註31〕」，道生萬物，萬物皆依循道中生生理序自然變化完成，故稱道爲「大化之師長」、「天下凡事之師也〔註32〕」，《太平經》在敘述道的生化能力時，將道視爲指導萬物變化的師長，由此可知，道除具有主宰義之外，《太平經》還帶入了人格神的義涵。

> 道無所不能化，故元氣守道，乃行其氣，乃生天地，無柱而立，萬物無動類而生，遂及其後世相傳，言有類也。比若地上生草木，豈有類也。是元氣守道而生如此矣。〔註33〕

道之所以具有生化萬物的力量，在於其中蘊含生生元氣，《太平經》認爲元氣具備生生不息創造作用，其作用貫穿無形道體與有形萬物，舉凡陰陽和氣、天地三光、雷電風雨、四時五行、山川草木、蟲魚鳥獸等萬殊物類，皆「是元氣守道而生如此矣」。由此可知，元氣爲道中重要的創生力量，道失元氣則無法產生陰陽和氣創生力量，元氣失道之自然法則亦無法創生殊類萬物，二者缺一不可，實爲一體兩面，同時並存。

> 天乃無上，道復尚之。道乃天皇之師法也，乃高尚天。是故天與道者主修正，凡事爲其長。故能和陰陽，調風雨，正晝夜，列行伍。天地之間，莫不被恩受命，各得其所者。〔註34〕

> 道者，乃天所案行也。天者最神，故眞神出助其化也。地者養，故德神出助其化也。人者仁，故仁神出助其化也。〔註35〕

> 道爲化首，天爲人師法。〔註36〕

《太平經》在論述道生生不已的創生作用時，亦常以天論之，「道者，乃天所案行也」、「天與道者主修正，凡事爲其長」，道爲天化生萬物的準則、師長，天則依循道生生理序，調和元氣變化陰陽和氣，化生日月星辰、節氣風雨，凝結山川草木、蟲魚鳥獸等萬殊物類，周行不息，生生不已，故《太平經》云：「天行道，晝夜不懈〔註37〕」、「今天上皇洞正氣大至，日月星羅列皆

〔註31〕王明編：《太平經合校》（全二册），下册，佚文，頁736。
〔註32〕同註31，下册，頁654。
〔註33〕同註31，上册，頁21。
〔註34〕同註31，下册，頁662。
〔註35〕同註31，上册，頁32。
〔註36〕同註31，下册，頁656。
〔註37〕同註31，上册，頁16。

重光，道與天當調風雨，和陰陽，使萬物各得其所〔註38〕」、「道，乃天者地所常行，萬物所受命而生也〔註39〕」。

「道爲化首，天爲人師法」，道爲初始本體，是萬物生生變化作用的元首，但道爲「不可得名者〔註40〕」，形上超越，不可言說，因此透過天指揮變化，調和陰陽和氣，化育萬物，而人則透過觀天地萬物自然變化過程，體道生生無限之理，故云：「天乃無上，道復尚之。道乃天皇之師法也，乃高尚天」、「天者最神，故眞神出助其化也」、「古今諸爲道者，乃皇天之所取法也。最善之稱，冠無上，包無表，内無裏，出無間，入無孔，天下凡事之師也〔註41〕」、「道者，天之心，天之首〔註42〕」，由此可知，此處《太平經》將道視爲初始元首本體，視天爲指揮並落實於具體世界中的創生作用，同樣具備生生義與主宰義。

五、自然之法，乃與道連

> 道與無爲，虛无自然，高士樂之，下士恚焉。詳學於師，亦毋妄言，有師道明，無師難傳。學不師訣，君子不言。妄作則亂，文身自凶焉。道已畢備，便成自然。〔註43〕

> 無爲者，無不爲也，乃與道連；出嬰兒前，入無間也。到於太初，乃反還也；天地初起，陰陽源也；入無爲之術，身可完也。〔註44〕

道無爲無不爲，在論述道生萬物的特質時，《太平經》主張道並非有心有爲，而是因循萬物變化自然之理，賦予其創生力量，使其自然生化完成，故《太平經》云：「道與無爲，虛无自然」。然而道生萬物，以無爲爲法則，虛無自然，但並非毫無規律次序，而是根據萬物自己然之生成之理，「出嬰兒前，入無間也。到於太初，乃反還也」，《太平經》認爲道爲形上初始生化作用，故曰出入無間，在生化作用之前便已存在，而道一作用，便無所不在，生生不息，「天地初起，陰陽源也」，道生萬物「是元氣守道而生如此矣〔註45〕」，道中元氣依循道生生

〔註38〕王明編：《太平經合校》（全二冊），下冊，頁662。
〔註39〕同註38，下冊，唐史崇等撰《一切道經音義・妙門由起》引，頁734。
〔註40〕同註38，上冊，頁16。
〔註41〕同註38，下冊，頁654。
〔註42〕同註38，下冊，頁726。
〔註43〕同註38，下冊，頁472。
〔註44〕同註38，下冊，頁470。
〔註45〕同註38，上冊，頁21。

之理，變化陰陽二氣，「陰陽相得，交而爲和，與中和氣三合，共養凡物〔註46〕」，陰陽二氣交互作用，產生中和之氣，共同生化萬物，故《太平經》云：「物有自然，天下之事，各從其類也」、「天道爲法，各從其類〔註47〕」。

> 天道無私，但行之所致。故前有弟子，後有善氣，趣學不止，令命得陽遂也。或得長壽身不敗，故爲善。乃於內外神反爲其除害，弟子居前，主爲其對。物有自然，天下之事，各從其類也。〔註48〕

> 天道無私，乃有自然，故不失法也，其事若神。〔註49〕

道生萬物的過程，透過陰陽氣化所生之自然之理，變化萬殊物類，故《太平經》云：「天道無私，但行之所致」、「天道無私，乃有自然」，道生萬物並不會偏袒、干預萬物生化之理，而是因循萬物各自生化原則，各從其類。而正因道不執著於特定生化之理，故能無不爲，無所不爲，無所不生，成爲萬物初始本體，故云：「無爲者，無不爲也，乃與道連」。

「夫弱者，道之用也；寡者，道之要也。故北極一星，而眾星屬，以寡而禦眾也，道要一而道屬焉〔註50〕」，道生萬物遵行無爲自然之理，不有心有爲干預萬物自己然生成之理，故云「夫弱者，道之用也」，而這是發揮《老子》「柔弱生剛彊」之理而來，言道之特質虛無無形，故能包羅萬有，成爲萬物本體，道生萬物無爲而無不爲，故能爲萬物所用，成爲萬物生化法則，若是執著於一己之私干預萬物生成之理，不遵循自然之道，便會使「道絕萬物不生，萬物不生則無世類，無可相傳，萬物不相生相傳則敗矣」。

「寡者，道之要也」，《太平經》以寡強調道唯一且爲萬物生化規律的特質，認爲道至高無上，爲形上絕對本體，化生萬物，若北極星爲眾星之主，引領星辰運行周行不已，故云：「道要一而道屬焉」、「道爲化首，天爲人師法〔註51〕」。

由此可知，道爲萬物本體，其自然生化作用無爲無不爲，是萬物生化之法則、規律，萬物皆須遵循，否則便無法生化繁衍而敗亡。

> 天畏道，道畏自然。夫天畏道者，天以至行也。道廢不行，則天道亂毀。天道亂毀，則危亡無復法度。故自然使天地之道守，行道不

〔註46〕王明編：《太平經合校》（全二冊），上冊，頁148。
〔註47〕同註46，下冊，頁663。
〔註48〕同註46，下冊，頁456。
〔註49〕同註46，下冊，頁458。
〔註50〕同註46，下冊，頁703。
〔註51〕同註46，下冊，頁656。

> 懈，陰陽相傳，相付相生也。道乃主生，道絕萬物不生，萬物不生則無世類，無可相傳，萬物不相生相傳則敗矣。何有天地乎？天地陰陽乃當相傳相生。今絕滅則滅亡，故天畏道絕而危亡。道畏自然者，天道不因自然，則不可成也。故萬物皆因自然乃成，非自然悉難成。〔註52〕

由此可知，《太平經》認爲道生萬物的特質爲「無爲而無不爲」，只要萬物因循道中自己然生生之理便可自然完成，因此《太平經》云：「自然之法，乃與道連，守之則吉，失之有患〔註53〕」、「天地之性，獨貴自然〔註54〕」、「道興無爲，虛无自然〔註55〕」、「自然守道而行，萬物皆得其所矣〔註56〕」，知《太平經》延續了《老子》「道法自然」的觀念，用以說明道生萬物的特質，但更進一步的，《太平經》將道生萬物，無爲自然的特質，逐漸轉化爲具有人格神意味的宗教神學觀。

「天畏道，道畏自然」，《太平經》將《老子》「道法自然」轉化爲「道畏自然」，使道生萬物的過程當中產生了人格神的意識，使自然的位階似乎高於道之上，成爲道之上的初始根源，成爲至高無上的神祇，具有主宰、指揮特質，使道、天產生畏懼而遵行自然〔註57〕。然而，《太平經》亦云：「道畏自然者，天道不因自然，則不可成也。故萬物皆因自然乃成，非自然悉難成」，言之所以稱道畏自然，是因爲萬物自己然之理是道生萬物之法則、規律，道賦予萬物自然而然生化之理，使萬物得以各從其類生化完成，非有心有爲，而是依循無爲無不爲的原則生成萬物，因此，若天道不依循道自然之理，萬物便無法生化完成，故云「道畏自然」，知《太平經》仍是以道爲本體，視萬物自己然之理爲其生化過程中重要的規律、法則，萬物不依循自己然之道理便無法生長完成，故云：「道已畢備，便成自然〔註58〕」。

〔註52〕王明編：《太平經合校》（全二冊），下冊，頁701。
〔註53〕同註52，下冊，頁472。
〔註54〕同註52，下冊，頁472。
〔註55〕同註52，下冊，頁472。
〔註56〕同註52，上冊，頁21。
〔註57〕梁宗華云：「《太平經》強調的其實就是萬物皆因自然而成、道因自然無爲的本性。但它卻從宗教神學的目的出發，改『法』爲『畏』。」梁宗華：〈《太平經》的道家理論形態及其神學化〉，《東岳論叢》第22卷第4期（2001年7月），頁100。
〔註58〕同註52，下冊，頁472。

六、元氣守道，乃行其氣

> 夫氣者，所以通天地萬物之命也；天地者，乃以氣風化萬物之命也〔註 59〕

> 氣者，乃言天氣悅喜下生，地氣順喜上養；氣之法行於天下地上，陰陽相得，交而爲和，與中和氣三合，共養凡物，三氣相愛相通，無復有害者。太者，大也；平者，正也；氣者，主養以通和也；得此以治，太平而和，且大正也，故言太平氣至也。……此皆本之元氣自然天地授命。凡事悉皆三相通，迺道可成也。〔註 60〕

《太平經》以道家道本體思想爲理論基礎，建立其本體思想，但在其中受到兩漢氣化宇宙論的影響，使得《太平經》在論述道生萬物的過程時以氣爲重要元素，《太平經》言氣爲貫通天地的創生作用，由於氣既無形又有形的特質，故能流行於天地萬物之間，成爲天地萬物間共通的生化元素，天地萬物間皆蘊含氣化作用得以變化生成，《太平經》認爲道生萬物必須要透過天地陰陽二氣交互作用，產生中和之氣，三氣調和，萬物始生，由此可知，氣爲生成、調和、長養萬物的基本元素，天地萬物間一切化生作用皆蘊含生生之氣。而天地、陰陽和氣的根本，《太平經》稱爲元氣，故云天地萬物的變化「皆本之元氣自然天地授命」，透過初始元氣所賦予的創生力量，陰陽和氣得以化生天地二氣，長養萬物，而透過觀天地萬物生生變化，知陰陽和氣調和作用，明元氣自然生化之理，以此治理天下，修養形體，便可得太平和氣，得道天下太平，長生成仙。

> 天地開闢貴本根，乃氣之元也。欲致太平，念本根也。〔註 61〕

> 道無所不能化，故元氣守道，乃行其氣，乃生天地，無柱而立，萬物無動類而生，遂及其後世相傳，言有類也。比若地上生草木，豈有類也。是元氣守道而生如此矣。〔註 62〕

因此，元氣爲《太平經》中重要的觀念，是陰陽和氣之所以產生的根源，是天地萬物之所以生成的關鍵〔註 63〕，因此《太平經》中在論述氣化宇宙論

〔註 59〕王明編：《太平經合校》（全二冊），上冊，頁 317。

〔註 60〕同註 59，上冊，頁 148～149。

〔註 61〕同註 59，上冊，頁 12。

〔註 62〕同註 59，上冊，頁 21。

〔註 63〕曾春海云：「『元氣』一詞最早見於西漢董仲舒《春秋繁露・王道第六》及《春秋繁露・重政第十三》，意指構成萬物的本根或始基。由元氣自身的運興分化而衍生陰陽、五行，再透過陰陽五行的感合而衍生天地人及萬事萬物。漢代

時，便以元氣爲化生天地萬物的初始生成的作用，與本體之道具有相同的位階。「天地開闢貴本根，乃氣之元也」，創生天地萬物初始之氣《太平經》稱爲元氣，氣之元爲天地開闢本根，是無形之道凝結化生有形萬物的根本，舉凡有形之天地山川、日月星辰、四時節氣、草木蟲魚與萬物之靈的人類，以至於無形之性命所生的依據、心神思慮的主宰與太平社會的根源，皆爲元氣所生，故《太平經》云：「元氣行道，以生萬物，天地大小，無不由道而生者也〔註 64〕」，道失生生元氣無法產生創生形物的力量，元氣失道本體亦無法生成天地萬物，由此可知，元氣與道皆具備初始創生義，爲天地萬物創生的根本。

故元氣無形，以制有形，以舒元氣，不緣道而生。〔註 65〕

《太平經》除了強調元氣的初始創生義之外，也強調元氣與道是一，元氣並非依循道才得以創生，而是道與元氣皆具有無生有的創生能力，「元氣無形，以制有形」，正因元氣蘊含既無形無象又有形實存的特質，因此《太平經》爲了說明形上超越之道化生天地萬物的過程，便以元氣釋之，《太平經》言道生萬物，皆是因爲無形元氣中蘊含生生作用，故能將虛無無限之道具體凝結爲有形天地萬物，皆是因爲其中蘊含既無形又有形的生生元氣所致，由此可知，《太平經》中視道與元氣爲同質同層，同樣具有本體義涵。

元氣迺包裹天地八方，莫不受其氣而生。〔註 66〕

正因元氣具備無形的特質，故能流行充盈於天地萬物間，成爲天地萬物創生元素，故《太平經》言元氣包裹實存於天地八方、萬類形物之間，天地萬物無不蘊含元氣的創生作用自然生成長養，由此可知，元氣亦具有流行普遍義。

> 元氣自然樂，則合共生天地，悅則陰陽和合，風雨調。風雨調，則共生萬二千物。……已知樂之善，未及不樂之禁，復爲開其綱紀，悒悒不樂，不肯并力合心，而共生元氣，著自然也。元氣自然不樂分爭，不能合身和德，而共生天地也。天地不樂，陰陽分爭，不能合氣四時五行，調風雨，而盛生萬二千物。〔註 67〕

這套長期發展所構作的陰陽五行之世界構成論，由《太平經》直接繼承。」曾春海：《兩漢魏晉哲學史（修訂版）》，頁 124。

〔註 64〕王明編：《太平經合校》（全二冊），上冊，頁 16。

〔註 65〕同註 64，上冊，頁 16。

〔註 66〕同註 64，上冊，頁 78。

〔註 67〕同註 64，下冊，頁 647～648。

> 夫樂於道何爲者也？樂乃可和合陰陽，凡事默作也，使人得道本也。故元氣樂即生大昌，自然樂則物強，天樂即三光明，地樂則成有常，五行樂則不相傷，四時樂則所生王，王者樂則天下無病，蚑行樂則不相害傷，萬物樂則守其常，人樂則不愁易心腸，鬼神樂即利帝王。〔註68〕

元氣除了蘊含初始創生義與流行普遍義之外，元氣與道相同，在《太平經》當中皆具有人格神的特質，「元氣自然樂，則合共生天地，悅則陰陽和合，風雨調」、「故元氣樂即生大昌」，《太平經》認爲元氣的喜樂與不悅皆會影響天地萬物的創生過程，因此，當元氣喜樂時，自然而然元氣便得以化生陰陽和氣，生成天地萬物，並使三光、四時、節氣皆能順其時序輪轉不已，草木蟲魚等萬物皆能順自己然之理序生生不息，以至於風調雨順、天下太平。反之，當元氣不悅時，「元氣自然不樂分爭，不能合身和德，而共生天地也。天地不樂，陰陽分爭，不能合氣四時五行，調風雨，而盛生萬二千物」，由此可知，元氣也具有認知判斷的能力，故能作出喜樂或不悅的判斷，促使天地萬物生化的過程出現調和大昌與分爭不合的情況，影響到天下太平或大亂，與萬物是否長生永存、生生不息的關鍵所在。因此，《太平經》爲說明天下大亂，災禍頻仍的社會現況，並使信眾、人民皆信服於太平道的至尊神祇的玄妙力量，便將元氣與道皆神格化，使兩者皆出現認知、主宰的作用，加強太平道神妙且至高無上的力量與位置。

> 夫一者，乃道之根也，氣之始也，命之所繫屬，眾心之主也。〔註69〕

> 故上皇道應元氣而下也，子勿怪之也。以何爲初，以思守一，何也？一者，數之始也；一者，生之道也；一者，元氣所起也；一者，天之綱紀也。〔註70〕

綜上所述，《太平經》中元氣具有成爲萬物本體的特質，蘊含初始創生義與流行普遍義，同時蘊含人格神的義涵，與道相似，故《太平經》言道生生作用之根本、氣之元始、生命之依循、心之主宰、數字之初始與天之綱紀，實爲一也，皆具有初始、生生、無形神妙的作用，由此可知，《太平經》當中雖云道爲萬物元首，但已將元氣與道視爲一體兩面，道強調初始本體義，元

〔註68〕王明編：《太平經合校》（全二冊），上冊，頁13～14。
〔註69〕同註68，上冊，頁12～13。
〔註70〕同註68，上冊，頁60。

氣強調生生作用義，兩者皆爲天地萬物創生的重要關鍵，缺一不可〔註 71〕。而這也使道家以道爲尊的本體觀念，逐漸轉變爲道氣是一的道氣本體論思想，成爲後世氣本論思想的根源之一〔註 72〕。

七、眞道而多與神交際

綜上所述，《太平經》的本體論仍是依循道家傳統，以道作爲至高無上初始本體，且具無限生生變化之理，具有無爲無不爲之自然生化理序，蘊含初始本體義、生生主宰義，且爲萬物生化規律法則，具無限性、普遍性。但《太平經》爲建立道教教義與規範，使民眾、信徒信服並遵從，因此《太平經》在論述道本體義時，加入宗教神學觀。

（一）上皇之道

1、夫道者，乃大化之根，大化之師長

夫道者，乃大化之根，大化之師長也。〔註 73〕

行此道，其法迺更本元氣，得天地心，第一最善，故稱上皇之道也。〔註 74〕

〔註 71〕湯一介認爲道與氣的關係有三：「1、從『氣』是構成天地萬物的材料方面看，『道』比『氣』更根本。……2、從『氣』有能動性方面看，『氣』和『道』有同等意義。……3、從『氣』無所不包方面看，『道』是『氣』的『道』，『氣』高於『道』。……《太平經》中的這類關於『氣』和『道』的關係問題在論上的矛盾，以後的道教著作中也是普遍存在的。」湯一介：《魏晉南北朝時期的道教》（臺北：東大圖書股份有限公司，1988 年 12 月），頁 67～69。羅鈐沛云：「元氣似乎是天地萬物的本根，尤其是〈分解本末法〉中說：『元氣迺包裹天地八方，莫不受其氣而生』，顯示『元氣』爲萬物的第一因，是『道』的本質。但是，《太平經》有些地方又認爲『道』才是最根本的，元氣也必須依循著『道』的律則運行，才能竟成其生物之功。」羅鈐沛：〈《太平經》與《老子想爾注》守一法的比較〉，《東吳中文學報》第三十期，（2015 年 11 月），頁 73。

〔註 72〕亦有學者認爲《太平經》的本體論是以氣爲萬物根源。趙中偉云：「《太平經》則是以『元氣』，作爲形上預設宇宙論的最高本根，也是萬物氣化的第一因。」趙中偉：《道者，萬物之宗：兩漢道家形上思維研究》，頁 283；楊寄林云：「這一以貫之的東西，就是『道』；而元氣則居於『道』前，在『道』之上。這同老莊以來把『道』視爲宇宙的最高本原以迥然有別，具有氣一元論的新特色。當然，其中也充滿神祕的因素，但惟其如此，它才是道教的理論。」楊寄林譯注：《太平經今注今譯》（上、下卷）（石家庄：河北人民出版社，2002 年 4 月），〈太平經綜論〉，頁 25。

〔註 73〕王明編：《太平經合校》（全二冊），下冊，頁 662。

〔註 74〕同註 73，上冊，頁 64。

《太平經》尊道爲形上本體，其生生之法更本於元氣，故稱爲生化萬物的根本、師長，更稱道爲第一、最善、上皇之道，上皇者，《太平經》云：「故名爲上者，迺其字無復上也故名爲上者，迺其字無復上也。〔註 75〕」、「一爲天，天亦君長也，日亦君長也，王亦君長也，三君長相得成字名爲皇。皇者，乃言其神盛煌煌，故名爲皇也；皇天下第一，無復能上者也〔註 76〕」，知上謂至高無上，皇謂第一，有盛大、生生之義，且具領導統御作用，故云爲三君君長之總。故《太平經》稱道爲「上皇之道」，使道具有人格神色彩，成爲至高無上、統理元氣化生天下萬物的神祇。

> 眞道者多善，其文乃入神，故能睹神，與神爲治。所治若神入神，則眞道也。〔註 77〕

> 夫眞道而多與神交際，神道專以司人爲事，親人且喜善，與不視人且驚駭，與不俱爭語言於人旁，狀若羣鳥相與往來，無有窮極。〔註 78〕

「眞道者多善，其文乃入神」，道是萬物初始本體、生生法則，故「失之者敗，得之者昌。欲自知盛衰，觀道可著，神靈可興也〔註 79〕」，因此，《太平經》言眞道者多善，是萬物所應因循、學習、遵行的法則，故天師、聖賢透過觀天道運行的現象，體道之規律法則，書寫成文，希望透過學道、體道、修道的過程當中達到與道相合、長生久視、升天成仙的境界。而道亦是至高無上統御萬物的神祇，萬物皆在道的自然生化法則之下應運而生，因此，若能觀道文習道、修道，便可體道玄妙之理，觀天地神靈變化奧秘，趨吉避凶，長生成仙，若運用於治理天下，便可使天下太平安樂無災。

因此，《太平經》云：「夫眞道而多與神交際，神道專以司人爲事」，《太平經》認爲在至高無上的眞道之下還有許多神靈共同治理、掌管天地萬物的生成變化與人世的吉凶禍福、祥瑞災異等，故云「眞道多與神交際」。

由此可知，《太平經》中的道既保有道家道本體的特質，亦將道教神仙思想加入道的概念當中，使道具有人格神特色，成爲治理生化萬物的無上神祇，但仍可見道家式的道本體論述，由此可以看出道教創立初期由道家思想轉變爲道教神學思想的過程。

〔註 75〕王明編：《太平經合校》（全二冊），上冊，頁 147。
〔註 76〕同註 75，上冊，頁 147。
〔註 77〕同註 75，下冊，頁 438。
〔註 78〕同註 75，下冊，頁 439。
〔註 79〕同註 75，上冊，頁 210。

2、正道者，所以興善，主除惡也

天道無親，唯善是與。善者修行太平，成太平也。成小太平，與大太平君合德。〔註80〕

夫虛無絕洞之道，常欲使人好生而惡殺，閉口無泄，迺可萬萬歲也。〔註81〕

在肯定道爲至高無上統理化生萬物的神祇之後，《太平經》指出道具有認知判斷作用，故云：「天道無親，唯善是與」、「眞道者多善〔註82〕」、「夫眞道而多與神交際，神道專以司人爲事，親人且喜善，與不視人且驚駭〔註83〕」、「正道者，所以興善，主除惡也〔註84〕」，道爲萬物的規律、法則，因此遵行道者得以太平、長生，違逆道者招致災禍、敗亡，故《太平經》稱眞道者多善、喜善、興善，唯善是與，知道以善爲其重要內涵，凡是合於善者道親近之，使之太平安樂，反之，不合於善者道遠離之，使之驚駭遭惡。

「夫虛無絕洞之道，常欲使人好生而惡殺」，道生萬物，故道主創生作用，道透過其中生生元氣作用，變化成陰陽和氣，三氣相互調和化生天地人物，因此道好生惡殺，故云：「道者，天經也。天者好生，道亦好生，故爲天經〔註85〕」、「夫天與道，不好施好生好稱邪〔註86〕」，舉凡合於道者自能長生久視，反之，不合於道者便會邁向災厄死亡。

由此可知，道具有喜好厭惡的認知判斷能力，合於道者道亦好之，不合於道者道則厭惡之，因此，展現在修養上，當人學道、體道，表現出行善好生時，道便喜愛之，助其長壽安樂，反之，若人背道爲惡，追求僞道邪技，道則厭惡之，並降下災禍使之驚駭。展現在政治上，當君王施政興善好行道義，道便喜愛之，助其統治天下太平無災，反之，若君王違背道義，道則厭惡之，並降下災異使天下大亂，終至敗亡。《太平經》視道爲能賞善懲惡的神祇，具有認知判斷能力，在面對君王、人民行道、興道時助其長壽成仙，天下太平，當君王、人民失道爲惡時給予災異譴告，並作出懲罰，使其災病纏

〔註80〕王明編：《太平經合校》（全二冊），上冊，頁4。
〔註81〕同註80，上冊，頁286。
〔註82〕同註80，下冊，頁438。
〔註83〕同註80，下冊，頁439。
〔註84〕同註80，下冊，頁660。
〔註85〕同註80，上冊，《要修科儀戒律鈔・卷一》引，頁308。
〔註86〕同註80，下冊，頁662。

身，天下大亂，《太平經》一再強調行道、尊道的重要性，和道的至高無上的主宰性與具有懲惡降災的神秘性，其目的都是爲使一般民眾與信徒信服，修道信教，並對當時混亂的社會政治提出自己的詮釋。

《太平經》的本體論當中，以道家道本體爲基礎，加入道教神學思想，使道出現人格神的傾向，並開始建立其神學系統、組織，成爲道教神仙思想體系初創的重要經典，在《太平經》當中雖未完全建立以神爲本的道教思想，但已出現以神靈主宰天地萬物創生的觀念，使《太平經》成爲奠定道教思想神學化，並建立以神開創世界的神本體論的重要關鍵，對道教正式成立有重要的影響。

因此，《太平經》本體論思想當中，除了以道爲初始本體之外，《太平經》亦以天、天君、天神或天師作爲掌管天地萬物化生的主宰，使天與道位於同一位階而產生本體義的特質，並成爲道教以神爲本體、以神化生領導天地萬物的神本體論建立的初始架構，以下試論之。

（二）道乃天皇之師法

1、天者，至道之真

> 天乃無不覆，無不生，無大無小，皆受命生焉，故爲天。天者，至道之眞也，不欺人也，萬物所當親愛，其用心意，當積誠且信，但常欲利不害，不負一物，故爲天也。〔註 87〕

「天乃無不覆，無不生，無大無小，皆受命生焉」，天主生，《太平經》認爲天是道生萬物中主宰創生具體萬事萬物的力量，天地間陰陽二氣相互作用，產生太和之氣，而萬物便在陰陽和氣的作用之下化育生成，因此，《太平經》言天爲道中最眞實的力量，其作用包覆天地八方，無所不生。由此可知，道爲萬物本體，其中蘊含生生作用，形上超越，道透過無形之元氣變化作用，化生陰陽和氣，再透過天的主宰指揮，具體於天地間生成萬事萬物，故天在《太平經》當中主宰從無到有具體生成的力量。

> 今天乃清且明，道乃清且白，天與道乃最居上，爲人法。清明者好清明，故三光上著天，各從其類，合如爲形。〔註 88〕

> 夫道乃天也，清且明。〔註 89〕

〔註 87〕王明編：《太平經合校》（全二冊），上冊，頁 219。

〔註 88〕同註 87，下冊，頁 659～660。

〔註 89〕同註 87，下冊，頁 654。

天爲道中主宰具體化生萬物的作用，因此《太平經》認爲天與道具有相似的特質，故天能成爲展現道具體化生能力的主宰，「今天乃清且明，道乃清且白」，《太平經》認爲天是清澈明朗，而道亦是清白明朗，同時天與道皆是無形清揚於上，故稱「最居上」，因此同類相動，同氣相求，《太平經》便賦予天有最上、主宰萬物化生的能力。

> 天乃無上，道復尚之。道乃天皇之師法也，乃高尚天。是故天與道者主修正，凡事爲其長。故能和陰陽，調風雨，正晝夜，列行伍。天地之間，莫不被恩受命，各得其所者。〔註 90〕

> 道與天當調風雨，和陰陽，使萬物各得其所。〔註 91〕

「是故天與道者主修正，凡事爲其長」，天爲萬物的主宰、規律，因天中蘊含生生作用，其中陰陽和氣各從其類，順萬物自己然之理相生相成，萬物便得以自然長養化育。因此舉凡天地間的四時輪轉、節氣調和、風雨施行、晝夜運行，以及山川草木、蟲魚鳥獸和人身形軀修養與人事變遷等，皆須依循天道自然規律進行，萬物便可各得其所。

> 一者，數之始也；一者，生之道也；一者，元氣所起也；一者，天之綱紀也。〔註 92〕

> 一爲天，天亦君長也，日亦君長也，王亦君長也，三君長相得成字名爲皇。皇者，乃言其神盛煌煌，故名爲皇也；皇天下第一，無復能上者也。〔註 93〕

由此可知，在《太平經》當中，天具有自然義與生生義，爲道所化生，爲引領陰陽二氣具體化生萬物的關鍵，與道並稱。故《太平經》中視天爲一，具有初始觀念，故云「數之始」；且爲道中生生作用，故云「生之道」；同時也是氣之元始之作用具體展現在具體天地間的關鍵，故云「元氣所起」，是天爲萬物化生的綱紀、準則，亦蘊含君長之義，與道皆爲至高無上的主宰。

因此，《太平經》中的天具有自然創生之義，但《太平經》更強調其爲至高無上主宰的位置，爲道之下無上的地位，故稱天爲「皇天」，使天從原本的自然生生義轉變出現人格神的意味，成爲《太平經》當中主宰創生能力的至

〔註 90〕 王明編：《太平經合校》（全二冊），下冊，頁 662。
〔註 91〕 同註 90，下冊，頁 662。
〔註 92〕 同註 90，上冊，頁 60。
〔註 93〕 同註 90，上冊，頁 147。

尊神祇，使《太平經》的道本體論思想逐漸轉變爲道教以神爲本體的宗教本體觀。

2、天者，為神主神靈之長

天者，眾道之精也。賢者好道，故次聖。賢者入眞道，故次仙。知能仙者必眞，故次眞。知眞者必致神。神者，上與天同形合理，故天稱神，能使神也。神也者，皇天之吏也。神人者，皇天第一心也。天地之性，清者治濁，濁者不得治清。精光爲萬物之心，明治者用心察事，當用清明。〔註94〕

天除了蘊含自然生生義之外，天亦蘊含人格神的意味，「神者，上與天同形合理，故天稱神，能使神也」，《太平經》認爲天爲眾道之精，是道在人間的規律次序的表現，因此賢德之人只要喜好眞道，尊行道意，便可成爲聖人，只要體道合德，進入眞道的境界，便可成爲仙人。而仙人進入神人境界的關鍵在眞，《太平經》認爲仙人修練至最純眞自然的狀態便到達神人的境界，而神與天同質同層，同形同理，因此皇天可說是至尊神人，能使神，成爲眾神主宰。

《太平經》闡述人修練成仙成神的過程，說明人若努力便有機會上與天通，成爲神仙，同時《太平經》也點出神與天同形合理，具有相同的性質與能力，因此天可成爲主宰仙人、聖賢治理人事的神靈，於是天便從具有清明創生力量，主宰天地萬物生化的自然天，轉變爲具有人格神意，能「用心察事」指揮神仙、聖賢治理眾人的至尊神祇〔註95〕。

（1）天主善

廣哀不傷，如天之行最善。〔註96〕

天主善，主清明，不樂欲見淹汙辱。〔註97〕

「廣哀不傷，如天之行最善」，天主生，故以能生生不息爲最善，而《太平經》云：

夫天地之性，半陽半陰。陽爲善，主賞賜。陰爲惡，惡者爲刑罰，

〔註94〕王明編：《太平經合校》（全二冊），上冊，頁221。

〔註95〕金春峰云：「《太平經》神道理論的核心，是以天爲最高神的神學系統。」金春峰：《漢代思想史》，頁563。

〔註96〕同註94，上冊，頁80。

〔註97〕同註94，下冊，頁661。

主姦僞。……陽者主賞賜，施與多，則德王用事。陽與德者主養主生，此自然之法也〔註98〕。

夫爲善者，乃事合天心，不逆人意，名爲善。善者，乃絕洞無上，與道同稱；天之所愛，地之所養，帝王所當急，仕人君所當與同心并力也。夫惡者，事逆天心，常傷人意；好反天道，不順四時，令神祇所憎，人所不欲見父母之大害，君子所得愁苦也，最天下絕凋凶敗之名字也。〔註99〕

由此可知，天地間有善有惡，所謂善者爲陽與德、主養主生、主賞賜，惡者爲陰與刑、主殺、主刑罰、主姦僞，因此天最善最清明的狀態是廣愛眾生而不傷，使四時順暢輪轉運行，使萬物化生興盛而生生不息。反之，若違背天道生生不息的規律次序，天則厭惡之，使其無法昌盛生長，故《太平經》云：「夫且樂歲生善物多，五穀成以食人，其人好善。天且惡歲生惡物多，善者少，以惡物食人，其人色惡〔註100〕」，因此歲時節氣若不順生生之道，所生之物自然惡物爲多，人也會因此產生姦僞邪技，使天下多刑罰殺傷，故天神惡之。

由此可知，天有分辨善惡的能力，舉凡樂生且順清明之天道生養萬物者爲善，而天則好之愛之，反之若不順清明天道生養萬物者爲不善爲惡，而天則惡之憎之，因此天便出現喜好與厭惡的情緒表現。

（2）天悅喜，則使今年地上萬物大善

夫地爲天使，人爲地使，故天悅喜，則使今年地上萬物大善。天不喜悅，地雖欲養也，使其物惡。地善，則居地上者人民好善，此其相使明效也。故治亂者由太多端，不得天之心，當還反其本根。〔註101〕

是故天地覩人有道德爲善，則大喜；見人爲惡，則大怒忿忿。〔註102〕

天精已出，神祇悅喜矣。〔註103〕

〔註98〕王明編：《太平經合校》（全二冊），下冊，頁702。
〔註99〕同註98，上冊，頁158。
〔註100〕同註98，下冊，頁651。
〔註101〕同註98，上冊，頁75～76。
〔註102〕同註98，下冊，頁374。
〔註103〕同註98，上冊，頁98。

由於天主生、主善，因此對於爲善者必喜愛之，對於爲惡者必厭惡之，故《太平經》云：「天者好生興物，物不樂，不肯生。今天上皇平洞極之氣俱出治，陽精昌興，萬物莫不樂喜。故當象其氣而大縱樂，以順助天道，好是則天道大喜〔註104〕」，天喜好化生萬物，因此，當太平之氣湧現，生生陽氣興盛蓬勃，靜定陰氣凝結完成，陰陽相生太合之氣，「天精已出，神祇悅喜矣」，萬物自然得以喜樂並順利化生，「故天悅喜，則使今年地上萬物大善」。

「是故天地覩人有道德爲善，則大喜」，天爲萬物主宰，因此除了對天地萬物化生會表現喜悅之情，對於人事善惡也會作出關照，當天地神祇發現人尊道行德，樂善好施，天也會表現出喜悅之情。

反之，「天不喜悅，地雖欲養也，使其物惡」、「見人爲惡，則大怒忿忿」，當天地間萬物生化違背天地自然生成的理序，惡物便會產生，人也容易產生姦僞惡行，因此雖然惡物姦僞也是天道所生，但因違背生生道理，爲天所厭惡，天便會表現出憤怒不喜悅之情。

由此可知，天有喜怒情緒變化，對於合於道德陰陽和氣變化者，天喜悅之，對於違背道義而生成的姦僞禍亂，天則不喜悅之，故云「物不樂，不肯生」，天不喜悅則萬物無法順利生成，人事無法太平無災。因此，當天道人事皆合於生生道理，天便會顯現吉兆並使天下太平，反之，當天道衰敗、天下多殺伐惡行，天便會出現災異來懲罰、譴告警示人君。

（3）天知其惡，故使凶神精鬼物待之

> 天佑善人，不與惡子。各自加慎，勿相怨咎。各爲身計，行宜人人有知，無有過負於天，錄籍所宜，愼勿彊索，索之無益。所以然者，惡逆之人，天不佑也。〔註105〕
>
> 天之所祐者，祐易教，祐至誠，祐謹順，祐易曉，祐敕，天之於帝王最厚矣，故萬般誤變以致之。不聽其教，故廢而致之，天地神明不肯復諫正也，災異日增，人民日衰耗，亡失其職。〔註106〕
>
> 天者小諫變色，大諫天動裂其身，諫而不從，因而消亡矣。〔註107〕

〔註104〕王明編：《太平經合校》（全二冊），下冊，頁650～651。
〔註105〕同註104，下冊，頁577。
〔註106〕同註104，上冊，頁100～101。
〔註107〕同註104，上冊，頁98。

天者，爲神主神靈之長也，故使精神鬼殺人。〔註 108〕

天知其惡，故使凶神精鬼物待之，入人身中。〔註 109〕

天有善惡、好惡之辨，因此當天察覺天地人事合於道意、行善樂生時，天喜悅之便會庇佑使善物生生、天下太平，故《太平經》云：「天佑善人，不與惡子」、「天之所祐者，祐易教，祐至誠，祐謹順，祐易曉，祐敕」。反之，若天察覺天地人事違背道意、行惡姦僞時，天憎惡之便會降災懲惡，故《太平經》云：「惡逆之人，天不佑也」、「天者小諫變色，大諫天動裂其身」。因此，天有賞善懲惡的能力，會獎勵庇佑有道人君，反之，天會譴告人君施政違道，並降下災異病災懲戒人君，使其積極改進並可誠心學道行道。「不聽其教，故廢而致之，天地神明不肯復諫正也，災異日增，人民日衰耗，亡失其職」、「諫而不從，因而消亡矣」，《太平經》也提出若人君無法醒悟積極行道德、爲善政，而不聽天之勸諫譴告的話，天也會給予最嚴厲的懲罰，而終將導致災異日增、人民衰耗與天下敗亡。

「天者，爲神主神靈之長也，故使精神鬼殺人」、「天知其惡，故使凶神精鬼物待之，入人身中」，在人身修養方面，《太平經》認爲天是身中之神靈的主宰，因此若人修養合道法天，爲善習道，天便會庇佑之，使之長生久壽，無病無災，反之，若人違背道意，貪慕慾望，爲惡作亂，天也會使凶神、鬼神進入人身，使人身中五臟之氣失調，精神亡失，而邁向死亡。

是故天之爲象法也，乃尊無上，反卑無下，大無外，反小無內，包養萬二千物，善惡大小，皆利祐之，授以元氣而生之，終之不害傷也。故能爲天，最稱神也，最名無上之君也。〔註 110〕

行善日久，神靈所愛，是善行所致，何有不從者乎？故天常爲其上，司人是非，使神往來，知人所爲，善惡輒白，何有失者。……天親受元氣自然，從其教令，不敢小有違之意。〔註 111〕

由此可知，《太平經》中的天具有人格神的特質，成爲指揮天地萬物與人身修養的主宰，具有使人積極行善合道的作用，「行善日久，神靈所愛」，因此天在上觀察人間天地萬物人事變化，指揮元氣變化陰陽和氣，調和化生天

〔註 108〕王明編：《太平經合校》（全二冊），下冊，頁 371。
〔註 109〕同註 108，下冊，頁 570。
〔註 110〕同註 108，下冊，頁 443～445。
〔註 111〕同註 108，下冊，頁 619。

地萬物，掌管人事是非善惡，主宰人身中精神、腑臟與神靈作用，並作出喜怒表現，以此進行認知判斷懲惡賞善。而人只要積極爲善，便可得到神靈喜愛，日久便可得到天的利祐，長生成仙，天下太平。

「故能爲天，最稱神也，最名無上之君也」，因此，《太平經》中天以從自然天逐漸轉變天神，並出現天君的稱謂，使天成爲主宰天地萬物人事變化的神祇，而這也使《太平經》成爲奠定道教以神爲本體思想理論完成的重要轉變關鍵。

（4）天君者則委氣，尊無上

天君者則委氣，故名天君，尊無上；所勑所教，何有不從令者乎？〔註 112〕

「凡天理九人而陰陽得何乎哉？」「夫人者，迺理萬物之長也。其無形委氣之神人，職在理元氣；大神人職在理天；眞人職在理地；仙人職在理四時；大道人職在理五行；聖人職在理陰陽；賢人職在理文書，皆授語；凡民職在理草木五穀；奴婢職在理財貨。何乎？凡事各以類相理。無形委氣之神人與元氣相似，故理元氣。大神人有形，而大神與天相似，故理天。眞人專又信，與地相似，故理地。仙人變化與四時相似，故理四時也。大道人長於占知吉凶，與五行相似，故理五行。聖人主和氣，與陰陽相似，故理陰陽。賢人治文便言，與文相似，故理文書。凡民亂憒無知，與萬物相似，故理萬物。奴婢致財，與財貨相似，富則有，貧則無，可通往來，故理財貨也。夫皇天署職，不奪其心，各從其類，不誤也；反之，爲大害也。」〔註 113〕

天爲天地萬物的主宰，但由於天地萬物生化之物類繁多，人世間的事類繁雜，因此《太平經》仿人世間政治制度規範，建立治理人事的神仙與人間的階級系統，將天君所統治的階級分爲：無形委氣之神人、大神人、眞人、仙人、大道人、聖人、賢人、凡民、奴婢等階層，並以天君爲至尊神祇，統領眾神、聖賢治理天下萬物。以下列表觀之。

〔註 112〕王明編：《太平經合校》（全二冊），下冊，頁 714～715。
〔註 113〕同註 112，上冊，頁 88～89。

階 級	特 質	職
天君		理氣
無形委氣之神人	與元氣相似	理元氣
大神人	有形，與天相似	理天
眞人	專又信，與地相似	理地
仙人	變化與四時相似	理四時
人		理萬物之長
大道人	長於占知吉凶，與五行相似	理五行
聖人	主和氣，與陰陽相似	理陰陽
賢人	治文便言，與文相似	理文書，皆授語
凡民	亂憒無知，與萬物相似	理草木五穀
奴婢	致財，與財貨相似	理財貨

《太平經》將神分爲五個階級，並以天君爲至尊神衹統御眾神管理人事，而人爲萬物之靈，故治理人事間萬物的人《太平經》亦分爲五個階級，其中最上者爲與太平道相通之大道人，負責預知吉凶並引領人事萬物變化。其次，《太平經》對於神衹與人之階級的劃分則是建立在道氣論思想之上，主張至尊天君理氣之生化，掌管負責指揮元氣之無形委氣神人創生天地萬物，由此可知，《太平經》主張「元氣行道」，道生元氣而變化萬物，而至尊天君委氣，與道同一位階，故道中有氣，道中生生元氣創生萬物，使道與氣同時具備初始本體意涵。此外，《太平經》亦云：

> 今天上有官舍郵亭以候舍等，地上有官舍郵亭以候舍等，八表中央皆有之。天上官舍，舍神仙人。地上官舍，舍聖賢人。地下官舍，舍太陰善神善鬼。八表遠近名山大川官舍，以舍天地間精神人仙未能上天者。雲中風中以舍北極崑崙。官舍郵亭以候聖賢善神有功者。〔註114〕

《太平經》將天君所統御的神衹系統建立如人間般的官舍、執掌、職能等，而「這個神仙系統藉助於元氣化生萬物的『氣化』說，實現了超驗世界與現實世界的溝通〔註115〕」，《太平經》認爲元氣化生萬物，具有形上超越特質，溝通有無，因此也成爲天庭與人是共通的本質，故《太平經》在現實世界的

〔註114〕王明編：《太平經合校》（全二冊），下冊，頁698。
〔註115〕梁宗華：〈《太平經》的道家理論型態及其神學化〉，頁101。

基礎上加入氣論思想建構超驗神仙世界、階級，除了反映世人對神仙的想像，同時也建立了道教初期的神仙系統，成爲後來道教神仙系統理論完整的基礎〔註116〕。

「天君者則委氣，故名天君，尊無上」，《太平經》認爲天君爲統理天生萬物的至高無上神祇，當道中生生元氣之陰陽二氣相互作用，陽氣清揚爲天，主生化力量，陰氣重濁爲地，主完成力量，二氣於天地間相互激盪產生太和之氣化生萬物。而元氣之所以能化生陰陽和氣，化生天地並創造萬殊物類，其中無法詮釋的神秘力量，《太平經》便以神秘的神靈加以詮釋，《太平經》認爲是天上有至尊無上的神祇指揮引領天道運行的次序與萬物生成的變化，《太平經》稱之爲「天」、「天君」。因此，天君便成爲天上神祇至尊，由天君指揮、安排、關照天地萬物生成變化之理。

> 故天使元氣治，使風氣養物。地以自然治，故順善得善，順惡得惡也。人者，順承天地中和，以道治，主動道。〔註117〕

> 天親受元氣自然，從其教令，不敢小有違之意。〔註118〕

天君又稱天、太皇天道〔註119〕，其主要的工作爲兩部分：一爲指揮上皇委氣神人化生天地萬物，一爲指揮管理眾神並記人功過，成爲眾神之主宰。其一，天君爲指揮委氣神人生化萬物的主宰，《太平經》認爲天君是至高無上神，其下統領眾神，眾神中最高者爲無形委氣神人，「無形委氣之神人與元氣相似，故理元氣〔註120〕」、「今是委氣神人，迺與元氣合形并力，與四時五行共生」，委氣神人本質與元氣相近，故得以統御引領元氣化生天地四時五行萬物，因此《太平經》言「天使元氣治，使風氣養物」，知天君

〔註116〕梁宗華云：「神人九等層次分明，各有所職，以『氣』爲中介，構成與自然合一的有序系統。」同註115，頁101。曾維加云：「在早期道教太平道所奉崇的經典《太平經》中，將漢代流行的元氣學說以原始宗教中對『天』的崇拜與神仙信仰的傳統相結合，創造出了具有道教性質的天神觀。」曾維加：〈從《太平經》與《老子想爾注》看早期道教神仙思想的形成〉，《求索》第五期（2003年），頁244。

〔註117〕王明編：《太平經合校》（全二冊），上冊，頁253～254。

〔註118〕同註117，下冊，頁619。

〔註119〕《太平經》云：「故爲太皇天道教化，立可待也。德君行之，乃名爲天之神子也，號曰上皇，與天地元氣相似。故天下之神，盡可使也」。同註117，下冊，頁422。

〔註120〕同註117，上冊，頁88。

在元氣之上，統領元氣化生萬物，具有人格神義，「天親受元氣自然，從其教令，不敢小有違之意」，具有人格神義的天君，爲天地萬物生成的規律次序，與道相通，因此天君指揮元氣依循天道自然理序化生萬物，元氣變從其敕教而行，不敢有違，若違道意違反天君施作元氣使元氣不和，「元氣不和，無形神人不來至〔註 121〕」，天地萬物變無法生成。

> 故爲太皇天道教化，立可待也。德君行之，乃名爲天之神子也，號曰上皇，與天地元氣相似。故天下之神，盡可使也。〔註 122〕

> 天見其善，使可安爲，更求富有子孫，雖不盡得，尚有所望，何爲作惡久滅亡，自以當可竟年。不知天遣神往記之，過無大小，天皆知之。〔註 123〕

> 機衡所指，生死有期，司命奉籍，簿數通書，不相應召。所求神簿問相實，乃上天君，天君有主領。所白之神，不離左右，其內外見敬，亦不敢私承，所上所下，各不失時。太陰司官，不敢解止。〔註 124〕

其二，天君爲統御管理眾神的神祇，「天遣神往記之，過無大小，天皆知之」、「所求神簿問相實，乃上天君，天君有主領」，天君爲眾神元首，具有教化眾神的能力，故《太平經》言人君施政治理是否合於眞道，有無過失，不論大小，管理天下的眾神便會記錄下來，稟報天君，使天君知之。如司命奉籍，掌管「生死有期」的「太陰司官」，便會將其所見之眾人是否爲善學道稟報天君，再由天君主宰領導，決定人的壽夭長短。又如《太平經》云：「上皇神人之尊者，自名委氣之公，一名大神，常在天君左側，主爲理明堂文之書，使可分別，曲領大職〔註 125〕」，大神主理明堂文之書，管理人事，紀錄君主施政是否合於道意，上稟天君，使「咎怨訟上至天，天君爲理之〔註 126〕」，再由天君決定降下吉兆使天下太平或降災遣告使天下災禍不斷，因此，《太平經》言天君主宰眾神教化，「故天下之神，盡可使也」。

〔註 121〕王明編：《太平經合校》（全二冊），上冊，頁 90。
〔註 122〕同註 121，下冊，頁 422。
〔註 123〕同註 121，下冊，頁 526。
〔註 124〕同註 121，上冊，頁 213～214。
〔註 125〕同註 121，下冊，頁 710。
〔註 126〕同註 121，下冊，頁 620。

綜上所述，天與天君、太皇天道在《太平經》當中為治理掌管天下、眾神的至尊神祇，負責指揮元氣化生與管理眾神施福降災，成為天地萬物形成的根本與人事禍福產生的依據，又「夫一者，乃道之根也，氣之始也，命之所繫屬，眾心之主也〔註127〕」、「道無所不能化，故元氣守道……是元氣守道而生如此矣〔註128〕」，知道為萬物初始本體，且與一同質同層，為一體兩面，而「元氣守道而生」與天君「使元氣治，使風氣養物」，知天君與道亦屬同一位階，皆為主宰、化生萬物的根本，由此可知，《太平經》依循兩漢道家自然氣化生成觀建立其道本體論思想，更加入了宗教神祇觀，使天出現人格神義，而《太平經》的本體觀也從道家道本體論逐漸轉化為道教的神本體論的思想〔註129〕。

第二節　氣之法行於天下地上，陰陽相得，交而為和，與中和氣三合，共養凡物

> 氣者，乃言天氣悅喜下生，地氣順喜上養；氣之法行於天下地上，陰陽相得，交而為和，與中和氣三合，共養凡物，三氣相愛相通，無復有害者。〔註130〕

> 故元氣樂即生大昌，自然樂則物強，天樂即三光明，地樂則成有常，五行樂則不相傷，四時樂則所生王，王者樂則天下無病，蚑行樂則不相害傷，萬物樂則守其常，人樂則不愁易心腸，鬼神樂即利帝王。〔註131〕

道氣化生萬物，《太平經》認為元氣化生萬物必須透過天地間陰陽二氣交互作用，產生中和之氣，三氣調和，四時五行和諧，萬物應運而生。因此，以下是論《太平經》宇宙生成之理。

〔註127〕王明編：《太平經合校》（全二冊），上冊，頁12～13。

〔註128〕同註127，上冊，頁21。

〔註129〕王鐵云：「《太平經》說天、地、人都是元氣所生，無形委氣之神人職在理元氣，……即使是方士的宗教神學，也必須附會於當時占統治地位的元氣陰陽學說。」王鐵：《漢代學術史》，頁148～149。

〔註130〕同註127，上冊，頁148～149。

〔註131〕同註127，上冊，頁13～14。

一、一陰一陽爲喉衿

（一）一陰一陽，乃能相生

> 天下凡事，皆一陰一陽，乃能相生，乃能相養。一陽不施生，一陰並虛空，無可養也；一陰不受化，一陽無可施生統也。〔註132〕

元氣依道化生天地萬物，其中關鍵在於陰陽兩種生化作用，「元氣，陽也，主生〔註133〕」，元氣爲道中主生生創造的作用，屬於陽，「自然而化，陰也，主養凡物〔註134〕」，萬物自己然之理爲道中主完成的作用，屬於陰，「天下凡事，皆一陰一陽，乃能相生，乃能相養」，《太平經》認爲天地間萬事萬物的生成，皆必須透過不同比例的陰氣與陽氣兩者相互搭配，才得以使創生完成，兩者缺一不可，若只有陽氣則萬物無法形成，若只有陰氣則萬物便缺乏創生的力量。

> 夫陽之生者，於幽冥之中。是故陽氣起於北，而出於東，盛於南，而衰消於西，天之爲法如此矣。……夫生者皆反其本，陰陽相與合乃能生。故且生者，悉復其初始也。天地未分，初起之時，乃無有上下日月三光，上下洞冥，洞冥無有分理。雖無分理，其中內自有上下左右表裏陰陽，具俱相持，而不分別。若陰陽相持始共生。其施洞洞，亦不分別。已生出，然後頭足具。……行氣者各自有伍，非獨火也，金火最爲伍，赤帝之長。故天策書非云邪？「丙午丁巳爲祖始。」始者，先也，首也，故書言祖始也。萬事之始，從赤心起。心者洞照知事，陽始於陰中，亦洞照。故水者，外暗內明而洞照也，中有陽精也。故陽始起於北，而陰始起於南，十一月地下溫，五月地下寒。〔註135〕

「凡陽之生，必於陰中〔註136〕」，《太平經》認爲萬物由不同比例的陰陽二氣生化而成，因此萬物中皆蘊含陰陽兩種生化作用，而陰陽二氣並非兩物，而是元氣所生兩種正反相生力量，實爲一體兩面，因此，《太平經》認爲陽中有陰，陰中有陽。「夫陽之生者，於幽冥之中」，《太平經》以節氣輪轉規律說

〔註132〕王明編：《太平經合校》（全二冊），上冊，頁221。
〔註133〕同註132，上冊，頁220。
〔註134〕同註132，上冊，頁220。
〔註135〕同註132，下冊，頁678～679。
〔註136〕同註132，下冊，頁652。

明陰中有陽，陽中有陰之理，《太平經》認爲「夫生者皆反其本，陰陽相與合乃能生。故且生者，悉復其初始也。天地未分，初起之時，乃無有上下日月三光，上下洞冥，洞冥無有分理〔註137〕」，天地未分初始之時，爲混沌恍惚的元首之氣，此爲創生之初，而陽氣生生創造作用蘊含其間，故云陽生於幽冥之中。《太平經》又云：「萬事之始，從赤心起。心者洞照知事，陽始於陰中，亦洞照。故水者，外暗內明而洞照也，中有陽精也。故陽始起於北，而陰始起於南，十一月地下溫，五月地下寒〔註138〕」，《太平經》從五行言之，五行者，心屬火屬陽，水屬陰，心可洞悉關照外在事物，如陽始於陰中，水外幽暗而內清明，如陰中有陽〔註139〕。從卦象觀之，「於卦象，離卦（☲）爲火，二陽爻在一陰爻之外，像火之照。坎卦（☵）爲水，一陽爻在二陰爻之內，內光明似水〔註140〕」。從十二月令言之，十一月陽氣起於北，始於冬至，冬至陰氣極盛，陽氣始萌，故云十一月地下溫；五月陰氣起於南，始於夏至，夏至陽氣極盛，陰氣始萌，故云五月地下寒。

綜上所述，《太平經》從不同面向說明陰陽相生，陰中有陽，陽中有陰之理，強調陰陽二氣在萬物生化間的重要性與兩者實爲一體兩面，其作用相輔相成，缺一不可。

> 天地之性，陽好陰，陰好陽。故陽當變於陰，陰當變於陽。凡陰陽之道，皆如此矣。……陽者以其形反爲陰形，陰者以其形反爲陽形，正自以其身，爲其人形容也，不可逕及也，且中於耶。〔註141〕

> 天統陰陽，當見傳，不得中斷天地之統也，傳之當象天地，一陰一陽，故天使其有一男一女，色相好，然後能生也。何迺正使一陰一陽，夫陽極者能生陰，陰極者能生陽，此兩者相傳，比若寒盡反熱，熱盡反寒，自然之術也。故能長相生也，世世不絕天地統也。如男女不相得，便絕無後世。〔註142〕

〔註137〕王明編：《太平經合校》（全二冊），下冊，頁678。
〔註138〕同註137，下冊，頁679。
〔註139〕段致成云：「五行說認爲，火明水幽，明者吐氣，火陰在內：幽者含氣，水陽在內。」段致成：《《太平經》思想研究》，頁157。
〔註140〕同註137，頁157。
〔註141〕同註137，下冊，頁449。
〔註142〕同註137，上冊，頁43～44。

但當天地萬物間出現陽氣極盛時，《太平經》認爲陰陽相生，陽中有陰，因此極陽之氣便會自然變化出陰氣，反之，當陰氣極盛時，陰中有陽，因此極陰之氣便會自然變化出陽氣，由此可知，陰陽二氣生化規律爲物極必反，不會出現孤陰孤陽的狀態，此爲自然之術，萬物便在此陰陽自然之理中生生不息。

爲證明此自然生化之理，《太平經》舉出男女孕育相生之理與寒暑交替次序說明之，「如男女不相得，便絕無後世」，若只有孤男孤女便無法生育繁衍後代，「比若寒盡反熱，熱盡反寒」，寒暑季節也是，當冬至極寒之後春分至，節氣自然回暖，當夏至極熱之後秋分至，節氣又將轉寒，而陰陽自然之術便在男女、寒熱之中展現，且輪轉不息。故《太平經》云：「大道以是爲性，天法以是爲常，皆以一陰一陽爲喉衿，今此乃太靈自然之術也。無極之政，周者反始，無有窮已也〔註143〕」。

（二）陰陽逆鬬，錯亂相干

> 是天地之大怒，天地戰鬬不和，其驗見效於日月星辰。然亦可蝕，亦可不蝕，咎在陰陽氣戰鬬。……陰陽相奸，遞諍勝負。夫陰與陽，本當更相利祐，共爲和氣，而反戰鬬，悉過在此不和調。……大洞上古最善之時，常不蝕，後生彌彌，共失天地意，遂使陰陽稍稍不相愛，故至於戰鬬。〔註144〕

> 若今使陰陽逆鬬，錯亂相干，更相賊傷，萬物不得處其所，日月無善明，列星亂行，則天有疾病，悒悒不解，不傳其言，則病不愈。〔註145〕

除了陰陽和合相生之外，《太平經》也觀察到天地間會出現災異兵禍等天災人禍，《太平經》認爲這必然是因爲陰陽二氣無法相生相和所導致，《太平經》稱爲「陰陽戰鬬」。《太平經》認爲當天地間出現日月蝕而無光、列星運行大亂、萬物無法順利化生、人世間疾病傳染流行，久病不癒時，是因爲天對人君施政違背正道感到大怒，故使陰陽二氣戰鬬不和，無法相生相和，以致於天地間出現種種災異現象，用以譴告人君。

《太平經》認爲「夫陰與陽，本當更相利祐，共爲和氣」，陰陽相生相和爲天地自然生生之理，當陰陽相生產生太和之氣，天地萬物便得以自然順

〔註143〕王明編：《太平經合校》（全二冊），下冊，頁653～654。
〔註144〕同註143，下冊，頁365～366。
〔註145〕同註143，上冊，頁200。

利生成。反之，「故生災異不絕，天甚疾之，得亂生病焉，陰陽戰鬭而不止也〔註 146〕」，若天地間出現災異、禍害等不和之事時，便是因爲陰陽二氣戰鬭不相愛，無法調和所導致。因此，《太平經》云：「帝王多行道德，日月爲之不蝕，星辰不亂其運。何以然哉？又天性，陰陽同處，本當相愛，何反相害耶？又陰陽本當轉相生，轉相成功，何反相賊害哉？〔註 147〕」只要人君爲善行道，遵循天地自然之理，使天喜樂，自然可恢復陰陽相愛相生之天之本性，使陰陽二氣相生相和，日月光明不蝕，列星運行合於自然規律，天下無災異病禍。《太平經》透過陰陽戰鬭說明天人相應之理，點出遵行天道自然之理的重要性，藉此譴告人君，並提醒人君必須積極爲善行道，而陰陽相生、戰鬭之理也成爲《太平經》政治觀的理論基礎。

（三）陽尊陰卑

> 陽所以獨名尊而貴者，守本常盈滿而有實也；陰所以獨名卑且賤者，以其虛空而無實也，故見惡見賤也。〔註 148〕

> 夫天名陰陽男女者，本元氣之所始起，陰陽之門户也。人所受命生處，是其本也。故男所以受命者，盈滿而有餘，其下左右，尚各有一實。上者盈滿而有餘，尚常施與下陰，有餘積聚而常有實。……實者，核實也，則仁好施，又有核實也，故陽得稱尊而貴也。〔註 149〕

> 陰爲女，所以卑而賤者，其所受命處，户空而虛，無盈餘，又無實，故見卑且賤也。〔註 150〕

陰中有陽、陽中有陰，陰陽相生，無有窮已。《太平經》雖確立陰陽相生的生化次序，也點出陰陽同爲元氣生化重要因素，缺一不可，孤陰孤陽無法生成萬物，但《太平經》也認爲陰陽二氣有尊卑次序。

「人所受命生處，是其本也」，陽主生，主元氣生生，陰主養，主完成作用〔註 151〕，《太平經》認爲陰陽相生若無陽氣提供生生作用賦予陰氣完成，萬物便無反產生，因此陽氣較陰氣尊貴。《太平經》爲說明此理，以男女交合繁

〔註 146〕王明編：《太平經合校》（全二册），下册，頁 420。
〔註 147〕同註 146，下册，頁 366。
〔註 148〕同註 146，下册，頁 386。
〔註 149〕同註 146，下册，頁 386。
〔註 150〕同註 146，下册，頁 386。
〔註 151〕《太平經》：「元氣，陽也，主生；自然而化，陰也，主養凡物」。同註 146，上册，頁 220。

衍後代爲例，《太平經》認爲陰陽相生之本始於元氣，而男女交合，男主陽主元氣生生，陽氣作用於體內產生精實之氣爲精液，「守本常盈滿而有實也」；女主陰主受命完成，陰氣作用於體內子宮產生完成力量，「以其虛空而無實也」，男女陰陽虛實交合相生便可繁衍子嗣，因此，《太平經》認爲男子盈滿有實故較爲尊貴，女子虛空無實故較爲卑賤，故主張陽尊陰卑。

《太平經》主張陽尊陰卑、重陽輕陰，因此產生重男輕女、重君上輕臣下的觀念，延續董仲舒重陽輕陰主張加以發揮，加強君主統治的地位，可知其爲君主國家政治服務的目的，但《太平經》對於當時重男輕女以至於產生殺女的習慣也作出批評，《太平經》云：

> 今天下失道以來，多賤女子，而反賊殺之，令使女子少於男，故使陰氣絕，不與天地法相應。天道法，孤陽無雙，致枯，令天不時雨。女者應地，獨見賤，天下共賤其眞母，共賊害殺地氣，令使地氣絕也不生，地大怒不悅，災害益多，使王治不得平。何也？夫男者，乃天之精神也。女者，乃地之精神也。物以類相感動，王治不平，本非獨王者之過也。……天地之性，萬二千物，人命最重，此賊殺女，深亂王者之治，大咎在此也。〔註 152〕

《太平經》強調雖男尊女卑，但若孤男無女，有陽無陰，便無法完成陰陽相生自然之術，與世世不絕、生生不息的境界，更會導致陰陽二氣失調、節氣失序、萬物不生、天君大怒、災害益多、天下大亂，因此《太平經》嚴厲批評當時殺女的行爲。

綜上所述，《太平經》主張陰陽相生，物極必反的生化過程，強調陰陽二氣同等重要，缺一不可，但在政治目的之上，延續董仲舒重男輕女的主張，強化君王的權力地位，主張陽尊陰卑，但仍不忘提醒，雖男尊於女，但男女同等重要，若無女也無法建立家庭社會，導致社會動盪，天下大亂，不可不慎。

二、三氣凝，共生天地

> 氣者，乃言天氣悅喜下生，地氣順喜上養；氣之法行於天下地上，陰陽相得，交而爲和，與中和氣三合，共養凡物，三氣相愛相通，無復有害者。太者，大也；平者，正也；氣者，主養以通和也；得

〔註 152〕王明編：《太平經合校》（全二冊），上冊，頁 33～34。

此以治，太平而和，且大正也，故言太平氣至也。……元氣與自然太和之氣相通，并力同心，時怳怳未有形也，三氣凝，共生天地。天地與中和相通，并力同心，共生凡物。凡物與三光相通，并力同心，共照明天地。凡物五行剛柔與中和相通，并力同心，共成共萬物。四時氣陰陽與天地中和相通，并力同心，共興生天地之物利。孟仲季相通，并力同心，各共成一面。地高下平相通，并力同心，共出養天地之物。蠕動之屬雄雌合，迺共生和相通，并力同心，以傳其類。男女相通，并力同心共生子。三人相通，并力同心，共治一家。君臣民相通，并力同心，共成一國。此皆本之元氣自然天地授命。凡事悉皆三相通，迺道可成也。〔註 153〕

《太平經》認爲陰陽相生爲天地萬物生生之理，並且在《老子》對萬物生化過程的論述之上，特別強調「沖氣以爲和」的重要性，《太平經》認爲陽氣清揚在上爲天，陰氣重濁在下爲地，「天氣悅喜下生，地氣順喜上養」，陰陽相生，產生中和之氣，陰陽和氣三合共生，萬物得以生成化育。因此，《太平經》云：「太者，大也；平者，正也；氣者，主養以通和也；得此以治，太平而和，且大正也，故言太平氣至也」，《太平經》認爲陰氣與陽氣相生產生中和之氣，而陰陽與中和之氣「三氣相愛相通」，天地間便能合於太平之道而無有災害，而三氣共合共生便是《太平經》所強調的太平氣至的最佳狀態。

因此，《太平經》點出不論是天地生成、日月星三光照耀、萬物化生、四時節氣輪轉運行、男女孕育子女與君臣統治天下萬民，陰陽和氣皆扮演重要且關鍵的角色，三氣若能相愛相通，和合共生，便能創生天地，三氣作用於天，便可使三光照耀天地，三氣作用與五行、剛柔相互和合相通，萬物便得以自然化育，三氣與孟仲季之月令節氣相通，便可使四時順暢運行以利萬物生長，三氣作用於男女之間便可和合共生孕育子女，作用於君臣之間便可使天下萬民太平安定，「此皆本之元氣自然天地授命。凡事悉皆三相通，迺道可成也」。

元氣自然，共爲天地之性也。六合八方悅喜，則善應矣；不悅喜，則惡應矣。狀類景象其形、響和其聲也。太陰、太陽、中和三氣共爲理，更相感動，人爲樞機，故當深知之。皆知重其命，養其軀，即知尊其上，愛其下，樂生惡死，三氣以悅喜，共爲太和，乃應並

〔註 153〕王明編：《太平經合校》（全二冊），上冊，頁 148～149。

> 出也。………故天地調則萬物安，縣官平則萬民治。故純行陽，則地不肯盡成；純行陰，則天不肯盡生。當合三統，陰陽相得，乃和在中也。古者聖人治致太平，皆求天地中和之心，一氣不通，百事乖錯。〔註 154〕

《太平經》認為太陰、太陽、中和之氣三氣和合共生為元氣自然創生天地萬物的關鍵，元氣中蘊含陰陽兩種相對力量創生作用，透過陰陽相生產生中和之氣，使陰陽二氣得以調和落實於天地萬物間。由此可知，《太平經》的氣化宇宙生成過程中，元首初始之氣為無形形上生生作用，蘊含陰陽兩種創生萬物的力量與元素，第二階段為陰陽二氣，陰陽二氣仍為無形形上狀態，二氣相生相剋，產生具體生成不同陰陽比例萬物的凝結力量，第三階段為中和之氣，當陰陽二氣相愛相通，便會產生中和之氣，「太陰、太陽、中和三氣共為理，更相感動，人為樞機」，陰陽和氣三氣共生便能成為化生萬物的重要樞紐，因此，中和之氣為有形之氣，是無形陰陽二氣能具體凝結產生具體萬物的重要關鍵。三氣共生，化生萬物，《太平經》認為當太陰、太陽、中和之氣皆能相通調和，萬物便得以自然長養化育，此時「三氣以悅喜，共為太和」、「太者，大也；平者，正也；氣者，主養以通和也；得此以治，太平而和，且大正也，故言太平氣至也」，《太平經》認為三氣共合的狀態為太和之氣，也就是太平和合之氣。故《太平經》特別強調中和之氣的重要性，不論是天地人、三光、四時、五行與君臣之理，都必須依循三氣共生，萬物才能順利生長化育，天下也才能中和太平。

其次，《太平經》以宗教人格神角度詮釋三氣共和的狀態，故云：「氣者，乃言天氣悅喜下生，地氣順喜上養」、「三氣相愛相通，無復有害者」、「元氣自然，共為天地之性也。六合八方悅喜，則善應矣；不悅喜，則惡應矣」、「皆知重其命，養其軀，即知尊其上，愛其下，樂生惡死，三氣以悅喜，共為太和，乃應並出也」，《太平經》認為天地陰陽和氣是有意識的，具有喜怒情緒變化與善惡判斷之分，當陰陽和氣和合共生，天地之氣喜悅相愛，便得以順利生養萬物，天下便得以太平無災，反之，若陰陽和氣無法和合共生，天地之氣不悅喜，「一氣不通，百事乖錯」，天地之氣無法和順相通，便會造成四時節氣紊亂，三光不明，萬物不生，天下大亂。因此，《太平經》認為宇宙間具有至尊神祇，能夠分辨是非善惡，而陰陽和氣亦具有人格神的特質，故當

〔註 154〕王明編：《太平經合校》（全二冊），上冊，頁 17～18。

三氣悅喜便能和合共生，使太平氣出，天人相應，萬物自然生生不息，但當三氣不悅便無法相通時，便會使萬物無法順利化生，使天地間出現災害異象。由此可知，《太平經》的氣化宇宙論已從道家自然氣化相生的過程轉變爲人格神主宰的氣化宇宙生化過程，具有宗教義。

> 共生和，三事常相通，并力同心，共治一職，共成一事，如不足一事便凶。故有陽無陰，不能獨生，治亦絕滅；有陰無陽，亦不能獨生，治亦絕滅；有陰有陽而無和，不能傳其類，亦絕滅。故有天而無地，凡物無於止；有地而無天，凡物無於生；有天地相連而無和，物無於相容自養也。故男不能獨生，女不能獨養，男女無可生子，以何而成一家，而名爲父與母乎？故天法皆使三合迺成。故古者聖人深知天情，象之以相治。故君爲父，象天；臣爲母，象地；民爲子，象和。天之命法，凡擾擾之屬，悉當三合相通，并力同心，迺共治成一事，共成一家，共成一體也，迺天使相須而行，不可無一也。一事有冤結，不得其處，便三毀三凶矣。故君者須臣，臣須民，民須臣，臣須君，迺後成一事，不足一，使三不成也。故君而無民臣，無以名爲君；有臣民而無君，亦不成臣民；臣民無君，亦亂，不能自治理，亦不能成善臣民也；此三相須而立，相得迺成，故君臣民當應天法，三合相通，并力同心，共爲一家也。〔註155〕

由此可知，《太平經》的氣化宇宙生成論中特別強調三氣共生，并力同心，最終使太平氣至的狀態，《太平經》認爲孤陽不生、孤陰不成，同時有陰有陽而無中和之氣也無法產生太和之氣，使太平氣至，因此，《太平經》以男女生育爲例：家庭組成必須透過男女相生相成才能生子繁衍，組成家庭，缺一不可，以國家社會治理爲例：一國必須君臣相依才能治理天下萬民，「故君爲父，象天；臣爲母，象地；民爲子，象和」，父母子、君臣民皆須三者才能共成一家、共治一事、共成一體，正如太陰、太陽、中和三氣必須共和化生才能化育萬物，此爲天地自然生生之道，三者缺一不可。

> 學士習用其書，尋得其根，根之本宗，三一爲主。〔註156〕

> 第一云：誦讀吾書者之災害不得復起，此上古聖賢所以候得失之本

〔註155〕王明編：《太平經合校》（全二冊），上冊，《道教義樞》卷二七部義及《雲笈七籤》卷六四輔引《太平經》甲部第一云，頁149～150。

〔註156〕同註155，上冊，頁9。

也。書有三等，一曰神道書，二曰核事文，三曰浮華記。神道書者，不離實，守本根，與陰陽合，與神同門。核事文者，考核異同，疑誤不實。浮華記者，離本已遠，錯亂不可常用，時〃可記，故名浮華記。然則精學之士，務存神道，習用其書，守得其根。〃之本宗，三一爲主。一以化三，左无上，右玄老，中太上。太上統和，无上攝陽，玄老總陰。〃合地，陽合天，和均人。人、天及地，号爲三才。各有五德，五德倫分。循事畢，三才後一。得一者生，失一者死。能遵上古之道，則到太平之辰，故曰三老相應。三五炁和，〃生生炁，〃行无死名也。和則溫清調適，〃則日月光明。〔註157〕

綜上所述，《太平經》以三一說爲其氣化宇宙論主旨，「所謂『三一爲宗』是說：天、地、人三者合一以致太平；神、氣、精三者混一而長生〔註158〕」，藉三氣共生，三合相通，并力同心建構其氣化宇宙論的重心〔註159〕，「學士習用其書，尋得其根，根之本宗，三一爲主」、「然則精學之士，務存神道，習用其書，守得其根。〃之本宗，三一爲主」，在道書所引以及敦煌殘卷中可看出，《太平經》從宗教的角度，論述氣化宇宙生化是由「一以化三」，初始元氣化生陰陽和氣，其中左無上主太陽、右玄老主太陰，中太上主中和之氣，三氣相通，化生天地人。由此可知《太平經》以道教神祇三老詮釋氣化宇宙生成論，這成爲道教「一氣化三清」的思想理論根源，同時這也爲道教氣化宇宙觀奠定理論基礎。

三、四時五行，乃天地之眞要道

夫天以要眞道生物，乃下及六畜禽獸。夫四時五行，乃天地之眞要道也，天地之神寶也，天地之藏氣也。〔註160〕

〔註157〕李德范輯：《敦煌道藏》全五冊，第三冊，S4226，《太平部卷第二》，頁1650～1651。

〔註158〕湯一介：《魏晉南北朝時期的道教》，頁38。

〔註159〕湯一介云：「關於『天、地、人』三者合一的思想，本來在《易·繫辭傳》中就有類似的觀點，《易·繫辭傳》中說：『《易》之爲書也，廣大悉備，有天道焉，有地道焉，兼三材而兩之，故六，六者非它也，三材之道也。』……這種把『天』、『地』、『人』稱爲三才，並要求統一起來對中國傳統哲學有著很大影響，到漢朝這一觀點則服務於天人感應目的論。……而《太平經》就是沿著這種思想發展而有『三一爲宗』的思想。」同註158，頁38～39。

〔註160〕王明編：《太平經合校》（全二冊），下冊，頁430。

> 夫天道生物，當周流俱具，覩天地四時五行之氣，迺而成也。一氣不足，即輒有不足也。故本之於天地周流八方也，凡數適十也。〔註 161〕

道生萬物，其中蘊含初始元氣，元氣中有陰陽兩種相生作用，變化生成天地，天地間蘊含陰陽五行之氣，作用其間產生四時五行之氣，化生萬殊形物，《太平經》認爲在天道化生天地萬物的過程當中，必須透過無形天地陰陽之氣產生相生相成的凝結力量，落實於天地間生成四時五行之氣，再透過四時五行之氣的具體凝結，生成殊形萬類，因此，《太平經》中特別點出四時五行之氣爲天地陰陽之氣能具體凝結爲有形形物的關鍵，屬於作用於天地間的有形之氣，故云：「天地乃是四時五行之父母也，……萬物者，隨四時五行而衰興，而生長自養，是其弟子也」，天地陰陽之氣生四時五行，四時五行之氣生養萬物。

> 天地者，主造出生凡事之兩手也。四時者，主傳養凡物之兩手也。五行者，主傳成凡物相付與之兩手也。〔註 162〕

> 天有五行，亦自有陰陽；地有五行，亦自有陰陽；人有五行，亦自有陰陽也。故皆十。〔註 163〕

《太平經》言天地、四時、五行之氣的特質，《太平經》認爲天地之氣屬無形陰陽之氣，主創生變化作用，下生四時五行之氣。四時之氣屬有形之氣，爲作用於天地間化生日月星辰與月令節氣的生生作用，故四時之氣清揚屬天主創生化育萬物之氣。五行之氣屬有形之氣，爲作用於天地間完成具體形物的凝結作用，故五行之氣重濁屬地主完成萬物之氣。以下分別就四時、五行之氣說明之。

（一）四時者，變化凡物，無常形容

> 今天乃貴重傳相生，故四時受天道教，傳相生成，無有窮已也，以興長凡物類。故天者名生稱父，地者名養稱母。因六甲十二子八卦之氣以爲紀，更相生轉相使，故天道得常在不毀敗，是常行施化之功也。〔註 164〕

〔註 161〕王明編：《太平經合校》（全二冊），上冊，頁 77。
〔註 162〕同註 161，下冊，頁 518。
〔註 163〕同註 161，上冊，頁 336。
〔註 164〕同註 161，下冊，頁 658。

元氣化生陰陽和氣，陽氣輕揚上升爲天，陰氣重濁下沉爲地，陰陽交互作用爲中和之氣生成萬物，《太平經》在建構其氣化宇宙世界時，賦予天蘊含陽氣，具有生生創造作用，陽氣生生作用於具體天地間形成主宰時間節氣的四時之氣。「天行者與四時并力，天行氣，四時亦行氣，相與同心，故逆四時者，與天爲怨〔註 165〕」，由此可知，四時之氣爲天之陽氣所生，屬天，主創生作用，爲強調其主宰生生的特質，《太平經》稱其爲父。

「四時者，變化凡物，無常形容，或盛或衰〔註 166〕」，四時之氣無形但具體存在，主宰天氣節候遞嬗、四時輪轉、六甲五行干支卦氣變化〔註 167〕與二十四節氣輪轉的合宜調暢，以利天地萬物生長。故《太平經》云：「夫天地中和凡三氣，內相與共爲一家，反共治生，共養萬物。天者主生，稱父；……父當主教化以時節，……父教有度數時節，故天因四時而教生養成，終始自有時也〔註 168〕」。反之，「四時天氣，天所案行也，而逆之，則賊害其父〔註 169〕」、「四時小諫寒暑小不調，大諫寒暑易位，時氣無復節度，諫而不從，因而消亡矣〔註 170〕」，當人違逆四時天氣自然運行，破壞節氣流行和暢，就如同賊害生養之父，如此便會造成天神大怒厭惡，透過災禍凶象警示人君，輕則寒暑節候不協調，重則寒暑節候錯亂失序，以致萬物無法生成，天下大亂，故《太平經》云：「夫惡者，事逆天心，常傷人意；好反天道，不順四時，令神祇所憎，人所不欲見父母之大害，君子所得愁苦也，最天下絕凋凶敗之名字也。故人之行，失吉輒入凶，離凶則入吉。〔註 171〕」

〔註 165〕王明編：《太平經合校》（全二冊），上冊，頁 166。

〔註 166〕同註 165，上冊，頁 221。

〔註 167〕《太平經》云：「所以一周者，凡物之生，悉法六甲五行四時而生，一氣不至，物有不具，則其生不足不調矣。爲人君上父母，而不調大過也。故天日一周，自臨行之也。所以自臨行之者，假令子水也。但有水氣未周，五行氣不足，四時氣不周，故爲行而臨之。甲加其上，有木行，有春氣。丙加其上，有火行，有夏氣。戊加其上，有土行，有四季中央之氣。庚加其上，有金行，有秋氣。壬加其上，有水行，有冬氣。五身已周，四氣已著，乃凡物得生也」。同註 165，下冊，頁 681～683。

〔註 168〕同註 165，上冊，頁 113。

〔註 169〕同註 165，上冊，頁 114。

〔註 170〕同註 165，上冊，頁 99。

〔註 171〕同註 165，上冊，頁 158。

（二）五行者，主傳成凡物相付與之兩手

五行者，主傳成凡物相付與之兩手也。〔註172〕

凡物五行剛柔與中和相通，并力同心，共成共萬物。〔註173〕

元氣化生陰陽和氣，陽氣輕揚上升為天，陰氣重濁下沉為地，陰陽交互作用為中和之氣生成萬物，《太平經》在建構其氣化宇宙世界時，賦予地蘊含陰氣，具有完成長養作用，陰氣完成作用於具體天地間形成主宰萬物生成的五行之氣。「地者與五行同心并力，共養凡物〔註174〕」、「地者主養，稱母；……母主隨父所為養之，子者生受命於父，見養食於母〔註175〕」，由此可知，五行之氣為地之陰氣所生，屬地，主完成作用，為強調其主宰生成長養的特質，《太平經》稱其為母。

故不能化生萬物者，不得稱為人父母也。故火能化四行自與五，故得稱君象也。木〔註176〕性和而專，得火而散成灰。金性堅剛，得火而柔。土性大柔，得火而堅成瓦。水性寒，得火而溫。火自與五行同，又能變化無常，其性動而上行。陰順於陽，臣順於君，又得照察明徹，分別是非，故得稱君，其餘不能也。土者不即化，久久即化，故稱后土。三者佐職，臣象也。〔註177〕

《太平經》在建構具體世界時，以四時五行作為氣化宇宙具體生成的重要力量，其中五行之氣主金木水火土等五行元素之生成作用，是具體構成形物的生成力量，透過五行相生相剋彼此相互激盪，具體完成殊形萬類。關於五行的性質，《太平經》有簡單的論述，《太平經》認為木性曲直圓和，遇火則散成灰燼；金性剛硬堅強，遇火則熔而柔軟；土性特別柔軟，遇火則堅硬成磚瓦；水性寒冷就下〔註178〕，遇火則轉為溫暖。而火為五行之一，其性炎熱生生向上，又能變化四行，因此《太平經》將其視為五行之首，故稱為君長〔註179〕，引領四行變化，而土遇火而堅強不化，其性靜定安穩，故《太平

〔註172〕王明編：《太平經合校》（全二冊），下冊，頁518。
〔註173〕同註172，上冊，頁148～149。
〔註174〕同註172，上冊，頁166。
〔註175〕同註172，上冊，頁113。
〔註176〕「木」本作「本」。王明注：「本疑係木字之譌」，今從校改。同註172，上冊，頁21。
〔註177〕同註172，上冊，頁20～21。
〔註178〕《太平經》云：「比若水從下，火從高」。同註172，下冊，頁639。
〔註179〕《太平經》云：「火亦五行之君長也，亦是其陽也」。同註172，下冊，頁669。

經》將其視爲主宰完成安靜，故稱爲后土。

> 然今者，五陽之上長也，五火之始也。火之最上者，上爲天，爲日月之色者。火赤與天同色，天之色赤，火亦赤，赤者迺稱神。天與神者常昌，得凡事之元。是故十一月爲天正，天上亦然。故其物氣赤，赤者日始還反。其初九氣屬甲子，爲六甲長上首也。甲者爲精，爲凡事之心，故甲最先出於子，故上出爲心星。故火之精神，爲人心也。人心之爲神聖，神聖人心最尊眞善。故神聖人心乃能造作凡事，爲其初元首。故神聖之法，乃一從心起，無不解說。故赤之盛者，爲天、爲日、爲心。〔註180〕

《太平經》視火爲五行之首，因此對火的性質、變化與影響論述非常詳盡，《太平經》言火性最上，故上主天、神，火色赤，與天、日月之色同，故主天道變化、日月運行，天、神爲創生作用之首，凡事之元，故火主創生之始，陽氣始萌，節氣月令運行之初，甲子爲干支之首、初九爲八卦中純陽之卦乾卦第一爻，而甲者爲精，對應於人身爲心，甲最先出於子，斗杓指子爲北方，節氣爲十一月冬至，對應二十八宿爲心宿。

「甲者爲精，爲凡事之心」、「故火之精神，爲人心也。人心之爲神聖，神聖人心最尊眞善」，《太平經》言火爲凡事之元、凡事之心，爲初始、精華之生生作用，落實於人身則爲人心，因爲人心爲人之精神思慮之元首，最爲神聖，故火之精神者爲人心，故《太平經》云：「火者爲心，心者主神，和者可爲化首，萬事將興，從心起〔註181〕」、「夫火者，乃是天之心也。心主神，心正則神當明。故天使吾下理神道也〔註182〕」、「心者，最藏之神尊者也。心者，神聖純陽，火之行也。火者，動而上行，與天同光。故日者，乃火之王，爲天之正，無不照明。故人爲至誠，心中正疾痛應。心神至聖，乃上白於日，日乃上白於天〔註183〕」。

> 天常識格法，以南方固爲君也。故日在南方爲君也，火在南方爲君，太陽在南方爲君，四時、盛夏在南方爲君，五祀、竈在南方爲君，五藏、心在南方爲君。君者，法當衣赤，火之行也。是故君有變怪，

〔註180〕王明編：《太平經合校》（全二冊），下冊，頁678。
〔註181〕同註180，下冊，頁376。
〔註182〕同註180，下冊，頁377。
〔註183〕同註180，下冊，頁426。

常與陽相應，非得與他行相應也。陽者日最明，爲眾光之長，故天讖常以日占君盛衰也。……人君之法，常當求與仁者同家，有心者爲治。其可與共爲治者，常當行道而好生。小小幼弱，於其長臣賢成器者，君當養之，不宜傷也。故東方者好生，南方者好養。夫不仁用心，不可與長共事，不明，不可以爲君長。故東方者木仁有心，南方者火明也。夫天法，帝王治者常當以道與德，故東方爲道，道者主生；南方爲德，德者主養，故南方主養也。〔註184〕

火爲凡事之元，爲五行最上者，故得稱君，故人君治理天下必須遵循火之特質，火性炎上，對應於天主日，對應於五方主南，對應於四時爲盛夏，火色赤，對應於人君法當衣赤，對應於五祀當爲竈，對應於五臟當爲心，又火性光明，對應於政治爲德，德主養，對應於四時耕作主南方，主盛夏，主長養萬物。

綜上所述，「故赤之盛者，爲天、爲日、爲心」，《太平經》將五行中火特別標舉出來，視爲最上最尊，其作用分別展現於天地人：展現於天主日主生生之陽之始，故爲節氣初始，火之作用於四時爲盛夏，五方爲南方，因此展現於地主長養萬物，火之精神爲天之心，心主神，最爲尊者，故展現於人身主心，萬事將興，從心而起，心者神聖純陽，爲人之主宰元首。

《太平經》特別標舉五行中火的位置，視爲最尊，因東漢以火德自居〔註185〕，爲了呼應當時朝廷政治，並替東漢末年亂世提出解決改善方式，《太平經》站在東漢火德的氣化宇宙論五德終始說的立場之上，以宗教神學思想提出其對治理天下，改變亂世的方法。

（三）四時五行守道而行，故能變化萬物

五行化生萬物的方式爲相生相剋，透過金木水火土間不同性質間相生相剋作用，產生殊形萬類。

〔註184〕王明編：《太平經合校》（全二冊），上冊，頁262～263。

〔註185〕王平云：「《太平經》根據當時東漢王朝以火德自命的現實，於『五行』之中特重『火德』，多方論述使『火氣大明』的方法。」王平：《《太平經》研究》，頁98。楊寄林云：「西漢自武帝太初元年（前104年），即依照五行相勝的順序，確定漢當土德。此後五德終始又被抽換成按相生順序來作推導，於是到東漢光武帝建武二年（公元26年），『始正火德』，本經中雖仍殘留著土爲五行之主的說法，但更大張旗鼓地宣播漢當火德論。」楊寄林譯注：《太平經今注今譯》（上、下卷），〈太平經綜論〉，頁32～33。

> 太陰爲民，民流行而不止。故水流行而不知息也。民者，職當主爲國家王侯治生。故水者，當隨生養木也。東方者，君之家也。〔註 186〕

> 故東方爲少陽，君之始生也，故日出於東方也。南方爲太陽，君之盛明也。少陽爲君之家及父母，太陽爲君之身，君之位也。少陽爲君之家，木爲火之父母，君以少陽爲家，火稱木之子。〔註 187〕

> 水王則火少氣，火少氣則化成灰，化成灰則變成土，便名爲火，付氣於土也。土得王起地，與金水屬西北。〔註 188〕

《太平經》以陰陽、君臣之理說明五行相生之理，《太平經》以君民爲喻，指出太陰爲水爲民，東方、木爲君之家，故民生生不已是國君治理的根基，故曰「水生木」。少陽、東方、木爲君之家，太陽、南方、火爲君之盛明，「少陽爲君之家，木爲火之父母，君以少陽爲家，火稱木之子」，故曰「木生火〔註 189〕」。「火少氣則化成灰，化成灰則變成土」，故曰「火生土」。當火行將氣交付與土行，土便得以興盛於地，此時金與水得以生於西方與北方，故曰「土生金〔註 190〕」、「金生水」。

（四）四時五行氣乖錯，殺生無常也

> 皆由案天法而爲之，欲使陽氣日興，火大明，不知衰時者，但急絕由金氣，勿使其王也。金氣斷，則木氣得王，火氣大明，無衰時也。〔註 191〕

> 天之讖訣，金玉興用事。人大興武部者，木絕元氣，土得王。〔註 192〕

> 土乃勝水，以厭固絕滅，令水不過度傷陽也。水，太陰也，民也，反使興王，傷損陽精，爲害深矣。修道路，取興大道，以類相占，漸置太平。〔註 193〕

> 天之讖格法，太陽雖爲君者，反大畏太陰，水之行也。水之甘良者，

〔註 186〕王明編：《太平經合校》（全二冊），上冊，頁 264。
〔註 187〕同註 186，上冊，頁 263～264。
〔註 188〕同註 186，上冊，頁 270。
〔註 189〕《太平經》又云：「生養之道，少陽太陽，木火相榮，各得其願，是復何爭」。同註 186，上冊，頁 213。
〔註 190〕《太平經》有云：「土王則金相，復相隨騰而起」。同註 186，上冊，頁 270。
〔註 191〕同註 186，上冊，頁 224～225。
〔註 192〕同註 186，上冊，頁 270。
〔註 193〕同註 186，上冊，頁 215。

> 酒也。酒者，水之王也，長也，漿飲之最善者也，氣屬坎位，在夜主偷盜賊。故從酒名爲好縱，水之王長也，水王則衰太陽。……是故太平德君方治，火精當明，不宜從太陰，令使水德王，以厭害其治也，故當斷酒也。〔註194〕

《太平經》以陰陽生剋之理與萬物五行之性間關係說明五行相剋之理。陽氣盛時火氣大明，斷絕金氣，金氣斷絕，木氣才得以興盛，故曰「火剋金」、「金剋木〔註195〕」。木氣斷絕，土氣才得以興盛，故曰「木剋土〔註196〕」。「土乃勝水，以厭固絕滅，令水不過度傷陽也」，水者太陰，爲民，過盛傷火，火者君也，而土得以壓制水使其斷絕，故曰「土剋水」。火者太陽，爲君，火氣盛明，君施政治理得以清明，但君大畏酒，酒者水之王，太陰，屬坎位，亦使人偷盜縱欲，故君當斷酒，國乃治，故曰「水剋火〔註197〕」。

綜上所述，《太平經》根據陰陽相生相剋之理，推演五行相生次序：水生木、木生火、火生土、土生金、金生水；與五行相剋次序：水剋火、火剋金、金剋木、木剋土、土剋水。同時，透過五行生剋次序的建立，說明五行休王之理，並以此作爲萬物生成變化次序與人君施政之理提供理論基礎〔註198〕。

第三節　元氣迺包裹天地八方，莫不受其氣而生

《太平經》的氣化宇宙論，除了延續漢代陰陽五行氣化觀，更加入宗教人格神理論，使陰陽氣化論與道教神仙體系相互整合爲一個宗教式的氣化宇宙論系統，建立起初期道教神仙階級體系。

〔註194〕王明編：《太平經合校》（全二冊），上冊，頁268～269。

〔註195〕《太平經》又云：「乙者，陰也，與草同類，故與乙相應也。乙者畏金，金者傷木，木傷則陽衰，陽衰則僞姦起，故當燒之也」;「金王則令甲乙木行無氣，木斷乙氣，則火不明」。同註194，下冊，頁670、225。

〔註196〕《太平經》又云：「木王則土不得生」。同註194，上冊，頁225。

〔註197〕《太平經》又云：「酒者，水之王。水王當剋火。火者，君德也，急斷酒以全火德」;「水王則火少氣」。同註194，上冊，頁269、270。

〔註198〕楊寄林云：「這一定律是根據五行生剋的原理確立起來，藉以顯示五行之氣在一年四季和季夏六月迭相出現的『一興一衰』的狀態與周流過程，含有正常運轉下新陳代謝的意味。對這一定律尤其是『王相氣相及』，本經極爲重視，據以論證社會領域的突出問題。」楊寄林譯注：《太平經今注今譯》（上、下卷），〈太平經綜論〉，頁32。

《太平經》除了建立起獨特的宗教式氣化宇宙論之外，更對其氣化宇宙論之內涵加以具體建構，呈現出其獨特的氣化宇宙論圖式，以下試論之。

一、陰陽相與合乃能生

（一）元氣，陽也，主生；自然而化，陰也，主養凡物

> 元氣，陽也，主生；自然而化，陰也，主養凡物。天陽主生也，地陰主養也。日與晝，陽也，主生；月星夜，陰也，主養。春夏，陽也，主生；秋冬，陰也，主養。甲丙戊庚壬，陽也，主生；乙丁己辛癸，陰也，主養。子寅辰午申戌，陽也，主生；丑卯巳未酉亥，陰也，主養。亦諸九，陽也，主生；諸六，陰也，主養。男子，陽也，主生；女子，陰也，主養萬物。雄，陽也，主生；雌，陰也，主養。君，陽也，主生；臣，陰也，主養。天下凡事，皆一陰一陽，乃能相生，乃能相養。一陽不施生，一陰並虛空，無可養也；一陰不受化，一陽無可施生統也。〔註199〕

《太平經》認爲天地萬物皆是由陰陽二氣相生而成，而在宇宙生成萬物方面：陽氣主元氣、主生、主天；陰氣主自然而化、主養凡物、主地，在星辰方面：陽氣主白晝主日，屬燥；陰氣主黑夜主月星，屬深〔註200〕，在四時方面：陽氣主春夏；陰氣主秋冬，在數字方面：陽氣主諸九主奇數；陰氣主諸六主偶數，故在天干方面：陽氣主甲丙戊庚壬；陰氣主乙丁己辛癸，地支：陽氣主子寅辰午申戌；陰氣主丑卯巳未酉亥。

> 故東南者爲陽，西北者爲陰。……少陰太陰與地屬西北。……仁溸道德賢明聖人悉屬東南，屬於陽，屬於天。……火之精爲心，心爲聖，木之精爲仁，故象在東也。東南者養長諸物，賢聖柔明亦養諸物，不傷之也。故夫聖賢柔明爲性，悉仁而明，仁者象木，明者象火，故悉在東南也。〔註201〕

另外在天地間五行生成次序方面，《太平經》認爲陽氣主東南；陰氣主西北，東南五行屬木屬火，木之精爲仁、火之精爲心，心爲身之主，故心爲聖，

〔註199〕王明編：《太平經合校》（全二冊），上冊，頁220～221。

〔註200〕《太平經》：「故天地一日一夜共閏萬二千物盡使生。夜則深，晝則燥。深者，陰也。燥者，陽也。天與地日共養此萬二千物具足也」。同註199，上冊，頁218。

〔註201〕同註199，上冊，頁271～272。

主仁明之政；西北五行屬金屬水，金水主兵災刑罰〔註 202〕，主武智之政，因此東南主生養諸物；西北主災害死亡，故東南道德聖人賢明出；西北兵災凶害刑禍現。

> 山者，太陽也，土地之綱，是其君也。布根之類，木是其長也，亦是君也，是其陽也。火亦五行之君長也，亦是其陽也。三君三陽，相逢反相衰。是故天上令急禁燒山林叢木，木不燒則陰中。陰者稱母，故倚下也。〔註 203〕

> 草者，木之陰也，與乙相應。木者，與甲相應。甲者，陽也，與木同類，故相應也。乙者，陰也，與草同類，故與乙相應也。乙者畏金，金者傷木，木傷則陽衰，陽衰則僞姦起，故當燒之也。又天上言，乙亦陰也，草亦陰也，下田亦土之陰也。三陰相得，反共生姦。故玄武居北極陰中，陰極反生陽。火者，陽也，陰得陽而順吉，生善事。故天上相教，燒下田草以悅陰，以興陽，故燒之也。天上亦然也。甲者，天上木也。乙者，天上之草。寅與卯何等也？然寅者亦陽，地上木也。卯者，陰也，地上之草也。此四事俱東行也。但陽者稱木，陰者稱草，此自然之法，天上之經也。〔註 204〕

針對天地萬物，《太平經》也以陰陽區分，《太平經》認爲陽氣主山主木，因山者土地之綱，木者布根之類，與天干甲相應，稱爲天上木，此皆爲之君長，又火爲五行之君長，皆屬於陽，故《太平經》稱爲三君三陽。又以地支觀之，寅爲地上木，亦屬於陽；陰氣主草，因草者木之陰，與天干乙相應，稱爲天上草，又下田者爲土地之陰，皆爲之臣下，故《太平經》稱爲三陰。又以地支觀之，卯爲地上草，亦屬於陰。

〔註 202〕《太平經》:「是以天性上道德而下刑罰。故東方爲道，南方爲德。道者主生，故物悉生於東方。德者主養，故物悉養於南方。天之格法，凡物悉歸道德，故萬物都出生東南而上行也，天地四方六陽氣俱與生物於辰巳也。……天之法下刑，故西北少陰，太陰爲刑禍。刑禍者，主傷主殺。故物傷老衰於西，而死於北。天氣戰鬬，六陰無陽，物皆伏藏於内穴中，畏刑興禍，不敢出見。天道惡之下之，故其畜生，悉食惡棄也。是故古者聖人覩天法明，故尚眞道善德奇文而下武也，是明效也。今刑禍武生於西北而尚之，名爲以陰乘陽，以賤乘貴，多出戰鬬。」王明編：《太平經合校》（全二冊），上冊，頁 230～231。

〔註 203〕同註 202，下冊，頁 669。

〔註 204〕同註 202，下冊，頁 670～671。

天之格分也，陽者爲天、爲男、爲君、爲父、爲長、爲師，陰者爲地、爲女、爲臣、爲子、爲民、爲母。〔註205〕

人生象天屬天，人卒象地屬地。天，父也。地，母也。事母不得過父。生，陽也。卒，陰也。事陰不得過陽。陽，君道也。陰，臣道也。事臣不得過於君。〔註206〕

在人倫社會方面，《太平經》亦以陰陽劃分，《太平經》認爲在生死方面：陽氣主人生；陰氣主人死，在男女方面：陽氣主男子、主父、主雄；陰氣主女子、主母、主雌，在君臣方面：陽氣主君；陰氣主臣，在社會人倫次序方面：陽氣主師長；陰氣主子民。又《太平經》云：「陽所以獨名尊而貴者，守本常盈滿而有實也；陰所以獨名卑且賤者，以其虛空而無實也，故見惡見賤也〔註207〕」，《太平經》認爲陽尊陰卑，故以陽氣之屬主尊貴；陰氣之屬主卑賤。

天上言，陽氣大興盛，鬼物不得妄行爲害，何也？夫陽盛者陰必衰，故物不得妄行爲害也，誰禁之乎？陽精禁之。陽精何以禁之哉？夫陽精爲神，屬天，屬赤，主心。心神，乃天之神也。精者，地之精也。鬼者，人之鬼也。地，母也。鬼，子也。子母法同行，并處陰道。太平氣至，陽氣大興，天道嚴，神道明。明則天且使人俱興用之，神道用，則以降消鬼物之道也。神道興，與君子同行。鬼物道者，與小人同行。故君子理以公正，神亦理公正。小人理邪僞，鬼物亦理邪僞，明於同氣類也。〔註208〕

又生人，乃陽也。鬼神，迺陰也。生人屬晝，死人屬夜，子欲知其大深放此。〔註209〕

除了人倫社會之外，《太平經》也將鬼神以陰陽論之。《太平經》認爲陽氣之精爲神，屬天、屬赤、主心，故心神者，天之神；陰氣之精爲鬼，屬地，因爲精者，地之精，鬼者，人之鬼，地與母相應，鬼與子相應，故地精者，地之鬼，《太平經》又稱鬼物、鬼神。《太平經》認爲生人與人鬼相對，一屬陽一屬陰，主宰生人者爲陽精爲神，主宰人鬼者爲陰精爲鬼，而陽尊陰卑，

〔註205〕王明編：《太平經合校》（全二冊），上冊，頁271。
〔註206〕同註205，上冊，頁50。
〔註207〕同註205，下冊，頁386。
〔註208〕同註205，下冊，頁695～696。
〔註209〕同註205，上冊，頁49。

因此《太平經》在此理論基礎之上建立主宰統御生人的天神的系統，成爲其宗教神祇理論根源，與之相對者爲主宰死人的鬼神的世界。《太平經》又云：「夫陽極爲善，陰極爲惡；陽極生仙，陰極殺物；此爲陰陽之極也〔註210〕」、「神道興，與君子同行。鬼物道者，與小人同行〔註211〕」，《太平經》從陽尊陰卑帶出陽極爲善、陰極爲惡的觀念，點出在人倫社會中，陽者善也，與君子同行，故人應行善，便可與天神同氣相應，陽極生仙，進入道教修養的終極目標理想，反之，陰者惡也，與小人同行，故人若爲惡，便會與鬼神同氣相應，陰極殺物，便會導致邪僞災害而死亡。

《太平經》在建立了陰陽相生的架構之後，陰陽兩種相對的力量對天下萬物作出分類與詮釋，以下列表觀之。

氣化陰陽圖式

宇宙生成	陰陽相生	陽	陰
	生化力量	元氣	自然而化
	生成作用	主生	主養凡物
	天地	天	地
	日月星	日	月星
	晝夜	晝	夜
	屬性	燥	深
	四時	春夏	秋冬
	天干	甲丙戊庚壬	乙丁己辛癸
	地支	子寅辰午申戌	丑卯巳未酉亥
	奇偶	諸九	諸六
五行生成	方位	東南	西北
	五行	木火	金水〔註212〕
	五行之精	仁心	
	帝王之政〔註213〕	仁明	武智

〔註210〕王明編：《太平經合校》（全二冊），下冊，頁691。

〔註211〕同註210，下冊，頁696。

〔註212〕《太平經》：「土得王起地，與金水屬西北」。同註210，上冊，頁270。

〔註213〕《太平經》：「帝王仁明生于木火，武智生于金水，柔和生土。」同註210，上冊，頁25。

天地萬物	三陽三陰	山：土地之綱	下田
		木	草
		火	乙
	天干	甲：天上木	乙：天上草
	地支	寅：地上木	卯：地上草
人倫次序	生卒	生	卒
	男女	男子	女子
	雄雌	雄	雌
	君臣	君	臣
	父母	父	母
	師民	師長	子民
	尊卑	尊	卑
天神人鬼	神鬼	陽精爲神	地精爲鬼
		心神：天之神	鬼神
	善惡	陽極爲善	陰極爲惡

綜上所述，《太平經》以陰陽二氣建構其宇宙圖式，陰陽相生成爲《太平經》中最基礎的創生力量，透過陰陽相生，萬物生化完成，透過陰極生陽，陽極生陰，陰陽得以生生輪轉不息，而在陽尊陰卑的觀念之下，《太平經》表現出重陽輕陰的思想，點出重生輕死的生命修養觀，這也成爲道教重視長生，講究透過內外修養達到長生久視、得道成仙的理論基礎。

（二）然易者，迺本天地陰陽微氣，以元氣為初

> 又天讖格法，東南爲天斗綱斗所指向，推四時，皆王受命。西北屬地，爲斗魁，所繫者死絕氣，故少陰太陰土使得王，勝其陽者，名爲反天地，故多致亂也。……覩天微意，然易者，迺本天地陰陽微氣，以元氣爲初。故南方極陽生陰，故記其陰；北方極陰生陽，故記其陽；微氣者，未能王持事也。故易初九子，爲潛龍勿用，未可以王持事也，故勿用也。此者，但以元氣之端首耳。〔註 214〕

《太平經》認爲易卦的產生，根據天地陰陽之氣的遞嬗推演而成，陰陽二氣生於初始元氣，陰陽二氣的消息依循天地星辰四時運行輪轉不息，東南

〔註 214〕王明編：《太平經合校》（全二冊），上冊，頁 272。

爲斗杓所指，是天地四時運行綱紀之始，爲陽氣所生之處，掌管生生之天氣，西北爲斗魁所指，爲陰氣所生之處，掌管死絕之地氣，陰陽二氣便在天地四時八方之間消息運行。

「今南方爲陽，易反得巽離坤，北方爲陰，易反得乾坎艮」，《太平經》認爲根據天地運行之理，易卦次第也因此確立，南方陽氣極盛，所應的卦象爲巽離坤，北方陰氣極盛，所應的卦象爲乾坎艮，這是因爲南方陽氣極盛，陰氣始生，故所應之卦爲其中皆蘊含陰爻之巽離坤，北方陰氣極盛，陽氣始生，故所應之卦爲其中蘊含陽爻之乾坎艮。

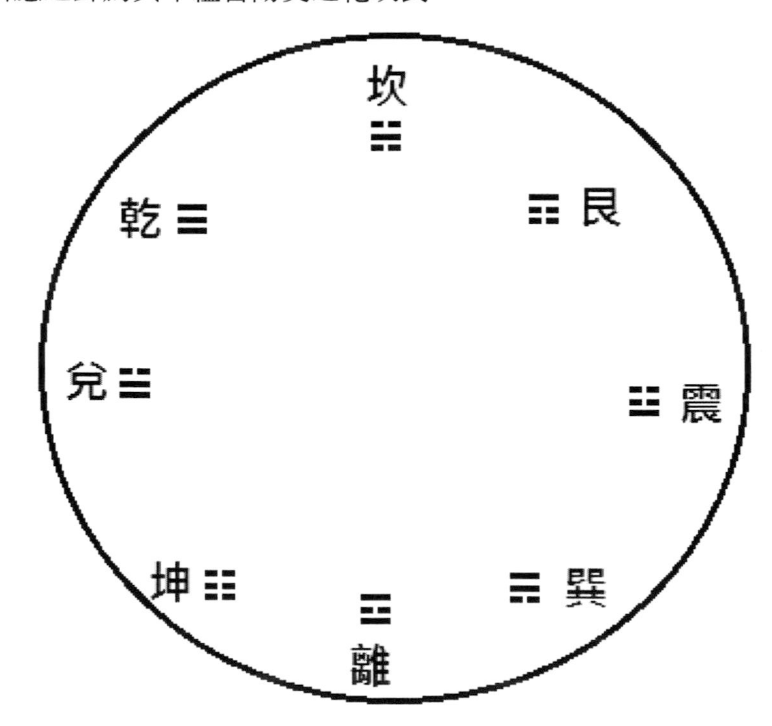

「微氣者，未能王持事也。故易初九子，爲潛龍勿用，未可以王持事也，故勿用也」，《太平經》又云當初始之氣之時，不能稱王統治，所應之爻爲《易經》乾卦初九，因爲乾卦初九爻辭爲爲潛龍勿用，《太平經》認爲乾卦位於西北，屬死絕之地氣極盛，此時陰氣極盛，陽氣潛藏，故稱勿用，不能稱王統治。

綜上所述，《太平經》將陰陽二氣消息運行規律加入易卦詮釋，帶出八方與易卦相互對應的位置，同時以易的角度詮釋陰陽相生與孤陰孤陽不成之理，透過易卦觀念的加入，《太平經》建構以陰陽卦氣爲主的宇宙圖式。

今吾所言，正天下人君所當按之以爲治法也。子之所問，正氣之端首也。今眞人見吾言，或疑也，爲諸眞人具說天地八界。……日之界者，以日出於卯，入於酉，以南爲陽，北爲陰。天門地户界者〔註215〕，以巽初生東南角，乾初生西北角，以東北爲陽，以西南爲陰。子初九、午初六，以東爲陽，西爲陰。立春於東北角，立秋於西南角〔註216〕，以東南爲陽，西北爲陰。此名爲天地八界，分別陰陽位。〔註217〕

此段《太平經》從卦氣、地支說明天地八界。「日之界者，以日出於卯，入於酉，以南爲陽，北爲陰」，從一日運行而言，日出於卯，爲東方，震卦，此時陰陽二氣均等，節氣爲二月春分。日入於酉，爲西方，兌卦，此時陰陽二氣均等，節氣爲八月秋分。因此以節氣觀之，南方爲離卦，地支爲午，此時陽氣極盛，陰氣始生，節氣爲五月夏至。北方爲坎卦，地支爲子，此時陰氣極盛，陽氣始生，節氣爲十一月冬至。由此可知，《太平經》從日與節氣運行規律，指出日之界以南爲陽，以北爲陰。

「天門地户界者，以巽初生東南角，乾初生西北角，以東北爲陽，以西南爲陰」，從天門地戶而言，乾爲天門，爲西北方，地支爲亥，此時陰氣強盛，陽氣潛藏初萌，節氣爲十月立冬。巽爲地戶，爲東南方，地支爲巳，此時陽氣強盛，陰氣潛藏初萌，節氣爲四月立夏。因此，從天門地戶陰陽二氣消息觀之，東北方爲艮卦，地支爲寅，此時陰氣強盛但逐漸轉弱，陽氣漸強，節氣爲一月立春。西南方爲坤卦，地支爲申，此時陽氣強盛但逐漸轉弱，陰氣漸強，節氣爲七月立秋。由此可知，《太平經》以天門地戶之方位陰陽二氣的消息，指出天門地戶之界以東北方爲陽，以西南方爲陰。

「子初九、午初六，以東爲陽，西爲陰」，從地支而言，子爲北方，坎卦，十一月冬至，此時對應到乾卦初九，陰氣極盛，陽氣初生。午爲南方，離卦，

〔註215〕楊寄林注：「天門，指西北。地户，指東南。易緯《乾鑿度》云：『乾爲天門，巽爲地户』。詳參本經卷六十五《斷金兵法》所述」。楊寄林譯注：《太平經今注今譯》（上、下卷），上卷，頁628。

〔註216〕「立秋於西南角」本作「立秋於西北角」。楊寄林注：「西北角，應作『西南角』。西南角地支爲申，於時爲七月，七月爲立秋所在的月份」。同註215，上卷，頁628。

〔註217〕王明編：《太平經合校》（全二冊），上冊，頁272～273。楊寄林注：「以上所云，本於易緯的八卦方位說」。同註215，上卷，頁628～629。

五月夏至，此時對應到巽卦初六，陽氣極盛，陰氣初生。因此，由地支觀之，以東方卯爲陽，以西方酉爲陰。

「立春於東北角，立秋於西南角，以東南爲陽，西北爲陰」，從節氣而言，立春一月於東北方，艮卦，地支爲寅，此時陰氣強盛但逐漸轉弱，陽氣漸強。立秋七月於西南方，坤卦，地支爲申，此時陽氣強盛但逐漸轉弱，陰氣漸強。因此，由立春立秋觀之，以東南方巽爲陽，西北方乾爲陰。

綜上所述，《太平經》在陰陽卦氣的基礎之上，從日、天門地戶、地支、節氣運行的分界，說明陰陽、八卦、八方、地支、節氣之間的關係，定出天地八界：北、東北、東、東南、南、西南、西、西北八個方位，作爲陰陽消息運行的基準，此外根據陰陽二氣的消息運行，又將八界分爲陰陽兩類，其中東北、東、東南、南爲陽的方位，西南、西、西北、北爲陰的方位，透過陰陽二氣運行的分界劃分方位、八卦、節氣、地支的陰陽性質，將其綰合一起，建構出以陰陽卦氣爲主的氣化宇宙論圖式〔註 218〕。

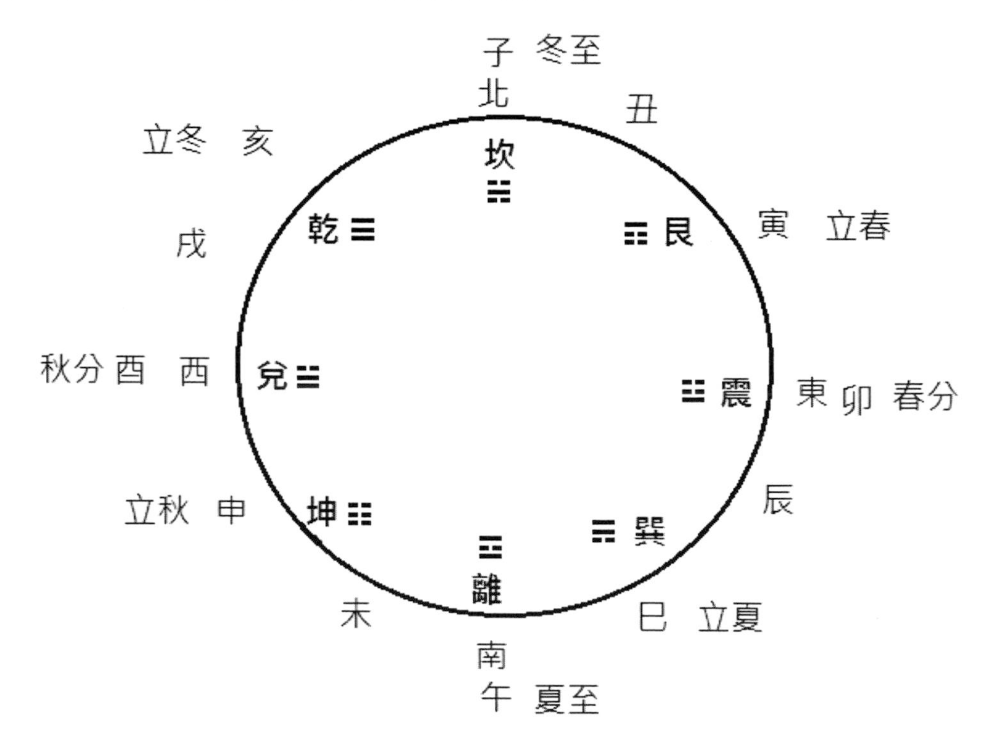

〔註 218〕金春峰云：「然而其陰陽五行理論是直接發揮《易緯》和《京房易學》的。……這裡『天地八界』，因襲《乾鑿度》的封位說。」金春峰：《漢代思想史》，頁 565～566。

八卦圖式

八卦	坎☵	艮☶	震☳	巽☴	離☲	坤☷	兌☱	乾☰
八界	北	東北	東	東南	南	西南	西	西北
陰陽	陰	陽	陽	陽	陽	陰	陰	陰
地支	子	寅	卯	巳	午	申	酉	亥
月份	十一月	一月	二月	四月	五月	七月	八月	十月
節氣	冬至	立春	春分	立夏	夏至	立秋	秋分	立冬

（三）夫刑德者，天地陰陽神治之明效也

透過觀察天地間節氣運行中的陰陽二氣消息變化對萬物的影響，《太平經》認爲陽主生、主天、主君王，陰主殺、主地、主臣民，在陰陽二氣交互作用的過程中，萬物得以生養不息。因此，在陰陽二氣消息變化的基礎之上，《太平經》加入以陽氣主生爲德，陰氣主殺爲刑的刑德觀，並結合乾坤二卦卦爻變化，與月令節氣運行，體悟萬事萬物變化之理，建構陰陽刑德氣化宇宙觀，作爲推斷事物吉凶生殺與行事的規範準則。以下試論之。

> 夫刑德者，天地陰陽神治之明效也，爲萬物人民之法度。故十一月大德在初九，居地下，德時在室中，故內有氣，萬物歸之也。時刑在上六，在四遠野，故外無氣而清也，外空萬物，士眾皆歸，王德隨之入黃泉之下。十二月德在九二之時，在丑，居土之中，而未出達，時德在明堂，萬物隨德而上，未敢出見，上有刑也。正月寅，德在九三，萬物莫不隨盛德樂闕於天地而生，時德居庭。二月德在九四，在卯，已去地，未及天，適在界上，德在門，故萬物悉樂出闕於門也。三月盛德在九五，辰上及天之中，盛德時在外道巷，故萬物皆出居外也。四月巳，德在上九，到於六遠八境，盛德八方，善氣陽氣莫不響應相生，擾擾之屬，去內室之野處，時刑在萬物之根，居內室，故下空無物，而上茂盛也，莫不樂從德而爲治也，是治以德之大明效也。〔註 219〕

從月令節氣觀之，「十一月大德在初九，居地下，德時在室中，故內有氣，萬物歸之也。時刑在上六，在四遠野，故外無氣而清也，外空萬物，士眾皆

〔註 219〕王明編：《太平經合校》（全二冊），上冊，頁 105～106。

歸，王德隨之入黃泉之下」，十一月月建在子，以卦象言之，此時德在乾卦初九，刑在坤卦上六，以象陽氣始生，陰氣極盛，以刑德言之，此時德居內室，刑在外野，因此，十一月萬物歸藏地中未生，在政治上士眾皆隨君王潛藏陽德於深處。

「十二月德在九二之時，在丑，居土之中，而未出達，時德在明堂，萬物隨德而上，未敢出見，上有刑也」，十二月月建在丑，以卦象言之，此時德在乾卦九二，刑在坤卦六五，以象陽氣微弱，陰氣強盛，以刑德言之，此時德居明堂，刑在外街，因此，十二月萬物雖具萌發之兆但仍居土中未出現，因地上肅殺陰氣仍然強盛。

「正月寅，德在九三，萬物莫不隨盛德樂闖於天地而生，時德居庭」，正月月建在寅，以卦象言之，此時德在乾卦九三，刑在坤卦六四，以象陽氣漸強，陰氣轉弱，以刑德言之，此時德居中庭，刑在道巷，因此，正月萬物皆隨上升陽氣初生於天地之間。

「二月德在九四，在卯，已去地，未及天，讁在界上，德在門，故萬物悉樂出闖於門也」，二月月建在卯，以卦象言之，此時德在乾卦九四，刑在坤卦六三，以象陰陽二氣均等，以刑德言之，此時刑德在門，因此，二月陰陽二氣交會，萬物因生生陽氣樂於生長。

「三月盛德在九五，辰上及天之中，盛德時在外道巷，故萬物皆出居外也」，三月月建在辰，以卦象言之，此時德在乾卦九五，刑在坤卦六二，以象陽氣強盛，陰氣削弱，以刑德言之，此時德居道巷，刑在中庭，因此，三月陽氣蓬勃，萬物皆生長茁壯。

「四月巳，德在上九，到於六遠八境，盛德八方，善氣陽氣莫不響應相生，擾擾之屬，去內室之野處，時刑在萬物之根，居內室，故下空無物，而上茂盛也，莫不樂從德而爲治也，是治以德之大明效也」，四月月建在巳，以卦象言之，此時德在乾卦上九，刑在坤卦初六，以象陽氣強盛，陰氣衰微，以刑德言之，此時德居於街，刑在明堂，因此，四月陽氣生生盛德遍布八方，陰氣潛藏入於內，天地間美善之氣充盈其間，在政治上君王樂以陽德施政行事，此時治理最具成效。

由此觀之，十一月至四月，節氣變化爲陽氣萌發，由初生到極盛，因此，在刑德方面，陽德由內室逐漸往外蔓延至外野，陰刑由原本強盛充盈外野逐漸轉爲微弱潛藏內室，萬物也由潛藏到蓬勃茂盛，此時陽德漸強且盛行。

> 五月刑在初六，在午，地下，下內清無氣，地下空，時刑在室中，內無物，皆居外。六月刑居六二，在未，居土之中，未出達也，時刑在堂，時刑氣在內，德氣在外，擾擾之屬莫不樂露其身，歸盛德者也。七月刑在六三，申之時，刑在庭，萬物未敢入，固固樂居外。八月刑在六四，酉時，上未及天界，時德在門，萬物俱樂，闚於門樂入，隨德而還反也。九月刑在六五，在戌，上及天中，時刑在道巷，萬物莫不且死困，隨德入藏，故內日興，外者空亡。十月刑在上六，亥，時刑及六遠八境，四野萬物擾擾之屬莫不入藏逃，隨德行到于明堂，跂行自懷居內，野外空無士眾，是非好用刑罰者見從去邪哉？〔註220〕

四月之後，陽氣由極盛轉衰，陰氣萌生。「五月刑在初六，在午，地下，下內清無氣，地下空，時刑在室中，內無物，皆居外」，五月月建在午，以卦象言之，此時刑在坤卦初六，德在乾卦上九，以象陰氣始生未發，陽氣極盛，以刑德言之，此時刑在內室，德在外野，因此，五月陰氣始由地下萌發，故地下因而空虛無物，萬物隨著陽德生發於外。

「六月刑居六二，在未，居土之中，未出達也，時刑在堂，時刑氣在內，德氣在外，擾擾之屬莫不樂露其身，歸盛德者也」，六月月建在未，以卦象言之，此時刑在坤卦六二，德在乾卦九五，以象陰氣初生但仍潛藏土中未出，陽氣強盛，以刑德言之，此時刑在明堂，德在外街，因此，六月陰刑之氣在內，陽德之氣在外，故萬物仍蓬勃生長。

「七月刑在六三，申之時，刑在庭，萬物未敢入，固固樂居外」，七月月建在申，以卦象言之，此時刑在坤卦六三，德在乾卦九四，以象陰氣漸強上升出於天地之間，陽氣雖強但已減弱，以刑德言之，此時刑在中庭，德在道巷，因此，七月萬物仍因陽氣在外樂於長養於天地間，尚未返回地下。

「八月刑在六四，酉時，上未及天界，時德在門，萬物俱樂，闚於門樂入，隨德而還反也」，八月月建在酉，以卦象言之，此時刑在坤卦六四，德在九三，以象陰陽二氣均等，以刑德言之，此時刑德在門，因此，八月陰陽二氣交會，萬物皆樂於依循陽德生生之氣返歸門內，回到初生地下。

「九月刑在六五，在戌，上及天中，時刑在道巷，萬物莫不且死困，隨德入藏，故內日興，外者空亡」，九月月建在戌，以卦象言之，此時刑在坤卦六五，德在乾卦九二，以象陰氣強盛，陽氣衰微，以刑德言之，此時刑在道

〔註220〕王明編：《太平經合校》（全二冊），上冊，頁106。

巷，德入中庭，因此，萬物隨陽德衰弱而死亡，故地下因陽氣與萬物潛藏而興盛，天地間因陰氣強盛而萬物消亡。

「十月刑在上六，亥，時刑及六遠八境，四野萬物擾擾之屬莫不入藏逃，隨德行到于明堂，跂行自懷居內，野外空無士眾，是非好用刑罰者見從去邪哉」，十月月建在亥，以卦象言之，此時刑在坤卦上六，德在乾卦初九，以象陰氣極盛，陽氣微弱，以刑德言之，此時刑在外街，德在明堂，因此，陰氣充盈於四野六遠八境，草木鳥獸蟲魚無不歸藏冬眠於地下，隨陽德潛藏於內，野外空無一物，由此可知刑罰於外則士眾如萬物般因陽德潛藏而不出於世，國家便會因此衰弱。

由此觀之，五月至十月，節氣變化爲陰氣萌發，由初生到極盛，因此，在刑德方面，陰刑由內室逐漸往外蔓延至外野，陽德由原本強盛充盈外野逐漸轉爲微弱潛藏內室，萬物也由生機蓬勃轉爲潛藏地下，此時陰德漸強且盛行。

綜上所述，《太平經》將陰陽二氣相生之理，結合刑德觀，詮釋萬物由潛藏、初生、生長、強盛到衰弱、死亡的過程，透過自然陰陽刑德的變化，《太平經》將其與政治結合，使君王得以透過觀一年十二月陰陽刑德變化，了解萬物變化規律，制定、施行合於時節的政令，同時，透過陰陽刑德對萬物消息變化的觀察，更帶出《太平經》重陽輕陰、陽尊陰卑的陰陽觀，運用到政治上便形成重納賢德與輕施刑罰的政治觀。

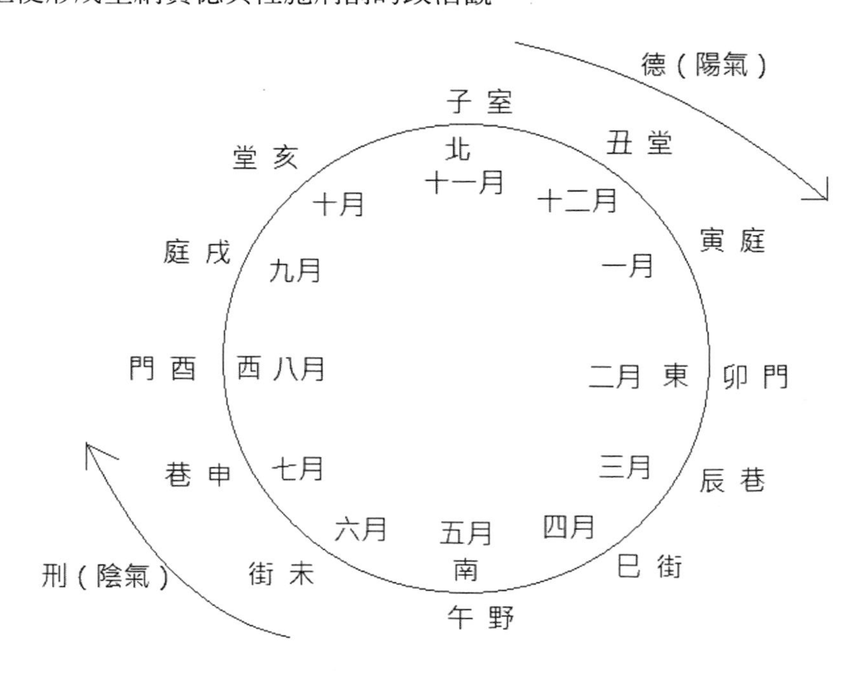

> 但心意欲內懷以刑，治其士眾，輒日為其衰少也。故五月內懷一刑，一羣眾叛。六月內懷二刑，二羣眾叛。七月內懷三刑，三羣眾叛。八月內懷四刑，四羣眾叛。九月內懷五刑，五羣眾叛。十月內懷六刑，六羣眾叛。故外悉無物，皆逃於內，是明證效也。故以刑治者，外恭謹而內叛，故士眾日少也。是故十一月內懷一德，一羣眾入從。十二月內懷二德，二羣眾入從。正月內懷三德，三羣眾入從。二月內懷四德，四方羣眾入從。三月內懷五陽盛德，五羣眾賢者入從。四月內懷六德，萬物並出見，莫不擾擾，中外歸之。此天明法效也。二月八月，德與刑相半，故二月物半傷於寒，八月物亦半傷於寒；二月之時，德欲出其士眾於門，刑欲內其士眾於門，俱在界上；故二月八月萬物刑德適相逢，生死相半，故半傷也。子今樂知天地之常法，陰陽之明證，此即是也。〔註221〕

《太平經》認為氣類相感、天人相應，因此施政刑德應與天地節氣陰陽刑德相互對應，故《太平經》云：「故以刑治者，外恭謹而內叛，故士眾日少也」，以刑罰作為施政原則的話，會造成臣民對外表現出戒慎恭敬，但內心充滿怨恨反叛，久而久之追隨的士眾便會日漸減少。《太平經》更以節氣陰陽刑德變化為例，五月至十月，雖然陽氣極盛但逐漸轉弱隱微，反而陰氣開始萌發且逐漸增強達到極盛，萬物變化也從五月生機蓬勃轉變為十月萬物消亡潛藏。施政亦然，五月刑德主坤卦初六，如施政用一刑罰，會導致一群士眾叛離，六月刑德主坤卦六二，如施政用二刑罰，刑罰加重，便會導致二群士眾叛離，以至於十月刑德主坤卦上六，如施政用六刑罰，刑罰及多，更會導致所有士眾叛離，如萬物潛藏消亡。

反之，若以德政作為施政原則的話，會使臣民感到君主賢能願意廣納人才，內心便會誠心歸順。以陰陽刑德變化為例，十一月至四月，雖然陰氣極盛但逐漸式微，反而陽氣開始萌發並逐漸增強達到極盛，萬物變化也從原本潛藏未出轉變為初生並逐漸成長茁壯。施政亦然，十一月刑德主乾卦初九，如施政用一德政，會使一群士眾前來歸順，十二月刑德主乾卦九二，施政用二德政，便會吸引二群士眾前來歸順，以至於四月刑德主乾卦上九，施政皆用德政，所有士眾便會因賢君德政而前來歸順。

〔註221〕王明編：《太平經合校》（全二冊），上冊，頁106～107。

而二月八月，刑德各半，乾卦主九四、坤卦主六四，此時萬物中生死力量均等相當，因此對應到政治上，士眾於門，前來歸順與叛離者各半，《太平經》稱爲「半傷」。

綜上所述，《太平經》將陰陽刑德之理落實於人世政治上運用，當君王以刑罰治理國家，企圖使士眾畏懼而服從，但士眾就算表面服從內心也是充滿反叛之意而最終導致眾叛親離，無人可用，反之，當君王以德政治理國家，雖無刑罰使士眾畏懼，但士眾也會因爲德行生生舒展蔓延而自然心悅誠服，前來歸順。爲說明人君行德政的重要性，《太平經》以自然陰陽刑德變化詮釋人世政治，認爲在天人相應、氣化整體宇宙觀之下，人君施政應與天地陰陽變化相應，故云：「夫刑德者，天地陰陽神治之明效也，爲萬物人民之法度〔註222〕」、「天地之常法，陰陽之明證，此即是也〔註223〕」。同時，《太平經》藉由建構元氣流行宇宙觀，指出陰陽消息爲其中最爲基本關鍵之生成作用，並透過陰陽圖式的建立，呈現一氣化整體世界觀，在此基礎之上，《太平經》將陰陽刑德觀落實運用在政治之上，主張施行德政的重要性，試圖爲東漢末年亂世提出解決之道。

（四）陰陽建破，隨天斗所指以明事

願聞四時爲尊貴，然王氣乃爲無氣之長也，眾氣所繫屬，諸尊貴之君也。王氣乃爲天、爲皇、爲帝、爲王、爲太歲、爲月建、爲斗罡、爲青龍、爲大德、爲盛興、爲帝王、爲無上王、爲生成主。是故王氣所處，萬物莫不歸王之；王氣所居，皆王而生；所背去悉死，由元氣也。故王氣處陽則陽王，居陰則陰王，居天則天王，居地則地王，所處者皆王，受命主理。是古者聖人王者，春東、夏南、秋西、冬北、六月中央，匝氣則謁見天，王氣乃尊於天。當月建名爲破大耗，當帝王氣衝爲名死滅亡，元氣建位，帝王氣爲第一氣，尊嚴不可妄當也。月建後一爲閉，閉者，乃天主閉塞其後，陰休氣恐來前爲姦猾，干帝王建氣也，故閉其後也。開者，天之法，不樂害傷也。故開其後者，示教休氣，爲其有爲姦者樂開使退去也。不去當見收，收則考問之則成罪，罪則不可除，令

〔註222〕王明編：《太平經合校》（全二冊），上冊，頁105。
〔註223〕同註222，上冊，頁107。

死危。故後五爲危，危則近死矣。故後六爲破，天斗所破乃死，故魁主死亡，乃至危也。〔註224〕

天地之行，尚須陰陽相得和合，然後太平，而致四時五行之吏也。帝王月建前後也，職當爲帝王氣，逐邪惡之吏也。夫建氣王氣，是乃天四時五行之帝氣也。相氣除氣爲前，一是正其前，毛頭直指之吏也。所向者伏姦，不得復行爲害，除前滿平定氣，皆善良吏也。前五執者居前，預爲帝王氣，執除大邪。建前五將，悉受天正氣，皆天之神吏，當爲天使，無大小萬二千物之屬，皆當被服其德而奉行其化。當王氣爲死，當月建爲破，此尊嚴第一之氣，故不可當也。當者死，名爲殺氣大耗。月建後爲閉，閉塞邪姦，恐後休伏之氣來干帝王建氣也。故天閉其後，後而開，却休邪氣教去也。其後爲成姦，便當收之也。後五爲危，危者其處近天執大殺，一轉破即擊，故爲危也。此後五將，天將欲休之，與地同氣，主閉藏姦邪，鬼物同處，不可使也。〔註225〕

此爲《太平經》之建除之術，建除之術爲古人透過觀天斗運行十二辰爲一周天，因此將之配上十二神，用以判定十二月之吉凶〔註226〕。而在《太平經》當中除了保留建除十二神之說，更加入八方、五行休王，用以判斷王氣盛衰與政治人事吉凶，以下試論之。

《太平經》認爲天地陰陽四時五行之氣皆順委氣神人天君指揮之元氣輪轉不止，就如同天上的北斗七星斗杓所指亦會隨著春夏秋冬四時十二月而周行不息，而天君具有主宰元氣化生天地萬物的能力，在人世間能與之相對應者便是一統天下之帝王，因此人間又以王氣最爲尊貴，爲天、爲皇、爲帝、爲王，正因王氣與天相應，主生，故若能順王氣行事，萬物便得以生生不息，反之若違背王氣運行行事，萬物則會邁向死亡。因此，《太平經》便將王氣與周行四時十二月之斗杓相配，並以建除十二神詮釋吉凶的輪轉更迭，用以警示施行王氣之帝王須注意十二神吉凶變化，才不會邁向死亡。

〔註224〕王明編：《太平經合校》（全二冊），上冊，頁304。

〔註225〕同註224，下冊，頁706～707。

〔註226〕參見第三章〈《淮南鴻烈》道氣論思想〉第三節，（十二）寅爲建，卯爲除，頁145～146。

而建除十二神以建爲首，故云：「夫建氣王氣，是乃天四時五行之帝氣也」，因此當斗杓指寅，正月，東北，十二神爲建，故十二神以建主元氣初始，爲帝王之氣，屬良善之神吏，故主生。以十二神之建爲基準，《太平經》將十二神分爲前五將與後六將，建與前五將稱爲前六神，前六神皆爲良善之神吏，主天之正氣流行，後六將又稱後六神則爲奸邪之神，主閉藏奸邪，故不可遵循使喚〔註 227〕。

其中，後六將爲破、危、成、收、開、閉，建後第一神爲閉，「閉者，乃天主閉塞其後，陰休氣恐來前爲姦猾，干帝王建氣也，故閉其後也」、「月建後爲閉，閉塞邪姦，恐後休伏之氣來干帝王建氣也」，閉有閉塞之義，當斗杓指丑，十二月，東北，十二神爲閉，此時陰氣極盛但陽氣潛藏。故閉指天君閉塞陰氣與休氣，恐其將干預生生王氣流行，故使之閉塞於王氣建氣之後。

其後爲開，「開者，天之法，不樂害傷也。故開其後者，示教休氣，爲其有爲姦者樂開使退去也」、「故天閉其後，後而開，卻休邪氣教去也」，開有開啓之義，當斗杓指子，十一月，北方，十二神爲開，此時陰氣極盛。故開指天君隨順天法不樂傷害，網開一面指示奸邪之休氣、陰氣退散。

其後爲收，「不去當見收」、「其後爲成姦，便當收之也」，收有收束、囚禁之義，當斗杓指亥，十月，西北，十二神爲收，此時陰氣漸強。故收指天君收束、囚禁奸邪之陰氣。

其後爲成，「收則考問之則成罪，罪則不可除，令死危」，成有確定、完成之義，當斗杓指戌，九月，西北，十二神爲成，此時陰氣漸強。故成指經天君審問陰氣漸成奸邪之氣，並完成判斷其罪名。

其後爲危，「罪則不可除，令死危。故後五爲危，危則近死矣」、「後五爲危，危者其處近天執大殺」，危有危險之義，當斗杓指酉，八月，西方，十二神爲危，此時陰氣漸增。故危指奸邪之陰氣罪名顯現不可去除，因而構成危險趨近死亡，亦接近天君擊殺之位。

其後爲破，「當月建名爲破大耗，當帝王氣衝爲名死滅亡」、「故後六爲破，天斗所破乃死，故魁主死亡，乃至危也」、「當王氣爲死，當月建爲破，此尊嚴第一之氣，故不可當也。當者死，名爲殺氣大耗」，破有破滅、死亡之義，

〔註 227〕《太平經》云：「是故後六將天常休之空之，與地同氣，主閉藏匿，奸究與邪鬼物同處，不可妄開發。古者賢人好生也，悉氣屬斗前，與天行并，故日吉能有氣也。諸爲奸猾陰賊惡邪，悉象陰氣，屬斗後，故日衰，所爲者凶。」王明編：《太平經合校》（全二冊），上冊，頁 305。

當斗杓指申，七月，西南，十二神爲破，此時陰氣萌芽但陽氣極盛。故滅指陰氣正對月建王氣，王氣最爲尊貴，主生生陽氣，不可阻擋，因此破之陰氣正對王氣、陽氣，相衝則破敗死亡，非常危險。

由此可知，「後六神屬地屬陰〔註228〕」「此後五將，天將欲休之，與地同氣，主閉藏姦邪，鬼物同處，不可使也」，破與其後五將危、成、收、開、閉屬陰氣，主奸邪閉藏，屬地，並與鬼神同處，故其位爲凶危衰敗，其神不可呼喚指使。

「生氣者屬天屬陽屬前。天道以神氣生，故斗前六神皆生〔註229〕」，而建與其前五將除、滿、平、定、執屬陽氣，主良善創生，屬天，並與天君相應，故其位正直尊貴，其神爲天之神吏當遵循之。

因此，建前五將爲除、滿、平、定、執。建前一將爲除，「相氣除氣爲前，一是正其前，毛頭直指之吏也」，除有去除之義，當斗杓指卯，二月，東方，十二神爲除，此時陽氣漸增。故除指相氣，爲位於天君、帝王之氣之前祛除前方一切奸邪者。

其前爲滿、平、定、執，「所向者伏姦，不得復行爲害，除前滿平定氣，皆善良吏也。前五執者居前，預爲帝王氣，執除大邪」，《太平經》認爲當斗杓指辰，三月，東南，十二神爲滿，滿有充滿之義，此時陽氣漸強充盈，故可祛除奸邪陰氣；當斗杓指巳，四月，東南，十二神爲平，平有平息之義，此時陽氣漸強，故可平息奸邪之陰氣；當斗杓指午，五月，南方，十二神爲定，定有安定之義，此時陽氣極盛，故可使陰氣安定，不復出爲害；當斗杓指未，六月，西南，十二神爲執，執有執行之義，此時陽氣極盛但陰氣潛藏，故天君仍可使陽氣、正氣去除奸邪陰氣使之退卻。

由此可知，「建前五將，悉受天正氣，皆天之神吏，當爲天使，無大小萬二千物之屬，皆當被服其德而奉行其化」，《太平經》認爲建爲王氣、正氣，建前五將除、滿、平、定、執皆是在王氣、相氣之前接受正氣、陽氣去除奸邪陰氣之神吏，故爲良善，故可遵循奉行。

> 問：「太平經何以百七十卷爲意？」曰：「夫一者，乃數之始起。故天地未分之時，積氣都爲一。分爲二，成夫婦。天下施於地，懷妊於玄冥，字爲甲子；布根東北，丑爲寅始；見於東，日出卯；畢生

〔註228〕王明編：《太平經合校》（全二冊），下冊，頁698。
〔註229〕同註228，下冊，頁698。

東南，辰以巳垂枝於南，養於午；向老西南，未以申也；成於西方，日入酉；畢藏於西北，戌與亥。故數起於一，而止十二。干之本，五行之根也。故一以成十，百而備也。故天生物，春響百日欲畢終。故天斗建辰，破於戌。建者，立也，萬物畢生於辰。破者，敗也，萬物畢死於戌。故數者，從天下地八方，十而備；陰陽建破，以七往來，還復其故。隨天斗所指以明事，故斗有七星，以明陰陽之終始。故作太平經一百七十卷，象天地爲數，應陰陽爲法，順四時五行以爲行，不敢失銖分也。〔註230〕

綜上所述，《太平經》認爲《太平經》經卷之數皆是因循天地運行之數所訂定完成，故《太平經》強調陰陽合氣之三合系統，與四時五行氣之生剋圖式，以及陰陽刑德之十二十節氣運行，最後提到觀斗杓運行判定吉凶之建除之術，此皆《太平經》氣化宇宙論之重要內涵基礎。因此，《太平經》云：「天斗建辰，破於戌。建者，立也，萬物畢生於辰。破者，敗也，萬物畢死於戌」，當斗杓運行指向辰位，辰指三月、十二神爲滿，滿主生生充滿，故萬物於此時便可生發不已，與斗杓相對應之斗魁所指則於戌位，戌指九月、十二神爲成，成主完成罪名，故萬物於此時則破敗而邁向死亡。故《太平經》中建除之術在陰陽刑德消息的基礎之上，推衍十二時萬物生長滅亡時序，藉此賦予十二神生殺之義，並配合五行休王之氣之次序，判定王氣所居之位之吉凶，運用到政治人事層面，形成獨特充滿神靈觀之除建之術〔註231〕。

	建除十二神	十二辰	十二時	八方
前六神	建	寅	正月	東北
	除	卯	二月	東
	滿	辰	三月	東南
	平	巳	四月	
	定	午	五月	南
	執	未	六月	西南

〔註230〕王明編：《太平經合校》（全二冊），下冊，頁708～709。

〔註231〕楊寄林云：「而所述建除十二神，則與《淮南子・天文訓》小同大異，是對這種以天文十二辰分別象徵十二種人事情況、據以占測吉凶禍福之術的異解，與後世術數家所言也迥然不同，頗具道教的氣論特點。」楊寄林譯注：《太平經今注今譯》（上、下卷），上卷，頁709～710。

<table>
<tr><td rowspan="6">後六神</td><td>破</td><td>申</td><td>七月</td><td></td></tr>
<tr><td>危</td><td>酉</td><td>八月</td><td>西</td></tr>
<tr><td>成</td><td>戌</td><td>九月</td><td rowspan="2">西北</td></tr>
<tr><td>收</td><td>亥</td><td>十月</td></tr>
<tr><td>開</td><td>子</td><td>十一月</td><td>北</td></tr>
<tr><td>閉</td><td>丑</td><td>十二月</td><td>東北</td></tr>
</table>

二、元氣有三名，太陽、太陰、中和

三合共生爲《太平經》中特殊且重要的氣化宇宙觀〔註 232〕，《太平經》認爲元氣化生陰陽二氣，而在陰陽二氣相生消息作用之下，具有具體創生萬物的中和之氣產生，因此，「元氣與自然太和之氣相通，并力同心，時怳怳未有形也，三氣凝，共生天地。天地與中和相通，并力同心，共生凡物〔註 233〕」，在陰陽和三氣和合共生之下，萬物化生，而當三氣相愛相通時，也是與道相應貫通的狀態，《太平經》稱爲太平氣，而這也是《太平經》認爲最完美理想的境界。因此，在《太平經》當中建構出一獨特的氣化三合圖式，以下試論之。

> 元氣有三名，太陽、太陰、中和。形體有三名，天、地、人。天有三名，日、月、星，北極爲中也。地有三名，爲山、川、平土。人有三名，父、母、子。治有三名，君、臣、民，欲太平也。〔註 234〕
>
> 故天主生，地主養，人主成。〔註 235〕
>
> 天道常有格三氣。其初一者好生，名爲陽；二者好成，名爲和；三者好殺，名爲陰。故天主名生之也，人者主養成之，地者名爲殺〔註 236〕，

〔註 232〕湯一介云：「這種把宇宙萬物三分的方法可能來源很鼓，但與《太平經》較爲切近的則是緯書的《樂緯動聲儀》，其文說：『上元者，天氣也，居中調禮樂教化流行，總五行氣爲一。下元者，地氣也，爲萬物始質也，爲萬物之容範，生育長養，蓋藏之主也。中元者，人主也，其氣以定萬物，通於四時，象天心，理禮樂，通上下四時元氣，和合人之情，以愼天地者也。』『元氣』分爲『天氣』、『地氣』、『人氣』。『人氣』主『和合』，此或爲漢時之通論。」湯一介：《魏晉南北朝時期的道教》，頁 51～52。

〔註 233〕王明編：《太平經合校》（全二冊），上冊，頁 148。

〔註 234〕同註 233，上冊，頁 19。

〔註 235〕同註 233，下冊，頁 392。

〔註 236〕楊寄林云：「成，當作地字」。又云：「本經卷一百十七《天咎四人辱道誡》謂，地者主辱殺，主藏。」說見楊寄林譯注：《太平經今注今譯》（上、下卷），下卷，頁 1553。《太平經》：「故地者主辱殺，主藏，不當隨地意也」。同註 233，下冊，頁 662。

> 殺而藏之。天地人三共同功，其事更相因緣也。無陽不生，無和不成，無陰不殺。此三者相須爲一家，共成萬二千物。然天道本末中也。今者，天道初起以來，大周復反，來屬人屬陽。陽好生而惡殺，生者須樂，乃而合心爲一相生，而中有殺氣輒傷，不能相生成。……今甲子，天正也，日以冬至初還反本。乙丑，地正也，物以布根。丙寅，人正也，平旦人以初起，開門就職。此三者，俱天地人初生之始，物之根本也。初生屬陽，陽者本天地人元氣。故乾坎艮震，在東北之面，其中和在坎艮之間，陰陽合生於中央。〔註237〕

從宇宙化生萬物的角度觀之，「元氣有三名，太陽、太陰、中和。形體有三名，天、地、人」，《太平經》認爲萬物生成皆始於元氣，元氣中蘊含太陽、太陰之氣，而陰陽二氣相生產生中和之氣，三氣交互作用，萬物始生。三氣相合，在宇宙間作用，於是陽氣上升爲天，陰氣下沉爲地，中和之氣於天地之間產生萬物之靈人，故《太平經》云：「天初氣更始於天上，地初氣更始於地下，人初氣更始於中央〔註238〕」。其次，《太平經》認爲元氣化生宇宙蘊含先後次序，故云：「元氣怳惚自然，共凝成一，名爲天也；分而生陰而成地，名爲二也；因爲上天下地，陰陽相合施生人，名爲三也〔註239〕」、「故一者，迺象天也。二者，迺象地也。人者，乃是天地之子，故當象其父母〔註240〕」，一爲天，二爲地，三爲人，元氣中生生作用凝結上升爲陽氣化生爲天，元氣中長養作用分化爲陰氣化生爲地，陰陽二氣相生和合爲中和之氣化生爲人，「故天主生，地主養，人主成〔註241〕」。第三，《太平經》重陽輕陰，主張陽尊陰卑〔註242〕，因此，《太平經》又云：「天道常有格三氣。其初一者好生，名爲陽；二者好成，名爲和；三者好殺，名爲陰。故天主名生之也，人者主養成之，地者名爲殺〔註243〕，殺而藏之。天地人三共同功，其事更相因緣也。

〔註237〕王明編：《太平經合校》（全二冊），下冊，頁676～677。

〔註238〕同註237，下冊，頁678。

〔註239〕同註237，上冊，頁305。

〔註240〕同註237，上冊，頁33～34。

〔註241〕同註237，下冊，頁392。

〔註242〕《太平經》云：「陽所以獨名尊而貴者，守本常盈滿而有實也；陰所以獨名卑且賤者，以其虛空而無實也，故見惡見賤也。」同註237，下冊，頁386。

〔註243〕楊寄林云：「成，當作地字」。又云：「本經卷一百十七《天咎四人辱道誡》謂，地者主辱殺，主藏。」說見楊寄林譯注：《太平經今注今譯》（上、下卷），下卷，頁1553。《太平經》：「故地者主辱殺，主藏，不當隨地意也」。同註237，下冊，頁662。

無陽不生，無和不成，無陰不殺〔註 244〕」，將三氣尊卑先後次序定爲一者生生陽氣、二者中和之氣、三者生殺陰氣，《太平經》認爲天主生生陽氣最爲重要，故爲一，人主中和之氣能調和陰陽二氣主宰萬物生成化育，故爲二，地主長養陰氣，爲萬物具體生長收藏的力量，因此認爲地主完成、主長養、主殺而藏之，故爲三。而這也反映出《太平經》的陽尊陰卑、好生惡殺的陰陽觀。

「天有三名，日、月、星，北極爲中也。地有三名，爲山、川、平土。人有三名，父、母、子」，三氣共和化生天地人，而天地人中皆蘊含陰陽和氣且各自變化萬千。天之陽氣、陰氣、中和之氣化生日、月、星，而眾星之中北極星居處中央，故爲眾星主宰。此外，天主四時，故《太平經》又云：「甲子，天正也，日以冬至初還反本。乙丑，地正也，物以布根。丙寅，人正也，平旦人以初起，開門就職」，甲子節氣爲冬至十一月，此時節氣初始，爲天之陽氣始生之時，乙丑節氣爲十二月，此時地之陽氣初生，萬物之根始萌於地下，丙寅節氣爲一月，此時陽氣生發於天地間，故人於日出開始從事各項活動工作。地之陽氣、陰氣、中和之氣化成山、川、平土，此外，地主五行，共同長養萬物〔註 245〕。人之陽氣、陰氣、中和之氣生成父、母、子。

> 治有三名，君、臣、民，欲太平也。〔註 246〕
>
> 帝王者象天，常欲生；后妃者象地，常欲養；大臣者象人，常欲思成。此三人并力，凡物從生到終，無有傷也。欲象平之道，爲法者必當如此矣。〔註 247〕

在元氣生化的過程中，《太平經》認爲陰陽和氣有先後次第，故云：「天生人凡有三等：第一天生，第二地生，第三人種類。受命天者爲人君，受命地者爲人臣，受命人者爲民。君者應天而行，臣者應地而行，順承其上；爲民者屬臣，轉相事。凡是三氣共一治，然後能成功〔註 248〕」，因此，對應到人事政治上也有次第存在，故人君受命於天，人臣受命於地，人民受命於人，三者必須依循陰陽相生先後次第順承其上，人君最上，順承皇天，

〔註 244〕王明編：《太平經合校》（全二冊），下冊，頁 676～677。

〔註 245〕《太平經》：「地者與五行同心并力，共養凡物，未當終死，而見傷害，與地爲大咎；聖賢與仁同心并力，故游居常尊道而貴德，倚附仁而處，如人好奪而不仁，與聖賢爲怨仇。」同註 244，上冊，頁 166。

〔註 246〕同註 244，上冊，頁 19。

〔註 247〕同註 244，下冊，頁 703。

〔註 248〕同註 244，下冊，頁 730。

人臣次之，順承人君，人民次之，順承人臣，三者和諧才能使三氣共治，天下太平。

此外，《太平經》也以三合觀論朝廷之象。認爲帝王象天，主生發善政；后妃象地，主養育繁衍；大臣象人，主施行育成人民，三者於朝廷中最爲關鍵，三人須同心協力，才能使政治清明太平，無有所傷。

> 故夫道者，乃與皇天同骨法血脈，故天道疾惡好殺，故與天爲重怨；地者與德同骨法血脈，故惡人傷害，與地爲大咎；夫仁與聖賢同骨法血脈，故聖賢好施仁而惡奪，故與聖人仁爲大仇。是故昔者聖賢，深知此爲三統所案行，故其制法，不敢違離眞道與德仁也。故天行者與四時并力，天行氣，四時亦行氣，相與同心，故逆四時者，與天爲怨；地者與五行同心并力，共養凡物，未當終死，而見傷害，與地爲大咎；聖賢與仁同心并力，故游居常尊道而貴德，倚附仁而處，如人好奪而不仁，與聖賢爲怨仇。〔註 249〕

> 故天迺好生不傷也，故稱君稱父也。地以好養萬物，故稱良臣稱母也。人者當用心仁，而愛育似於天地，故稱仁也。此三者善也，故得共治萬物，爲其師長也。〔註 250〕

「夫天但好道，地但好德，中和好仁〔註 251〕」、「故生者象天，養者象地，施者象仁。此三者，天地人之大綱也，過此而下者，但備窮乃後用之耳〔註 252〕」，在政治上，《太平經》以道德仁作爲規範，認爲由於天與道相通，皆主生生陽氣，掌管天上四時之氣變化，故天以天道變化作爲施政準則；地與德相通，皆主長養陰氣，掌管地面五行之氣變化，故地以德之變化作爲施政準則；聖賢與仁相通，皆主育成施行之中和之氣，掌管人事變化，故聖賢以仁之規範作爲施政準則。

若施政未依天地人之道德仁之準則行事，《太平經》也作出提醒。《太平經》認爲天道好生故疾惡好殺伐之人，天行四時之氣，故好殺伐之人違逆四時之氣，與天結下重怨；地德好養故惡好傷害之人，地行五行之氣，故好傷害之人違逆五行長養之氣，使萬物還未生成便死亡，與地結下大咎；聖賢好

〔註 249〕王明編：《太平經合校》（全二冊），上冊，頁 166。

〔註 250〕同註 249，上冊，頁 32。

〔註 251〕同註 249，上冊，頁 247。

〔註 252〕同註 249，下冊，頁 704。

仁故惡掠奪之人，聖賢行中和之氣，故好掠奪之人違逆中和之氣，不仁愛化育萬民，與聖賢結下怨仇。

因此，掌管治理人事變化的聖賢，透過觀天地人三統之氣變化規律，明白天人相應、氣類相感之理，並感受到具人格神義的天地的好惡與對天地四時五行的影響，產生警示譴告作用。因此，制定規範制度時，爲達到三合共生之太平氣盛行之狀態，聖賢除以仁作爲施政準則，更須以道德作爲規範，作爲施政與掌管天地人事的依據。

> 力行眞道者，迺天生神助其化，故天神善物備足也。行德者，地之陽養神出，輔助其治，故半富也。行仁者，中和仁神出助其治，故小富也。行文者，隱欺之階也，故欺神出助之，故其治小亂也。行武者，得盜賊神出助之，故其治逆於天心，而傷害善人也。道者，乃天所案行也。天者最神，故眞神出助其化也。地者養，故德神出助其化也。人者仁，故仁神出助其化也。文者主相文欺，失其本根，故欺神出助之也；上下相文，其事亂也。武者以刑殺傷服人，盜賊亦以刑殺傷服人；夫以怒喜猛威服人者，盜賊也。故盜賊多出，其治凶也。盜賊多以財物爲害，故其治失於財貨也。故古者上君以道服人，大得天心，其治若神，而不愁者，以眞道服人也；中君以德服人；下君以仁服人；亂君以文服人；凶敗之君將以刑殺傷服人。是以古者上君以道德仁治服人也，不以文刑殺傷服人也。所以然者，乃鄙用之也。上君子乃與天地相似，故天迺好生不傷也，故稱君稱父也。地以好養萬物，故稱良臣稱母也。人者當用心仁，而愛育似於天地，故稱仁也。此三者善也，故得共治萬物，爲其師長也。夫欺刑者，不可以治，日致凶矣，不能爲帝王致太平也，故當斷之也。〔註253〕

> 然，是好道德仁，此三人皆有三統之命。樂好道者，命屬天；樂好德畜養者，命屬地；樂好仁者命屬人。此三人者，應陰陽中和之統，皆有錄籍，故天上諸神，言吾文能養之也。〔註254〕

《太平經》在政治上以天地人三合觀結合道德仁討論聖賢治理天下時所依循的準則規範，並點出天人相應之理，認爲天地聖賢分別與道德仁同骨法血脈，且具有好惡判斷，具有人格神義。至此，《太平經》將氣化宇宙圖式與

〔註253〕王明編：《太平經合校》（全二冊），上冊，頁31～32。
〔註254〕同註253，下冊，頁681。

掌管天下的神祇作出連結，說明神祇在三合圖式中對執政者的影響。《太平經》指出在神祇的當中天之神掌管天上四時生生陽氣化生，與道相合，故順天行道者天之神必助其化生，使萬物生生不息；地之神掌管地上五行陰氣長養，與德相合，故順地行德者地之神必助其長養，使多半萬物富足；仁之神掌管中和育成施行之氣，與仁相合，故順仁愛施政者仁之神必助其治理天下，萬物必能得到小富。

《太平經》認爲三合共生爲天人相應最佳狀態，若天地人無法與道德仁配合治理天下，必會招致不好的神祇，產生禍患。因此《太平經》指出若施政以文飾者，文飾是欺瞞的行爲，過度潤飾行爲會導致政治失其誠信根本，故會招致欺瞞之神助之，使政治上因上下相互文飾過失以致施政混亂；若施政以武力者，武力是以刑罰殺戮傷害人民使其順服，盜賊也是以刑罰殺戮傷害人民使其順服，故會招致盜賊之神助之，在社會上盜賊多便會造成凶險，人民因盜賊刑殺失其財貨，故政治上君王的治理便容易失去財貨，因此治理違背天心，便會傷害善良人民。

由此可知，《太平經》先分述天地人與道德仁對政治的重要性，再以整體觀論之，點出三合須共生才能使太平氣至，政治富足安樂。同時《太平經》更加入三合之氣與天地間神祇的對應，企圖建立一宗教式氣化政治觀，並提到「故古者上君以道服人，大得天心，其治若神，而不愁者，以眞道服人也；中君以德服人；下君以仁服人；亂君以文服人；凶敗之君將以刑殺傷服人」，將古代聖賢亦分爲三等，與凶亂之君執政的情況作出對比，藉此警示人君，並強調「上士樂生，可學其眞道，大渘大賢可學其德，好施之人可學其仁」，把爲政者的學習也分爲三個層次，認爲人君只要循序漸進，遵行天地人、道德仁的三合道統，各司其職，「道人屬天，德人屬地，仁人屬中和。故三統不和，三賢理之。故太平氣至，萬物皆理矣〔註255〕」，只要三合和諧共生，便可使太平氣至，天下政治安樂太平。

綜上所述，《太平經》的三合政治觀將天地人、道德仁、生養施結合，形成《太平經》三合政治圖式的重心，更將朝廷分爲帝王、后妃、人辰，人君分爲上君、中君、下君，爲政者分爲上士、大渘大賢與好施之人，以三合觀建立政治體系，最後加上宗教神祇觀，認爲神明爲溝通天人之間重要的關鍵，能夠輔助聖賢治理天下，且具有好惡判斷，能對聖賢作出警示譴告，並且向

〔註255〕王明編：《太平經合校》（全二冊），下冊，頁714。

與道相通之無形委氣神人報告，成爲神人判斷個人年壽與賜福降災的重要依據。而這也成爲《太平經》所建構的神祇階層系統的重要內容，爲後代道教神仙世界體系奠定重要基礎。

> 故凡懷姙者，在頭下足上，中腹而居，微在中和之下。陽合者生於最先發去，出其形氣，投於他方者，此主天地人三氣初生之處，物之更始，以上下不可有刑殺氣居其中也。〔註256〕

> 凡事安危，一在精神。故形體爲家也，以氣爲輿馬，精神爲長吏，興衰往來，主理也。若有形體而無精神，若有田宅城郭而無長吏也。夫長吏者，乃民之司命也，忠臣孝子大順之人所宜行也。夫人之身，而不忠於上，不孝其親，是負其身，戮其刑，亡其本也。常思善，精神集來隨人也；思惡，精神亦來集人也。乃入人腹中，隨趨人所思，使悁悒不能忘之矣。〔註257〕

> 分別三氣所長，還神守身。太陽天氣故稱神。形者，太陰主祇，包養萬物，故精神藏於腹中，故地神稱祇。精者，萬物中和之精。故進退無常；天地陰陽之精，共生萬物，此三統之歷也。神者主生，精者主養，形者主成。〔註258〕

> 三氣共一，爲神根也。一爲精，一爲神，一爲氣。此三者，共一位也，本天地人之氣。神者受之於天，精者受之於地，氣者受之於中和，相與共爲一道。故神者乘氣而行，精者居其中也。三者相助爲治。故人欲壽者，乃當愛氣尊神重精也。〔註259〕

「故凡懷姙者，在頭下足上，中腹而居，微在中和之下」，在身體觀方面，《太平經》認爲人之初生，亦依循陰陽和三氣次第，故頭主陽氣、足主陰氣、中腹主中和之氣，以像赤子於母體的狀態，而赤子初生，以頭先出，像萬物初生皆是因陽氣發生，以退陰氣。「故形體爲家也，以氣爲輿馬，精神爲長吏，興衰往來，主理也」，在人出生之後，三氣共和，作用於人身，便賦予在形、氣、神之上，《太平經》認爲形體似家爲乘載氣與精神的載體，氣似車馬流動於形體之間作爲基礎，精神似管理命令之官吏爲認知判斷的主宰，三者缺一

〔註256〕王明編：《太平經合校》（全二冊），下冊，頁677。
〔註257〕同註256，下冊，頁698～699。
〔註258〕同註256，下冊，頁727。
〔註259〕同註256，下冊，頁728。

不可，並以精神爲主統攝形、氣，作爲分辨善惡處理事物安危的指揮。「神者主生，精者主養，形者主成」，在《太平經》當中除了「形、氣、神」的三合說之外另有「神、精、形」之說，《太平經》認爲神主太陽、主生、主天，生生變化不測，其作用涵守於形體之中。形主太陰、主成、主地，太陰主宰地神，爲包容養護萬物使其完成的神祇，其中蘊含精與神。精主中和、主養，爲萬物中和之氣中之精華，爲養護化育萬物的作用。此三者爲三合共生之三統說，是構成一完整的人的重要基礎。「三氣共一，爲神根也。一爲精，一爲神，一爲氣」，精神爲形體之主，因此《太平經》就形體之中的三合之氣作出詮釋，《太平經》認爲神主太陽、主天，爲生生不測的力量。精主太陰、主地，爲養育生成萬物的作用。氣主中和，爲流行溝通精、神的基礎。

綜上所述，《太平經》認爲神之生生力量必須透過氣流行體內，才能使精的養護作用涵守於形體之中，當精氣神三氣共一，「愛氣尊神重精」，相守共生，「分別三氣所長，還神守身」，人才能長生久壽，達到道教修養長壽成仙的終極目標。此爲《太平經》三合身體觀，但從論述得知，由於《太平經》爲輯佚的文本，內容有缺漏不全，再加上並非一時一地一人之作，故於精氣神與形氣神的論述出現歧異，並未完全吻合，但綜觀其論述，可知《太平經》試圖以三合圖式統攝天地人與政治、身體、修養等龐大體系，構成一氣化縝全的宇宙圖式，形成三一爲主的獨特氣化宇宙觀，並成爲後代道教「一氣化三清」的理論基礎。

三合圖式

元氣	太陽	太陰	中和
	天	地	人
	日	月	星
	山	川	平土
	父	母	子
	生	養	成
	一	二	三
	生	殺	成
	甲子	乙丑	丙寅
治	君	臣	民

	天	地	聖賢
	道	德	仁
	四時	五行	仁
	帝王	后妃	大臣
	生	養	施
	惡好殺	惡人傷害	惡奪
身體觀	頭	足	腹
	神	形	氣
	神	形	精
	神	精	氣

三、凡物五行剛柔與中和相通，共成共萬物

（一）火自與五行同，又能變化無常

《太平經》的五行觀主張以火行爲尊，能主宰變化四行，透過五行之氣的相生相剋，在天地間產生具體形成萬物的力量，並且成爲萬物與人事的規律準則。以下就《太平經》的五行圖式架構作一整理。

> 故火能化四行自與五，故得稱君象也。木〔註260〕性和而專，得火而散成灰。金性堅剛，得火而柔。土性大柔，得火而堅成瓦。水性寒，得火而溫。火自與五行同，又能變化無常，其性動而上行。〔註261〕

《太平經》的五行圖式首先說明五行之性。《太平經》當中就五行特質指出木性曲直圓和；金性剛硬堅強；土性特別柔軟；水性寒冷就下，而火性炎熱生生向上，能引領四行變化，故爲君象，並以柔弱靜定土行爲后，其餘三者輔佐，協助五行之間的相生相剋作用。

> 吾道乃丹青之信也，青者生仁而有心，赤者太陽，天之正色。〔註262〕

> 君者，法當衣赤，火之行也。……故東方者木仁有心，南方者火明也。……故天文者，赤也，赤者，火也。〔註263〕

〔註260〕「木」本作「本」。王明注：「本疑係木字之譌」，今從校改。王明編：《太平經合校》（全二冊），上冊，頁21。

〔註261〕同註260，上冊，頁20。

〔註262〕同註260，上冊，頁219。

〔註263〕同註260，上冊，頁262～263。

東南上屬於天，故萬物生皆上行，蚑行人民皆出處外也，屬於天。故天爲之色，外蒼象木，內赤象火。〔註264〕

人民蚑行至秋冬，悉入穴而居。故地之爲色也，外黃白象土金，內含水而黑，象北行也。〔註265〕

在確立五行之性後，《太平經》根據五行特質間相互關係建立五行圖式。從天地自然論之，《太平經》認爲五行：木、火、土、金、水與季節：春、夏、季夏、秋、冬；顏色：青、赤、金、白、黑相配。由於春萬物始生，爲天色蒼以象木；夏萬物生生蓬勃，爲天正色太陽赤象火；季夏萬物由繁盛完成，爲大地之色金象土；秋萬物收成，爲大地外在色黃白象金；冬萬物潛藏穴居於內，爲大地內在色黑象水。

故東方爲少陽，君之始生也，故日出於東方也。南方爲太陽，君之盛明也。少陽爲君之家及父母，太陽爲君之身，君之位也。少陽爲君之家，木爲火之父母，君以少陽爲家，火稱木之子。……少陰爲臣，臣者以義屈折，伏於太陽。故金隨火屈折，在人可欲，爲臣者常以義屈折，佐君可欲爲也，故少陰稱臣也。〔註266〕

太陰爲民，民流行而不止。故水流行而不知息也。民者，職當主爲國家王侯治生。故水者，當隨生養木也。東方者，君之家也。〔註267〕

其次，《太平經》的五行圖式由天地自然落實到人事。從天地陰陽之氣言之，《太平經》認爲五行：木、火、土、金、水與陰陽之氣：少陽、太陽、中和之氣〔註268〕、少陰、太陰；君臣次第相配。東方爲木，氣爲少陽，因日出東方，象君之始生；南方爲火，氣爲太陽，日正當中，象君之正位；中央爲土，氣爲中和之氣，此時盛德太陽之氣，王氣由轉入西南；西方爲金，氣爲少陰，陽尊陰卑，象臣以義屈服於君；北方爲水，氣爲太陰，太陰最下，如水流就下，象民以君爲主且流行不息。此外，《太平經》亦從五行相生角度論述，水生木，如民爲國之本，君臣因而產生；木生火，如君之家國、父母生

〔註264〕王明編：《太平經合校》（全二冊），上冊，頁264。

〔註265〕同註264，上冊，頁265。

〔註266〕同註264，上冊，頁263～264。

〔註267〕同註264，上冊，頁264。

〔註268〕《太平經》云：「夏至之日，盛德太陽之氣，中和之氣也，其神吏思之可愈百病。季夏六月，盛德合治，王氣轉在西南，迴入中宮」。同註264，下冊，頁721。

育君主，故云木爲火之父母；火生金，如君統治臣，臣以義屈服輔佐君；金生水，如臣統治民，使民川流不息爲國家之本。

在建立天人是一的五行架構之後，《太平經》以天人相應的觀念詮釋身體修養觀。《太平經》認爲天地間五行相生運行對於身體臟腑運行相互感應，故從陰陽二氣消息與其所相對應的干支言之：

> 玄明內光，大幽多氣，與賢同位，壬癸之居。亥子共身，周流相抱，極陰生陽，名爲初九。一合生物，陰止陽起，受施於亥，懷妊於壬，藩滋於子。子子孫孫，陽入陰中，其生無已。思外洞內，壽命增倍，不可卒致，宜以長久。〔註269〕

冬季五行主水，顏色主黑，天干主「壬癸」，地支主「亥子」，此時陰氣極盛，陽氣萌生爲太陰，象八卦初九，因此萬物懷妊潛藏於壬癸，透過陽氣萌發，施予孕育生生作用於亥子，萬物始生。因此對應到思慮修養上，若能明陽氣生生之理，壽命便可倍增，但此非一蹴可及，須長時間修練才能使思慮清明。「腎盛之氣，增年百倍。極陰生陽，其國大昌，常而思之，不知死亡〔註270〕」、「腎神去不在，其耳聾也〔註271〕」，在身體修養上，《太平經》認爲腎所對應的五官爲耳，故若以太陰之氣涵養腎臟，耳之聽覺便可聰敏，壽命可增加百倍。另外在人事上，當陰氣極盛，陽氣萌發之時，若能順應太陰之氣，便可使國家昌盛，而經常修練思慮使其清明，最終可到達不知死亡的境界。「陰上陽起，故玄武爲初始〔註272〕」，此時所對應的神獸爲玄武。

> 少陽有氣，與肝共位，甲乙寅卯，青色相類。萬物之精，前後雜出，仁恩心著。勇士將發，念之覩此字，光若日之始出，百病除愈，增年三倍。〔註273〕

春季五行主木，顏色主青，天干主「甲乙」，地支主「寅卯」，此時陽氣已出爲少陽，萬物精華紛紛湧出，仁德恩惠之情蘊藏心中。「故肝神去，出遊不時還，目無明也〔註274〕」，《太平經》認爲肝所對應的五官爲目，因此在身

〔註269〕王明編：《太平經合校》（全二冊），上冊，頁338。
〔註270〕同註269，上冊，頁339。
〔註271〕（唐）王懸河輯：《三洞珠囊》十卷（成都：四川人民出版社，1998年，《諸子集成續編》影《正統道藏》本），第20冊，卷一〈救導品〉引《太平經》第三十三，頁13。
〔註272〕同註269，上冊，頁339。
〔註273〕同註269，上冊，頁338。
〔註274〕同註271，頁13。

體修養方面，對內須以少陽之氣涵養肝臟，目之視覺才可清明，對外須念與此時相對應之字訣，才能使各種疾病去除痊癒，如日光陽氣始出照耀，壽命增加三倍。「龍德生北，位在東方，故隨其後〔註275〕」，此時所對應的神獸爲青龍，由於龍德生於北，故青龍跟隨於北方玄武之後而出。

> 太陽盛氣，與心相類，丙丁之家，巳午養位。覩之，百邪除去，身日以正。宜意柔明，大不可彊求，見字而壽，光若日中之明。〔註276〕

夏季五行主火，顏色主赤，天干主「丙丁」，地支主「巳午」，此時陽氣大盛爲太陽，萬物皆在生生陽氣中長養。「心神去不在，其脣青白也〔註277〕」，《太平經》認爲心所對應的五官爲唇舌，因此在身體修養方面，對內須以太陽之氣涵養心臟，唇舌之色澤才會紅潤，對外須念與之相對應之字訣，自然能使各種邪氣去除，如日正當中陽氣遍在，身體自能端正長壽，思慮自能柔順清明。「朱雀治病〔註278〕」，此時所對應的神獸爲朱雀，其精能治各種疾病。

> 中和之氣，與脾相連，四出季鄉，乃返還戊己。中居辰戌，丑未爲根。舉順之而思其意，還以治其病，精若黃龍。而見此字，其病消亡，增年五倍。令人順孝，臣愛其君，子愛其父。〔註279〕

季夏五行主土，顏色主黃，天干主「戊己」，地支主「丑未」、「辰戌」，此時陰陽二氣均等爲中和之氣，且均勻作用於四季之間。「脾神去不在，令人口不知甘也〔註280〕」，《太平經》認爲脾所對應的五官爲口，因此在身體修養方面，對內須以中和之氣涵養脾臟，口之味覺才得以甘甜，對外須念與之相對應的字訣，使思慮順著中和之氣流行全身，便可治癒所有疾病，其精華如神獸黃龍之精，使壽命增加五倍，對應到人事上可使君臣、父子等五倫和順相愛。「黃氣正中〔註281〕」，此時所對應的神獸爲黃龍，其精氣遍布流行四時正中。

> 少陰之旬，與師精并，靈扇出氣，位屬庚辛。申酉義誅，猾邪盜賊不起，邪不得害人。〔註282〕

〔註275〕王明編：《太平經合校》（全二冊），上冊，頁339。
〔註276〕同註275，上冊，頁338。
〔註277〕（唐）王懸河輯：《三洞珠囊》十卷，卷一〈救導品〉引《太平經》第三十三，頁13。
〔註278〕同註275，上冊，頁339。
〔註279〕同註275，上冊，頁338。
〔註280〕同註277，卷一〈救導品〉引《太平經》第三十三，頁13。
〔註281〕同註275，上冊，頁339。
〔註282〕同註275，上冊，頁339。

秋季五行主金，顏色主白，天干主「庚辛」，地支主「申酉」，此時陰氣強盛爲少陰，由於陰氣強盛，陽氣衰微，因此軍隊與死亡之氣湧出，此時若能行少陰之氣，便可使狡猾奸邪之徒與盜賊無法順應邪氣湧出而害人。「肺神去不在，其鼻不通也〔註283〕」，《太平經》認爲肺所對應的五官爲鼻，因此在身體修養方面，對內須以少陰之氣涵養肺臟，鼻之嗅覺才得以通暢。「白虎在後，誅禍滅殃〔註284〕」，此時所對應的神獸爲白虎，跟隨於黃龍之後，誅除凶禍，消滅災殃。

綜上所述，《太平經》透過建立陰陽四時五行體系，溝通天人，詮釋五行、五季、五色、天干、地支與五神獸之氣對五臟、思慮修養和人事行政的影響，並提出「君而行之，壽命無窮。升執其平，百邪滅亡。八卦在內，神成列行〔註285〕」，只要能遵行四時五行之氣與陰陽八卦之氣，精靈神獸也會協助人身修養，如此便可達到百病去除、邪氣滅亡、壽命無窮的境界。

> 人之至誠，有所可念，心中爲其疾痛，故乃發心腹不而食也。念之者，心也，意也。心意不忘肝最仁，故目爲其主出涕泣，是其精思之至誠也。精明人者，心也。念而不置者，意也，脾也。心者純陽，位屬天。脾者純陰，位屬地。至誠可專念，乃心痛涕出，心使意念主行，告示遠方。意，陰也，陰有憂者當報陽，故上報皇天神靈。脾者，陰家在地，故下入地報地。〔註286〕

其次，由於《太平經》重陽輕陰，最尊火行，與主生生作用的木行和主中和之氣的土行，因此對於三者的修養有更多詮釋。《太平經》認爲五行之中火行所主之心之修養最爲重要，而心意初始於肝，因木生火，木主肝，肝主仁，故云：「心意不忘肝最仁」，又木主陽氣生生初始，象目主思慮之發爲至誠而出涕泣，故云：「目爲其主出涕泣，是其精思之至誠也……至誠可專念，乃心痛涕出」、「精明人者，心也。念而不置者，意也，脾也。心者純陽，位屬天。脾者純陰，位屬地」，《太平經》認爲心爲人最精華清明的部分，是身體臟腑的主宰，爲人生生無限之認知判斷作用，屬陽，屬天，所以配火〔註287〕；

〔註283〕（唐）王懸河輯：《三洞珠囊》十卷，卷一〈救導品〉引《太平經》第三十三，頁13。

〔註284〕王明編：《太平經合校》（全二冊），上冊，頁339。

〔註285〕同註284，上冊，頁339。

〔註286〕同註284，下冊，頁426～427。

〔註287〕《太平經》云：「心者，最藏之神尊者也。心者，神聖純陽，火之行也。火者，動而上行，與天同光」。同註284，下冊，頁426。

脾者意也，爲心所發之意念之所在，爲人接受外在事物所產生之意念判斷，屬陰，屬地，所以配土〔註288〕。因此，「陰有憂者當報陽，故上報皇天神靈。脾者，陰家在地，故下入地報地」，意念屬陰，當意念有憂慮時陰會稟報陽，故脾會影響心，心者純陽，故能上報於皇天神靈，同時脾屬陰，故脾也會將憂慮稟報於后土地祇，成爲溝通天地神靈的媒介，如此便將身體臟腑心意的修養與陰陽五行連結，並加入宗教神靈觀，使宗教神靈成爲身體心意修養時的重要媒介與關鍵。

> 「願請問一大決，東方之神何故持矛乎？」……「然，此者，天之象也，物者各從其類。東方者物始牙出頭，盡生利，刺土而出，其精象矛，故爲矛；其神吏來，以此爲節。南方萬物垂枝布葉若戟，故其精神而持戟；其神吏來，以此爲節。西方爲弓弩斧，西方者天弩殺象，夫弓弩斧，亦最傷害之長也；故其神來，以此爲節。北方爲鑲楯刀，北方者物伏藏逃，鑲楯所以逃身者也；刀者，小人所服，亦常以避逃以害人，非上君子之有也；故其神來，亦以此爲節。中央者，爲雷爲鼓爲劍；中央者，土也，五行之主也，鼓亦五兵之長也，劍亦君子道德人所服也，亦五兵之長也；故中央神來，以此爲節。是天地自然實信之符節也。」〔註289〕

> 東方之騎神持矛，南方之騎神持戟，西方之騎神持弓弩斧，北方之騎神持鑲楯刀，中央之騎神持劍鼓。〔註290〕

在以陰陽五行圖式建構天地人身體修養觀之後，《太平經》將五行氣化天人觀與宗教神靈觀進行結合，形成宗教式的氣化宇宙論。此段言五方之神：木行主東方之神，東方之神騎馬手持矛，因東方主萬物萌芽之初，其神靈手持矛以象刺土而出之狀。

火行主南方之神，南方之神騎馬手持戟，因南方主萬物蓬勃生養，其神靈手持戟以象枝葉垂布之狀。

金行主西方之神，西方之神騎馬手持弓弩和斧，因西方主殺戮，而弓弩和斧爲戰爭中傷害最重之兵器，其神靈手持弓弩和斧以象傷害最劇烈之兵器。

〔註288〕《太平經》云：「土性大柔，得火而堅成瓦。……火自與五行同，又能變化無常，其性動而上行。陰順於陽，臣順於君，又得照察明徹，分別是非，故得稱君，其餘不能也。土者不即化，久久即化，故稱后土」。王明編：《太平經合校》（全二冊），上冊，頁20。

〔註289〕同註288，上冊，頁299～300。

〔註290〕同註288，上冊，頁293。

水行主北方之神，北方之神騎馬手持鑲楯和刀，因北方主萬物潛藏，其神靈手持鑲楯以象潛藏躲避防身之兵器，手持刀以象逃避與害人時所持之兵器。

土行主中央之神，中央之神騎馬手持雷持鼓持劍，因中央爲五行之主，其神靈手持鼓以象五方之神之主，因鼓爲五類兵器之君長，聲響若雷使人折服，其手持劍以象君子，因劍爲君子所配戴之兵器，亦爲五類兵器之君長，足以令人信服。

《太平經》透過五行氣化圖式的建構，將天地萬物與人身修養全部整合爲一，形成一個氣化整體世界，在此基礎之上，《太平經》加入宗教神祇的系統，以五行氣化理論詮釋五方神祇的形象特質，使其宗教神祇體系與氣化宇宙論綰合爲一，由此可以看出《太平經》透過氣化宇宙論的思想理論，建構其道教神祇系統，同時也可以看出漢代氣化宇宙論對初期道教思想成立所產生的重要影響。

> 然，可知占天五帝神氣太平，而其歲將樂平矣。……春也青帝神氣太平，夏也赤帝神氣太平，六月也黃帝神氣太平，秋也白帝神氣太平，冬也黑帝神氣太平。……春物悉生，無一傷者，爲青帝太平也。夏物悉長，無一傷者，爲赤帝太平也。六月物悉見養，無一傷者，爲黃帝太平也。秋物悉成實收，無一傷者，爲白帝太平也。冬物悉藏無一傷者，爲黑帝太平也。〔註 291〕

此段《太平經》言五帝神氣對五季萬物的影響：木行主春季，此時對應青帝神氣，青帝神氣主生生作用，故春季遵行青帝神氣便可使萬物萌芽創生，太平無災。

火行主夏季，此時對應赤帝神氣，赤帝神氣主生長作用，故夏季遵行赤帝神氣便可使萬物蓬勃生長，太平無災。

土行主季夏六月，此時對應黃帝神氣，黃帝神氣主長養作用，故季夏六月遵行黃帝神氣便可協助萬物順利成長，太平無災。

金行主秋季，此時對應白帝神氣，白帝神氣主萬物完成作用，故遵行白帝神氣便可使萬物結實收藏，太平無災。

水行主冬季，此時對應黑帝神氣，黑帝神氣主閉藏作用，故遵行黑帝神氣便可使萬物之精潛藏於內，太平無災。

〔註 291〕王明編：《太平經合校》（全二冊），下冊，頁 398～399。

由於道氣是一，《太平經》將道教神祇視爲主宰影響節氣變化的關鍵之一，因此在此《太平經》論述五方神祇各自施行掌管五方之氣，若能順應五方神祇之氣，五方節候自然能因循其自己然之時序變化，使萬物配合節氣生長收藏，毫無災禍損傷。

> 是故樂而得大角上角之音者，青帝大喜，則仁道德出，凡物樂生，青帝出遊，肝氣爲其無病，肝神精出見東方之類。其惡者悉除去，善者悉前助化，青衣玉女持奇方來賜人，是其明效也。……故上角音得，則以化上也；中角音得，則以化中也；下角音得，則以化下也。而得之以化。〔註 292〕

> 然比若春者先動，大角弦動甲。甲日上則引動歲星，心星下則引動東嶽。氣則搖少陽，音則搖木行，神則搖鉤芒，禽則動蒼龍，位則引青帝，神則致青衣玉女。〔註 293〕

此段言五帝神氣、五音、五衣玉女與五臟間的修養關係。《太平經》言木行主青帝神氣，對應五音之角音和諧，故行青帝神氣使青帝大喜，便可使天地間仁愛道德具出，萬物得以萌芽創生，又青帝神氣主東方，與五臟之肝相應，故青帝神氣出則肝無疾病，當青帝神氣、角之音與肝之精具出之時，便可使善者而至惡者去，此時神女之青衣玉女亦會前來賜贈神奇力量助人太平無災。

其次在五音與五季的搭配上，由於一季三個月，因此音聲便分爲上中下三者依序配合，以春季爲例，春季搭配東方角音，春季分爲孟春、仲春、季春依序搭配上角或大角、中角、下角。夏季搭配南方徵音，亦是依序搭配大中小徵音，便可使音律和諧，節氣調暢，萬物和樂生長。

> 南方徵之音，大小中悉和，則物悉樂長也。南方道德莫不悅喜，惡者除去，善者悉前。赤氣悉喜，赤神來遊，心爲其無病。心神出見，候迎赤衣玉女來，賜人奇方，是其大效也。〔註 294〕

火行主赤帝神氣，對應五音之徵音和諧，故行赤帝神氣使赤帝大喜，便可使南方道德盡出，萬物順利成長，又赤帝神氣主南方，與五臟之心相應，故赤帝神氣出則心無疾病，當赤帝神氣、徵之音與心之精具出之時，便可使善者至而惡者去，此時神女之赤衣玉女亦會前來賜贈神奇力量助人太平無災。

〔註 292〕王明編：《太平經合校》（全二冊），下冊，頁 587。
〔註 293〕同註 292，下冊，頁 633～634。
〔註 294〕同註 292，下冊，頁 587。

故得黃氣宮音之和，亦宮音之善者亦悉來也，惡者悉消去。〔註295〕

同理可證，土行主黃帝神氣，對應五音之宮音和諧，故行黃帝神氣使黃帝大喜，便可使中央道德盡出，又黃帝神氣主中央，與五臟之脾相應，故黃帝出則脾無疾病，當黃帝神氣、宮之音與脾之精具出之時，便可使善者至而惡者去，此時神女之黃衣玉女亦會前來贈賜神奇力量助人太平無災。

得商音之和，亦商音善者悉來也，惡者悉消去。〔註296〕

金行主白帝神氣，對應五音之商音和諧，故行白帝神氣使白帝大喜，便可使西方道德盡出，又白帝神氣主西方，與五臟之肺相應，故白帝出則肺無疾病，當白帝神氣、商之音與肺之精具出之時，便可使善者至而惡者去，此時神女之白衣玉女亦會前來贈賜神奇力量助人太平無災。

得羽音之和，羽音善者悉來也，惡者悉去。〔註297〕

水行主黑帝神氣，對應五音之羽音和諧，故行黑帝神氣使黑帝大喜，便可使北方道德盡出，又黑帝神氣主北方，與五臟之腎相應，故黑帝出則腎無疾病，當黑帝神氣、羽之音與腎之精具出之時，便可使善者至而惡者去，此時神女之黑衣玉女亦會前來贈賜神奇力量助人太平無災。

綜上所述，《太平經》將五行、五音、五方、五臟結合五帝神氣與五衣玉女，形成由天地人身之五行氣化體系，連結至五行氣化神靈玉女之宗教神祇結構，形成一氣化整體世界，透過天地人身與神靈系統的結合，《太平經》用以詮釋宗教修養具有神祕性的思神懸像法，企圖藉由觀像思五行神祇之氣，體天地四時五行氣化運行理序，明清靜初始之太平道義，使太平氣至修練五臟心意，達到去惡引善，長生久視的終極目標。

立冬之後到立春，盛行用太陰氣，微行少陽之氣也。常觀其意，何者病爲人使，其神吏黑衣服，思之閑處四十五日，上至九十日，令人耳目聰明。……立冬之日，盛德在水，王氣轉在北方，其神吏黑衣。令人志達耳聰，守之四十五日至九十日，百病除。〔註298〕

《太平經》除了以五季的天干、地支、五方、五色、五獸與五臟修養相互配合之外，另也從節氣的角度，將五行之氣與主宰修養之五方之神相互搭配。立冬之時，盛行太陰之氣，君王之氣主北方水行，在身體修養上，此時

〔註295〕王明編：《太平經合校》（全二冊），下冊，頁587。
〔註296〕同註295，下冊，頁587～588。
〔註297〕同註295，下冊，頁588。
〔註298〕同註295，下冊，頁721～722。

主黑帝神氣，故應懸黑衣神仙修練心意，便可使人心志通達，耳目聰明，四十五日至九十日，各種疾病便可驅除。立冬之後到立春，此時盛行太陰之氣，少陽之氣開始微弱輔助，此時應觀察心意，了解是什麼弊病缺失使人爲惡，此時應於幽靜之處懸黑衣神像修練心意，四十五日至九十日，便可使人耳聰目明。

> 立春盛德在仁，氣治少陽，王氣轉在東方，興木行，其氣弱而仁，其神吏青衣，思之幽閑處四十五日，至九十日，令人病消。以留年行不止，令人日行仁愛。春分已前，盛行少陽之氣，微行太陽之氣，以助少陽，觀其意無疑，深思其意，百邪服矣。〔註 299〕

立春之時，盛行少陽之氣，君王之氣主東方木行，木行主生，故君王施政應行生生仁愛之德，在身體修養上，此時主青帝神氣，故懸青衣神像於幽靜處修練，使心專一清靜，涵養全身，四十五日至九十日，各種疾病便可消除，使年歲留駐，且日行仁愛不止。春分以前，盛行少陽之氣，太陽之氣開始微弱輔助，此時若觀察陰陽二氣消息，仔細探究其旨意，便可使各種邪氣被治服。

> 立夏日盛德火，王氣轉在南方，太陽之氣以中和治。其神吏用之得其意，口中生甘，神吏赤衣守之，百鬼去千里。夏至之日，盛德太陽之氣，中和之氣也，其神吏思之可愈百病。季夏六月，盛德合治，王氣轉在西南，迴入中宮，其神吏黃衣思之，令人口中甘，每至季思之十八日。〔註 300〕

立夏之時，盛行太陽之氣，君王之氣主南方火行，太陽之氣以陰陽調和長養萬物，故君王治理應行中和之氣，在身體修養上，此時主赤帝神氣，故遵行中和之理，修練調養，便可使口生甘甜之感，懸赤衣神像鍛鍊心意，使專一清靜涵養全身，便可驅除各種鬼怪。到了夏至，此時盛行太陽之氣、中和之氣，在身體修養上，懸赤衣神像鍛鍊心意可使各種疾病痊癒。到了季夏六月，此時盛行中和之氣，君王之氣主中央土行，節氣轉爲西南方，在身體修養上，此時主黃帝神氣，故懸黃衣神像鍛鍊心意，可使口生甘甜之感，而此須於各季之末鍛鍊涵養心意十八日。

〔註 299〕王明編：《太平經合校》（全二冊），下冊，頁 721。
〔註 300〕同註 299，下冊，頁 721。

> 立秋日盛德在金，王氣轉在西方，斷成萬物，其神吏白衣，思之四十五日至九十日，可除病，得其意，令骨強老壽。秋分日少陰之氣，微行太陰之氣也，逆疾順之。〔註301〕

立秋之時，盛行少陰之氣，君王之氣主西方金行，金行主殺，故君王施政應成就萬物，行決斷刑罰，在身體修養上，此時主白帝神氣，故應懸白衣神像修練心意，四十五日至九十日，各種疾病便可驅除，修得專一心意，便可使筋骨堅強而長壽。到了秋分，此時盛行少陰之氣，太陰之氣開始微弱輔助，若少陰、太陰之氣失調須趕緊調和使其通順。

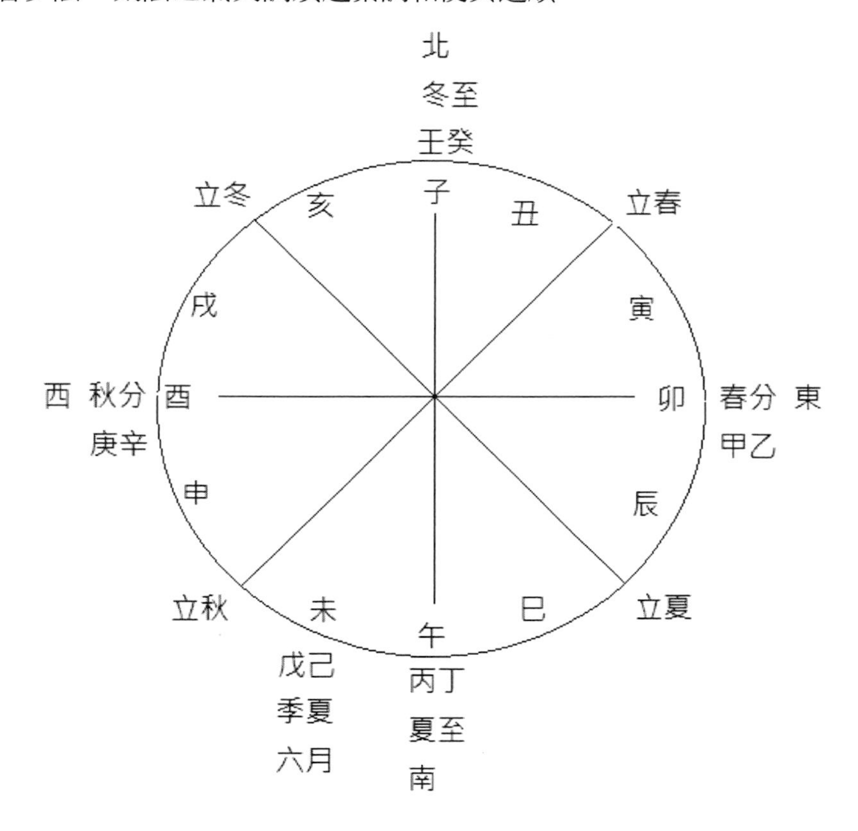

故《太平經》云：「順用四時五行，外內思正，身散邪，却不祥，懸象而思守，行順四時氣，和合陰陽，羅綱政治鬼神，令使不得妄行害人〔註302〕」、「此五行四時之氣，內可治身，外可治邪，故天用之清，地用之寧。天用之生，地用之藏。人用之興，能順時氣，忠臣孝子之謂也。此名大順天地陰陽

〔註301〕王明編：《太平經合校》（全二冊），下冊，頁721～722。
〔註302〕同註301，下冊，頁720～721。

四時五行之道〔註 303〕」，《太平經》由天地陰陽四時五行之氣爲基礎，建構天地宇宙與身體臟腑圖式，並以氣作爲溝通天人的關鍵，因爲天人本體是一，皆爲道氣，皆由委氣神人所主宰。因此，在建構了天人氣化圖式之後，《太平經》以此詮釋具體政治、修養觀，認爲對外若順氣守道，便可去除邪氣使天地太平無災，對內若行氣守一，便可去除疾病進而長壽。在修養論的部分，《太平經》更提出具體的修養方式，除了延續道家修養傳統的思氣守一之法，透過靜思使內心清靜專一，上通太初上皇之道，更加上道教思想，提出懸像思神法，認爲透過外在懸掛五行神祇神像，便可加強內在心性修養的功夫，除了使心意清靜之外，更可通達五行之氣，使身體疾病痊癒，筋骨堅強，長生久視，君主透過修養也可使太平氣至，達到天下無災的境界。由此可知，《太平經》透過氣化宇宙論的建構，進而詮釋道教神祇系統與道教修養觀，完成一道氣是一的道教氣化整體觀。

五行圖式

五行	木	火	土	金	水
性	和而專	變化無常 動而上行	大柔	堅剛	寒
色	青	赤	黃	白	黑
方	東	南	中	西	北
氣	少陽	太陽	中和之氣	少陰	太陰
季	春	夏	季夏	秋	冬
君臣	君之家	君		臣	民
德	仁	聖		義	
天干	甲乙	丙丁	戊己	庚辛	壬癸
地支	寅卯	巳午	丑未 辰戌	申酉	亥子
五臟	肝	心	脾	肺	腎
五官	目	唇	口	鼻	耳
五獸	青龍	朱雀	黃龍	白虎	玄武
五行神	東方之神	南方之神	中央之神	西方之神	北方之神
持器	矛	戟	雷鼓、劍	弓弩、斧	鑲楯、刀

〔註 303〕王明編：《太平經合校》（全二冊），下冊，頁 722。

五帝神氣	青帝神氣	赤帝神氣	黃帝神氣	白帝神氣	黑帝神氣
主宰	生	長	見養	成實收	藏
五衣玉女	青衣玉女	赤衣玉女	黃衣玉女	白衣玉女	黑衣玉女
五音	角	徵	宮	商	羽

（二）地自有五行之位，其王相休囚廢自有時

五行休王之法是根據五行相生相剋之理，將五行與王、相、休、囚、廢五種關係相互搭配，用以詮釋五行間的相互關係，同時藉此詮釋天地萬物與政治君臣之間的盛衰、吉凶變化與影響。此法在漢代極爲流行，在《淮南》、《論衡》、《老子想爾注》等書當中皆有相關討論〔註304〕。《太平經》承襲《淮南》以降漢代氣化宇宙論中對五行休王法的論述，亦提出其對五行休王的說明，《太平經》云：「今天迺自有四時之氣，地自有五行之位，其王、相、休、囚、廢自有時，今但人興用之也〔註305〕」，《太平經》認爲五行休王之法爲天地四時五行之氣的自然表現，透過天地間萬事萬物間興旺、休息或困囚等徵象變化，知四時五行之氣是否和順流暢，因此，君主必須觀天地萬物的變化，明五行休王間的關係，藉此省視行事施政是否合於陰陽四時五行之氣的變化，而天君、神人也可透過五行休王之氣吉凶禍福變化達到警示君王的作用。以下試論《太平經》五行休王之法。

> 金氣斷，則木氣得王，火氣大明，無衰時也。……木王則土不得生。〔註306〕

> 金氣都滅絕斷，迺木氣得大王，下厭土位，黃氣不得起，故春木王土死也。故惟春則天激絕金氣於戊，故木得遂興火氣，則明日盛，則金氣囚，猾人斷絕。金囚則水氣休，陰不敢害陽則生下，愼無災變。木氣王無金，則得興用事，則土氣死。〔註307〕

以木行爲例：當木氣得王，春氣盛，木生火，故火氣大明，日益興盛，此時木氣興旺，木剋土，故土氣死亡，火氣漸強，火剋金，故金氣困囚，金生水，故此時水氣休息。因此，當木氣得王，木行主生，其德主仁愛，對應到政治上君行仁愛則「生民臣忠謹且信，不敢爲非也〔註308〕」，金行主刑罰兵

〔註304〕詳說參見第七章〈《老子想爾注》道氣論思想〉第二節，頁438～439。
〔註305〕王明編：《太平經合校》（全二冊），上冊，頁232。
〔註306〕同註305，上冊，頁225。
〔註307〕同註305，上冊，頁226。
〔註308〕同註305，上冊，頁226。

器災禍，故金氣困囚絕斷，則「猾人斷絕」，水行主蔽藏，行太陰之氣，故水氣休息，則「陰不敢害陽則生下，愼無災變」。因此《太平經》主張應行木德，使火德強盛，火行興盛便可斷絕金行兵災禍患。

> 金王則厭木而衰火，金王則令甲乙木行無氣，木斷乙氣，則火不明。木王則土不得生，火不明則土氣日興，地氣數動，有祅祥，故當急絕滅云。兵類勿賜金物兵類，以厭絕不祥此也。〔註309〕

> 春從興金兵，則賊傷甲乙木行，令天青帝不悅，天赤帝大怒，丙丁巳午不順。欲報父母之怨，令使火行，多災怪變，生不祥祅害姦猾。其法反使火治憒憒雲亂，不可乎，大咎在此也。〔註310〕

> 金王則水相，金王則害木，水相則害火。〔註311〕

> 兵興金王，狡猾作，盜賊起，金用事，賊傷木行，而亂火氣，是天自然格法。〔註312〕

> 王者從兵法，興金氣，武部則致君之象無氣。火者大衰，其治凶亂。眞人欲樂知天讖之審實也，從上古中古到于下古，人君棄道德，興用金氣兵法，其治悉凶，多盜賊不祥也。〔註313〕

以金行爲例：當金氣得王，金剋木，故木氣死亡，金生水，水剋火，故金氣得王則水氣漸盛而火氣困囚，當火氣因困囚而休息不明，土氣便會日漸興盛。因此，當金氣得王，天下便會兵災不斷，金剋木，故甲乙木行斷絕，便會使春季節候大亂，天人相應，青帝神氣因無法流行而不悅，故赤帝神氣亦會因火氣困囚而大怒，由於木生火，所以當火行困囚時便會造成「多災怪變，生不祥祅害姦猾。其法反使火治憒憒雲亂，不可乎，大咎在此也」，另外，當火氣困囚而休息不明之時，反而使原本應休息之土氣日漸興盛，因此會造成「地氣數動，有祅祥」。故金氣得王，天下兵禍災異姦猾不斷，因此《太平經》主張斷絕金行，勿興兵器，便可滅絕此災異大咎。

> 王者大興兵，則使木行大驚駭無氣，則土得王起。土得王則金大相，金大相則使兵革數動，乾兌之氣作，西北夷狄猾盜賊數起，是者自

〔註309〕王明編：《太平經合校》（全二冊），上冊，頁225。
〔註310〕同註309，上冊，頁225。
〔註311〕同註309，上冊，頁226。
〔註312〕同註309，上冊，頁230。
〔註313〕同註309，上冊，頁268。

然法也。天地神靈，不能禁止也。故當務由厭斷金物，無令得興行也。〔註314〕

人大興武部者，木絕元氣，土得王。大起土者，是太皇后之宮也。氣屬西北方，太陰得大王，則生訞臣，作後宮，失路騰而起，土王則金相，復相隨騰而起，巳與辛之氣俱得興王，騰而大起。天之格法，則生後宮多訞，此非後宮之過也，此迺名爲治失天識，失其大部界，反使災還反相覆也。是迺天地開闢以來，先師天時運未及，得分別具說天之大部界也。令帝王便失天之法治，令生此災變。〔註315〕

以土行爲例：當土氣得王，土生金，故金氣漸盛，金剋木，故木氣困囚，因此，當土氣得王，土性柔，「土者不即化，久久即化，故稱后土〔註316〕」，主后妃，而后妃得王則西北方太陰之氣興，太陰之氣主民，如此便容易產生姦邪的臣子與強勢的後宮，當人民、臣子、後宮氣盛便會使帝王失去施政法治，而土氣得王則金氣得相而盛，金主兵禍，故金氣盛則兵災不斷，西北乾兌之氣強，故西北夷狄盜賊多起。故土氣得王易造成臣民、後宮作亂，夷狄四起，因此《太平經》亦不行土德，不主張土氣得王。

水王則火少氣，火少氣則化成灰，化成灰則變成土，便名爲火，付氣於土也。土得王起地，與金水屬西北。太陰屬於民，臣反得王。後生訞臣，巳氣復得作，後宮犯事，復動而起，其災致偷，盜賊無解時。各在縱水，令傷陽德。〔註317〕

夫水者，北方玄武之行也，故貪，數劫奪人財物。夫市亦五方流聚而相貫利，致盜賊狡猾之屬，皆起於市，以水主坎。天之法，以類遙相應，故市迺爲水行。縱其酒，大與之，復名爲水王。〔註318〕

以水行爲例：水氣得王，水剋火，故火氣死亡，火氣少則會使灰化成土，當土氣興起便會造成西北太陰之氣起，土氣主後宮，太陰之氣主民，當臣民、後宮氣盛，便容易造成後宮干政，以傷帝王之德。又水往低處流，如百川財貨群聚，故象徵財貨，此外，「縱酒者，水之類也。市者水行，大聚人王處也，

〔註314〕王明編：《太平經合校》（全二冊），上冊，頁227。
〔註315〕同註314，上冊，頁270。
〔註316〕同註314，上冊，頁20。
〔註317〕同註314，上冊，頁270。
〔註318〕同註314，上冊，頁269。

而縱酒於市，名爲水酒大王」，水亦主放縱釀酒、飲酒於市，故水氣得王易使人民縱情飲酒，貪婪四起，以致盜賊多有，以傷帝王法治，導致姦臣興起。因此《太平經》亦不行水德，不主張水氣得王。

五行休王	王（壯）	相（生）	休（老）	囚	廢（死）
五行生剋	水	木	金	土	火
	金	水	土	火	木
	土	金	火	木	水
	火	土	木	水	金
	木	火	水	金	土

綜上所述，《太平經》延續《淮南》以降五行休王之法的理論，更進一步，《太平經》以實際會遇到的災禍舉例言之，同時更加入道教五行之神之說，詮釋五行休王次序當中五行相生相剋的情況與影響，如當金氣得王時，金剋木，故青帝神氣不悅，木氣不生，木生火，故赤帝神氣大怒，如此，便會造成天地間兵災頻仍，而生生長養之氣無法順利流行。由此可知，《太平經》將五行休王之法落實運用於天地人間，更加入道教人格神思想，企圖對天地間的災異禍患產生提出解釋，並作爲君王施政的驗證與警示。

> 夫五行者，上頭皆帝王，其次相，其次微氣。王者，帝王之位也。相者，大臣之位。微氣者，小吏之位也。王者之後老氣者，王侯之位也。老氣之後衰氣者，宗室之位也。衰氣之後病氣者，宗室犯事失後之象也。病氣之後囚氣者，百姓萬民之象也。囚氣之後死氣者，奴婢之象也。死氣之後亡氣者，死者丘冢也。故夫天垂象，四時五行周流，各一興一衰，人民萬物皆隨象天之法，亦一興一衰也。是故萬民百姓，皆百王之後也，興則爲人君，衰則爲民也。〔註 319〕

> 故帝氣者象天，天者常樂生，無害心，欲施與，三皇象之，常純善良，無惡無害心。天如三皇，三皇如天也。故上善之人無一惡，但常欲爲善。其象天也，其象眞神乎？……王氣者象地，地者常養而好德，五帝象之也。地雖養者名爲殺，故五帝時有刑也。……相氣微氣者象人，人者無常法，數變易，三王象之，無常法也。夫和氣變易，或前或退，故下上無常。和者覩剛亦隨之，覩柔亦隨之，故

〔註 319〕王明編：《太平經合校》（全二冊），上冊，頁 274～275。

無常也。衰死囚亡之氣象萬物，數變亂無正相出入，五霸象之，其氣亂凶，故不得有樂也。夫天地之性，樂以樂善，不以樂惡也。夫天地之武以誅惡，不以誅善。天地格法，不可反也。〔註 320〕

在論述完五行休王之法後，《太平經》將王相休囚廢的次序用以詮釋統治與社會階層的尊卑興衰次第。《太平經》認爲在五行休王之法作用下，政府與社會階層次第爲：帝王、大臣、小吏，分別搭配王氣、相氣與微氣，而在王氣之後，《太平經》將老氣、衰氣、病氣、囚氣、死氣、亡氣分別搭配王侯之位、宗室之位、宗室犯法去除封爵的徵象、百姓萬民之象、奴婢之象、死者墳墓之象。《太平經》認爲天地四時五行的流行次序與五行休王次第的興衰有密切的關係，最興盛暢旺的爲帝王之氣，最微弱的爲百姓、奴婢之氣，而明白殊形萬類之氣的興衰變化皆須遵循天地四時五行之氣的運行，才是大道之綱要。

此外，《太平經》亦針對帝、王、相、微、衰、死、囚氣之內容與次第作出說明。所謂帝氣者象天，天主生主陽氣，故最爲美善優秀，樂善好施，無邪惡害人之心，象上古三皇統治最清明的狀態。王氣象地，地主養主陰氣，故好長養萬物，是生生之道在天地萬物間的表現，然萬物有生長收藏次序，象上古五帝統治講求道德與刑罰並行的狀態。相氣、微氣象人，人主成主中和之氣，故在三氣交互作用之下陰陽、剛柔之氣容易產生變動，象三王統治時人世間無固定法律規範。衰、囚、亡氣象萬物，此時氣變動混雜紊亂，無王象正氣流行，象五霸統治時期其氣混亂凶惡，因此此時無法有音樂產生。

綜上所述，《太平經》將五行休王之王、相、休、囚、廢的次序，配合政治社會階級次序，強調帝王大臣之氣來自天地之氣，具有生生長養能力，具有化育萬物、領導統御的作用，而相、微之氣以降，其氣混亂凶惡，因此，《太平經》從五行休王之氣的角度論述，加強了帝王統治的正統性，同時也加強了尊卑階級觀念，「又王氣弱於帝氣，卑於帝氣爲一等，故少之也。尊卑相次之法，其分自然也〔註 321〕」，此帝王尊臣民卑的次第也提供了在上位者統治萬民的理論基礎〔註 322〕。

〔註 320〕王明編：《太平經合校》（全二冊），下冊，頁 645。

〔註 321〕同註 320，下冊，頁 643。

〔註 322〕羅熾云：「這段對話，可謂用漢易之天干、地支、五行、四時與人事相配的具體化的典型。……顯然根據於孟喜、京房氏之卦氣、納甲、爻辰、五行、八宮諸說。這種對應配伍，一方面標示了嚴格的尊卑等級秩序，另一方面也透

（三）五音乃各有所引動

《太平經》認爲音樂是天地四時五行之氣於人間最佳表現，故云：「夫天地之性，樂以樂善，不以樂惡也。夫天地之武以誅惡，不以誅善。天地格法，不可反也。〔註 323〕」音樂的產生是天地自然本性，因此當天地四時五行之氣和諧時，君王統治清明，臣民同心盡力，萬物生生不息，天下太平無災，此時喜樂美好的音樂產生相互感應，反之若天地四時五行之氣交相戰鬥，君王無法順利統治，臣子姦邪，人民作亂，盜賊多有，萬物不生，天下兵災禍患不斷，此時便無法產生音樂，此爲天地自然規律法則。由此可知，《太平經》認爲音樂與四時五行之氣相互感應，不可不識，因此對音樂的起源與重要性作了詳細論述。

> 陰陽者，動則有音聲。故樂動輒與音聲俱。陽者有音，故一宮、三徵、五羽、七商、九角，而二四六八不名音也。刑者太陰者，無音而作，故少以陰害人。〔註 324〕

> 然，樂者，太陽之精也；刑者，太陰之精也。陽盛則陰服，陰盛則陽服。故樂盛則刑絕也。樂何故爲陽，刑何。音和者，其方和善得也。音不和者，其方凶惡。當爲之時，精聽其音。知音者，悉知其事吉凶，不知音者，亦不可知也。〔註 325〕

《太平經》云：「音聲者，即是樂之語談也。占遠占近，皆當合之。日時姓字，分晝境界，王相休廢，更相取合，以爲談語，精者聽之無失也〔註 326〕」，《太平經》認爲音樂的產生源自於大自然間自然產生的音聲，因此符合天地四時五行之自然之道之規律，明瞭音樂間的規律次序便可得知天地間王相休囚廢之五行之氣的變化，進而達到占卜預言吉凶禍福的境界，因此了解音聲、音樂的變化便成爲重要的課題。

因此，《太平經》認爲音聲的產生源自於陰陽二氣的運動，陽氣主生，故陽氣作用外與物接便會產生五音音階「一宮、三徵、五羽、七商、九角」，而

露了尊卑、貴賤原因固定不變，各因卦氣『一興一衰』，『興則爲人君，衰則爲民』的轉化信息。在宇宙間萬物的生成、發展與衰亡機制問題上，《太平經》也多取法於京氏易學納甲諸說，用天干地支的輪轉來闡述其裡。」羅熾主編：《《太平經》注譯》（上中下），上冊，前言，頁 22～23。

〔註 323〕王明編：《太平經合校》（全二冊），下冊，頁 645。

〔註 324〕同註 323，下冊，頁 631。

〔註 325〕同註 323，下冊，頁 634。

〔註 326〕同註 323，下冊，頁 634～635。

古人訂定音名皆以奇數名之，陰氣主刑，故陰氣作用萬物肅殺，因此不會產生音聲，也因此不以偶數訂定音名。由此可知，五音樂聲的產生主陽氣、主生生、主喜樂。

> 又五音乃各有所引動，或引天，或引地，或引日月星辰，或引四時五行，或引山川，或引人民萬物。音動者皆有所動搖，各有所致。是故和合，得其意者致善，不得其意者致惡。動音，凡萬物精神悉先來朝乃後動，占其形體。故動樂音，常當務知其事，審得其意，太平可致，凶氣可去。〔註327〕

五音的產生主生生陽氣，因此凡是天地、日月星辰、四時五行、山川、人民萬物的變化產生，皆與五音音階的變化相互感動，因爲五音與萬物本質是一，皆氣類相感、同氣相應。其次，由於五音主陽氣變動，主生生主喜樂，也因此只要音樂產生，與之相應的萬物精神便會相互感動，引起相互感動的事物產生，故只要能觀音樂變動便可推知天地萬物的變化，若能明瞭天地生生運行之理，便可使太平氣來至，凶惡之氣離去。

> 古者聖人，將從樂者左載，將從刑者右載。吉事尚左，凶事尚右。左者陽，右者陰。……故夫天乃有三氣，上氣稱樂，中氣稱和，下氣稱刑。故樂屬於陽，刑屬於陰，和屬於中央。故東南陽樂好生，西北陰怒好殺，和氣隨而往來。一藏一見，主避害也。〔註328〕

> 樂者，太陽之精也；刑者，太陰之精也。陽盛則陰服，陰盛則陽服。故樂盛則刑絕也。〔註329〕

由此可知，《太平經》將音樂的發生視爲觀察推知天地、日月星辰、萬物是否合於太平之道和諧變化的重要依據，因此，《太平經》便賦予音樂卜筮吉凶判斷的作用。《太平經》認爲從吉凶的觀點來看音樂主吉事、尙左、主陽；刑罰主凶事、尙右、主陰。而從三合之氣的角度觀之，天有陰陽和氣，上氣主陽、主生、主喜樂、主東南；中氣主中和、主調和、主陰陽二氣往來，明喜樂刑罰之事，以躲避凶害；下氣主陰、主刑罰、主殺、主凶禍、主西北。

> 夫心同意合，皆爲大樂也。苦心異意，皆爲乖錯，悉致苦氣也。夫樂者，何必歌舞，眾聲相和也。苦者，何必致鬬爭，眾凶禍並起。

〔註327〕王明編：《太平經合校》（全二冊），下冊，頁633。
〔註328〕同註327，下冊，頁632。
〔註329〕同註327，下冊，頁634。

相樂者，所以厭斷刑也。……然未欲大得天地之心意，有益於帝王政理者，乃當順用天地之心意，不可逆太歲諸神，同合其氣，與帝王用事。同喜同心，同指同方，同運同樞，同根同意。故古者聖人陳法使帝王，春東方，夏南方，秋西方，冬北方者，主與此天氣共事也，氣同故相迎也。是主所謂謹順天之道，與天同氣。故相承順而相樂，主所言和同者，相樂也。相樂者，則天地長喜悅，不戰怒。不戰怒，則災害姦邪凶惡之屬悉絕去矣。惡人絕去，乃致平氣，天上平氣得下治，地下平氣得上升助之也。如不順樂用皇天后土所順用氣而休廢氣也，皆應錯逆，逆天地之道，逆帝王之氣，與天地用意異。天地戰怒，萬變並起，姦邪日興，則致不安平，凶年氣來，故當深知之也。〔註330〕

綜上所述，《太平經》中的樂指的是音聲的總和，是氣類相感、同氣相應的最佳表現，因此《太平經》認爲只要心意相合，便能喜樂和諧，天地間便會產生音樂，反之，若心意相左，便會違逆錯亂，天地間便會產生鬥爭凶禍，因此天下和樂與否便成爲斷絕刑罰與違逆凶惡產生的重要判斷依據。故《太平經》云：「音和者，其方和善得也。音不和者，其方凶惡。當爲之時，精聽其音。知音者，悉知其事吉凶，不知音者，亦不可知也」，音樂主喜樂，只爲吉慶、喜樂之事產生而演奏，不爲凶禍、死亡之事產生，因此，若能仔細分辨音樂是否和諧，便可判斷事物的吉凶善惡，此爲天地自然運行的法則。

由此可知，《太平經》在氣化宇宙論的基礎之上，以同氣相應作爲君王觀察判斷天地間萬事萬物變化，與人世間吉凶禍福產生的準則，不論是在時間上四時配上四方之氣，或空間上天地間萬物生長與政治上的五行休王規律，皆應順應氣化流行次序，才能迎來天上太平氣至。反之，「然不先發帝王之氣，反先動發休囚之氣，而反當使帝王之氣隨從之，爲大反逆也。此者，天地格法也，不可彊也〔註331〕」，若不順皇天后土天地之氣，反而遵循奴婢死者休囚廢死之氣，那麼違逆錯亂之氣盛行，違反天地陰陽之道與帝王之氣，與天地之氣心意相左，天地間自然凶氣四起，奸詐邪惡日益興盛，戰爭禍患頻仍不斷。

皆順其氣，如其數。獨六月者，以夏至之日，并動宮音，盡五月。六月者，純宮音也。又樂者，乃舉聲歌舞。夫王氣者宜動搖，動搖

〔註330〕王明編：《太平經合校》（全二冊），下冊，頁629～630。

〔註331〕同註330，下冊，頁633。

> 見樂相奉順見奉助也。休囚死氣皆欲安靜，不欲見動搖，即不悅喜則戰怒，戰怒則生凶惡姦邪災害矣。……是常先動其帝氣，其次動王氣，其次動相氣，其次動候氣，其次動微氣。此氣皆在天斗前日進，欲見助興，故動之。其餘氣者，皆在天斗後。天氣所背，去氣日衰，故不宜興動，與天反地逆，不合天地之心，故凶。故天之所向者興之，天之所背者廢之，是為知時氣，吉凶安危可知矣。〔註 332〕

此段言音樂與五行休王之氣與四時之氣之間的相互影響，春夏秋冬四時之氣所應搭配的音樂皆有所不同，《太平經》舉例言之，當五月夏至之日來臨，此時所引起感動的音調為宮音，當六月進入，所有音調一律使用宮音。由此可知，不同音調的轉變皆受到不同時序之氣的引動與影響。

此外，五行休王之氣就像四時之氣一樣，具有先後運行的規律次序，因此《太平經》言帝、王、相、侯、微氣依序引動，如同四時之氣皆順應斗杓運行的次序前進，依序輪轉不息。以冬季為例，冬季時斗杓指北，五行主水，施政修養應遵循黑帝神氣，音樂對應羽音，此時萬事萬物若能與之相應，便可得到輔助而興旺，反之若萬事萬物不能與之相應，硬要違背四時之氣與斗杓運行位置行事，違背天地之氣之心意，便會導致凶氣四起。在此論述的基礎之上，《太平經》以音樂論之，《太平經》認為帝王之氣所對應的是和樂樂舞，因此當帝王之氣引動時，天地間便能和樂，音樂舞蹈自然產生，此時若能順應帝王之氣便可得到助益而興旺。反之，休息、困囚、死亡之氣所對應的是安靜，因此當休囚死氣被引動時，天地間應該安靜休息與之相應，此時若不順應休囚死氣之運行，便會使休囚死氣因不開心而發怒戰鬥，兇惡姦邪便會因此產生。《太平經》透過五行休王之氣與音樂之氣相應的論述，建構一氣化整體宇宙觀，同時強調君王尊行天地四時五行之氣的重要性，藉此提醒並警示君王若不順應天時，皇天會適時降下災禍譴告，提供君王於四時施政之參考。

> 然比若春者先動，大角弦動甲。甲日上則引動歲星，心星下則引動東嶽。氣則搖少陽，音則搖木行，神則搖鉤芒，禽則動蒼龍，位則引青帝，神則致青衣玉女。上洞下達，莫不以類來朝，樂其樂聲也。〔註 333〕

〔註 332〕王明編：《太平經合校》（全二冊），下冊，頁 630～631。
〔註 333〕同註 332，下冊，頁 633～634。

此段言四時之氣引動音樂之氣的具體情況。《太平經》將音樂與四時之氣、五行休王之氣相互搭配，提出在一氣流行的整體宇宙論之下，三者具有同氣相動的狀況，因此，在此以春季爲例說明之，春季時所對應的音調爲角音，因此大角音調引動甲日，甲日向上引動歲星、心星，往下引動東方山嶽，春季所流行之氣爲少陽之氣，少陽之氣所相應的音聲便引動木行，神衹則引動鉤芒，神獸引動蒼龍，五帝之氣引動青帝神氣，神女引動青衣玉女。綜上所述，當春氣流行時，從天上神衹、星辰到地上山嶽，都受到相同氣類之音樂的引動，相互感通。

> 夫天道比若循環，周而復始。起樂也，常以時加其王氣，建響斗所加，方響其面，動其音聲。人唱之亦可，各以其音爲之。數以六甲五行。五六甲五行，即天地之數也。時氣者，即天地之所響，所與爲也。假令立春之日，斗加寅，名爲上帝之時，先動大角。月半加甲，二月斗加卯，月半加乙，三月加辰也。他行效此。各次其時氣，晏早爲其度數。先動帝音帝弦，次動王音王弦，次動相音相弦，次動候音候弦，次動微音微弦〔註 334〕，各如其數。此名爲承天之教，順地之氣，天地乃自樂用之，而況於人乎？〔註 335〕

此段言音樂與四時之氣、五行休王之氣皆是依循天地之道生生輪轉不息。《太平經》認爲天道四時的運行、五行王相休囚廢氣的依次前進、北斗七星斗杓所指方位的輪轉，皆與五音宮商角徵羽的生成次序相互感應，除此之外，天地生成之數六甲五行亦與之相互配合。六甲爲甲子、甲寅、甲辰、甲午、甲申、甲戌等六甲配合十二日辰之法〔註 336〕，五行爲指春、夏、季夏、秋、冬等五季次序，而五乘以六甲五行〔註 337〕便成爲天地生成之數〔註 338〕，而此亦與音聲引動相互感應。

〔註 334〕「次動微音微弦」本作「次動徵音徵弦」。楊寄林云：「此句中兩『徵』字，均應作『微』字」。今從校改。楊寄林譯注：《太平經今注今譯》(上、下卷)，下卷，頁 1458。

〔註 335〕王明編：《太平經合校》(全二冊)，下冊，頁 635～636。

〔註 336〕楊寄林云：「六甲，指六十甲子中的甲子、甲戌、甲申、甲午、甲辰、甲寅，各爲六旬之首」。同註 334，下卷，頁 1457～1458。

〔註 337〕楊寄林云：「五，五個。此句是說六甲五行（十一）的五倍數，即五十五」。同註 334，下卷，頁 1458。

〔註 338〕楊寄林云：「天地之數，指天數一三五七九，地數指二四六八十。天數相加，計得二十五；地數相加，計得三十；兩數之和則爲五十五」。同註 334，下卷，頁 1458。

因此，《太平經》以具體情形說明之，以立春之日爲例，此時斗杓指正月東北寅位，稱爲上帝之時，因爲此時主少陽之氣，陰氣強盛但陽氣萌發，在音樂上先引動大角音調。過了半個月斗杓指甲位，節氣爲雨水，音仍用大角。春分之日，斗杓指二月卯位，此時引動中角音調。過了半個月斗杓指乙位，節氣爲穀雨，音仍用中角。清明之日，斗杓指三月辰位，此時引動下角音調。其他四行音樂與節氣次第依序搭配。以圖表觀之〔註 339〕。

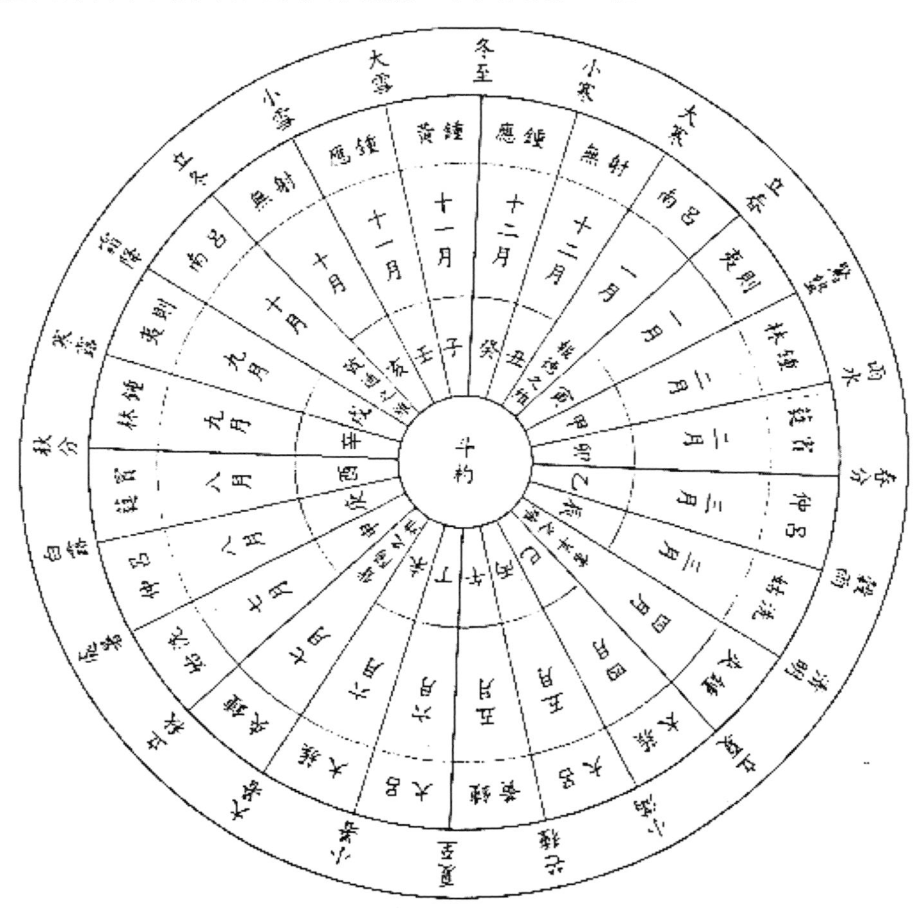

此外，在五行休王之氣的引動次序也是如此，帝氣先行故先動與帝氣相應的音弦，其次王氣動則引動與王氣相應的音弦，其次相氣動則引動與相氣相應的音弦，其次侯氣動則引動與侯氣相應的音弦，其次微音動則引動與微氣相應的音弦。由此可知，五行休王之氣亦是遵循天地運行之道依序輪轉感應。

〔註 339〕詳參陳麗桂校注：《新編淮南子》（全二冊），上冊，頁 192。附〈北斗之運行與二十四節氣圖〉。

綜上所述,《太平經》將音樂與天地四時五行之氣緊密縮合爲一,形成一氣化整體世界,由此可知若能觀天地之氣的變化,演奏與之相應的樂音,便可感動天地,使天下太平無災。

> 一曰先順樂動天地四時帝氣,一事加三倍以樂天,令天大悦喜,帝王老壽,祅惡滅,天災害悉除去,太陽氣不戰怒,國界安。而知常先動順樂之者,天道爲之興,眞神爲之出,幽隱穴居之人,皆樂來助正也,□□哉!〔註340〕
>
> 二曰先順樂動天地四時王氣,再倍以樂地,地氣大悦,不戰怒,令王者壽,姦猾盜賊兵革消,國界興善。下悉樂承順其上,中賢悉出,助國治,地神順養,□□哉!〔註341〕
>
> 三曰先順樂動相氣微氣,令中和之氣大悦喜,君臣人民順謹,各保其處,則佞僞盜賊不作,境界保。故和氣日興,王氣生,凡物好善。〔註342〕
>
> 四曰愼無動樂死破之氣,致劇盜賊,又多卒死者。國界常危難安,致邪氣鬼物甚多,爲害甚劇,劇則名爲亂擾。極陰之氣致返逆,愼之愼之。〔註343〕
>
> 五曰無動樂囚廢之氣,多致盜賊,囚徒獄事,刑罪紛紛,甚難安。民相殘傷,致多癘病之人。〔註344〕
>
> 六曰無動樂衰休之氣,令致多衰病人。又生偷猾人相欺,多邪口舌,國境少財,民多貧困。〔註345〕

此段言五行休王之氣與音樂相應的具體影響。五行休王之氣最先引動者爲帝氣,因此最先必須引動帝氣使其歡樂,在音樂方面就須用三倍之樂來感動皇天,如此便可使皇天大喜,帝王長壽,姦邪滅絕,天災禍患去除,強盛之陽氣不發怒戰鬥,國家自能安定,隱居賢士前來輔佐,天神順帝氣出現,天地之道因此興盛太平。

〔註340〕王明編:《太平經合校》(全二冊),下冊,頁640～641。
〔註341〕同註340,下冊,頁641。
〔註342〕同註340,下冊,頁641。
〔註343〕同註340,下冊,頁641。
〔註344〕同註340,下冊,頁642。
〔註345〕同註340,下冊,頁642。

其次，須引動王氣使其歡樂，在音樂方面就須用兩倍之樂來感動大地，大地之氣喜悅而不戰鬥，便可使君王長壽，姦邪盜賊兵災消除，國家善行興起，下面的人民樂意順從在上位者，中間賢士願意出仕協助治理國家，地神順地氣出現長養萬物。

三者，須引動相氣和微氣使其歡樂，以至於中和之氣喜悅，便可使君臣人民和順謹慎，在自己的位置上各司其職，姦邪盜賊不出現，國家保持安定，如此中和之氣日漸興盛，引動王氣出現化生萬物。

四者，須謹慎不可引動死破之氣使其歡樂，以至於極陰之氣充斥違逆，便會引起邪氣，招致盜賊與死亡，造成災禍動亂。

五者，不可引動囚廢之氣使其歡樂，如此便會招致盜賊多起，刑罰牢獄不斷，人民相互殘殺，久病不癒者多，國家難以安定。

六者，不可引動衰休之氣使其歡樂，如此便會招致衰弱生病者多，狡猾偷盜者相互欺瞞，邪惡謠言四起，人民貧窮困頓，國家無法累積財富。

> 樂上帝上王相微氣三部，今天地人悅，致時澤，災害之屬除去，名爲順天地人善氣也，致善事。樂下三部，死破囚休衰之氣致逆災，天時雨，邪害甚眾多，不可禁防也。此諸廢氣動搖樂之，則致惡氣大發泄，賢儒藏匿，縣官失政，民臣難治，多事紛紛，不可不戒之慎之也。天地凡事，有固常法。有氣之鄉，而向尊者欲見樂無氣之鄉。衰死者不宜見樂。故樂善者天上名爲順政，樂惡者天上名爲逆令。順政者得天力，逆令者得天賊。得天力者致壽，得天賊者致凶咎。〔註 346〕

綜上所述，《太平經》把五行休王之氣中可引動與不可引動之氣將會引發的情況作了詳細的論述，並進一步分類，認爲前三者帝、王、相微之氣會引發天地中和之氣，是屬於美善喜樂之氣，故可搭配音樂，引發善事，去除災惡。而後三者死破、囚廢、衰休之氣會引發邪亂凶惡之氣，是屬於動亂災惡之氣，故不可搭配音樂，且會造成天災人禍眾多。

因此，《太平經》強調合於天地之道，順陰陽四時五行之氣的重要性，認爲這只是天地常法，順者皇天自會協助使天下太平，人民長壽無災，逆者皇天便會降下災禍凶咎，國家自然動蕩不安，此皆氣類相感，各從其類而已。《太平經》透過音樂與五行休王之氣的搭配，再度強調順應天地之氣的重要性，

〔註 346〕王明編：《太平經合校》（全二冊），下冊，頁 642。

同時詳細條列出所引動的情況，其目的皆在提醒警示爲政者應謹慎小心，不可愚昧無知，招致災禍，由此可知，《太平經》企圖爲當時混亂的時政提出見解，作爲君王施政的參考，使其內容具有政治意涵。

綜上所述，《太平經》中特別將音樂之氣與五行之氣、道教神氣綰合在一個氣化整體宇宙觀中論述，強調音樂之氣作爲天神意志的展現與溝通天人的重要關鍵，因爲音樂是天地之氣是否喜樂的直接表現〔註 347〕，故《太平經》云：

> 夫大凶年，凡物無一善者，人人皆飢寒，啼呼哭泣，更相剋賊。默自生愁苦忿恚，心中不樂，何而歌舞樂，默自廢絕。故凶年惡歲無樂，天使其自然無也。是則明天不樂凶惡之證也。是故樂爲樂善生，武爲興凶作。是故古者帝王將興者，得應樂善也；將衰者，得應惡也。此者，自然之法也。是故樂生善，善生樂；凶凶生樂武，武生凶；無爲生樂，樂生無爲；武生亂，亂生武；樂生歌舞，歌舞生樂；凶惡生愁苦，愁苦生凶惡。以吾文見下古之人，使其思之樂之，訣說小竟於此。〔註 348〕

只要天地之氣調暢太平，天神歡喜，音樂自然興起，反之若戰爭奸邪不斷，盜賊多起，飢荒頻仍，則天神憤怒，音樂自然無法產生，由此可知音樂生成爲判定天下政治社會是否太平的關鍵因素之一。《太平經》對此一現象的反覆論述，除了彰顯天人相應的確實存在，同時也成爲警示君王治國是否合於天道的重要指標，透過音樂是否流行便可了解政治是否清明，君王是否施政出現缺失引發災禍的產生，「故有德好生之君，天使其得作樂；無德之君，不得作樂也。是天之明證也〔註 349〕」。由此可知，音樂氣化觀是《太平經》天人感應說實際展現的重要論證，同時也成爲了《太平經》政治觀的重要內涵。

綜上所述，《太平經》對於五行圖式架構的論述主要在於強調以火行爲尊的部分，因此對於五行的討論主要圍繞在與火行相生的木行與土行論述，《太

〔註 347〕蒲亨強云：「道教創教伊始，就積極倡導音樂。至晚在漢順帝時問世的《太平經》，提出了最早的道教儀式音樂理論，認爲音樂有三種功能：即『樂人』亦即『通神明，得長生久存』；『樂政』亦即『移風易俗』；『樂神』亦即『得樂天地法者，天地爲其和，群神爲之喜』。」蒲亨強：〈道教音樂特徵簡論〉，收入陳鼓應主編《道家文化研究》第九輯：道家與道教學術研討會論文專號（上海：上海古籍出版社，1996 年 6 月），頁 425。

〔註 348〕王明編：《太平經合校》（全二冊），下冊，頁 646。

〔註 349〕同註 348，下冊，頁 638。

平經》認爲火性炎上主生主陽爲四行主宰，土性屬柔主成主陰，木性和而專，且木生火，故木主始生，三者最爲關鍵，故加強論述之，因此其他部分在《太平經》當中的論述便較爲省略。

其次，《太平經》對於五行圖式的論述主要著重在實用層面，因此在《太平經》當中將五行圖式運用在道教外在養身與內在修練的部分，成爲天人相應的實際展現，《太平經》透過五行圖式建構出五行神氣、五色神女與五帝、五季、五獸、五臟等龐大體系，完成道教初步的神祇與修練、治病間相互結合的系統，成爲道教終極目標長生仙壽修練的理論基礎。

第四節 兩氣交於中央，人者，居其中爲正

> 天，太陽也。地，太陰也。人居中央，萬物亦然。天者常下施，其氣下流也。地者常上求，其氣上合也。兩氣交於中央。人者，居其中爲正也。兩氣者常交用事，合於中央，乃共生萬物。萬物悉受此二氣以成形，合爲情性；無此二氣，不能生成也。故萬物命繫此二氣，二氣交相於形中。故爲善，天地知之；爲惡，天地亦知之。〔註 350〕

> 一氣爲天，一氣爲地，一氣爲人，餘氣散備萬物。是故尊天重地貴人也。〔註 351〕

《太平經》的身體觀延續了氣化宇宙論的思想，從氣化三合圖式中展開，《太平經》認爲元氣生生，清者上升爲太陽之氣，變化爲天，濁者下沉爲太陰之氣，變化爲地，而天地間陰陽二氣相交作用形成中和之氣，變化爲人，其餘之氣化爲萬物，故云：「天，太陽也。地，太陰也。人居中央，萬物亦然」。在道生萬物的過程當中，人最尊貴，故云：「一氣爲天，一氣爲地，一氣爲人，餘氣散備萬物」，《太平經》認爲人爲中和之氣所生，居於天地中央，最爲端正，而萬物爲中和之氣化生爲人之後其餘之氣所生，在人之後，故《太平經》認爲人最尊貴，爲萬物之靈。

其次，人與萬物之情感本性亦生於陰陽二氣，因此，不論是喜怒哀樂等情緒表現或是非善惡之本性的產生，皆陰陽二氣交互作用而成，「故爲善，天

〔註 350〕王明編：《太平經合校》（全二冊），下冊，頁 694。
〔註 351〕同註 350，下冊，頁 725～726。

地知之；爲惡，天地亦知之」，天地神祇亦爲陰陽二氣所生，故能與人事萬物相互感應，因此只要有爲善或爲惡之事發生，天地神祇便會表現出喜悅或憤怒的情緒，進而降下吉兆或災厄。而此氣類相感、天人相應的思想，也成爲《太平經》氣化道教思想的重要內涵。

一、人生皆含懷天氣具迺出

（一）人生迺受天地正氣，四時五行，來合為人，此先人之統體

> 又人生皆含懷天氣具迺出，頭圓，天也；足方，地也；四支，四時也；五藏，五行也；耳目口鼻七政，三光也；此不可勝紀，獨聖人知之耳。人生皆具陰陽，日月滿乃開胞而出户，視天地當復長，共傳其先人統，助天生物也，助地養形也。〔註 352〕

《太平經》認爲人的形成必須透過具有生生創造的天氣與養育完成的地氣於天地間交互作用所產生的中和之氣和諧共生而成，因此，三氣共同作用於人身才能產生形神相守完整的人。在《太平經》的氣化身體觀當中對於形體的討論，認爲身體的完成皆源自於天地中和之氣，因此，人身肢體腑臟皆與天地之氣相互感應，如：天圓地方，對應到人身故頭圓足方，四時五行，對應四肢五臟，三光日月星，對應耳目口鼻等七竅。由此可知，《太平經》對於形體的形成延續兩漢氣化論天人相應、氣類相感的理論，認爲人體肢體、感官、腑臟的產生，皆源自於天地之氣的變化而來。〔註 353〕

> 夫一者，乃道之根也，氣之始也，命之所繫屬，眾心之主也。當欲知其實，在中央爲根，命之府也。……故頭之一者，頂也。七正之一者，目也。腹之一者，臍也。脈之一者，氣也。五藏之一者，心也。四肢之一者，手足心也。骨之一者，脊也。肉之一者，腸胃也。能堅守，知其道意，得道者令人仁，失道者令人貪。〔註 354〕

〔註 352〕王明編：《太平經合校》（全二冊），上冊，頁 36。

〔註 353〕楊寄林云：「天是圓形的，人法天，頭部也是圓形的，故而這裡出此語。自此二句以下，是襲用漢代流行的人副天數、天人一體論。參見《素問》卷五《陰陽應象大論篇》、《淮南子・精神訓》、《春秋繁露》卷十三《人副天數》及孝經緯《援神契》、《白虎通》卷八《情性》。」參見楊寄林譯注：《太平經今注今譯》（上、下卷），上卷，頁 84。

〔註 354〕同註 352，上冊，頁 12～13。

形體爲天地中和之氣所生，天地中和之氣源於無限生生之道，《太平經》認爲道透過初始元氣，化生萬物，成爲生命的泉源與心知判斷的準則，其中精華之初始本根元氣稱爲一，故一者爲道中最關鍵、最重要的部分。因此，對於肢體、感官、腑臟中的一，最關鍵重要的部分，《太平經》提出其見解，《太平經》認爲頭最重要的是頭頂，七竅中最重要的是目，腹部丹田最重要的是肚臍，血脈要能順利流動最重要的是氣，五臟中最重要的是心，四肢中最重要的是手、足的中心，骨骼最重要的是背脊，肌肉中最重要的是腸胃。《太平經》認爲此爲形體中最重要的部分，爲形體之「一」者，爲各部位之主宰，因此，在修練形體時必須使清靜專一之心志確實固守於「一」，便可復歸於初始元氣，上與初始之道相通。而此守一之理，也成爲《太平經》修養論的重要基礎。

（二）三氣共一，為神根也。一為精，一為神，一為氣

> 三氣共一，爲神根也。一爲精，一爲神，一爲氣。此三者，共一位也，本天地人之氣。神者受之於天，精者受之於地，氣者受之於中和，相與共爲一道。故神者乘氣而行，精者居其中也。〔註355〕

《太平經》主張形神相守，其中精神爲形體之主，爲人身中最精靈神妙的主宰作用，爲詮釋精神於形體間的運行，《太平經》以「精、氣、神」論述之。「三氣共一，爲神根也。一爲精，一爲神，一爲氣。此三者，共一位也，本天地人之氣」，首先，《太平經》認爲精氣神源自於天地人陰陽中和三氣的相互作用，三氣共和，作用於人身，便形成精氣神。

「神者受之於天」、「太陽天氣故稱神。……神者主生〔註356〕」、「夫陽精爲神，屬天，屬赤，主心。心神，乃天之神也〔註357〕」、「夫神，乃無形象變化無窮極之物也〔註358〕」，神主太陽之氣、主天、主心，爲生生不測的創造力量，同時，神主心，心主認知判斷功能，故神具有主宰作用。楊寄林云：「神，指體內神靈，爲天之太陽氣的化身。後世道教內丹術則把神看作生命的主宰〔註359〕」。

〔註355〕王明編：《太平經合校》（全二冊），下冊，頁728。
〔註356〕同註355，下冊，頁727。
〔註357〕同註355，下冊，頁696。
〔註358〕同註355，下冊，頁439。
〔註359〕楊寄林譯注：《太平經今注今譯》（上、下卷），下卷，頁1730。

「精者受之於地」、「精者，地之精也〔註 360〕」，精主太陰之氣、主地，爲完成萬物的力量，故楊寄林云：「精，指體內精靈，爲地之太陰氣的化身。……後世道教內丹術則把精看作生命的基礎〔註 361〕」，但《太平經》又云：「精者，萬物中和之精。……精者主養〔註 362〕」，認爲精主養，是萬物中和之氣中精華的力量，具有養育生成萬物的作用，二者說法相互牴觸，疑受到《太平經》爲輯佚文本，內容有所缺漏，再加上《太平經》非一時一地一人之作，故內容部分出現歧異，但仍可見其受兩漢氣化身體觀的影響，試圖以陰陽和氣的架構詮釋神、精、氣三者之間的關係。

「氣者受之於中和」、「以氣爲輿馬〔註 363〕」，氣主中和之氣，爲流行溝通的作用，成爲乘載精、神使三者得以相互和合共生的基礎。故楊寄林云：「氣，指人所稟受的先天元氣。後世道教內丹術則把氣看作生命的動力，與精、神同爲虛無先天眞一之氣的具體形態，……合稱爲養生三寶。〔註 364〕」

「故神者乘氣而行，精者居其中也。三者相助爲治。故人欲壽者，乃當愛氣尊神重精也」，三氣共爲一道，《太平經》認爲精、氣、神三氣缺一不可，生生神氣必須透過流行全身之元氣，才能主宰形神，並使精妙養成之氣充盈涵養保守全身，才能使人保有最和諧的狀態，因此對於氣化修養觀《太平經》提出「愛氣尊神重精」，認爲修養應最尊主宰創造之神氣，並愛養元氣使其充盈流行全身，重視保守精氣於腹不可散失，如此便可使人身達到長生久壽接近於道的狀態〔註 365〕。

> 凡事安危，一在精神。故形體爲家也，以氣爲輿馬，精神爲長吏，興衰往來，主理也。若有形體而無精神，若有田宅城郭而無長吏也。夫長吏者，乃民之司命也，忠臣孝子大順之人所宜行也。〔註 366〕

> 分別三氣所長，還神守身。太陽天氣故稱神。形者，太陰主祇，包養萬物，故精神藏於腹中，故地神稱祇。精者，萬物中和之精。故

〔註 360〕王明編：《太平經合校》（全二冊），下冊，頁 696。
〔註 361〕楊寄林譯注：《太平經今注今譯》（上、下卷），下卷，頁 1729～1730。
〔註 362〕同註 360，下冊，頁 727。
〔註 363〕同註 360，下冊，頁 699。
〔註 364〕同註 361，下卷，頁 1730。
〔註 365〕湯一介云：「『元氣』所表現的另一方面，即是它又分爲『精』、『氣』、『神』三氣，而此三氣的結合，則人可以長生不死而成神仙。」湯一介：《魏晉南北朝時期的道教》，頁 53。
〔註 366〕同註 360，下冊，頁 699。

進退無常；天地陰陽之精，共生萬物，此三統之歷也。神者主生，精者主養，形者主成。〔註367〕

綜上所述，《太平經》除了分述精氣神三氣的特色之外，又加入形體一起討論，強調形體、元氣、精神三氣共生的相互關係，《太平經》主張以精神爲重，精氣主生養完成形體的力量，形體爲承載元氣與精神的所在，而神氣主生生創造作用，其中精氣與神者爲統御全身之主宰，《太平經》稱之爲管理全身之官吏，負責司命指揮，分辨善惡吉凶，處理事物安危。在精神當中又以神更爲尊貴，神氣主生生陽氣，從天氣而來，而凡人之生皆稟受於天氣，因此在修養功夫方面《太平經》首重「還神守身」〔註368〕。

由此可知，《太平經》雖重精氣與神氣作用，常以精神言之，但若無元氣作爲溝通全身、無形體承載精氣神的運行亦無法構成一續全之人，故《太平經》除分述精氣神、形精神三氣之外仍不斷強調「神者乘氣而行，故人有氣則有神，有神則有氣，神去則氣絕，氣亡則神去〔註369〕」、「人有一身，與精神常合并也。……無精神則死，有精神則生。常合即爲一，可以長存也〔註370〕」、「人不守神，身死亡〔註371〕」，認爲形體、元氣、精神三者缺一不可，三者共生相守，才能成爲一完整之人，三者皆愛養保守不外洩，才能達到道教氣化修養論「長存」的終極境界。

（三）獨貴自然，形神相守

無離舍宅及城郭，骨節相連爲阡陌，筋主欲生堅城郭，脈主往來爲骨絡，肉在皮內爲脈衣。神在中守，司人善惡。何須遠慮，七政司

〔註367〕王明編：《太平經合校》（全二冊），下冊，頁727。

〔註368〕鍾肇鵬云：「《太平經》吸取中國古代哲學裏關于形、精、氣、神的理論，並加以發展。……它所講的『精神』與《管子・內業》講的『精氣』差不多。……但《太平經》在吸取《管子》的思想，也有所發展。其一，自戰國以來有了神仙長生不死的思想，認爲形神相及而不離，則人可以長生。……《太平經》明確提出『形者乃主死，精神者乃主生』。認爲形體是會死亡的，只有精神可以長存不滅。這是對道家養生成仙說在理論上的一個重大的改進和發展。從而引導出道教的『屍解』成仙說。既然形體會死亡，精神可以不死，自然就得出神爲主宰、重神輕形的結論。」鍾肇鵬：〈論精氣神〉，收入陳鼓應主編《道家文化研究》第九輯：道家與道教學術研討會論文專號，頁206～207。

〔註369〕同註367，上冊，頁96。

〔註370〕同註367，下冊，頁716。

〔註371〕同註367，下冊，頁727。

> 候神〔註372〕門户。求道得生，無離舍宅，變化與神合德，道欲復何索。〔註373〕

在建構形體與精神的內容之後，《太平經》身體觀的重點便放在探討形體與精神的相對關係。《太平經》認爲形體就像是屋舍與城牆，其中包含骨節、筋絡、血脈、皮肉與精神，在有形方面，身體中骨節如同連接形體四肢的道路，筋如同連接四肢使之強健的城牆，脈往來骨節之間爲主宰四肢運動與血脈流動的網絡，皮爲肉之外衣而肉在皮下爲筋脈之外衣，七政爲眼、耳、鼻、口七竅，《太平經》認爲七竅是溝通形體四肢五臟與精神判斷的門戶，是司命神與候神的出入口，是天君降下神祇了解人之吉凶善惡判定夭壽的管道。在無形方面，《太平經》認爲居處於形體之中，具有生生不息創造作用與是非善惡認知判斷能力者爲精神，故精神爲形體之主宰。形與神之間彼此相互連結，才能構成一續全之人身結構。

> 人有一身，與精神常合并也。形者乃主死，精神者乃主生。常合即吉，去則凶。無精神則死，有精神則生。常合即爲一，可以長存也。常患精神離散，不聚於身中，反令使隨人念而遊行也。〔註374〕

> 獨貴自然，形神相守。〔註375〕

> 人不守神，身死亡；萬物不守神，即損傷。故當還之乃曰強，不還自守曰消亡也。〔註376〕

「人有一身，與精神常合并也。形者乃主死，精神者乃主生」，《太平經》認爲形體是有形的載體，具有生衰變化，故主宰消散死亡，而精神是無形的作用，具有創造判斷能力，故主宰生生不息，而一個人則必須形體與精神兼備才算是完整的存在，因此形體與精神相守生命便可延續長存，反之若精神離開形體而四處飄散生命便會消逝死亡。故《太平經》云：「形若死灰守魂神，魂神不去乃長存〔註377〕」、「精神消亡，身即死矣〔註378〕」。除了人身以外，《太

〔註372〕楊寄林云：「七政，七竅，即雙目、兩耳、二鼻孔、一口。司候神，指司命神和奉命前來的候神」。楊寄林譯注：《太平經今注今譯》（上、下卷），下卷，頁1303。

〔註373〕王明編：《太平經合校》（全二冊），下冊，頁577。

〔註374〕同註373，下冊，頁716。

〔註375〕同註373，上冊，頁330。

〔註376〕同註373，下冊，頁727。

〔註377〕同註373，上冊，頁305。

〔註378〕同註373，上冊，頁286。

平經》也認爲同爲中和之氣所生之萬物同樣具有精神，因此當萬物的精神離開其形體時，同樣也造成形體損傷死亡。

綜上所述，《太平經》中對於身體觀的論述雖然因部分經典的亡佚而並非非常完整，但仍可看出基本上仍承襲自兩漢以降之氣化身體觀的脈絡，主張精氣神合一、形神相守，同時也可看出受到道教影響的部分，帶入司命神的觀念，點出天君等神祇了解與影響人身形體感官的途徑，此外，《太平經》對於五臟的觀念也可看出受到《老子河上公章句》的影響，同樣以五臟神的觀點討論五臟與五官七竅間的關係，且更進一步將五臟神視爲直接主宰五臟運行是否正常的關鍵，可知《太平經》的身體觀已從宗教的角度論述，成爲初期道教身體修養觀的理論基礎。

二、四時五行精神，入爲人五藏神

（一）五臟神

在《太平經》形神相守的身體觀當中，在精神部分最重要的即精氣神能愛護保養充盈全身不外洩，在形體部分最重要的，便是五臟之神的相互作用，掌管五臟的神祇若能長存於形體中不外洩，便可使五臟合於常道順利運行，如此與之相應的五官便可清明，表現於外形體便可除病無災、延年益壽。反之，當五臟神離去，則感官、形體便容易產生變異病痛以致無法長生久壽，故五臟神在此具有主宰之義。關於五臟神與五行、五季、五官、五色、天干地支和相應疾病的關係，《太平經》有云：

> 少陽有氣，與肝共位，甲乙寅卯，青色相類。萬物之精，前後雜出，仁恩心著。勇士將發，念之覩此字，光若日之始出，百病除愈，增年三倍。〔註379〕
>
> 肝神去，出遊不時還，目無明也。〔註380〕

肝神主肝，色青，行少陽之氣，主春季，五行屬木，五獸主青龍，五官主目，天干主「甲乙」，地支主「寅卯」。《太平經》認爲肝神長存而不去，少陽之氣便得以涵養肝臟，與之相應的目之視覺便可清明，此時若念誦相對應之字訣，更可使疾病痊癒，壽命增加三倍。反之，若肝神遠離不還，少陽之氣無法涵養全身，便會造成目無法清明。

〔註379〕王明編：《太平經合校》（全二冊），上冊，頁338。

〔註380〕（唐）王懸河輯：《三洞珠囊》十卷，卷一〈救導品〉引《太平經》第三十三，頁13。

太陽盛氣，與心相類，丙丁之家，巳午養位。覩之，百邪除去，身日以正。宜意柔明，大不可彊求，見字而壽，光若日中之明。〔註 381〕

心神去不在，其脣青白也。〔註 382〕

心神主心，色赤，行太陽之氣，主夏季，五行屬火，五獸主朱雀，五官主唇，天干主「丙丁」，地支主「巳午」。《太平經》認爲心神長存不去，太陽之氣便可涵養心臟，與之相應的唇舌之色澤便可紅潤，此時若念誦相對應的字訣，便可使邪氣去除，形體如日正當中端正長壽，思慮柔順清明。反之，若心神遠離不還，太陽之氣無法涵養全身，便會造成唇舌青白。

中和之氣，與脾相連，四出季鄉，乃返還戊己。中居辰戌，丑未爲根。舉順之而思其意，還以治其病，精若黃龍。而見此字，其病消亡，增年五倍。令人順孝，臣愛其君，子愛其父。〔註 383〕

脾神去不在，令人口不知甘也。〔註 384〕

脾神主脾，色黃，行中和之氣，主季夏，五行屬土，五獸主黃龍，五官主口，天干主「戊己」，地支主「丑未」、「辰戌」。《太平經》認爲脾神長存不去，中和之氣便可涵養脾臟，與之相應的口之味覺便可甘甜，此時若念誦相對應的字訣，便可使疾病痊癒，壽命增加五倍。反之，若脾神遠離不還，中和之氣無法涵養全身，便會造成口之味覺嘗不出甘甜。

少陰之句，與師精并，靈扇出氣，位屬庚辛。申酉義誅，猾邪盜賊不起，邪不得害人。〔註 385〕

肺神去不在，其鼻不通也。〔註 386〕

肺神主肺，色白，行少陰之氣，主秋，五行屬金，五獸主白虎，五官主鼻，天干主「庚辛」，地支主「申酉」。《太平經》認爲肺神長存不去，少陰之氣便可涵養肺臟，與之相應的鼻之嗅覺通暢，此時若念誦相對應的字訣，便可使邪氣無法湧出害人。反之，若肺神遠離不還，少陰之氣無法涵養全身，便會造成鼻之嗅覺不通。

〔註 381〕王明編：《太平經合校》（全二冊），上冊，頁 338。

〔註 382〕（唐）王懸河輯：《三洞珠囊》十卷，卷一〈救導品〉引《太平經》第三十三，頁 13。

〔註 383〕同註 381，上冊，頁 338。

〔註 384〕同註 382，頁 13。

〔註 385〕同註 381，上冊，頁 339。

〔註 386〕同註 382，頁 13。

腎盛之氣，增年百倍。極陰生陽，其國大昌，常而思之，不知死亡。陰上陽起，故玄武爲初始。龍德生北，位在東方，故隨其後。〔註 387〕

腎神去不在，其耳聾也。〔註 388〕

腎神主腎，色黑，行太陰之氣，主冬，五行屬水，五獸主玄武，五官主耳，天干主「壬癸」，地支主「亥子」。《太平經》認爲腎神長存不去，太陰之氣便可涵養腎臟，與之相應的耳之聽覺聰敏，此時若念誦相對應的字訣，便可使陽氣萌生，思慮清明，壽命增加百倍。反之，若腎神遠離不還，太陰之氣無法涵養全身，便會造成耳之聽覺失聰。

頭神去不在，令人眴冥也；腹神去不在，令人腹中央甚不調，無所能化也；四肢神去，令人不能自移也。夫神精，其性常居空閑之處，不居污濁之處也；欲思還神，皆當齋戒，懸象香室中，百病消亡；不齋不戒，精神不肯還反人也。皆上天共訴人也。所以人病積多，死者不絕。〔註 389〕

除了五臟之神外，《太平經》認爲形體間的其他重要肢體部位也有神祇主宰，如頭有頭神、腹有腹神、四肢有四肢神等，若其神遠離形軀，便會造成各自主宰的部位無法調和而產生疾病。

綜上所述，《太平經》對於五臟之神的論述，除了延續兩漢氣化身體觀的內容，更加入道教修練觀點，第一，提出五臟神的說法，強調各臟器皆有主宰神祇，需透過修養功夫使其長存不去，才能達到長壽目標，否則便會使形體感官失去協調，邪氣疾病纏身，甚至盜賊刑罰等災禍產生。第二，五臟修養除了透過靜思存神的內在修練功夫，使五臟神不離全身之外，《太平經》更提出念訣、齋戒、懸像等外在修練方法，加強五臟與形體修養功夫，才能眞正達到百病痊癒、百邪驅除、長生久壽的修練目標〔註 390〕。

〔註 387〕王明編：《太平經合校》（全二冊），上冊，頁 339。

〔註 388〕（唐）王懸河輯：《三洞珠囊》十卷，卷一〈救導品〉引《太平經》第三十三，頁 13。

〔註 389〕同註 388，頁 13。

〔註 390〕羅鈴沛云：「《太平經》認爲人是精、氣、神的集合體，如果把此處的『神』，理解爲人的精神與意識，是相當合理的，當然，《太平經》也有這樣的意思，但是，卻顯然沒有停留在此，而是進一步把『神』從人體的『精神意識』義，滑動到『神秘主宰』義，這當然是爲了發展其神學體系和修練術所作的準備。」羅鈴沛：〈《太平經》與《老子想爾注》守一法的比較〉，頁 78。

（二）心者，五藏之主

> 凡人腹中，各有天子，五氣各有王者。天有五氣，地有五位。其一氣主行，爲王者主執正。凡事居人腹中，自名爲心。心則五臟之王，神之本根，一身之至也。主執爲善，心不樂爲妄內邪惡也。凡人能執善，清靜自居，外不妄求端正，內自與腹中王者相見，謂明能還覩其心也。〔註391〕

> 心者，五藏之主：主即王也，王主執正，有過乃白於天也。〔註392〕

五臟爲形體間重要的五個臟器，肝、心、脾、肺、腎和諧運行且各自影響目、唇、口、鼻、耳等五官的表現，因此，五臟調和、各司其職才能使形體、感官正常運行，各自發揮其作用。五臟要和諧運行，就須要透過心的主宰判斷。故《太平經》云：「念之者，心也，意也。……精明人者，心也。……心者純陽，位屬天。……心使意念主行，告示遠方〔註393〕」、「夫陽精爲神，屬天，屬赤，主心。心神，乃天之神也〔註394〕」。《太平經》認爲心爲五臟之主，心主認知思慮判斷，是意念的發生，爲人身中最清明的部分，具有生生創造能力，由於心爲天氣中陽氣之精華所生，屬五行中火行，因此在五臟之中具有主宰位置，爲天氣陽精賦予人身之所在〔註395〕。

> 心神在人腹中，與天遙相見，音聲相聞，安得不知人民善惡乎？〔註396〕

> 爲善亦神自知之，惡亦神自知之。非爲他神，乃身中神也。夫言語自從心腹中出，傍人反得知之，是身中神告也。故端神靖身，乃治之本也，壽之徵也。無爲之事，從是興也。〔註397〕

> 長生之道，近在三神，三氣合成乃爲人。不成，離散爲土，在瓦石同底，破碎在不見之處，不得與全完爲比。三命之神，近在心間，

〔註391〕王明編：《太平經合校》（全二冊），下冊，頁687～688。

〔註392〕同註391，下冊，頁719。

〔註393〕同註391，下冊，頁426～427。

〔註394〕同註391，下冊，頁696。

〔註395〕楊寄林云「這種心論，是對火德說的獨特發揮，與孟子、《管子．心術》及《內業》、荀子對心的詮說殊有不同。」楊寄林譯注：《太平經今注今譯》（上、下卷），〈太平經綜論〉，頁34。

〔註396〕同註391，下冊，頁545。

〔註397〕同註391，上冊，頁12。

何惜何愛，反貪形殘，都市示眾，何時生還。〔註398〕

五臟之神為統御五臟的神祇，因此，心神為心之主宰，《太平經》認為心神為五臟之神與天君溝通的媒介。由於心為天之陽精，具有生生神妙作用，心神為心之主宰神祇，故為天地神精居處於人身丹田腹中，與天相互感應，成為傳達人之善惡、意念上達天聽與天神降下吉凶、判定夭壽的五臟神祇，因此，《太平經》稱之為「身中神」。

「天地神精居子腹中〔註399〕」，身中神居處於形體當中，具有主宰五臟之神且分辨善惡的能力，且是思慮行為是否合宜表現的關鍵，同時透過生生陽精之氣與天溝通，為天人感應中與天相互感通的神妙作用，透過心神的傳達，使天君得以知曉人民是否良善或為惡，進而成為天君與司命之神判定夭壽的關鍵。因此，《太平經》的修養觀認為身中神是否守一清靜合於天道便成為重要的課題，「故端神靖身，乃治之本也，壽之徵也」，若能透過修養功夫，使身中神判斷清明，使行為合於良善正道，精氣神三者和諧共生，形體感官表現合宜，形神相守，達到人身最好的狀態，同氣相應，天人相感，天君必定也會回應，使其形體強健、精神清明，進而長生久壽。反之，若身中神無法順利主宰五臟流行與思慮判斷，便會造成形神散亡，身中神無法居處於心腹之間而遠離，便會造成疾病禍患，當精氣神無法固守於形體間而散失，人便將邁向疾病災禍離散死亡。

由此可知，《太平經》的身體觀建立在氣化宇宙論的基礎之上，講求形神相守，精氣神三氣共一，便可使形體、精神達到最佳狀態，另外在五臟與五官的對應上，《太平經》也提出自己的相應之理，將肝、心、脾、肺、腎配以目、唇、口、鼻、耳，作出詮釋，並指出心為五臟之主，溝通指揮腑臟、感官發揮作用，同時更帶入了道教神祇的思想，將神靈與五臟神妙的運行結合。此外，更提出身中神的觀念，認為心神為主宰身中最精華清明作用的神祇，與天相應，成為溝通天君，傳達人之善惡，使天君作出判斷，決定壽命夭壽的關鍵所在，《太平經》以天人相應、氣類相感的思想為基礎，作為建立道教神祇如何影響人身的途徑，加強了神祇對人的影響力，因此如何愛氣尊神重精，並使心神居於心腹之中而不外洩便成為修養要達到長生久壽的重要課題，而這也成為了《太平經》修養觀的理論基礎。

〔註398〕王明編：《太平經合校》（全二冊），下冊，頁565。
〔註399〕同註398，上冊，頁117。

三、壽命有期，祿命自當

《太平經》認為人之壽命長短與境遇好壞皆由主宰命籍之神所決定，因此主張命定之說，但為強調太平道教之神聖玄妙，《太平經》也認為只要透過修養功夫的力行不怠，人亦可透過為善行道變更壽命，達到長生延命的修養目的。以下試論之。

（一）天生人凡有三等

> 眞人言：「吾生有祿命邪，……」神人言：「然，六人生各自有命，一為神人，二為眞人，三為仙人，四為道人，五為聖人，六為賢人，此皆助天治也。……故人生各有命也，命貴不能為賤，命賤不能為貴也。」……神人言：「然，有天命者，可學之必得大度，中賢學之，亦可得大壽，下愚為之，可得小壽。子欲知其效，同若凡人學耳。」〔註400〕

> 天生人凡有三等：第一天生，第二地生，第三人種類。受命天者為人君，受命地者為人臣，受命人者為民。君者應天而行，臣者應地而行，順承其上；為民者屬臣，轉相事。凡是三氣共一治，然後能成功。〔註401〕

所謂命，指天道賦予人不同的壽命與際遇。在《太平經》當中對命也提出自已的見解，《太平經》云：「死生之命，不可自易〔註402〕」，《太平經》認為人生壽命長短、貴賤、際遇為天所賦予，天君命司命之神天曹依據不同命籍賦予不同壽命際遇，不可變更，稱為祿命〔註403〕，故云：「故今大德之人并領其文，籍繫星宿，命在天曹〔註404〕」、「壽命有期，直聖得聖，直賢得賢，是天常法，祿命自當〔註405〕」。

〔註400〕王明編：《太平經合校》（全二冊），上冊，頁288～289。

〔註401〕同註400，下冊，頁730。

〔註402〕同註400，下冊，頁680。

〔註403〕姜守誠云：「所謂『天命』就是對人的觀念中不可違抗的自然力量而進行的擬人化和神聖化。先民因無力掌握自己的命運，只得無奈地（或無意識地）把決定自身生死安危的權利拱手讓給『天』或『命』。這樣就產生了宗教意義上的敬畏天命的宗教精神。《太平經》對祿命之看法就屬此種意義下的天命觀念。」姜守誠：《《太平經》研究——以生命為中心的綜合考察》（北京：社會科學文獻出版社，2007年10月），頁102。

〔註404〕同註400，下冊，頁549。

〔註405〕同註400，下冊，頁548。

同時《太平經》認爲人分爲三等，第一爲受命於天者，爲人君；第二爲受命於地者，爲人臣；第三爲受命於人者，爲萬民，三者等級皆天所賦予，不可變更，但三者和諧共事，天下便可太平。此外，《太平經》又將人分爲八的等級：「一爲神人，二爲眞人，三爲仙人，四爲道人，五爲聖人，六爲賢人」，在賢人之下，《太平經》還提到受命於人者爲凡人爲一般人民，凡人之下還有下愚之人，此皆天生命定，不可變更。

《太平經》雖認爲人有天命，但「可學之必得大度，中賢學之，亦可得大壽，下愚爲之，可得小壽」，人若能積極學道行道，透過修養功夫的實踐，氣感動天，「殊能思行天上之事，得天神要言，用其誠，動作使可思，可易命籍，轉在長壽之曹〔註 406〕」，司命之神便會更改命籍，使之境遇改變，延年益壽，以終天年〔註 407〕。「行善可盡年命，行惡失長就短〔註 408〕」，反之，若人違道爲惡，「故言司命，近在胸心，不離人遠，司人是非，有過輒退，何有失時，輒減人年命〔註 409〕」，司命之神亦會判定是非善惡，減人壽命，使之無法長壽成仙。

由此可知，《太平經》一方面肯定天的權威主宰，認爲天神賦予人不同的境遇與壽命，但一方面也肯定人可以透過學習與修煉、行道、爲善變化氣質，逐漸邁向長壽成仙之境，具有宗教積極勸人修道向善的作用。

（二）承負

人之壽命與境遇爲天生命定，而人之壽命長短決定於人是否行道爲善，精誠動天，司命之神便會將人轉至常受命籍，使之長生。而影響一個人的出生境遇好壞的原因，《太平經》則是以承負說〔註 410〕詮釋，「《太平經》的承負說，是針對當時社會中普遍存在的行善卻遭禍患、作惡反得善終等不公正現象而做出的宗教解釋。這一說法在諸多因果報應論學說中顯得獨特〔註 411〕」，以下試論之。

〔註 406〕王明編：《太平經合校》（全二冊），下冊，頁 602。

〔註 407〕姜守誠云：「《太平經》雖然充斥著先天命定的觀念，但也同時強調善惡報應、注重生命的後天自我控制，即主張人也能通過後天的積功或修道而改變先天命運。」姜守誠：《《太平經》研究——以生命爲中心的綜合考察》，頁 128。

〔註 408〕同註 406，下冊，頁 549。

〔註 409〕同註 406，下冊，頁 600。

〔註 410〕王鐵云：「《太平經》的承負說，是對古代『積善之家必有餘慶，積不善之家必有餘殃』（《易・文言》）的信條的引申。」王鐵：《漢代學術史》，頁 150。

〔註 411〕同註 407，頁 137。

元氣怳惚自然，共凝成一，名爲天也；分而生陰而成地，名爲二也；因爲上天下地，陰陽相合施生人，名爲三也。三統共生，長養凡物名爲財，財共生欲，欲共生邪，邪共生奸，奸共生猾，猾共生害而不止則亂敗，敗而不止不可復理，因窮還反其本，故名爲承負。〔註412〕

道氣化生萬物，因萬物本質皆氣，故可相互感應。故《太平經》認爲陰陽和氣三氣共生，變化萬物，但當所生之物爲財貨等外在物欲，便會引起奸詐狡猾，而導致亂敗不止無法治理。因此面對這種現象要復歸到本始的狀態，而這個過程叫作承負。

承者爲前，負者爲後；承者，迺謂先人本承天心而行，小小失之，不自知，用日積久，相聚爲多，今後生人反無辜蒙其過謫，連傳被其災，故前爲承，後爲負也。負者，流災亦不由一人之治，比連不平，前後更相負，故名之爲負。負者，迺先人負於後生者也；病更相承負也，言災害未當能善絕也。絕者復起，吾敬受此書於天，此道能都絕之也，故爲誠重貴而無平也。〔註413〕

《太平經》進一步解釋，認爲前人過失日積月累，而由後人無辜承受災禍的狀態叫承；而災禍絕非一人造成，是前人有過失在先，將其禍患遺留給後人，這種狀態叫負。故，所謂承負，指善惡因果報應，此爲《太平經》中獨特的思想內容，而這也是影響一個人境遇好壞的關鍵因素。而《太平經》認爲天神所賦予之境遇的好壞與否和是否行道爲善有密切關係，因此，若一個人之先祖行道爲善，善行動天，透過承負積累，天便會授與此人子孫境遇富貴，反之，一個人境遇凶惡，其先祖必爲奸惡，惡行上達天聽，透過承負積累，天便會授與此人境遇窮困。個人如此，國家亦然，若一國君主施政爲善行道，天下太平氣至，天人相應，天便會透過承負積累降生吉兆，使四時和諧、風調雨順，繼任君主自然施政順利，國家自然興旺，反之，《太平經》云：

「請問旱凍盡死，民困飢寒烈而死，何殺也？」「此者，皇天太陽之殺也，六陽俱恨，因能爲害也。……但逢其承負之極，天怒發，不道人善與惡也，遭逢者，即大凶矣。……故承負之責最劇，故使人死，善惡不復分別也。大咎在此。」〔註414〕

〔註412〕王明編：《太平經合校》（全二冊），上冊，頁305。
〔註413〕同註412，上冊，頁70。
〔註414〕同註412，下冊，頁370。

若一國君主為惡違道，邪惡之氣至，氣類相應，天便會透過承負積累降下天災、禍害、戰爭，繼任君主便須承受其先祖所積累下來的國家動盪不安〔註415〕。

由此可知，《太平經》透過天人感應、氣類相感的學說，詮釋其承負因果報應之說，藉此警示個人與國君行道為善的重要性，否則必將危害子孫，禍延人民國家。而《太平經》的承負之說也對後來的道教思想產生不小的影響〔註416〕。

第五節　守氣而合神，精不去其形，念此三合以為一

《太平經》在氣化宇宙論天人相感、氣類相應的思想基礎之上，建構與天氣相應之氣化身體觀，並將心神生生不息玄妙清明的作用以道教神祇觀詮釋，認為形神相守，以神主形，而精氣神與五臟神的運行，皆源自於掌管天地中和之氣的發生的天君無形委氣神人，透過天君的主宰，賦予心神管理主宰五臟神的作用，成為形體能發揮正常作用的關鍵。因此，《太平經》的修養論亦在兩漢氣化宇宙論的基礎之上，結合道教神祇觀，形成以兩漢氣化修養論為主的內在修養，與道教神祇觀結合的外在修煉思想。

> 夫一者，乃道之根也，氣之始也，命之所繫屬，眾心之主也。當欲知其實，在中央為根，命之府也。故當深知之，歸仁歸賢使之行。人之根處內，枝葉在外，令守一皆使還其外，急使治其內，追其遠，治其近。守一者，天神助之。守二者，地神助之。守三者，人鬼助之。四五者，物祐助之。故守一者延命，二者與凶為期。三者為亂治，守四五者禍日來。深思其意，謂之知道。……能堅守，知其道意，得道者令人仁，失道者令人貪。〔註417〕

〔註415〕姜守誠云：「這裡所說的『承負』可以分為兩種性質：一種是從人類集體（或社會全體）的角度而言；另一種則是從個體（或單一家族）來說。」姜守誠：《《太平經》研究——以生命為中心的綜合考察》，頁140。

〔註416〕姜守誠云：「《太平經》的承負說對後世道教產生深刻的影響。其後，《老子想爾注》就秉承這一觀念，說到：『以兵定事，傷煞不應度，其殃禍反還人身及子孫。』……《赤松子章歷》亦認為：人的品行不端將直接影響到子孫後嗣，神祇將累積其人一生中所犯下的過錯情況而施予不同的『承負』處罰：……《太上感應篇》在列舉諸多不當行為後，說到：『如是等罪，司命隨其輕重，奪其紀算，算盡則死。死有餘責，乃殃及子孫。』上述觀點，可說與《太平經》中承負觀念是一脈相承的。」同註415，頁143～144。

〔註417〕王明編：《太平經合校》（全二冊），上冊，頁12～13。

《太平經》以道爲萬物根源，以元氣爲化生萬物的初始力量，稱之爲一，因此，一便成爲《太平經》當中道作用於天地萬物間最重要關鍵。故人欲修養其身，使形神合一，身心復歸於道，與道相互感通，達到天人相應，長生久視的境界，固守生生元氣保養於心腹之間，使其清靜充盈不外洩，便成爲《太平經》修養論的重要內容，《太平經》稱爲守一〔註 418〕。因此，認爲若能守一，便可得到天神幫助，便可延年益壽。若只能明瞭固守陰陽二氣變化，便只可得地神助益，且仍然會遭遇凶禍，無法長生。若只能固守天地中和之氣，明人事萬物變化，便只可得人神助益，治理仍會遇到亂世。若只能固守四時五行之氣，明萬物生養與吉凶禍福之理，便只可得萬物助益，災禍變異仍會終日產生。

因此，《太平經》以守一爲其修養鍛鍊身心的理論基礎〔註 419〕，說明守一的修養內容，並提出具體修養方法，企圖透過內在存思靜修與外在修練方術，達到長生仙壽的終極目標。

一、守一之法，內常專神

（一）清靜專一

夫欲守一，喜怒爲疾，不喜不怒，一乃可覩。〔註 420〕

守一之法，爲善，効驗可覩。今日爲善清靜，神明漸光。始如螢火，久似電光。〔註 421〕

守一之法，內常專神，愛之如赤子，百禍如何敢干。〔註 422〕

〔註 418〕楊寄林云：「這是極度調動起意念力，把它全身心投注在守持對象上的修煉方式，屬於氣功中的意守功。」楊寄林譯注：《太平經今注今譯》（上、下卷），〈太平經綜論〉，頁 107。

〔註 419〕王平云：「所謂『守一』，即是使人的形神處於相互結合而不分離的狀態，而一旦人的形神永遠存在並相互結合，人的生命也就永恆了。從這個意義上講，『守一』其實就是神仙不死狀態的具體表現，因而『守一』本身也便成了其他修煉方術所欲達到的目標。由此我們也可以說，『守一』雖然是一種方術，但他不同於一般的方術，而是一種根本的方術，它對其他的方術具有普遍的規範作用。就其眞正的功能意義而言，『守一』是一條基本的治身原則。」王平：《《太平經》研究》，頁 70。

〔註 420〕王明編：《太平經合校》（全二冊），下冊，《太平經聖君秘旨》引，頁 741。

〔註 421〕同註 420，下冊，《太平經聖君秘旨》引，頁 743。

〔註 422〕同註 420，下冊，《太平經聖君秘旨》引，頁 743。

守一之法，凡害不害，人各有一不相須。虎狼不視，蛟龍不升，有毒之物皆逃形。子欲長無憂，與一相求；百神千鬼，不得相尤。守而常專，災害不遷。〔註 423〕

守一之法，百日爲小靜，二百日爲中靜，三百日爲大靜。內使常樂，三尸已落。〔註 424〕

《太平經》認爲內在修養守一之法最關鍵的內容爲心神清靜專一，故云：「不喜不怒」、「今日爲善清靜，神明漸光」、「內常專神，愛之如赤子」、「守而常專，災害不遷」、「古者大聖賢皆用心清靜專一，故能致瑞應也〔註 425〕」，《太平經》認爲當心神內守專一，清靜端正，不受喜怒影響時，便可保守形體達到虛無自然之清明的狀態，使之與天地清靜無爲之性相合，達到天人相應，與道相感通之仙壽之境界〔註 426〕。如此，天君便會降下吉兆瑞應，使人不受災害禍患影響，達到長壽的養生目的。

其次，《太平經》認爲要達到守一的境界並非一蹴可幾，而是須要循序漸進，反覆透過心神不間斷的靜思、端坐、行善功等修練功夫，日積月累，長時間修煉才可能達到清靜專一，與道相感通的境界，故《太平經》云：「百日爲小靜，二百日爲中靜，三百日爲大靜」、「守一之法，皆從漸起；守之積久，其一百日至〔註 427〕」。

（二）守氣而合神

夫人本生混沌之氣，氣生精，精生神，神生明。本於陰陽之氣，氣轉爲精，精轉爲神，神轉爲明。欲壽者當守氣而合神，精不去其形，念此三合以爲一，久即彬彬自見，身中形漸輕，精益明，光益精，心中大安，欣然若喜，太平氣應矣。脩其內，反應於外。內以致壽，外以致理。非用筋力，自然而致太平矣。〔註 428〕

其上第一元氣無爲者，念其身也，無一爲也，但思其身洞白，若委

〔註 423〕王明編：《太平經合校》（全二冊），下冊，《太平經聖君秘旨》引，頁 740～741。

〔註 424〕同註 423，下冊，《太平經聖君秘旨》引，頁 742。

〔註 425〕同註 423，下冊，頁 513。

〔註 426〕《太平經》：「虛無自然者，守形洞虛自然，無有奇也；身中照白，上下若玉，無有瑕也；爲之積久久，亦度世之術也，此次元氣無爲象也。」同註 423，上冊，頁 282。

〔註 427〕同註 423，下冊，《太平經聖君秘旨》引，頁 741。

〔註 428〕同註 423，下冊，《太平經聖君秘旨》引，頁 739。

氣而無形，常以是爲法，已成則無不爲無不知也。故人無道之時，但人耳，得道則變易成神仙；而神上天，隨天變化，即是其無不爲也。〔註429〕

《太平經》內在修養，首重心神清靜專一，爲達心神清靜之境，最關鍵的修煉功夫爲守氣存神。由於《太平經》的身體觀強調人的生成，爲道中陰陽和氣三氣共生而成，其中元氣爲生命的基礎，精氣爲構成形體、腑臟、感官的精華作用，神爲天氣所賦予生生不息的創造力量，因此，「人欲壽者，乃當愛氣尊神重精〔註430〕」，其修養功夫則必須透過靜思念識元氣無爲，使元氣固守於形體之中，精氣順暢流行作用於形體、腑臟之間，神氣便得以生生不息發揮認知創造作用，三氣共一和諧，形體便可充盈生生元氣而清明通達初始道境，進而長生飛仙，無爲而無不爲。

然天地之道所以能長且久者，以其守氣而不絕也。故天專以氣爲吉凶也，萬物象之，無氣則終死也。子欲不終窮，宜與氣爲玄牝，象天爲之，安得死也。〔註431〕

欲壽者當守氣而合神，精不去其形，念此三合以爲一，久即彬彬自見，身中形漸輕，精益明，光益精，心中大安，欣然若喜，太平氣應矣。〔註432〕

故養生之道，安身養氣，不欲數怒喜也古者明師，教帝王皆安身，使無憂，即帝王自專矣。天喜太平氣出，無不生成。〔註433〕

元氣爲構成人身的基礎元素，因此，固守元氣便成爲《太平經》修養論的首要目標，「無氣則終死」、「以其守氣而不絕」，元氣是否固守於形體之中是人的壽命是否維持的根本。《太平經》主張天人相應，聖賢觀察天地之道，明瞭道生萬物透過陰陽和氣相互摩礪共生，周行不怠，輪轉不息，因此，聖賢將此理運用在人身修養之上，認爲人身修養亦如是，若元氣消散，精氣便無法溝通調合於腑臟、感官之間，神氣也無法清明判斷認知是非，人將會邁向死亡。反之，若守氣使其充盈體內，精氣神三氣便可和諧共生，源源不絕，壽命自可維持並延續，達到長生的修養終極目標。

〔註429〕王明編：《太平經合校》（全二冊），上冊，頁282。
〔註430〕同註429，下冊，頁728。
〔註431〕同註429，下冊，頁450。
〔註432〕同註429，下冊，《太平經聖君秘旨》引，頁739。
〔註433〕同註429，下冊，頁727。

問曰：古今要道，皆言守一，可長存而不老。人知守一，名爲無極之道。人有一身，與精神常合并也。形者乃主死，精神者乃主生。常合即吉，去則凶。無精神則死，有精神則生。常合即爲一，可以長存也。常患精神離散，不聚於身中，反令使隨人念而遊行也。故聖人教其守一，言當守一身也。念而不休，精神自來，莫不相應，百病自除，此即長生久視之符也。〔註 434〕

此天地常理，若以神同城而善御之，靜身存神，即病不加也，年壽長矣，神明祐之。故天地立身以靖，守以神，興以道。故人能清靜，抱精神，思慮不失，即凶邪不得入矣。其眞神在內，使人常喜，欣欣然不欲貪財寶，辯訟爭，競功名，久久自能見神。神長二尺五寸，隨五行五藏服飾。〔註 435〕

天不守神，三光不明；地不守神，山川崩淪；人不守神，身死亡；萬物不守神，即損傷。故當還之乃曰強，不還自守曰消亡也。〔註 436〕

精神爲形體是否能正常運行的關鍵，因此，精神長存便成爲《太平經》修養論中心神是否清靜專一，通達道體的重點所在，「無精神則死，有精神則生。常合即爲一，可以長存也」、「人不守神，身死亡」，《太平經》認爲精氣爲形體、腑臟、感官是否正常運行的關鍵，神氣爲人思慮判斷是否清明的依據，因此，精神若能清靜專一，形體便可合於正道順利運行，生命自然就不易受到疾病、凶禍影響，年壽自然可以長生久視。反之，若精神消散，無法長存於體內，思慮便無法清明，腑臟、感官也無法正常運行，形體便容易受到疾病、凶禍影響而導致死亡。故《太平經》云：「守一者，眞眞合爲一也。人生精神，悉皆具足，而守之不散，乃至度世；爲良民父母，見太平之君，神靈所愛矣〔註 437〕」，一者，道之根本，元氣之始，心之主宰，而心神主宰五臟運行與清明的思慮認知判斷，因此，若能使精神長存體內，元氣自能固守而不外洩，精神若能清靜專一，心神便可通達無極之道，天人相感，天上神靈也會給予庇佑，使壽命達到長存不老、長生久視之境。

〔註 434〕王明編：《太平經合校》（全二冊），下冊，頁 716。
〔註 435〕同註 434，下冊，頁 722。
〔註 436〕同註 434，下冊，頁 727。
〔註 437〕同註 434，下冊，頁 716。

人氣亦輪身上下，神精乘之出入。神精有氣，如魚有水，氣絕神精散，水絕魚亡。〔註 438〕

神者乘氣而行，故人有氣則有神，有神則有氣，神去則氣絕，氣亡則神去。故無神亦死，無氣亦死，委氣神人寧入人腹中不邪？〔註 439〕

綜上所述，守氣存神爲守一修養功夫的重要內涵，有氣則有神，氣絕則神精散，精氣神三者缺一不可，三者皆爲生命延續與心神是否清靜專一，通達正道的基礎，因此，精神須有元氣才能流行形體之中，元氣須有清明精神才能固守形體之間，若能使固守元氣，使精神長存於形體之中，對內便可使自己生命達到長生久壽的目的，對外便可使心神清靜，認知判斷作用達到清明合於道理的境界〔註 440〕。《太平經》認爲這便是修養的最佳狀態，若能達到此境界，便可使太平氣至，除了自身可長生久壽，社會也可到達太平無災的最高境界。

二、思見天誠，以成其身

《太平經》的內在修養，延續道家修養的傳統，講究清靜專一與守氣存神的內在心境的修養功夫，主張透過心靈的清靜與思慮的清明，涵養元氣於全身，體悟通達初始之道。爲了達到守一之境，除了內在修養功夫之外，《太平經》也提出許多外在修煉方式，試圖透過闢穀、食氣、存思、齋戒、胎息與食藥、服符灸刺、神咒等方式，企圖達到長生久壽的終極目標。因此，外在修練功夫方面以下分爲外應於神祇、消災治疾兩部分進行論述。

〔註 438〕王明編：《太平經合校》（全二冊），下冊，頁 727。

〔註 439〕同註 438，上冊，頁 95～96。

〔註 440〕湯一介云：「『守一』就是守住『元氣』，……『一』又是『氣之始』，而『氣之始』即是『元氣』，……『元氣』分爲精、氣、神三氣，如果守住『元氣』則可使精、氣、神三者常合一，故曰『三一』。……因此，在《太平經》中把『守一』看成是『長生不死』『得道成仙』的根本途徑。」湯一介：《魏晉南北朝時期的道教》，頁 55。鍾肇鵬云：「我國氣功養生之術源遠流長。早在戰國時代的《行氣玉珮銘》就記述了氣功鍛煉的要領。董仲舒在《春秋繁露．循天之道》中明確提出『故養身之大者，迺在愛氣』。《太平經》在此基礎上又有所發展。……（1）認爲精、氣、神三者都是『氣』，故稱『三氣』。……并且認爲精、氣、神三者都『本於天地人之氣。』受之于天的爲『神氣』，受之于地的爲『精氣』，受之于人的爲『中和之氣。』（2）認爲精、氣、神三者『共一位』。即是今天說的三位一體，三者可以凝聚爲一，這正是後來內丹家追求的『三華聚頂』『五氣朝元』的眞諦。（3）既然精、氣、神三者都是『氣』，所以人欲長生，首先應該『愛氣』與《繁露．循天之道》相同。但這裏講到『愛氣、尊神、重精』。」鍾肇鵬：〈論精氣神〉，頁 208。

（一）外應於神祇，遠進相動

1、入室思存

入室獨居，思經道之本，所須出入，賢者先得其意，其次隨之，遂俱入道，與邪相去矣。〔註441〕

入室思存，五官轉移，隨陰陽孟仲季爲兄弟，應氣而動，順四時五行天道變化以爲常矣。〔註442〕

今子得書，何不詳結心意，丁寧思之，幽室閑處。念天之行，乃可以傳天之教，以示勑愚人，以助帝王爲法度也。〔註443〕

是故古者聖王帝主，雖居幽室，深惟思天心意，令以自全，自得長壽命。〔註444〕

古者聖賢，坐居清靜處，自相持脈，視其往來度數，至不便以知四時五行得失，因反知其身衰盛，此所以安國養身全形者也，可不慎乎哉！〔註445〕

如何達到心神清靜專一，與道神相應之守一之境，《太平經》提出幽室靜思之法。《太平經》認爲外在環境也是影響內在修煉的原因之一，因此，在修養的過程當中，必須進入幽靜之室。其次，靜思之法須「數度」分別之，「數度」或作「度數」，《太平經》云：「數度者，積精還自視也，數頭髮下至足，五指分別，形容身外內，莫不畢數，知其意，當常以是爲念，不失銖分，此亦小度世之術也，次虛無也〔註446〕」，數度之法即精思內視形體肢體之精，依次自頭至腳分別靜思念識其精神意志，透過此術便可藉此明形體四肢之神流行，使心神清靜上通陰陽和氣，體悟四時五行之氣運行之得失，與道相通，主宰天地變化之天君委氣神人便可得知，進而祐助其遠離邪氣災禍，決定給予長壽。

除了個人修養，在帝王治國方面，靜室存思也是帝王治國之本，當帝王坐居靜室，鍛煉心神，便可使思慮清靜，通達天地四時五行之氣之變化，知國家興衰之理，明政策之得失，便可以常道治理天下，使天下達到太平安定之境。

〔註441〕王明編：《太平經合校》（全二冊），上冊，頁309。
〔註442〕同註441，上冊，頁309。
〔註443〕同註441，上冊，頁109。
〔註444〕同註441，上冊，頁174。
〔註445〕同註441，上冊，頁180。
〔註446〕同註441，上冊，頁282～283。

因此，《太平經》云：「入室獨居，思經道之本」，《太平經》從個人修養境界出發，強調靜室存思對養身的重要性，同時更舉賢者、古之聖王帝主亦皆以靜室存思爲修煉之本，此爲思慮清靜，通天人變化得失，制定安國定邦政策的關鍵所在，不可不慎。

2、食氣而治

> 請問胞中之子，不食而取氣。在腹中，自然之氣。已生，呼吸陰陽之氣。守道力學，反自然之氣。反自然之氣，心若嬰兒，即生矣。隨呼吸陰陽之氣，即死矣。〔註 447〕

> 是故食者命有期，不食者與神謀，食氣者神明達，不飲不食，與天地相卒也。〔註 448〕

> 故古者聖賢飲食氣而治者，深居幽室思道，念得失之象，不敢離天法誅分之間也。居清靜處，已得其意，其治立平，與天地相似哉！〔註 449〕

除了心靈的安靜，《太平經》認爲身體也必須清靜才能使清明的心神進入長存，因此，《太平經》主張食自然之氣。「夫氣者，所以通天地萬物之命也；天地者，乃以氣風化萬物之命也〔註 450〕」，《太平經》認爲氣爲貫通天人的重要關鍵，因爲氣類相感，天地萬物皆應氣而動，因此，若能使氣充盈涵養於形體之中，便可使心神、形體通達自然道體而不受外在情勢影響，長生久壽。爲證明此理，《太平經》舉胞中之子爲例，胎胞中赤子居於母體之內，不須食有形之物，在腹中食母體內自然之氣便可孕育生長，這是因爲有形之物皆有壽期，無形自然之氣生生不息。反之，當胎兒出生，開始食有形之物，呼吸陰陽之氣，便開始邁向死亡。因此，《太平經》認爲修養功夫若能法胞中之子，食自然之氣，便可使心神返初始清靜自然道體而長生不死〔註 451〕。

〔註 447〕王明編：《太平經合校》（全二冊），下冊，頁 699。

〔註 448〕（唐）王懸河輯：《三洞珠囊》十卷，卷四〈絕粒品〉引《太平經》第一百二十，頁 35～36。

〔註 449〕同註 447，上冊，頁 48。

〔註 450〕同註 447，上冊，頁 317。

〔註 451〕楊寄林云：「這是本經所標舉的僅次於守一的道術。亦即關於某些特殊的呼吸運動的修煉方法，屬於氣功中的吐納功。」楊寄林譯注：《太平經今注今譯》（上、下卷），〈太平經綜論〉，頁 108。

問曰:「上中下得道度世者，何食之乎？」答曰:「上第一者食風氣，第二者食藥味，第三者少食，裁通其腸胃。」又云:「天之遠而無方，不食風氣，安能疾行，周流天之道哉？又當與神吏通功，共爲朋，故食風氣也。其次當與地精并力，和五土，高下山川，緣山入水，與地更相通，共食功，不可食穀，故飲水而行也。次節食爲道，未成固象，凡人裁小別耳。故少食以通腸，亦其成道之人。」〔註452〕

《太平經》將修練得道者分爲三個層次，第一爲食自然風氣者，第二爲食草藥者，第三爲少食節食者。第一食自然風氣者，能與天生生不息之道相應，因爲皇天廣闊無邊，而自然風氣流行其間更是無所不在，因此，人若能食自然之氣便能如風氣般於天地間快速移動，同時，更可與天地間得神祇成爲朋友，一同調和天地陰陽之氣。第二食草藥者，能與地之精靈相應，故能調和五行之氣，穿梭於山川之間沒有阻礙，此時不可食五穀雜糧，只可飲水。第三少食節食者，僅能使腸胃之氣通暢，其修練始與一般人區別，雖未達最上得道狀態，但已始修煉成道。由此可知，如何鍛鍊食自然風氣以長生成仙便成爲修養功夫中最重要的部分。

請問不食而飽，年壽久久，至于遂存，此乃富國存民之道。比欲不食，先以導命之方居前，因以留氣。服氣藥之後，三日小飢，七日微飢，十日之外，爲小成無惑矣，已死去就生也。服氣藥之後，諸食有形之物堅難消者，以一食爲度。食無形之物，節少爲善。百日之外可不食，名不窮之道，名爲助國家養民，助天地食主。少者爲吉，多者爲凶，全不食亦凶，腸胃不通。通腸之法：一食爲適，再食爲增，三食爲下，四食爲腸張，五食飢大起，六食大凶惡，百疾從此而生，至大飢年當死。節食千日之後，大小腸皆滿，終無料也。令人病悉除去，顏色更好，無所禁防。古者得道，老者皆由不食。君臣民足以安身心，理其職，富者足以存財，貧者足以度軀。君子行之，善樂歲，凶年不危亡。〔註453〕

如何使人食自然風氣達到長生久壽的狀態，《太平經》提出服食藥物的修練之術。《太平經》認爲若要能只食氣不吃食物而不會餓，最後從個人長生久

〔註452〕(唐)王懸河輯:《三洞珠囊》十卷，卷四〈絕粒品〉引《太平經》第一百四十五，頁36。

〔註453〕王明編:《太平經合校》(全二冊)，下冊，頁684。

壽，以致國家富強、人民久存的境界，必須要先透過服食能使元氣長存於體內的藥物，假以時日修練便有可能達到食氣長生的狀態。而服食長存元氣之藥的修練過程：服藥之後，過了三日會出現一點飢餓狀態，七日後些微飢餓，十日之後就可以達到初步適應的狀態，最終便可逐漸脫離死亡以達長生境界。

在開始服食長存元氣之藥修練之後，《太平經》認爲此時食用有形食物必須要以一日一次爲限，食用無形流質食物，越少越好，百日之後便可不須飲食，此即長生無窮之術，此術可協助國家養育人民，協助天地輔佐君主。

《太平經》提倡服食氣藥養生修練之術，開始時須以節食少食爲佳，多食則難以修練，但不可完全不吃，完全不吃或導致兇惡狀態以至於腸胃無法通暢。因此，要使腸胃通暢，充滿元氣，須以一日一次最爲適當，兩次便增加太多，三次便須排泄，四次腸胃便會過脹而不適，五次反而會越吃越餓，六次身體狀況便會非常兇惡，所有疾病因此產生，到了大飢年的時候便會死亡。反之，若能食氣藥節食修練，千日之後便可使大小腸中皆充滿元氣，其他會腐壞的食物最終便會不復存在。如此，便可使所有疾病去除，容貌氣色紅潤，身體強健不須特別防範邪氣災惡產生。

因此，古之得道長生者到老皆不吃食物，若君主、臣子、人民能食氣養身便可使身心安靜無災，各司其職，富貴者得以保存其財物，貧困者亦得以保存其壽命，君子食氣修練者，便可在豐收年更加喜樂，大凶年亦可保全壽命不遇危險死亡。

綜上所述，《太平經》將食氣帶來的好處、食氣修練的三個層次與食藥氣之法及其所帶來的益處詳細說明，可見食氣長生之法的重要性，《太平經》認爲氣類相通，因此透過食天地間自然之氣便可通達初始道體，並與天神相互感應，以到達長生仙壽的境界。此外，《太平經》詳細論述食氣過程中以藥物協助元氣長存體內之法〔註 454〕，可知服食丹藥在東漢末年相當盛行，不過在《太平經》中卻未對丹藥的內容作出說明，只論述了透過食藥協助修練長生的過程。

〔註 454〕楊寄林云：「在功法上，經中把闢穀（不吃五穀雜糧）和食氣連成一體，即闢穀是目的，食氣是手段，通過食氣達到闢穀，……本經所覼縷的守一術和食氣法，絕大部分內容是在前代典籍中看不到的。雖都是側重於內功、靜功的修煉，不無可取之處，但其神秘性遠軼前代，更從登仙與輔治上把它們的功效抬到了無以復加的地步。」楊寄林譯注：《太平經今注今譯》（上、下卷），〈太平經綜論〉，頁 109。

3、懸象還神

> 懸象還，凶神往。夫人神乃生內，返遊於外，遊不以時，還爲身害，即能追之以還，自治不敗也。追之如何，使空室內傍無人，畫象隨其藏色，與四時氣相應，懸之窗光之中而思之。上有藏象，下有十鄉，臥即念以近懸象，思之不止，五藏神能報二十四時氣，五行神且來救助之，萬疾皆愈。男思男，女思女，皆以一尺爲法，隨四時轉移。春，青童子十，夏，赤童子十，秋，白童子十，冬，黑童子十，四季，黃童子十二。二十五神人眞人共是道德，正行法，陽變於陰，陰變於陽，陰陽相得，道乃可行。〔註455〕

> 夫神生於內，春，青童子十。夏，赤童子十。秋，白童子十。冬，黑童子十。四季，黃童子十二。此男子藏神也，女神亦如此數。男思男，女思女，皆以一尺爲法。畫使好，令人愛之。不能樂禁，即魂神速還。〔註456〕

> 然欲候得其術，自有大法，四時五行之氣來入人腹中，爲人五藏精神，其色與天地四時色相應也；畫之爲人，使其三合，其王氣色者蓋其外，相氣色次之，微氣最居其內，使其領袖見之。先齋戒居閒善靖處，思之念之，作其人畫像，長短自在。五人者，共居五尺素上爲之。使其好善，男思男，女思女，其畫像如此矣。〔註457〕

> 故當養置茅室中，使其齋戒，不睹邪惡，日練其形，毋奪其欲，能出無間去，上助仙眞元氣天治也。〔註458〕

《太平經》認爲天人相應，道生萬物，並由天君引領主宰天地人萬物的生成變化，因此若能透過靜思之法使心神清淨專一，與天君眾神相互感應，便可與道相通，進而長生不死，而《太平經》所提出的修煉之法爲懸像還神之術。

《太平經》認爲懸掛五臟神畫像思之，便可與四時五行之氣相應，進而使五臟神降臨，進入人身之中，使五臟神作用和諧，心神長存形體之中，當心神長存專一，元氣充盈，凶神邪氣自會離去。反之，若人身中神靈遠離於

〔註455〕王明編：《太平經合校》（全二冊），上冊，頁14。
〔註456〕同註455，上冊，頁22。
〔註457〕同註455，上冊，頁292。
〔註458〕同註455，上冊，頁90。

形體之外而不還，便會對人身造成危害。因此，必須透過懸像還神之術使心神保養長存於人身之中。懸像還神之術：首先須獨自進入清靜之室，接著須繪製五行神神像，搭配五方、五臟之色，使其與四時五行氣相應，並懸掛於窗戶正中透光之處，使上有五臟色之神像，下則對應上下八方共十個方位，臥躺於神像之間靜思，透過不斷靜思，五臟神便能感知二十四節氣之輪轉變化，天人相應，五行之神便會降臨協助修養鍛鍊，如此，便可使所有邪氣消散、疾病痊癒〔註459〕。

關於神像的繪製形式，《太平經》認爲男子須繪製懸掛五臟男神神像，女子須繪製懸掛五臟女神神像，神像尺寸須以一尺爲規格，五臟神像共五幅五尺，懸掛方位須隨四時輪轉轉移，以與四時五行之氣相互感應。除此之外，須搭配春、夏、秋、東四方青、赤、白、黑四色童子各十名，與四季黃衣童子十二名，以與四時五行色相應，畫像必須美好，使人愛惜，懸掛靜思，身中神便會歸還形體之中。關於神像的服裝，《太平經》認爲須按五行休王之理繪製搭配，「畫之爲人，使其三合，其王氣色者蓋其外，相氣色次之，微氣最居其內，使其領袖見之」，神像服裝須具備三個層次，最外層以帝王之色繪製、中間層以大臣之色繪製、最內層以小吏之色繪製，使得五行休王之色從衣袖間顯現。以春季爲例：五行休王爲木王、火相、水休、金囚、土廢，帝王之色爲木色青，大臣之色爲火色赤，小吏之色爲土色黃〔註460〕。

「夫神精，其性常居空閑之處，不居污濁之處也；欲思還神，皆當齋戒，懸象香室中，百病消亡；不齋不戒，精神不肯還反人也。皆上天共訴人也〔註461〕」，此外，《太平經》還強調懸像還神之術除了須獨自進入幽室懸掛五臟神像靜思之外，還須搭配淨身食氣齋戒，並且於幽室之中焚香懸

〔註459〕《太平經》云：「四爲神游出去者，思念五藏之神，晝出入，見其行游，可與語言也；念隨神往來，亦洞見身耳，此者知其吉凶，次數度也。五爲大道神者，人神出，迺與五行四時相類，青赤白黃黑，俱同藏神，出入往來，四時五行神吏爲人使，名爲具道，可降諸邪也。」王明編：《太平經合校》（全二冊），上冊，頁283～284。

〔註460〕楊寄林云：「漢代五行家宣稱，五行之氣在一年四季輪流佔據統治地位，迭有變化，并借用王、相、休、囚、廢來加以描述。例如，春則木王，火相，土廢（死亡），金囚（困囚），水休（休退）。其餘依次類推。由五行休王，又衍伸出八卦休王。這裡所謂微氣，及與八卦休王中的『胎』氣大略相當。若具春季而論，則其王氣色爲青色，相氣色爲赤色，微氣色爲黃色。」楊寄林譯注：《太平經今注今譯》（上、下卷），上卷，頁680。

〔註461〕同註459，上冊，頁27～28。

像，靜思多日，便可使精神清靜，五臟神復歸人身之中，使心神與道相互感應，形體疾病去除，長生久壽。

綜上所述，懸像還神之術透過懸像、焚香、齋戒，並於幽室靜思，便可使五臟神降臨，如此便可在五方五行眾神人眞人的協助之下行道德正法，使陰陽相生，四時五行相應，清靜專一心神便得以長存人身之中，初始之道便可流行。

> 此四時五行精神，入爲人五藏神，出爲四時五行神精。其近人者，名爲五德之神，與人藏神相似；其遠人者，名爲陽歷，字爲四時兵馬，可以拱邪，亦隨四時氣衰盛而行。其法爲其具畫像，人亦三重衣，王氣居外，相氣次之，微氣最居內，皆戴冠幘乘馬，馬亦隨其五行色具爲。其先畫像於一面者，長二丈，五素上疎畫五五二十五騎，善爲之。東方之騎神持矛，南方之騎神持戟，西方之騎神持弓弩斧，北方之騎神持鑲楯刀，中央之騎神持劍鼓。思之當先睹是內神已，當睹是外神也，或先見陽神而後見內神，覩之爲右此者，無形象之法也。〔註462〕

懸掛五臟神像靜思之，可使四時五行氣之神靈降臨，進入人身化爲五臟神，當五臟神出則可與四時五行氣之神靈相互感通，而四時五行氣之神靈接近人者稱爲五德之神，四時五行氣之神靈離人較遠者稱爲陽歷，亦稱四時兵馬，可以去除邪氣，隨四時五行氣盛衰輪轉運行。

欲使五德之神降臨，須繪製其神像懸掛思之，其像服裝須按五行休王之理繪製三個層次，帝王之氣色最外、大臣之氣色居中，小吏之氣色最內，且全部都須戴冠帽頭巾，騎乘馬匹，馬色亦隨各自五行之色繪製。且最先繪製懸掛的畫像尺寸長須二丈，五幅神像上須畫五五二十五位騎乘馬匹的神靈，畫像須美好。五德之神形像：東方之神騎馬手持矛，南方之神騎馬手持戟，西方之神騎馬手持弓弩和斧，北方之神騎馬手持鑲楯和刀，中央之神騎馬手持雷持鼓持劍。

修練過程必須於幽室靜思五德之神，首先會看見體內五臟之神，然後再看見身外五德之神與四時兵馬，或反之先見身外五德神與四時兵馬，再見五臟之神，觀見之順序由左至右，此爲天人內外相互感通之懸像還神之術。

〔註462〕王明編：《太平經合校》（全二冊），上冊，頁292～293。

綜上所述，《太平經》詳述懸掛五德之神神像之修練之術，以及修練過程與達到的境界，《太平經》站在氣類相感，天人相應的基礎之上，提出透過懸像靜思，與四時五行氣相通，進而使五臟神進入體內，使五德之神降臨，協助人進行修練功夫，達到還神於形體之中，持之以恆便可心神清靜修練成道，進而驅除邪氣疾病，邁向長生仙壽之境。

4、道以誡成

天有誡書，具道善惡之事，不信其言，何從乎？欲得見久視息乎？〔註 463〕

唯原省念所言，思見天誡，以成其身，不使陷危。〔註 464〕

吾道以誡成不設僞言行已訣矣。〔註 465〕

爲使一般民眾更能了解天君所示之上皇至尊之道，因此天君傳授誡書，言道之規律，故行道誡如同行道信道以合天心道意，持之以恆便可明辨善惡之事，鍛煉身心守一以達太平道境。故《太平經》文中列舉眾多道誡字訣，說明天君旨意，故在《太平經》篇目中常以誡、訣爲題，如「有知人思慕與大神相見訣第一百八十三〔註 466〕」、「有過死謫作河梁誡第一百八十八〔註 467〕」、「不忘誡長得福訣第一百九十〔註 468〕」、「不孝不可久生誡第一百九十四〔註 469〕」、「見誡不觸惡訣第一百九十五〔註 470〕」等。道誡、誡訣的訂定除了能讓民眾、信徒更能容易明白深奧的道義與了解天君所告誡之規範，進而依循遵守，使宗教得以順利的傳授，同時這也代表道教教義的完整與道教正式創立〔註 471〕。而《太平經》主張行道體道以致太平，如何體道是透過內在修養功夫展現，而如何行道便透過遵行道誡的外在修煉功夫來實

〔註 463〕王明編：《太平經合校》（全二冊），下冊，頁 604。
〔註 464〕同註 463，下冊，頁 610。
〔註 465〕同註 463，下冊，頁 461。
〔註 466〕同註 463，下冊，頁 557。
〔註 467〕同註 463，下冊，頁 573。
〔註 468〕同註 463，下冊，頁 581。
〔註 469〕同註 463，下冊，頁 597。
〔註 470〕同註 463，下冊，頁 599。
〔註 471〕劉精誠云：「作爲一個宗教，它應該有共同信奉的經典，有宗教的組織團體，有固定的教派傳授系統，有固定數量的信徒，有宗教的規範儀式，有固定的傳播地區等等。用這些標準來衡量，我認爲漢末太平道和五斗米道的出現可以看作中國道教創立的標誌。」劉精誠：《中國道教史》，頁 27。

踐，而其道誡內容甚多，主要在強調行善、行孝、悔過的行爲表現，以下試論之。

（1）夫為善者，乃事合天心

> 夫爲善者，乃事合天心，不逆人意，名爲善。善者，乃絕洞無上，與道同稱；天之所愛，地之所養，帝王所當急，仕人君所當與同心并力也。夫惡者，事逆天心，常傷人意；好反天道，不順四時，令神祇所憎，人所不欲見父母之大害，君子所得愁苦也，最天下絕凋凶敗之名字也。故人之行，失吉輒入凶，離凶則入吉；一吉一凶，一善一惡，爲不純謹之徒。〔註472〕

行善立功是《太平經》除疾長生修練方式之一，《太平經》認爲「善者，乃絕洞無上，與道同稱」，由於善是天地神祇所喜愛之事，是天君之意志，用以長養萬物，故能與道相通，因此，帝王、人君皆應同心行善。反之，「惡者，事逆天心，常傷人意；好反天道，不順四時，令神祇所憎」，爲惡是違逆天君的意志，是天地之神所憎惡之事，同時也會傷害人的思慮意念，故天道便會透過四時失序譴告帝王、人君。因此，在天人相應的基礎之上，《太平經》鼓勵人民信眾多行善功，便可與天道相互感應。

因此，《太平經》中不斷強調積極行善的重要性，認爲透過不斷行善便可累積善功，使天地神祇歡喜，藉此達到趨吉避凶，除疾長生之修養目標。

> 凡人有三壽，應三氣，太陽太陰中和之命也。上壽一百二十，中壽八十，下壽六十。百二十者應天，大歷一歲竟終天地界也。八十者應陰陽，分別八偶等應地，分別應地，分別萬物，死者去，生者留。六十者應中和氣，得六月遁卦。遁者，逃亡也，故主死生之會也。如行善不止，過此壽謂之度世。行惡不止，不及三壽，皆夭也。〔註473〕

行善合於天神意志，可使天神歡喜，趨吉避凶，降福去惡，達到長生仙壽的修養目的。《太平經》認爲人的壽命由掌管命曹之神掌握，分成三個層次：「凡人有三壽，應三氣，太陽太陰中和之命也。上壽一百二十，中壽八十，下壽六十」，上壽者一百二十歲，以應皇天生生太陽之氣，與天道運行一周爲一歲相應，可通達運行天地邊境。中壽者八十歲，以應后土養成太陰之氣，與陰陽二氣變化分爲八個方位相應，可化生養育萬物，死者消逝，生者留存。

〔註472〕王明編：《太平經合校》（全二冊），上冊，頁158。
〔註473〕同註472，上冊，頁22～23。

下壽者六十歲，以應天地間中和之氣，與六月遁卦相應，「遁者，逃亡也，故主死生之會也」，者死生交會。

> 善者自興，惡者自病，吉凶之事，皆出於身，以類相呼，不失其身。天道無私，但行之所致。故前有弟子，後有善氣，趣學不止，令命得陽遂也。或得長壽身不敗，故爲善。〔註474〕

> 善自得生，惡自早死，與民何爭。故置善人文以示生民，各知壽命吉凶所起，爲道其誡，使不犯耳。行善之人，無惡文辭。天見善，使神隨之，移其命籍，著長壽之曹神，遂成其功。使後生之人，常以善日直天王相，下無忌諱。先人餘算并之，大壽百二十。其子孫而承後得善意，無有小惡，亦復得壽，白髮相次。子子孫孫，家足人備，亦無侵者。……行善之人，天自佐之，不令逢惡，是行所致。其餘爲不善之人，欲望坐得壽，復有子孫，是爲不分別。故天別其壽，殊能行天上之事，與天同心志合，可得仙度錄，上賢聖精神增加，其壽何極？故言善不可不爲，亦人所不及。故天重有善人愛之，不欲使有惡也。……是天報善增其命，惡者使下不成人，是亦可知也。〔註475〕

因此，生死命期皆受到上天命曹之神掌握，若欲延命長生，就必須要行善積德，透過累積善行德行，與道相通，使天神歡喜，進而延長壽命以竟天年。故《太平經》云：「如行善不止，過此壽謂之度世。行惡不止，不及三壽，皆天也〔註476〕」、「延命之期，上及爲善，竟其天年〔註477〕」、「行善之人，無惡文辭。天見善，使神隨之，移其命籍，著長壽之曹神，遂成其功」，因此，《太平經》認爲透過行善修養的功夫，亦可以達到除疾長生之修養目的，不可不慎，故當以此爲道誡，努力積極爲之。反之，若爲惡不行善便會導致天神憎惡，使邪氣災禍降臨，壽命夭折。

（2）天下之事，孝為上第一

> 行孝之人，思成其功，功著名太上，聞帝廷，州郡所舉，一朝被榮，是非孝所致耶？子孫承之，可竟無極之世。此念恩不忘，爲天所善，

〔註474〕王明編：《太平經合校》（全二冊），下冊，頁456。
〔註475〕同註474，下冊，頁625～626。
〔註476〕同註474，上冊，頁22～23。
〔註477〕同註474，下冊，頁566。

> 天遣善神常隨護，是孝所致也。其家一人當得長生度世，後生敬之，可無禍患，各以壽終，無中夭者，是不善邪？……努力行之，勿以爲懈倦也。是善人之福也。〔註478〕

> 天下之事，孝爲上第一，人所不及。積功累行，前後相承，無有所失。名復生之人，得承父母之恩，復見孝順之文。天定其錄籍，使在不死之中，是孝之家也。亦復得增度，上天行天上之事，復書忠孝諸所敬，爲天領職，榮寵日見。天上名之爲孝善神人，皆爲神所敬。有求美之食先上，遺其孝行，如是無有雙人。其壽無極，精光日增。……太上之君見其孝行無輩，著其親近內外，神益敬重之。故言天所愛者，諸神敬之；天所憎者，諸神危之。〔註479〕

> 爲人父母，亦不容易。子亦當孝，承父母之教。乃善人骨肉肢節，各保令完全。父母所生，當令完，勿有刑傷。父母所生，非敢還言，有美輒進。〔註480〕

行孝亦爲道誡的重要內涵，「天下之事，孝爲上第一」，《太平經》認爲所有德行當中以孝爲第一，人若能之盡孝行孝，行爲自能端正爲善，故特重孝道。《太平經》認爲父母養育子女使其長大成人、功成名就著實不易，因此，子女應以孝行爲先，孝行部分《太平經》提出必須不損傷身體髮膚、對父母意見不可還嘴、有美物先給父母享用、若無則溫柔恭敬、關心其身體安危等，此皆善養父母之行，須謹記遵守，不可不慎。人若能行孝善養，必能感動天地神祇，助其趨吉避凶，「是大善之人行，天必令壽，神鬼祐之不敢失〔註481〕」。

反之，人若不孝，不能盡力尊養其親，上達天聽，天神憎惡，便會導致「損其子孫，愼無犯禁，使家不安。不但不安也，并及家親，內外肅動。更逢縣官，亡減財產〔註482〕」，因此，《太平經》指出「不孝而爲道者，乃無一人得上天者也。雖去，但悉見欺於邪神佞鬼耳。會皆住死於不毛之地，無人之野，以戮其形〔註483〕」，天神便會使其遭遇凶惡，減其年壽，使其無法善終。

〔註478〕王明編：《太平經合校》（全二冊），下冊，頁591。
〔註479〕同註478，下冊，頁592～593。
〔註480〕同註478，下冊，頁626。
〔註481〕同註478，下冊，頁626。
〔註482〕同註478，下冊，頁626。
〔註483〕同註478，下冊，頁656。

因此，《太平經》鼓勵人民透過行孝為善的修練功夫累積善功，感動天地神祇，使命曹錄籍年壽之神將孝行稟告天君，天君歡喜便「可復得增年，精華潤澤，氣力康彊，是行善所致〔註484〕」，進而達到長生仙壽的境界。

（3）自責悔過

行善可盡年命，行惡失長就短。……反正悔過，可復竟年，各自分明。計其所為，勿怨天神。努力為善，子孫延年，不者自在，可無怨天。〔註485〕

天恩廣大，多所愛傷，使得自思，悔過命長，是大分之施也。但恐不而卒竟恩貸，唯諸大神原其不及。願蒙不見之戒，使得思樂，其志廣見，唯思重勑。〔註486〕

天上諸神聞知言此人自責自悔，不避晝夜，積有歲數，其人可原，白之天君。天君言，人能自責悔過者，令有生錄籍之神移在壽曹，百二十使有續世者。〔註487〕

天君言：「聞知此人自責悔過，有歲數也。此本俗人耳，而自責過無解已，更為上善人也。大神數往占視之，知行何如有善意，欲進者且著命年在壽曹，觀其所為，乃得復補不足。」〔註488〕

自省悔過為通往行善的途徑。《太平經》認為人無不過，但遇到過錯懂得修道悔過，便可逐漸邁向與道相通之善人行列。故《太平經》云：「反正悔過，可復竟年」、「使得自思，悔過命長」，《太平經》提出若能靜室存思，努力反省過錯，掌管命曹之神便會記錄並與天君報告，天君若觀此人已懂得悔過，積極行善，便會使命曹增加其原本的壽命，使其達到上壽天年。因此，思過、悔過為不可或缺的修養功夫，《太平經》鼓勵有過之人積極懺悔改過，若上達天聽，便可延命長生，此具積極性，並主張所有人皆可透過修煉太平道達到長生境界，具有神秘性與普遍姓，對於吸引信眾加入具有相當大的功效。

（二）消災治疾

在《太平經》的修養論中，除了透過靜思、懸像、齋戒、焚香等形式的

〔註484〕王明編：《太平經合校》（全二冊），下冊，頁601。
〔註485〕同註484，下冊，頁549。
〔註486〕同註484，下冊，頁539。
〔註487〕同註484，下冊，頁546。
〔註488〕同註484，下冊，頁551。

外在修練功夫之外，《太平經》也認爲透過去除疾病、災禍有助於達到長生久壽的終極目標。因爲「長壽的大敵是疾病，……各種疾病的起因從內部講是體內神靈出遊體外，自身作惡招來殃祟；從外部講是時氣不調，邪氣眾多，鬼物精魅肆虐爲害，侵襲人體〔註489〕」，因此《太平經》提出食藥、針灸、丹書吞字與祝禱神祝等，以下分述之。

1、天地人行神藥以治病

（1）草木方

> 草木有德有道而有官位者，乃能驅使也，名之爲草木方，此謂神草木也。治事立愈者，天上神草木也，下居地而生也。立延年者，天上仙草木也，下居地而生也。治事立訣愈者，名爲立愈之方；一日而愈，名爲一日而愈方；百百十十相應愈者是也。此草木有精神，能相驅使，有官位之草木也；十十相應愈者，帝王草也；十九相應者，大臣草也；十八相應者，人民草也；過此而下者，不可用也，誤人之草也。是乃救死生之術，不可不審詳。方和合而立愈者，記其草木，名爲立愈方；一日而愈者，名爲一日愈方；二日而治愈者，名爲二日方；三日而治愈者，名爲三日方。一日而治愈者方，使天神治之；二日而治愈者方，使地神治之；三日而治愈者方，使人鬼治之。不若此者，非天神方，但自草滋治之，或愈或不愈，名爲待死方。愼之愼之。此救死命之術，不可易，事不可不詳審也。〔註490〕

《太平經》認爲由於道透過元氣化生萬物，陽氣輕揚上升爲天，陰氣重濁下沉爲地，陰陽中和之氣爲人，其餘之氣化爲萬物，因此，萬物與天地人皆爲元氣所生，天人相感，同氣相應，故萬物與天人皆可相互感通。因此，「草木有德有道而有官位者，乃能驅使也，名之爲草木方，此謂神草木也」，草木類植物同樣具有道所生初始之生生元氣，故可成爲修練長生與道相通的媒介，稱爲神仙草木藥方。《太平經》認爲這些草木藥方爲元氣所生，故能與道德相應，因此需透過地位較高之有官位者才能駕馭並運用處方爲人治病。

《太平經》將神仙草木藥方以其不同特質做出區別。根據其對長壽成仙的效能區分：能夠立刻讓人起死回生者稱爲「天上神草木」，能夠延長壽命者稱爲「天上仙草木」。根據其治癒效能區分：能百分百讓人痊癒的草木藥方稱

〔註489〕楊寄林譯注：《太平經今注今譯》（上、下卷），〈太平經綜論〉，頁109。
〔註490〕王明編：《太平經合校》（全二冊），上冊，頁172～173。

爲「帝王草」，能治癒九成者稱爲「大臣草」，能治癒八成者稱爲「人民草」，效能在此之下者不可使用，稱爲「誤人之草」。根據其能治癒的時效區分：能立即痊癒者稱爲「立愈方」，一日能痊癒者稱爲「一日愈方」，二日能痊癒者稱爲「二日方」，三日能痊癒者稱爲「三日方」。根據治癒對象區分：一日能治癒者爲「天神治之」，二日能治癒者爲「地神治之」，三日能痊癒者爲「人鬼治之」，若是不屬於天神、地神、人鬼治療，而是有時能痊癒有時無法痊癒之一般草藥，稱爲「待死方」。

綜上所述，《太平經》將草木藥方依照其能對長壽成仙的效能作出分別，其目的在於提醒修練養生者草木藥方的重要性，透過草木藥方的服用搭配外在修練功夫，便可更容易達到長壽成仙的目標，並提醒修練者愼用草木藥方，只有受到《太平經》認同之神仙草木、帝王草等才能製成長生藥方，若服用其他草木藥方便不具有如此神奇藥效，故使用須「愼之愼之。此救死命之術，不可易，事不可不詳審也」〔註491〕。

（2）生物方

> 生物行精，謂飛步禽獸跂行之屬，能立治病。禽者，天上神藥在其身中，天使其圓方而行。十十治愈者，天神方在其身中；十九治愈者，地精方在其身中；十八治愈者，人精中和神藥在其身中。此三者，爲天地中和陰陽行方，名爲治疾使者。比若人有道而稱使者，神人神師也。是者天地人精鬼使之，得而十十百百而治愈者，帝王上皇神方也；十九治愈者，王侯之神方也；十八治愈者，大臣白衣至德處士之神方也；各有所爲出，以此候之，萬不失一也。此三子皆爲天地人行神藥以治病，天使其各受先祖之命，著自然之術，其中不得去也。比若鳳凰麒麟，著德其身；比若蜂蠆，著毒其身，此之謂也。……夫天道惡殺而好生，蠕動之屬皆有知，無輕殺傷用之也；有可賊傷方化，須以成事，不得已乃後用之也。故萬物芸芸，命繫天，根在地，用而安之者在人；得天意者壽，失天意者亡。凡物與天地爲常，人爲其王，爲人王長者，不可不審且詳也。〔註492〕

〔註491〕姜守誠云：「這些言辭無不體現了謹愼用藥、以人爲本的醫學思想。《太平經》所倡導的這一醫德傳統對後世中醫學，特別是道教醫學理論有一定的深遠影響，也成爲我國古代醫學倫理學的寶貴財富。」姜守誠：《《太平經》研究——以生命爲中心的綜合考察》，頁330。

〔註492〕王明編：《太平經合校》（全二冊），上冊，頁173～174。

氣類相感，在道生萬物的過程中，除了草木植物，生物類動物當中亦蘊含生生元氣之精，因此，「生物行精，謂飛步禽獸跂行之屬，能立治病。禽者，天上神藥在其身中，天使其圓方而行」，飛禽走獸中同樣具有道生生元氣之精華神妙的力量，蘊含天上神藥，使其形體或方或圓，成爲治癒疾病的生物藥方。

《太平經》將生物藥方以其不同特質做出區別。根據其治癒能力區分：百分本可治癒者其中蘊含「天神方」，能治癒九成者其中蘊含「地精方」，能治癒八成者其中蘊含「人精中和神藥」，此三者爲天地中和陰陽之氣所賦予的治癒藥方，稱爲「治疾使者」。

上述「治疾使者」是天地中和陰陽之氣所賦予之治癒藥方，是天地人之精靈鬼神所驅使協助人治癒疾病。因此，能得到天地人精靈鬼神協助百分百治癒者稱爲「帝王上皇神方」，能得到協助治癒九成者稱爲「王侯之神方」，能得到協助治癒八成者稱爲「大臣白衣至德處士之神方」，三者各自對應相應的症狀出現，以此得到候驗。《太平經》認爲三者皆天地人精靈鬼神施行天地中和陰陽之氣所賦予之生物神藥方，是皇天稟受祖先天命所產生的自然醫術，故須詳細審視，謹慎遵行，便可除疾長壽。

「故萬物芸芸，命繫天，根在地，用而安之者在人；得天意者壽，失天意者亡」，《太平經》雖點出草木藥方與生物藥方對於除疾治病長生上具有神妙的效用，是使身體強健無病的重要良方，但仍須遵循天道自然的法則，「天道惡殺而好生」，飛步禽獸之類也具有知覺情感，因此過度傷害撲殺以取相應部位製成藥方，便會破壞天道好生惡殺之自然法則，故當有須要時再取之製藥，若其剛孵化初生，亦須等到成年之後才可取之製藥，如此才能合於天道自然，萬物才得以生生不息，因此，《太平經》強調遵行天意者長壽，若失去天意便會導致滅亡。由此可知，《太平經》雖主張以生物製藥協助長生修養，但仍秉持尊重萬物，遵循天道好生惡殺之自然法則，才能使人達到長生久壽的修養目標，同時與天地萬物和諧共生、生生不息。

2、針灸

灸刺者，所以調安三百六十脈，通陰陽之氣而除害者也。三百六十脈者，應一歲三百六十日，日一脈持事，應四時五行而動，出外周旋身上，總於頭頂，内繫於藏。衰盛應四時而動移，有疾則不應，度數往來失常，或結或傷，或順或逆，故當治之。灸者，太陽之精，

> 公正之明也，所以察姦除惡害也。針者，少陰之精也，太白之光，所以用義斬伐也。治百中百，治十中十，此得天經脈讖書也，實與脈相應，則神爲其驅使；治十中九失一，與陰脈相應，精爲其驅使；治十中八，人道書也，人意爲其使；過此而下，不可以治疾也，反或傷神。甲脈有病反治乙，名爲恍惚，不知脈獨傷絕。〔註493〕

針灸爲消災除疾長生醫術之一，主要透過灸刺調理人身中的三百六十脈，使形體內陰陽之氣流暢貫通，藉此達到袪除疾病的功效。「灸者，太陽之精，公正之明也，所以察姦除惡害也。針者，少陰之精也，太白之光，所以用義斬伐也」，《太平經》認爲灸爲太陽精氣，是公平正義的代表，可用來明察姦邪藉此除惡。針爲太陰精氣，是太白金星的光芒，可用正義斬殺討伐。因此，《太平經》認爲針灸爲醫術當中同時具備陰陽二氣，且在透過陰陽交互作用之下，可使體內陰陽二氣恢復調和，與天道相應，疾病自然可以袪除。

因此，《太平經》認爲針灸之所以成爲除疾長生醫術的原因在於灸刺具備天人相應，氣類相感之理，故《太平經》言人副天數，天有三百六十日，人有三百六十脈，人體間三百六十脈一日運行一脈，三百六十日輪轉一周，與四時五行之氣運行一周三百六十日相應。當四時五行之氣周旋全身，首先匯聚於頭頂，後內充盈於五臟之間，以像天地運行由皇天統御指揮，四時五行之氣因此隨順四時盛衰移動，周行不已。但若形體產生疾病，形體內四時五行之氣便無法流暢貫通全身，所對應之脈便會阻塞不通，而產生鬱結損傷，因此，便須要透過針灸之術治療之，使其恢復通暢，以應天地四時五行之氣。綜上所述，《太平經》認爲正因針灸之術與天道的運行之理相互感應，因此透過針灸的施行便可達到除疾養身的功效。

針灸的治療功效必須與天神所賜予的經脈讖書相應才能達到最佳狀態。因此，《太平經》言治療十人十人痊癒，這是因爲灸刺之脈絡與疾病完全相應，此爲天神指導施行造成。治療十人九人痊癒，這是因爲灸刺之陰脈與疾病相應，此爲地精指導施行造成。治療十人八人痊癒，這是因爲其所使用的爲人之道書，此治療爲人之意念所指導施行所造成。但若治療在此之下，便無法將疾病治癒，反傷害精神，故《太平經》指出若未按疾病之經脈施行灸刺，此爲不知經脈運行次序所產生的傷害。

〔註493〕王明編：《太平經合校》（全二冊），上冊，頁179～180。

綜上所述，《太平經》強調天人相應對針灸治療所產生的功效的重要性。由於經脈運行與所產生的疾病相互對應，因此，只要對相互對應的經脈施行灸刺便可痊癒，而人身三百六十脈之運行與天道運行一周三百六十日相互感應，因此，灸刺之術便須遵循天神所賜予之經脈讖書，才能使治療的功效達到最佳，使形體強健，進而透過修養功夫達到長生目的。

> 脈乃與天地萬物相應，隨氣而起，周者反始。故得其數者，因以養性，以知時氣至與不也，本有不調者安之。古者聖賢，坐居清靜處，自相持脈，視其往來度數，至不便以知四時五行得失，因反知其身衰盛，此所以安國養身全形者也，可不愼乎哉！人惑隨其無數灸刺，傷正脈，皆傷正氣，逆四時五行，使有災異；大人傷大，小人傷小，盡有可動遙不居其處者，此自然之事也。是故古聖賢重之，聖帝王居其處，候脈行度，以占知六方吉凶，此所謂以近知遠，以內知外也，故爲神要道也。〔註 494〕

此段言經脈與天道間同氣相感、天人相應之理。《太平經》認爲經脈的運行與天道輪轉、萬物生成之次序相互感應，三百六十日周而復始、生生不息，因此，修養心性精神時，便須體察脈象，藉此明瞭天地中和陰陽四時五行之氣的運行情況。《太平經》舉古之聖賢爲例，說明聖賢於幽室靜思時必須自己觀察自身脈象變化，是否與天道運行時日所對應的經脈運行相應，如此便可得知四時五行氣運行之得失，藉此反知己身五臟氣運行之盛衰。

反之，若糊塗隨意扎針，傷害正脈，便會傷害血氣流行，違逆四時五行氣之運行，進而產生災異，如此，執政者會出現較大傷害，人民也會出現較小傷害，並皆有可能產生陰陽二氣不協調的狀態。因此，針灸之術爲「安國養身全形」之重要醫術，不可不愼。

由此可知，《太平經》透過針灸醫術詮釋天人相應、同氣相感之理，在於經脈運行與天道輪轉次第相互感應，故觀脈象變化便可知天道運行順逆與人世間施政得失。而針灸之術除了是個人修養功夫之外，擴而大之，更成爲政治得失觀察的重要指標之一。因此，「古聖賢重之，聖帝王居其處，候脈行度，以占知六方吉凶，此所謂以近知遠，以內知外也，故爲神要道也」，灸刺便成爲古聖先賢藉由判斷人身經脈是否合於天道運行，卜筮明瞭天地間吉凶禍福的發生，故爲知曉天神施氣指揮天地萬物變化的重要道術。

〔註 494〕王明編：《太平經合校》（全二冊），上冊，頁 180～181。

3、丹書吞字

> 欲除疾病而大開道者，取訣於丹書吞字也。〔註495〕

> 天符還精以丹書，書以入腹，當見腹中之文大吉，百邪去矣。五官五王〔註496〕爲道初，爲神祖，審能閉之閉門户。外闇内明，何不洞覩？守之積久，天醫自下，百病悉除，因得老壽。愚者捐去，賢者以爲重寶，此可謂長存之道。〔註497〕

> 丹明耀者，天刻之文字也，可以救非桀邪。十十相應愈者，天上文書，與眞神吏相應，故事效也；十九愈者地文書，與陰神相和；十八相應愈者，中和人文也。以此效之，其餘皆邪文也，不可用也，所以拱邪之文也，乃當與神相應，不愈者皆誤人，不能救死也。或有鬼神所使書文，不可知而治愈者，是人自命祿爲邪之長也，他人不能用其書文也，以此效聚眾刻書文也邪？乃可刻而盡使之無人之野處也，是文宜一一而求之，不可卒得也。〔註498〕

消災治疾之術中《太平經》還提出丹書吞字之法。《太平經》認爲丹書爲「天符還精」、「天刻之文字」，是天神所降下神妙精華的文字，即天符或複文〔註499〕之類，此天所降精妙文字，爲天上文書，故能與天道相應，因此，透過吞服丹書文字進入腹中，便可使天上神醫降下，使目、唇、口、鼻、耳五官與肝、心、脾、肺、腎五官之主皆能與道相通，如此，五臟之神便得以保養於形體間而不外洩，持之以恆，便得以「百病悉除，因得老壽」，《太平經》稱之爲「長存之道」。

〔註495〕王明編：《太平經合校》（全二冊），下冊，頁512。

〔註496〕五官五王：《靈樞經・五閱五使第三十七》：「黃帝問于岐伯曰：『余聞刺有五官五閱以觀五氣，五氣者，五臟之使也，五時之副也，願聞其五使當安出。』岐伯曰：『五官者，五臟之閱也。』……岐伯曰：『鼻者，肺之官也。目者，肝之官也。口唇者，脾之官也。舌者，心之官也。耳者，腎之官也。』……岐伯曰：『以候五臟，故肺病者喘息鼻脹；肝病者眥青；脾病者唇黃；心病者舌卷短顴赤；腎病者顴與顏黑。』」不著撰人、（宋）史崧校正：《靈樞經》十二卷（臺北：臺灣商務印書館，1975年6月，《四部叢刊初編子部》據上海商務印書館縮印明趙府居敬堂本），卷六，頁69～70。

〔註497〕同註495，上冊，頁330。

〔註498〕同註495，上冊，頁172。

〔註499〕《太平經》中有興上除害複文、令尊者無憂複文、德行吉昌複文、神祐複文等。參見王明編：《太平經合校》（全二冊），下冊，頁473～509。

根據呑服丹書除疾治癒的效能，《太平經》認爲若服食丹書完全得以治癒者稱爲「天上文書」，故能與天神相應，達到完全效能。若九成能治癒者稱爲「地文書」，故能與太陰之神相應。若八成能治癒者稱爲「中和人文」，爲中和之氣降於人世的文書。若未能達到上述效能者稱爲「邪文」，不可使用，若服食邪文則會耽誤治療，且無法達到長生不死的目的，故當驅除邪文才能與天道相應合。最後，《太平經》也提到若在不知情情況服食「鬼神所使書文」而能痊癒者，是此人正好與邪惡鬼神相互感應，他人並不可遵行。

綜上所述，《太平經》認爲丹書爲天神賜予具有神奇力量的文書，與天道相通，因此具有袪除疾病與抵禦邪氣的作用，在氣類相感的基礎之上，《太平經》認爲透過呑服丹書的動作，能夠使天神賦予的神妙力量進入體內，與體內五臟、五官之氣相應，進而達到除疾禦邪的功效。因此，求得天符丹書便可用以輔助長生久壽的修養功夫，《太平經》認爲這是須要透過不斷修練使自己達到體道合德的狀態，才能認識學習天符丹書，否則將遇邪文而招致禍端，這是必須循序漸進透過長時間修練學習才可通達，無法倉促突然獲得。

4、神祝

天上有常神聖要語，時下授人以言，用使神吏應氣而往來也。人民得之，謂爲神祝也。祝也祝百中百，祝十中十，祝是天上神本文傳經辭也。其祝有可使神伭爲除疾，皆聚十十中者，用之所向無不愈者也。但以言愈病，此天上神讖語也。良師帝王所宜用也，集以爲卷，因名爲祝讖書也。是乃所以召羣神使之，故十愈也。十九中者，眞神不到，中神到，大臣有也。十八中者，人神至，治民有也。此者，天上神語也，本以召呼神也，相名字時時下漏地，道人得知之，傳以相語，故能以治病，如使行人之言，不能治愈病也。夫變事者，不假人須臾，天重人命，恐奇方難卒成，大醫失經脈，不通死生重事，故使要道在人口中，此救急之術也。欲得此要言，直置一病人於前，以爲祝本文，又各以其口中密祕辭前言，能即愈者，是眞事也；不者，盡非也，應邪妄言也，不可以爲法也。或有用祝獨愈，而他傍人用之不決效者，是言不可記也；是者鬼神之長，人自然使也，名爲孤言，非召神眞道也。人雖天遙遠，欲知其道眞不？是與非相應和，若合符者是也，不者非也。〔註 500〕

〔註 500〕王明編：《太平經合校》（全二冊），上冊，頁 181～182。

在神祝除疾方面，《太平經》認爲神祝爲「天上有常神聖要語」、「天上神語」、「祝是天上神本文傳經辭也」，是天神專用神聖用語，爲天神降臨時所授予人民的救急文辭，故能與天神及所施行的生生元氣相互感通，使天神降下祛除邪氣，具有治癒疾病的功效。《太平經》認爲只有能治癒疾病者才是眞正的神祝，此爲天上神秘的讖語，故良師與帝王最爲適合使用，今《太平經》將其編寫成書，稱爲「祝讖書」，強調其神祕性與重要性，具有宗教色彩。

根據神祝除疾的功效，《太平經》認爲禱念神祝能百分之百治癒者爲「天上神讖語」，禱念之可招致群神降臨除疾，故皆可痊癒，爲良師帝王所適用。九成能治癒者爲「眞神不到，中神到」，天神未到而地神降臨，爲大臣所適用。八成能治癒者爲「人神至」，爲人民所適用。

如何念誦神祝除疾，《太平經》言以上三類神祝可召喚天地人神降臨，因此，除疾時須置病人於前方，使其禱念相對應之神祝，當神靈聽聞便會使得道之人得知，得到之人再傳授禱念除疾神祝，便可使神靈降臨，祛除邪氣疾病，《太平經》認爲在除疾長生醫術當中禱念神咒屬於「救急之術」，須由道人念誦祝禱，若是一般人念誦神祝則無法治癒疾病，若是念誦與他人相應之神祝，或與鬼神相應之神祝亦無法祛除疾病，不可效法〔註501〕。

因此，《太平經》認爲神祝爲天神所授予之讖語，與天道相通，故念誦之得以祛除疾病，此外，《太平經》也強調修道之人的重要性，認爲只有修練太平道者才能達到體道合德的境界，才能禱念神祝，達到長生的效果，由此可知，《太平經》神祝除疾之術除了記載道教修煉長生之術，同時也奠定了道教科儀制度的基礎〔註502〕。

〔註501〕念誦神祝召神之法《太平經》又稱爲「刺喜」。《太平經》云：「六爲刺喜者，以刺擊地，道神各亦自有典，以其家法，祠神來游，半以類眞，半似邪，頗使人好巧，不可常使也，久久愁人。」王明編：《太平經合校》（全二冊），上冊，頁284。

〔註502〕姜守誠云：「引文包含如下幾點內容：其一，神祝乃屬天廷神祇之用語……其二，祝文後爲道人所獲，相互傳授、用以治病……其三，念祝文可以召神劾鬼……其四，祝文依其靈驗度劃分幾等，最有效者可達百分之百的治癒率……概括地說，上述所談幾乎涵蓋了後世祝由科的基本內容。故此，《太平經》卷50《神祝文訣》堪稱是道教祝由科之鼻祖。」姜守誠：《《太平經》研究——以生命爲中心的綜合考察》，頁379。

綜上所述，《太平經》中所提到的丹書與神咒皆屬於道教獨特的修練治療方法，具有巫醫的色彩，為道教中重要且具有神秘性的除疾長生醫術，《太平經》在文中詳述其施作方法與治癒效能，並提到只有修練太平道教之得道之人，才能傳習施行醫術，且得到長生的修養目標，這主要是希望向民眾信徒宣傳太平道教的神奇功效，使人民信服進而加入修練行列，除了展現宗教的神秘性外，更具有宣揚宗教功效的作用。

除此之外，《太平經》認為修煉功夫以清靜守氣最佳，靜室思存、食氣齋戒、懸像還神、行道奉誡、食藥針灸、丹書神祝等術居次，其他如祭祀社稷鬼神等召神之術則為邪文僞道，不可常使，若人不精道術而祭祀召神則會導致元氣離散喪失，故此非最佳修煉之術，不可不慎〔註503〕。

三、太平之理也，長壽之要

《太平經》的修養目標為長生不死，為達此道境，《太平經》提出內外修養功夫，列舉出清靜專一、守氣存神等內在心神修養，與靜室存思、闢穀食氣、懸像還神、行善積德等外在修練，以及食藥、針灸和丹書呑字、神祝除疾等消災治疾之術。擴而大之，若是君王透過修養功夫的實踐，除了可以長生仙壽，更可使太平氣至，去除承負之惡，天下自然太平無災。故以下分為個人與國家，分述兩者之修養境界。

（一）能通神明，有以道為隣，且得長生久存

在個人的部分，透過修養功夫的持之以恆，便可達到終極修養目標長生不死，而長生不死的修煉境界當中，《太平經》提出尸解與白日昇天兩類，以下分述之。

1、尸解

或有尸解分形，骨體以分。尸在一身，精神為人尸，使人見之，皆言已死。後有知者，見其在也，此尸解人也。〔註504〕

〔註503〕《太平經》云：「七為社謀者，天地四時，社稷山川，祭祀神下人也，使人恍惚，欲妄言其神，暴仇狂邪，不可妄為也。八為洋神者，言其神洋洋，其道無可繫屬，天下精氣下人也，使人妄言，半類眞，半類邪。九為家先，家先者純見鬼，無有眞道也，其有召呼者，純死人之鬼來也。此最道之下極也，名為下士也。得其上道者，能并使下，得其下道者，不能使其上也。」王明編：《太平經合校》（全二冊），上冊，頁284。

〔註504〕同註503，下冊，頁553。

> 人居天地之間，人人得壹生，不得重生也。重生者獨得道人，死而復生，尸解者耳。是者，天地所私，萬萬未有一人也。故凡人壹死，不復得生也。〔註 505〕

所謂尸解，「即是骨肉身體已經分化，而屍體尚在。其體內的眾精靈和眾神靈已經化作先人而去，只存留其屍體使人見睹〔註 506〕」，《太平經》認爲「形者乃主死，精神者乃主生〔註 507〕」，因此，此類長生不死的境界屬於形神分離的狀態，其形體仍留在人世，但其精神、神靈的部分則得以不死重生，且「尸解之人，百萬之人乃出一人耳〔註 508〕」。

2、白日昇天

> 當白日昇天之人，求生有籍，著文北極天君內簿，有數通。〔註 509〕

> 久久有歲數，次上爲白日昇天者。使有歲數功多成，更生光照，助天神周徧。復還止雲中。〔註 510〕

> 白日昇天之人，自有其眞。性自善，心自有明。動搖戒意不傾邪，財利之屬不視顧，衣服麤粗，衣纔蔽形，是昇天之人行也。天善其善也，乃令善神隨護，使不中邪。天神愛之，遂成其功。……白日之人，百萬之人，未有一人得者也。能得之者，天大神所保信也。餘者不得比。〔註 511〕

所謂白日昇天者，「是指修煉者積功累行而達至功德圓滿的境地後，飛昇成仙的一種境界〔註 512〕」，《太平經》認爲此類長生不死的境界是屬於形神合一，一同修煉得道，故得以一同於白日飛昇成仙，長生不死。《太平經》認爲此類長生者須具備性情眞善、心神清明、不受邪氣動搖、不受財利誘惑等特質，當氣類相感，精誠動天，使天神歡喜，便得以受天神庇佑，增其年壽，助其修得長生成仙境界，同樣，《太平經》也認爲能白日昇天，修得太平道者百萬人中未必會有一人，爲修煉最高境界。

〔註 505〕王明編：《太平經合校》（全二冊），上冊，頁 298。
〔註 506〕段致成：《《太平經》思想研究》，頁 286。
〔註 507〕同註 505，下冊，頁 716。
〔註 508〕同註 505，下冊，頁 596。
〔註 509〕同註 505，下冊，頁 546。
〔註 510〕同註 505，下冊，頁 553。
〔註 511〕同註 505，下冊，頁 596。
〔註 512〕同註 505，頁 287。

綜上所述，《太平經》舉出兩類長生不死的狀態，鼓勵世人透過不間斷日復一日的修煉功夫，便可達到長生不死的終極目標。但同時也點出並非每一修煉之人皆會達到此境界，需天神賦予，百萬人乃出一人，但只要持之以恆，人人皆有機會增年益壽，邁向長生之途。

（二）解承負之責

> 此行得天心意者，災變不得起也。失天要道者，災變不絕。故使前後萬萬世，更相承負。夫善爲君者，迺能使災咎自伏，消其所失。〔註513〕

《太平經》的個人修養終極目標爲長生不死，而對於君王、國家而言則是希望國家太平無災，國祚長壽永存，因此，承負的產生便成爲關鍵，如何去除承負便成爲君王的重要課題〔註514〕。承負爲天君透過氣類相感對君王、人民所降之吉兆或譴告，故人便可經由觀天地異象及境遇優劣得知承負的發生與天君心意，進而積極改善，以免禍延子孫。因此，作爲一國之君，其修養論的實踐除長生不死的目標之外，是否爲善行道便成爲去除承負之厄，使國家太平永續的重要關鍵所在。

> 欲解承負之責，莫如守一。守一久，天將憐之。一者，天之紀綱，萬物之本也。思其本，流及其末。〔註515〕

> 氣得，則此九人俱守道，承負萬世先王之災悉消去矣。此人俱失其所，承負之害日增。此九人上極無形，下極奴婢，各調一氣，而九氣陰陽調。夫人，天且使其和調氣，必先食氣；故上士將入道，先不食有形而食氣，是且與元氣合。故當養置茅室中，使其齋戒，不睹邪惡，日練其形，毋奪其欲，能出無間去，上助仙眞元氣天治也。〔註516〕

> 是以天使吾出書，爲帝王解承負之過。〔註517〕

〔註513〕王明編：《太平經合校》（全二冊），上冊，頁237。

〔註514〕楊寄林云：「經中同言承負，所指不同，但側重點都在流惡余殃。家族的惡報遠遜於社會的流災厄會，此等社會性的承負在本經講來，屬於歷史的重壓，現實的苦果。」楊寄林譯注：《太平經今注今譯》（上、下卷），〈太平經綜論〉，頁77。

〔註515〕同註513，上冊，《太平經鈔》引，頁60。

〔註516〕同註513，上冊，頁90。

〔註517〕同註513，上冊，頁165。

故教其吏民大小，俱共上書，以通天氣，以安星曆，以除天病，以解帝王承負之責。故示勑使三道行書者，恐有不通，故各自其使宜。〔註518〕

如欲盡精誠，有功可得及之。努力自念，從生以來，功效所進，解先人承負，承負除解，過盡亦當上，何所疑也；且復愼所言，宜勿外意也。〔註519〕

知力行是之後，承負之厄日少，月消歲除愈，何以知之乎？……行此之後，天下文書且悉盡正，人亦且盡正，皆入眞道，無復邪僞文絕去，人人自謹。其後生者尤甚，更相倣學，皆知道內，有睹其身，各自重愛。其後生者孝且壽，悉工自養老，顏色不與無道時等，後生者日知其至意以爲家也。學復過其先，日益就相厚相親，愛重有道人，兵革姦猾悉無復爲者也。故承負之厄會日消去，此自然之術也。〔註520〕

如何化解承負災厄，《太平經》認爲君王必須積極進行修養功夫，故《太平經》主張在個人修養部分須守一，一爲道之元氣，當人能涵養元氣固守全身，便可通天地之道，明天地心意，自然可化解承負之災。其次，《太平經》認爲須齋戒食氣，由於天下萬物皆元氣所生，因此透過食氣使邪氣去、元氣充盈全身，便可與道相通，而食氣練氣時須於靜室齋戒，使心神與形體合一，清靜合道，亦可解除承負之惡。再者，《太平經》主張誦讀道書，由於太平道書爲天君所授，故誦讀經書便可體太平之道，進而解除帝王承負之責。最後，《太平經》也提醒世人化解承負之災之修養功夫必須積極力行之，經年累月，氣感動天，太平氣至，便可使天君歡喜進而逐漸解除承負之責，達到太平之境〔註521〕。

綜上所述，《太平經》透過道教氣論思想的建構，完成道、氣、神是一的本體宇宙觀，其目的皆在於運用落實於身體修養，爲長生太平之修養境界提出理論依據，建立起初期道教規範戒律，成爲重要的道教經典，相當具有時代上的意義與價值。

〔註518〕王明編：《太平經合校》（全二冊），下冊，頁467。
〔註519〕同註518，下冊，頁536。
〔註520〕同註518，上冊，頁92。
〔註521〕《太平經》云：「然天太平氣方到，治當得天心，乃此惡悉自除去，故天使吾具言之。欲使吾救其失，爲出正文，故使眞人來悉問之也，此所由生凶也。不象天地元氣自然法，不三相通，并力同心，故致此也。若三相通，并力同心，今立平大樂，立無災。」同註518，上冊，頁151。

第七章 《老子想爾注》道氣論思想

《老子想爾注》〔註 1〕爲東漢末年注解《老子》的作品，受到東漢讖緯迷信以及政治社會動盪的影響，人民期待能有新的歸屬來改變當時的社會環境，在此氛圍之下，道教思想萌芽產生。而《想爾注》便是在這樣的社會氛圍之下所產生的作品，而「《老子》的道具有模糊性、意會性和神祕性等特點，爲《想爾注》提供發揮創造的廣泛餘地〔註 2〕」，因此，《想爾注》藉由註解道家經典《老子》，從宗教的角度將道教教義依附其中，「以低解高，以實說虛，企圖將東漢以來被奉爲修身、養生寶典的《老子》哲學，積極地轉化爲宗教俗世之教理。……堅持要讓《老子》的玄深哲學，成爲普羅教眾的生活規範〔註 3〕」，透過對《老子》的註解與重新詮釋，《想爾注》結合漢代氣論思想，企圖建立早期道教的思想理論規範，對後世道教思想發展影響深遠。

第一節 道者天下萬物之本

一、道也，與無名、萬物始同一

> 吾事，道也。帝先者，亦道也，與无名、萬物始同一耳。未知誰家子，能行此道；能行者，便像道也，似帝先矣。〔註 4〕

〔註 1〕以下簡稱《想爾注》。

〔註 2〕顧寶田、張忠利注譯，傅武光校閱：《新譯老子想爾注》（臺北：三民出版社，2008 年 8 月），導論，頁 4。

〔註 3〕陳麗桂：〈《老子想爾注》解老〉，武漢：《華中師範大學學報》，第 48 卷第 1 期（2009 年 1 月），頁 67。

〔註 4〕饒宗頤：《老子想爾注校證》，頁 7。

吾，道也，所以知古今終始共此一道。其事如此也。〔註5〕

一，道也。設誡，聖人行之爲抱一也，常教天下爲法式也。〔註6〕

「帝先者，亦道也」，《想爾注》認爲道在天地創生之前，故言先天帝、萬物而生，爲萬物初始，故云：「眞天下之母也〔註7〕」，一切無形無名的觀念與有形有名的萬物皆由道而生，道如同孕育天下萬物之母，「古今終始共此一道」，道超越時間、空間，同時存在於古今終始之中，成爲萬事萬物的根源、準則，化生萬物，爲萬事之本，因此具有初始本體義。

此外，《想爾注》云：「吾事，道也」、「吾，道也，……其事如此也」，《想爾注》認爲道爲至尊無上神祇，故言吾者道也，開始將神仙思想帶入詮釋道的初始義涵，透過道家初始本體之道作爲道教之道的理論根源〔註8〕，建立其道教本體論思想。因此道所言之道誡便成爲萬事萬物的規範法則，故云：「道者天下万事之本〔註9〕」，而行道奉誡便成爲《想爾注》用以教導信眾遵循信奉並體悟形上初始至高無上之道的方法與途徑。因此，《想爾注》除了強調道爲有形萬物與無形初始本體之外，同時亦強調道誡具有與道相同之至高無上的位置。

由此可知，道爲天地萬物本體、根源，爲強調其至高無上的地位，《想爾注》云：「一，道也」，道尊貴唯一，爲萬物初始、生生之理，故爲萬事萬物規律依據，具有崇高至尊地位〔註10〕。因此，聖人、體道之士皆以遵循道之理爲一切準則規範，在此，《想爾注》將初始之道視爲天下萬物之根源、法則，訂定道誡作爲人民、信徒遵循的依據，具有宗教色彩。

〔註5〕饒宗頤：《老子想爾注校證》，頁27～28。

〔註6〕同註5，頁29。

〔註7〕同註5，頁32。

〔註8〕趙中偉云：「在承繼上，其形上思維的架構中，仍是尊重《老子》一貫對形上本體—『道』的主張，強調『道』的形上意義，具有宇宙論的化生意義及本體論的本根意義。」趙中偉：《道者，萬物之宗：兩漢道家形上思維研究》，頁321～322。

〔註9〕同註5，頁17。

〔註10〕陳慧娟云：「首先，談『道』即『一』，此說乃在強調道的無偶性。……可知『一』無處不在，無時不在，在人身、天地、宇宙之間行跡不定、來去自如。」陳慧娟：《兩漢三家《老子》注養生思想研究》，頁181。

二、微者，道炁清

道至尊，微而隱，无狀貌形像也；但可從其誡，不可見知也。今世間僞伎指形名道，令有服色名字、狀貌、長短，非也，悉耶僞耳。〔註11〕

嘆无名大道之巍〃也，眞天下之母也。〔註12〕

道無名無形，無法以形狀、樣貌、長短等視覺感官經驗，與名字、定義等世間規範所說明與限制。故《想爾注》云：「微者，道炁清〔註13〕」、「道氣隱藏，常不週處〔註14〕」、「道氣在間，清微不見〔註15〕」，道隱微無形不可視，故可視者非道，不過是世間僞伎對道的詮釋，具有形上超越義。道雖不可見，但並非空無，故《想爾注》云：「道微，獨能慌惚不可見也〔註16〕」，道隱微恍惚，其中蘊含創生萬物之理序，並非空無，《想爾注》以「道氣」稱之〔註17〕，視道與氣同一位階。因此，人仍能透過觀天地萬物變化之理，體會道氣隱微變化創生萬物之法，藉以轉化爲可依循之規範、法則，《想爾注》稱之爲道誡。

由此可知，《想爾注》承襲《老子》的道無形無名，爲超越初始本體，天地之母，惚恍恍惚不可見但卻又眞實存在，其中蘊含生生理序，具有形上超越本體生生義，但因道不可名言，因此爲遵循體會初始之道，《想爾注》將道之規範轉化爲具體道誡，成爲信徒體道、行道之依據準則，由此可知，道家之道成爲道教誡律的根源而逐漸轉變爲道教思想的理論基礎。

三、自然，道也

自然，道也。樂清靜，希言，入清靜；合自然，可久也。〔註18〕

自然者，與道同号異體。令更相法，皆共法道也。天地廣大，常法道以生；況人可不敬道乎！〔註19〕

〔註11〕饒宗頤：《老子想爾注校證》，頁17。
〔註12〕同註11，頁32。
〔註13〕同註11，頁16～17。
〔註14〕同註11，頁19。
〔註15〕同註11，頁8。
〔註16〕同註11，頁27。
〔註17〕趙中偉云：「『道』並非無有，其內涵是『氣』，而『氣』的表徵是清明細微，隱而不現；然其卻充塞整個萬化之中，是以具有無形的特質。」趙中偉：《道者，萬物之宗：兩漢道家形上思維研究》，頁334。
〔註18〕同註11，頁30。
〔註19〕同註11，頁33。

> 道樂質朴，辭無餘，視道言，聽道誡，或不足見聞耳，而難行。能行能用，慶福不可既盡也。〔註20〕

道清靜自然樸素，此處《想爾注》言道之本性，道無形無名但眞實存在，聖人觀「天地湛然，則雲起露吐，万物滋潤。迅雷風趣，則漢燥物疼，道氣隱藏，常不周處〔註21〕」，天地自然，不論風起雲湧、雷電雨露、萬物孳生、天候常變與星象轉化，其中皆蘊含自然生生次序。《想爾注》從自然生生運行之理中體道，故曰「自然，道也」。而道生萬物自然而然，不有心有爲，故曰清靜，因此，《想爾注》云：「人法天地，故不得燥處；常清靜爲務，晨暮露上下，人身氣亦布至。師設晨暮清靜爲大要，故雖天地有失，爲人爲誡，輒能自反，還歸道素〔註22〕」，《想爾注》認爲自然生生之理即是道，故人只要法天地自然生生之理，不有心造作，復歸素樸，即可體道。

「道樂質朴，辭無餘」，《想爾注》認爲道清靜自然，故不喜耳目口鼻享樂與功名榮利，而是追求素樸、樸實如赤子般之初始狀態，自然便可體道守一，回復到初始道境，故《想爾注》言道喜樂質樸，以此爲其本性特色。

然《想爾注》中雖曰「自然，道也」，但也稱道與自然「同号異體」，但再加上《想爾注》中道蘊含人格神的特質，因此，《想爾注》雖曰道無形無名、自然素樸，亦認爲道至尊，吾，道也，視道爲至高無上神祇，但已非《老子》所言之清靜自然無爲，「因此這種形式的自然，並沒有使道更超然於世俗之外，反而賦予了『道』更高的地位和權威〔註23〕」。

四、道炁常上下，經營天地內外

> 道氣在間，清微不見。含血之類，莫不欽仰。愚者不信，故猶槖者治工排橐。蒳者可吹竹，氣動有聲，不可見；故以爲喻，以解愚心也。……清氣不見，像如虛也。然呼吸不屈竭也，動之愈益出。〔註24〕

〔註20〕饒宗頤：《老子想爾注校證》，頁45。

〔註21〕同註20，頁19。

〔註22〕同註20，頁19。

〔註23〕陳慧娟：《兩漢三家《老子》注養生思想研究》，頁182；《道家與中國哲學（漢代卷）》：「所謂『自然者與道同號異體，令更相法，皆共法道也』（第二十五章注）。這與前所述『自然，道也』的詮釋顯然是相悖的，卻爲注者神化所必須。」陳廣忠、梁宗華：《道家與中國哲學（漢代卷）》，頁380。

〔註24〕同註20，頁8。

道微，獨能慌惚不可見也。……不可以道不見故輕也。中有大神氣，故喻囊蘥。〔註25〕

道生萬物，其作用惚恍恍惚但眞實存在，而且生生不息，《想爾注》認爲其中關鍵在「大神氣」，氣者清微不見但又普遍流行於天地之間，因此《想爾注》以鼓風爐喻之，言道之作用如氣入鼓風爐，如呼吸般，看似虛空無物，但一作用便源源不絕，生生不息，永不枯竭，具有生生創造義。同時，這也「表示『道』虛空無形，而其中則含藏萬有，無限包容。以鮮明的類比，將『道』的無形性的價值及內涵，完全呈露。〔註26〕」

道炁常上下，經營天地內外，所以不見，清微故也。上則不皦，下則不忽，〃有聲也。〔註27〕

此段言道的流行義，「道炁常上下」，道無形無名，爲萬物至尊、初始本體，萬物依道而生，爲詮釋道作用於具體天地間，《想爾注》以當時流行的氣論思想論之。氣具有無形、清微、流動又具體存在的特質，故能流行溝通於形上虛無道體與形下具體萬物間。由於道無形超越，生生不息，成爲天下萬物的本體，爲詮釋道溝通貫穿形上形下且落實於天地萬物間，因此《想爾注》將道氣連稱，以氣化流行作用詮釋無形之道落實於具體世界的流行義、普遍義。同時，道氣連用，或作「道炁」也可看出《想爾注》的道教色彩〔註28〕，《想爾注》將氣的位階提高，或將道氣並稱，有時亦將氣視爲道，使氣與道同時成爲萬物本體的現象。

其次，道「經營天地內外」，言道往來迴旋於天地內外上下四方，其作用普遍流行於具體有形世界之內與之外的無形超越境界，無所不在，具有空間

〔註25〕饒宗頤：《老子想爾注校證》，頁27。

〔註26〕趙中偉：《道者，萬物之宗：兩漢道家形上思維研究》，頁335。

〔註27〕同註25，頁17。

〔註28〕李豐楙云：「值得注意的是『道炁』一詞的出現，『炁』也出現在東漢末的練養家、醫家的觀念中，是較『氣』更能體現經驗性的修練性的一種感覺，後來成爲內丹術的重要術語。在十四章『視之不見名曰夷』特別提出『微者，道炁清』，這是訓注《想爾注》者有意將不可見的至尊之道，導向道炁、微氣、精氣的修練，修練正是道教的實踐工夫。」李豐楙：〈老子「想爾注」的形成及其道教思想〉，《東方宗教研究》新一期（1990年10月），頁158；陳麗桂云：「《想爾》同時爲這神化的權威『道』（太上老君）安置可以虛實、出入、遍在的神性依據，設定『氣』作爲祂的內容，稱『道炁』（氣）。」陳麗桂：〈《老子想爾注》解老〉，《華中師範大學學報（人文社會科學版）》，第48卷第1期（2009年1月），頁72。

之無限義。此外，「古今常共此一道，不去離人也。……道有以來，更閱終始，非一也。甫者、始也。……吾、道也，所以知古今終始共此一道。其事如此也〔註29〕」，言道貫通古今終始，存在於過去、現在與未來，具有時間之無限義。

綜上所述，《想爾注》除了透過道家之道建構道教之道氣本體論，同時更以淺近譬喻詮釋道氣作用之流行義、普遍義、無限義、生生義，使一般人民、信徒皆能輕易明瞭道氣作用形上超越且無形玄妙的特質，藉此說服吸引民眾對道教產生認識、了解進而信服並遵行道誡，具有宗教教化宣傳特色。

五、一者道也。一散形爲氣，聚形爲太上老君

道爲萬物初始，天下萬物之母，生生不息，《想爾注》用氣建構以道爲尊的道教氣化本體論系統，並將道氣連稱，使氣從溝通形上道體與形下之物的位置提升到道的位階，除此之外，更進一步地，《想爾注》用氣來詮釋形上道本體與道教的關係。

> 一者道也。……一在天地外，人在天地間，但往來人身中耳，都皮裏悉是，非獨一處。一散形爲氣，聚形爲太上老君，常治崐崘。或言虛无，或言自然，或言无名，皆同一耳。〔註30〕

道爲形上超越唯一本體，不可名言定義，中有生生創造作用，化育萬物，而道在宇宙天地間無形生生的作用，《想爾注》稱之爲「氣」，因氣具備無形生生流動與有形凝結形物的作用，流行貫通形上與形下間，無所不在，故曰「一散形爲氣」，知「道」之內涵即「氣」，無形初始之道一作用於人間便透過氣化作用生生不息，可知，《想爾注》認爲道爲本體義，而氣爲道中生生創造義，視「道」「氣」是一。〔註31〕

〔註29〕饒宗頤：《老子想爾注校證》，頁28。

〔註30〕同註29，頁12。

〔註31〕趙中偉云：「『道』就是『氣』，『道』的內涵是『氣』，『道』與『氣』不二，『道』與『氣』是一事。……《想爾注》強調『道』『氣』合一，以煉『氣』証『道』，則產生養『氣』成仙的宗教之路。」趙中偉：《道者，萬物之宗：兩漢道家形上思維研究》，頁338。陳慧娟云：「《想爾注》依循漢代以來所流行的氣化宇宙論，將『道』與『氣』概念結合，……即是認爲『一』之形質可聚可散，聚則爲太上老君，散則爲氣，又『一』即是『氣』，因此，『道』、『一』、『氣』本質相同，三位一體。」陳慧娟：《兩漢三家《老子》注養生思想研究》，頁181。

其次，無限生生之道氣作用於宇宙天地間最初始具體有形的狀態，《想爾注》稱之爲太上老君，太上老君爲道教神祇，在早期道教具有至尊地位〔註32〕，《想爾注》言「一散形爲氣，聚形爲太上老君，……或言虛无，或言自然，或言无名，皆同一耳」，無形道氣落實於宇宙天地間便聚形化爲太上老君，太上老君的特色虛無、自然、無名，與道相同，可知太上老君爲道之不同面向，具有初始本體義。而太上老君似道體無形自然，並成爲治理指揮崐崘的主宰，崐崘具有修道成仙的象徵意義，這也使道神格化爲道教至尊神祇太上老君〔註33〕。至此，《想爾注》將《老子》的道思想與老子轉化爲道教至尊神祇，藉此說明道教神仙思想的根源〔註34〕。

（一）吾，道也。道至尊

吾事，道也。帝先者，亦道也，與无名萬物始同一耳。未知誰家子，能行此道；能行者，便像道也，似帝先矣。〔註35〕

吾，道也。我者，吾同。道至尊，常畏患不敢求榮，思欲損身；彼貪寵之人，身豈能勝道乎？爲身而違誡，非也。……吾、我，道也；志欲无身，但欲養神耳，欲令人自法，故云之。〔註36〕

〔註32〕李遠國云：「這就是說，道是永恆不變的眞體，他既是無法表象的自然神，又是可以顯現的人格神。後來道教神系中的三清聖祖等，均可如此理解。而太上老君之名號，當始見於此。」李遠國：〈論《老子想爾注》中的養生思想〉，《中國道教》（2005年6月），頁42。

〔註33〕陳麗桂云：「結合著『道』的擬人化與『氣』的神奇化，《想爾》塑造了其至高無上的宗教神靈—太上老君。」陳麗桂：《漢代道家思想》，頁83；趙中偉云：「即是『指道歸結爲無形無像而至尊至威、無所不在的主宰。道就是一，一散爲氣，氣聚爲太上老君，是道教的最高神』。至此，將『道』詮釋成爲具有人格，並提昇爲神格的『太上老君』。」趙中偉：《道者，萬物之宗：兩漢道家形上思維研究》，頁347。

〔註34〕陳慧娟云：「屈原『邅吾道夫崑崙兮』，經修遠而艱辛的路途，乃得『陟陞皇之赫戲』，即隱喻著昇仙理想。又《山海經》中，『昆崙』不但是西王母之治所，又是『帝之下都』，這些無非說明了昆侖山在神話時期的神聖地位。……崑崙山具備修仙、仙道、宗教的象徵意義，而《想爾注》言太上老君，常治崑崙，將古代泛稱意義的仙山，轉變爲道教聖山，又將《山海經》中的統領崑崙山的西王母，換成老子，一方面使老子在道教神譜中具有極爲尊崇的地位，另一方面也將老子提升至所有宗教神祇中最尊崇的地位。」陳慧娟：《兩漢三家《老子》注養生思想研究》，頁179。

〔註35〕饒宗頤：《老子想爾注校證》，頁7。

〔註36〕同註35，頁16。

道至尊無上，超越時空，似天帝初生之先即存在，《想爾注》將道視爲初始至尊本體、規範，強調其至高無上的地位，同時，《想爾注》透過氣論思想的建構，帶入道教神仙觀，將道教至尊神祇太上老君視爲氣與道的不同面向，賦予形上道體人格神的義涵。因此，《想爾注》常以「吾」、「我」稱道，言「吾」、「我」如道般無名無形，與萬物之始同一，具有形上超越與本體義。此外，《想爾注》亦云：「道至尊，常畏患不敢求榮，思欲損身；彼貪寵之人，身豈能勝道乎？」道清靜自然，不貪求榮華富貴，常以此戒慎恐懼，《想爾注》以第一人稱的方式稱道，且道已具備好惡判斷思慮能力〔註37〕。

> 人身像天地。覽，廣也。疵，惡也，非道所憙；當滌除一身，行必令无惡也。……人君欲愛民令壽考，治國令太平，當精心鑿道意，教民皆令知道眞；无令知僞道耶知也。〔註38〕

> 設如道意，有身不愛，不求榮好，不奢侈飲食，常弊薄羸；有天下必无爲。守樸素，合道意矣。人但當保身，不當愛身，何謂也？奉道誡，積善成功，積精成神，神成仙壽，以此爲身寶矣。貪榮寵，勞精思以求財，美食以恣身，此爲愛身者也，不合於道也。〔註39〕

《想爾注》除了延續《老子》的道形上超越、無形無名、萬物初始的特質外，更加入了人格神義，因此，道便具有喜惡，具有賞善懲惡的能力。「道不憙彊求尊貴〔註40〕」、「不求榮好，不奢侈飲食」，《想爾注》言此爲道意，道是有意志的，具有判斷能力，喜愛清靜無爲、素樸等特質，認爲人能遵守道所喜愛之意志、誡律，不過分奢華，便能得到道的喜愛，故曰善。爲善者尊道之規範，故能「積善成功，積精成神，神成仙壽」，治國者「欲愛民令壽考，治國令太平」，皆須遵行道意。反之，「貪榮寵，勞精思，以求財，美食

〔註37〕羅因云：「在《想爾注》中，「道」的地位至尊無上，此外，又用第一人稱的『吾』、『我』指稱『道』，已經賦予了『道』人格神的意味。道之畏、患、不敢求榮，仁於諸善，不仁於諸惡，不愛惡者，在在都顯示了『道』的意志與好惡。」羅因：〈戰國秦漢幾種《老子》注養生思想的遞變——從全身保身、精神境界、技術化導向到宗教教訓的發展〉，《東吳中文學報》19期（2010年5月），頁34；《新譯老子想爾注》：「《想爾注》先是把『道』人格化，……道既獲得人格屬性，也就具有人的情感意識與道德評價、行爲規範。」顧寶田、張忠利注譯，傅武光校閱：《新譯老子想爾注》，導論，頁5。

〔註38〕饒宗頤：《老子想爾注校證》，頁13。

〔註39〕同註38，頁16。

〔註40〕同註38，頁15。

以恣身」，過分追求形體的享樂，違反道清靜無為樸素的本性者，故曰惡。為惡者無法得到道的喜愛甚至遭受懲罰，於人身者無法長壽久生，於治國者「諸與天災變怪，日月運珥，倍臣縱橫，刺貫之咎，過罪所致。五星順軌，客逆不曜，疾疫之氣，都悉止矣〔註41〕」。

由此可知，《想爾注》的道已從純粹形上哲學的道本體，轉化為具有意志的人格神義，再加上《想爾注》言道、氣、太上老君為一體之不同面向，因此賦予道教至尊神祇具有賞善罰惡的作用，希望透過道之規範、誡律的建立，讓信徒、百姓對太上老君產生景仰與畏懼，教導百姓尊道行誡，以致神成仙壽，勸戒君王畏道奉誡，以致國家太平。〔註42〕

（二）畏天尊道

玄，天也。古之仙士，能守信微妙，與天相通。〔註43〕

「玄，天也」、「牝者，地也。體性安〔註44〕」，《想爾注》視天為生生玄妙的無形作用，屬陽；地為有形靜定的作用，屬陰，天地為道落實於具體世界的陰陽氣化作用，萬物皆在天地陰陽氣化交互作用之中生成。因此，古之仙士藉由觀天地陰陽氣化玄妙生生之理，與天相感通，進一步體道無欲清靜，與道相合。而道之無限創生之理也藉由天地陰陽氣化具體展現。

道常无欲，樂清靜，故令天地常正。天地，道臣也，王者法道行誡，臣下悉皆自正矣。〔註45〕

此言道與天地的關係，《想爾注》雖未詳述道生萬物的過程，但綜上所述可知道者一也，具有無形至尊、樸素自然且為萬物本始的特質，道散形為氣，氣為無形生生作用，故能溝通於無形之道與有形世界間。而天為作用於有形世界中的無形生生力量，透過天地間陰陽氣化不同比例相生相剋之理具體凝結生成

〔註41〕饒宗頤：《老子想爾注校證》，頁44。

〔註42〕陳麗桂云：「道、一、氣、神明，甚至誡律數者合一，在宗教神學的推闡上更方便了。道教一氣化三清之說便是基於這樣的觀點推闡出去的。……由於道、一、氣之統合為一，於是『道』在黃老養生，乃至道教神學中，運用更自在了。」陳麗桂：《漢代道家思想》，頁89；趙中偉云：「《想爾注》把『道』擬人化即神格化的最目的，在於宣教之用，也就是宣揚道教的功能即效用，將『道』提昇為具象的至上神，才能吸引更多的民眾信服，成為其跟隨者。」趙中偉：《道者，萬物之宗：兩漢道家形上思維研究》，頁348。

〔註43〕同註41，頁18。

〔註44〕同註41，頁9。

〔註45〕同註41，頁47。

萬物，故《想爾注》云：「生故屬天，惡死亦屬地也〔註46〕」，由於天、氣與道本質相同故能相通，因此古之仙士便可藉由觀天地萬物變化之理體道之無限。

其次，在《想爾注》的宗教轉化之下，道具有人格神之義，道氣聚形爲太上老君，道氣在天地間具體成形便成爲道教至尊神祇，太上老君具有治理指揮的能力，能對天地萬物進行獎賞懲罰作用，而作爲道氣在有形世界中具有生生作用展現的天在《想爾注》當中便出現了人格神的義涵，因此，道氣能透過天地間陰陽生生之氣的表現，向道氣與太上老君傳達人世間萬物之善惡，同時藉此天地間陰陽二氣變化進行賞善懲惡的功效。《想爾注》云：「天地，道臣也」。

> 天地像道，仁於諸善，不仁於諸惡；故煞萬物，惡者不愛也，視之如芻草如苟畜耳。〔註47〕

因此，天地像道具有分辨善惡，懲惡揚善的作用，故得道仙士畏天尊道，以道教化百姓通曉道義行善與養生之法，故云：「就电〔註48〕道誡示之，畏以天威，令自改也〔註49〕」，以天威說明道玄妙至尊的地位，「是以人當積善功，其精神與天通。設欲侵害者，天即救之〔註50〕」，奉勸教化百姓畏天行道誡的重要性。在政治治理方面，聖人、天子亦然，「天子乘人之權，尤當畏天尊道。……輕躁多違道度，則受罰辱，失其本身，亡其尊推矣〔註51〕」。

> 欲求仙壽天福要在信道，守誡守信，不爲貳過。罪成結在天曹，右契無到而窮，不復在餘也。〔註52〕

> 夫欲寶精，百行當脩，万善當著，調和五行，喜怒悉去。天曹左契，算有餘數，精乃守之。惡人寶精，唐〔註53〕自苦終不居，必自泄漏也〔註54〕

《想爾注》中雖未見完整神仙系統，但首出太上老君之說，亦賦予天賞善懲惡能力，除此之外，《想爾注》中有天曹之說。所謂天曹，指掌管人間生

〔註46〕饒宗頤：《老子想爾注校證》，頁25。
〔註47〕同註46，頁8。
〔註48〕饒宗頤注：「电，申。」同註46，頁21。
〔註49〕同註46，頁21～22。
〔註50〕同註46，頁8。
〔註51〕同註46，頁33。
〔註52〕同註46，頁31。
〔註53〕饒宗頤云：「唐，空也。」同註46，頁27。
〔註54〕同註46，頁27～28。

死命籍善惡功過之神，故《想爾注》言欲長生仙壽，必須尊道行誡，當人之善行上達天聽，天曹便會記錄增加壽命於命籍簿錄當中，人便得以延壽長生。反之，人若爲惡犯罪，其惡行亦會上達天聽，天曹便會減損其壽命，使其亦受災禍死亡。

> 世有不可處，賢者避去託死。過太陰中，而復一邊生像，沒而不殆也。俗人不能積善行，死便眞死，屬地官去也。〔註55〕

> 道人行備，道神歸之，避世託死過太陰中，復生去爲不亡，故壽也。俗人无善功，死者屬地官，便爲亡矣。〔註56〕

此外，《想爾注》亦有地官之說，《想爾注》認爲人若不積善功，貪欲爲惡，與天感通，天曹知之，便會記錄罪過減損壽命，當人死亡便屬於地官掌管，如此便無法如避世託死於太陰之宮之仙士般死而復生、長生成仙。由此可知，《想爾注》認爲人死亡之後有專門掌管之神祇稱爲地官。

綜上所述，《想爾注》中雖不像《太平經》已出現有系統的神祇之說，但亦可見太上老君、天曹、地官等掌管天上地下之神祇之說〔註 57〕，可知東漢末年道教理論成立初期其神仙之說已具初步規模，並成爲道教神祇系統完成的重要基礎。

總而論之，《想爾注》中的道已具人格神義，並且在天無形生生的能力之外，更賦予其人格神意涵，使其具有尊道奉誡賞善罰惡的能力。同時《想爾注》當中也已出現初步的神祇觀，配合災異讖緯思想，加強了道教的神秘性，與世人對天道的敬畏崇敬之心，因此，《想爾注》「把道之神靈、賞罰，提至最高，因此人不僅應敬畏『道』，更須遵行『道』，『道』與『誡』聯繫起來，從而產生了一系列早期道教道戒。這種宗教性的聯繫與發揮，可以說是道家思想向道教理論轉變的重要標誌之一〔註58〕」。

〔註55〕饒宗頤：《老子想爾注校證》，頁 21。

〔註56〕同註 55，頁 43。

〔註57〕饒宗頤云：「『地官』爲天地水三官之一。三官亦稱三元。七月十五日爲中元，即『地官』檢勾。……《莊子・在宥》引《廣成子》言：『天地有官。』似即三官說之所自出，惟僅言天地而已。及《太平經》論一切皆有三名，道教徒因益一而爲三官耳。」同註 55，頁 70～71。傅勤家云：「當張角、張陵之道教初起時，所謂司人間禍福者，祇有三官，即天官、地官、水官，今稱爲三官大帝者也。迨其後，既有元始、太上諸尊位乎上，則神仙官府當然加增。」傅勤家：《中國道教史》，頁 78。

〔註58〕陳慧娟：《兩漢三家《老子》注養生思想研究》，頁 180。

第二節　道有天轂，人身有轂

《想爾注》確立了道氣本體思想，並以氣作爲道之內涵，更帶入道教神仙、道誡思想，而道氣落實在人的身體部分，《想爾注》亦以道氣論建構之，以下試論之。

一、身爲精車，精落故當載營之

> 身爲精車，精落故當載營之。神成氣來，載營人身。〔註 59〕

所謂身，指形體，《想爾注》認爲身爲承載道之精氣、精神作用的載體，因此，道氣要能凝結爲四肢、五臟、感官與人身，生生神氣要能展現生生創造能力，成爲認知判斷作用，皆須形體載營之，若無有形形體的存在，道氣、精神便無法在人身上展現，故《想爾注》云：「身爲精車」，肯定有形之身的重要性。

二、所以精者，道之別氣也

> 所以精者，道之別氣也，入人身中爲根本，持其半，乃先言之。〔註 60〕

> 魄，白也，故精白與元炁同色〔註 61〕。身爲精車，精落故當載營之。神成氣來，載營人身。欲全此功无離一。一者，道也。〔註 62〕

> 精白與元炁同，同色，黑，太陰中也。於人在腎〔註 63〕，精藏之，安如不用爲守黑，天下常法式也。〔註 64〕

所謂精者，爲道中精妙的創生作用，萬物之所以生成皆因其間含有道之精氣緣故，《想爾注》認爲道微恍惚，中有大神氣，大神氣流動於天地萬物間，其中精微玄妙之創生之氣落實於人身便成爲人身形體之根本，稱之爲精，故精具有形質義。《想爾注》以車載爲喻，認爲精如車中所乘載，人身如車，當道中大神氣之生生作用凝結爲精氣，精氣自然凝結爲人身保守充盈之。《想爾

〔註 59〕饒宗頤：《老子想爾注校證》，頁 12。
〔註 60〕同註 59，頁 27。
〔註 61〕「元炁」本作「元」。今據《想爾注》第二十八章注：「精白與元炁同」，饒宗頤補作「元炁」。同註 59，頁 12。
〔註 62〕同註 59，頁 12。
〔註 63〕「於人在腎」本作「於人在賢」。腎、賢形近而誤，故饒宗頤校改作腎。同註 59，頁 36。
〔註 64〕同註 59，頁 36。

注》又以池水為喻，云：「精并喻像池水，身為池堤封，善行為水源，若斯三備，池乃全堅〔註 65〕」，《想爾注》認為精如池水，身如池水堤防，因此若精保養於人身之中而不外洩，人身之根本便可穩固，如同池水因堤防堅實而不外洩漏一般，而要使精永存於人身之中的關鍵便在於行道守誡多行善功。而這種作用於人身當中的精妙作用，《想爾注》又稱為道精、精氣。「万物含道精，並作，初生起時也〔註 66〕」、「有道精，分之與万物，万物精共一本。生死之官也，精甚眞〔註 67〕，當寶之也〔註 68〕」，稱道精者，《想爾注》強調精為道中精妙之生生作用，由道氣中分別出來落實於人身之中，成為人的本質，由於天人皆一氣，故可相互感通，並透過修養功夫達到體道長生的修養境界〔註 69〕。「人之精氣滿藏中〔註 70〕」，稱為精氣者，《想爾注》強調精氣充盈於人身當中，作為人身本質的特色。

其次，《想爾注》言「鬼，白也，故精白與元炁同色〔註 71〕」、「精白與元炁同，同色，黑，太陰中也。於人在賢〔註 72〕，精藏之，安如不用為守黑，天下常法式也」，認為精氣與元炁相同，為道生成萬物的關鍵，是萬物初生的本質，曰魄，色白，具有形質義〔註 73〕。而趙中偉認為將道之元氣稱作精白「主要在於顏色。人體的『精液』是白色，是以類推『道』之『元氣』也是

〔註 65〕饒宗頤：《老子想爾注校證》，頁 28。

〔註 66〕同註 65，頁 20。

〔註 67〕「精甚眞」本作「精其眞」。甚、其形近而誤，今據饒宗頤校改作「精甚眞」。同註 65，頁 27。

〔註 68〕同註 65，頁 27。

〔註 69〕李遠國云：「這樣一來，便為天地萬物的生成找到了一個共同的本源『道精』，亦為道教的保精長生學說提供了本體論基礎。」李遠國：〈論《老子想爾注》中的養生思想〉，頁 42；陳慧娟云：「其實最早以『精氣』釋『道』者，當推《管子・內業》，《想爾注》承此，將《老子》中抽象的『道』，轉化為具體的『精』或『氣』，並從精、氣、神去講修煉長生之道。」陳慧娟：《兩漢三家《老子》注養生思想研究》，頁 182。

〔註 70〕同註 65，頁 12。

〔註 71〕「元炁」本作「元」。今據《想爾注》第二十八章注：「精白與元炁同」，饒宗頤補作「元炁」。同註 65，頁 12。

〔註 72〕「於人在賢」本作「於人在腎」。腎、賢形近而誤，故饒宗頤校改作腎。同註 65，頁 36。

〔註 73〕顧寶田、張忠利云：「先天精氣清明純淨與元氣相同。元炁，即元氣。指陰陽二氣未分的混沌狀態，構成宇宙萬物的原初物質。道教吸收和改造傳統的元氣理論，提出其特有的元氣生成論。」顧寶田、張忠利注譯，傅武光校閱：《新譯老子想爾注》，頁 147。

白色〔註 74〕」，因此若能使精白載營於人身而不外洩，便可達到結精成神，守一體道之境界。因此，元氣與精氣皆爲構成人身形體、生命的基礎，在道教的內在修養與外在修養功夫當中，皆扮演著相當重要角色。

三、道氣在間，清微不見。含血之類，莫不欽仰

道炁常上下，經營天地內外，所以不見，清微故也。上則不皦，下則不忽，〃有聲也。〔註 75〕

道氣在間，清微不見。含血之類，莫不欽仰。〔註 76〕

一者道也。……一在天地外，人在天地間，但往來人身中耳，都皮裏悉是，非獨一處。一散形爲氣，聚形爲太上老君〔註 77〕

腹者，道囊，氣常欲實。……道來歸之，腹則實矣。〔註 78〕

《想爾注》認爲氣是道散形作用於宇宙間的生生表現，是道的不同面向，故《想爾注》認爲「道氣是一」，並將道氣連稱，又稱爲元炁。道氣作用溝通天地上下，化生天地萬物，清微無形，生生不息，作用於人身則充實於腹中，成爲人身的根本，並且溝通流行其間，成爲道之精氣與精神之所以正常作用於人身的關鍵與基礎。因此，當道之精氣凝結於人身，便落實於腹中，而道中生生神氣構成精神，由心主宰認知與判斷作用，故精氣、精神皆載營於形體間，當道氣充實腹中，精氣便得以盈滿於五臟之中，精神也得以透過心之主宰達到清靜專一的境界，由此可知，氣於人身當中具有重要的溝通作用，爲人身之所以正常運行、與道相通的基礎元素。

四、神成氣來，載營人身

道微，獨能慌惚不可見也。慌惚中有物，惚慌中有像，不可以道不見故輕也。中有大神氣，故喻囊蓊。〔註 79〕

道性不爲惡事，故能神，无所不作，道人當法之。〔註 80〕

〔註 74〕趙中偉：《道者，萬物之宗：兩漢道家形上思維研究》，頁 362。
〔註 75〕饒宗頤：《老子想爾注校證》，頁 17。
〔註 76〕同註 75，頁 8。
〔註 77〕同註 75，頁 12。
〔註 78〕同註 75，頁 6。
〔註 79〕同註 75，頁 27。
〔註 80〕同註 75，頁 46～47。

所謂神者，為道中無形生生作用，道隱微恍惚，其中蘊含神妙生生創造作用，稱為大神氣，《想爾注》以鼓風爐為喻，說明大神氣如風一般無形無狀但卻生生作用不已。大神氣之作用清靜自然無為，無所不作，當大神氣落實於人身當中，便賦予人身生生不息的創生判斷作用，《想爾注》稱之為精神，故云：「道人當自重精神，清靜為本〔註81〕」、「是以人當積善功，其精神與天通〔註82〕」、「身常當自生，安精神為本，不可恃人自扶接也〔註83〕」，《想爾注》認為由於精神來自於道中大神氣，故能與天道相通，道以清靜自然為本，故落實於人身之中的精神自然以清靜為本，成為道在人身中之展現。此外，《想爾注》亦稱神為道神，「道人行備，道神歸之，避世託死過太陰中，復生去為不亡，故壽也〔註84〕」，《想爾注》稱神為道神則為強調神為道所生，與道相通，因此若能透過修養功夫達到「積精成神，神成仙壽〔註85〕」，便可道教養生的終極目標長生成仙，與道相合。

綜上所述，《想爾注》身體觀當中以精與神為人形體與思慮產生之根本，而精與神皆以氣作為本質，故可與道氣相互貫通，當精氣神三者合一，結精成神，神成氣來，流行充盈人身，便可達到長生仙壽的境界。由此可知，《想爾注》以氣建構其身體觀，作為其道教修養論的理論基礎。

五、五藏皆和同相生，與道同光塵

> 五藏所以傷者，皆金木水火土氣不和也。和則相生，戰則相尅，隨怒事情，輒有所發。〃一藏則故尅，所勝成病煞人。〃遇陽者，發囚刻王，怒而无傷，雖爾，去死如髮耳。如人衰者，發王刻囚，禍成矣。〔註86〕

此段討論五藏與五行之氣。《想爾注》中五藏為精氣進入人身運作時所產生的重要載體，與五行之氣相互對應，當不同比例的五行之氣和諧流行全身，所對應的感官、心知判斷與喜怒哀樂等情感表達便能適當表現，五藏之氣便得以順暢溝通體內，精氣自能涵養其中不易消散，精氣飽滿、氣類相感，人

〔註81〕饒宗頤：《老子想爾注校證》，頁33。
〔註82〕同註81，頁8。
〔註83〕同註81，頁37～38。
〔註84〕同註81，頁43。
〔註85〕同註81，頁16。
〔註86〕同註81，頁7。

自能與天道相通，達到長生境界。反之則五行之氣相剋，所對應之感官、心知與喜怒哀樂的情感表現失序錯亂，五藏之氣失調臟器與形體自然容易損傷，最終可能導致災禍臨身，非死即傷。

保養精氣爲道教修養論的重要課題，而精氣是否進入全身涵養於五藏、形體之中而不消亡便成《想爾注》修養論的重要內容。《想爾注》云：「五藏以傷，道不能治，故道誡之重，教之丁寧〔註87〕」，《想爾注》的身體觀在兩漢氣化論的基礎之上發揮，雖未詳細論述五行與五藏、五官等對應的內容，但仍可看出五藏之氣的修練功夫在道教修養中仍具備重要且關鍵的地位。

其次，《想爾注》論五行生剋休王之法。古代陰陽五行家把五行之氣在一年四季中週期性盛衰狀態及相互作用與轉化，用「王相休囚死（又作廢）」術語和模式表述，道教也加以吸收和改造〔註88〕。此法在漢代有《淮南》〔註89〕、《太平經》〔註90〕的五行休王與《論衡》〔註91〕的八卦休王之說〔註92〕，所謂五行休王之法，鄺芷人有云：

> 「王」本指作帝王之意，……是指旺盛之意。依五行關係，以得令者其性最強，故爲王（旺），因而春天則木旺，夏天火旺。「相」原指丞相或宰相，……故「相」表示次強之意，以相生者爲相。例如，春令代表木氣得令，木生火，故春時火爲相。生月令者爲休，休是休息或休止之意。如水生木，但因水生木而使到水氣疲乏，須待休息以恢復其元氣。剋月令者爲囚，囚原指囚犯，失去自由，其元氣受到傷害，遂使其自己降低生命力，好像囚犯失去自由一樣。由於

〔註87〕饒宗頤：《老子想爾注校證》，頁7。

〔註88〕顧寶田、張忠利注譯，傅武光校閱：《新譯老子想爾注》，頁11。

〔註89〕《淮南子》：「木壯水老火生金囚土死，火壯木老土生水囚金死，土壯火老金生木囚水死，金壯土老水生火囚木死，水壯金老木生土囚火死。」（漢）劉安：《淮南子》二十一卷，卷四〈地形〉，頁29。

〔註90〕《太平經》：「今天迺自有四時之氣，地自有五行之位，其王、相、休、囚、廢，自有時，今但人興用之也。安能迺使其生氣，而王相更相剋賊呼？」王明編：《太平經合校》（全二冊），冊一，卷六五，〈興衰由人訣〉第一百一，頁232。

〔註91〕《論衡》：「立春，艮王、震相、巽胎、坤死、兑囚、乾廢、坎休。王之衝死，相之衝囚，王、相衝位，有死、囚之氣。」（漢）王充著、黃暉校釋：《論衡校釋（附劉盼遂集解）》（全四冊），冊三，卷第二十四〈難歲篇〉，頁1024。

〔註92〕注：「仲任所言，蓋八卦休王也。」同註91，冊三，卷第二十四〈難歲篇〉，頁1024。

當令者強，若要剋伐強的當令之氣，必須使自己付出極大力量，同時也因力量的付出而傷害元氣，故爲囚。最後被當令者所剋稱爲死，因當令者元氣旺盛，一旦被其剋伐，必死無疑之意。八卦之休王說，可依此類推作解釋。〔註 93〕

由此可知，《想爾注》認爲當人陽氣正盛，遇到囚困之氣剋旺盛之氣時，因爲本身陽氣盛故雖五藏之氣錯亂但無損傷，表面雖無損傷但卻埋下災禍，反之若人身精氣衰微，當休養身息，若發旺盛之氣以剋困囚之氣，必會造成災禍損傷。〔註 94〕《想爾注》運用五行休王之法，強調五藏之氣的鍛鍊修養在道教修養觀的重要性。

六、心者，規也

心者，規也，中有吉兇善惡。腹者，道囊，氣常欲實。心爲凶惡，道去囊空。空者耶入，便煞人。虛去心中凶惡，道來歸之，腹則實矣。〔註 95〕

心應規，制万事，故号明堂三道，布陽耶陰害，以中正度道氣。精并喻像池水，身爲池堤封，善行爲水源，若斯三備，池乃全堅。心不專善，无堤封，水必去。行善不積，源不通，水必燥干。決水溉野渠如溪江，雖堤在，源流不泄必亦空，岢燥炘裂，百病並生。斯三不愼，池爲空坑也。〔註 96〕

心爲是非善惡判斷的標準、規範。道樂素樸，清靜無爲，同時道聚形爲太上老君，有人格神義，具賞善懲惡的神妙作用。道透過散形之陰陽二氣創生萬物，故萬物本質是一，皆精氣流行。道之精氣進入人身中爲根本，其中精微創生之氣凝結化生構成人身五藏、筋骨、血脈等形質層面，其中蘊含道無形神妙判斷的作用，則進入人身當中成爲五藏之一的心，因此《想爾注》云：「心者，規也」，心爲形體、五藏運行之規範、準則，且具吉凶善惡知判斷作用〔註 97〕。

〔註 93〕鄺芷人：《陰陽五行及其體系》，頁 384。

〔註 94〕顧寶田、張忠利注譯，傅武光校閱：《新譯老子想爾注》，頁 11。

〔註 95〕饒宗頤：《老子想爾注校證》，頁 6。

〔註 96〕同註 95，頁 28。

〔註 97〕趙中偉云：「『心』就是一種知覺，是身上的主宰，具有合理性及智慧，其指標的判斷是私有性及意向性的。而『心』的內涵並不是純粹的至善，而是有善有惡的。」趙中偉：《道者，萬物之宗：兩漢道家形上思維研究》，頁 356。

心具善惡吉凶的認知判斷能力，其作用展現於人身之中，並以腹爲道之精氣進入人身的載體，因此，陳麗桂云：

而「腹」中「氣」之虛實和「心」中「志」之善惡是相應的，換言之，這裡把人的氣息、生命力、信念聯繫在一起，以「腹」爲聯絡溝通的場域，……腹不但是形身的中心，更是修煉的核心場域，道教的呼吸吐納、調息修煉，悉以此爲重心。〔註 98〕

故《想爾注》云：「腹者，道囊，氣常欲實」。道氣作用於心，因氣類相感，使心具吉凶善惡之認知判斷能力，因此當心清靜專一，與道相通，其中中正思辨之氣便能依道之規範分辨「陽耶陰害」，心不違道意，五藏、筋骨、血脈便能依循心知規範生生運行，「神成氣來，載營人身」，精氣便能充實腹中，人便能保身無災。反之，若「心不專善」，無法與道相通，中正思辨之氣便無法充實人身而消散，故「心爲凶惡，道去囊空」，人身中道去氣散，便容易傷身產生災禍。

爲說明道氣充盈對人身修養之重要與心所扮演的關鍵角色，《想爾注》從反面角度以池水、水源爲喻，精氣爲池水，人身爲池塘堤岸，修養功夫之善行爲源源活水，而關鍵主宰作用爲心知判斷，當心知主宰不合於道，人身之堤岸毀傷，精氣之池水必流失，若無道誡善行修養，必會造成水乾池空，精氣消散、「百病並生」、身毀人亡。故要使精氣、身體與行道誡三者兼備，才能達到道教修養功夫最完善的境界，而其中的關鍵就在心知的主宰作用。《想爾注》一方面點出心爲形體、五藏之規範、次序，具有主宰之義，一方面點出心知判斷在修養功夫中的重要性，因此修養首要關鍵便在使心規與道相合，才能達到「虛去心中凶惡，道來歸之，腹則實矣」。

其次，《想爾注》云「明堂三道」，明堂爲古代天子舉行大典與上朝施政的地方〔註 99〕，因此明堂有主宰、統御之意，《想爾注》以此言心之主宰作用，《太平經》云：「三明者，心也，主正明堂，通日月之光，名三明成道。〔註 100〕」

〔註 98〕陳麗桂：〈《老子想爾注》解老〉，頁 71。

〔註 99〕《禮記・卷三十一・明堂位第十四》：「昔者周公朝諸侯于明堂之位，天子負斧依，南鄉而立。」（漢）鄭玄注、（唐）孔穎達正義：《禮記正義》六十三卷，頁 575。

〔註 100〕《太平經》：「天重生，愛其情，尤志堅念生，要三明。三明者，心也，主正明堂，通日月之光，名三明成道。心志自不顧，亦有録策，不可彊求。」王明編：《太平經合校》（全二冊），下冊，卷百十四〈九君太上親訣〉，頁 596。

可知道教思想中以明堂三道、三明言心。《想爾注》認爲心具主宰作用，內含中正之氣，具有思慮判斷作用，合於道氣生生之規範，因此能分辨陰陽二氣之過與不及所產生的邪害善惡。心知修養的關鍵在於清靜至誠，心清靜無欲便能合於中正之道，使精氣保身，正確判斷善惡而勿行邪志，反之，「不至誠者，雖有關揵猶可開也〔註101〕」，心便無法正確思慮判斷，致使邪惡之氣盈身而精氣散亡，災禍臨身〔註102〕。

七、情性不動，喜怒不發

道性不爲惡事，故能神，无所不作，道人當法之。〔註103〕

道性於俗間都无所欲，王者亦當法之。〔註104〕

情性不動，喜怒不發，五藏皆和同相生，與道同光塵也。〔註105〕

《荀子・正名》：「生之所以然者謂之性；性之和所生，精合感應，不事而自然謂之性。性之好、惡、喜、怒、哀、樂謂之情〔註106〕」，《想爾注》認爲道性清靜無欲，因此具有生生神用，而落實於人身中之性，即指人最天生自然的狀態，與道相合，故同樣具備清靜特質。而情爲人心感知外在事物影響時最自然眞實的反應，會表現出喜怒哀樂等不同的情緒，爲人天生本有。《想爾注》認爲情性最佳狀態合於素樸之道，喜怒不入於心，天生自然。

因此，當情性遇外在事物感官刺激時，喜怒等情緒合宜表現，心之思慮清明，五藏之氣和諧流暢充實全身，天人相感，自能與道相合。反之，若情性受外在嗜欲影響而躁動，喜怒之情發之於外，心便無法清靜思慮，而心所主宰之五藏之氣則會因無法充盈而流散，使行爲產生過與不及的表現，人便不合清靜之道，不爲道喜，形體便容易遭受災禍損傷。

〔註101〕饒宗頤：《老子想爾注校證》，頁34。

〔註102〕趙中偉云：「『明堂』，即指『心』；『三道』，即指三種方法。再次強調『心』在正面上的功能，是能夠掌理萬事，宣布不能道陰陽調和，而有偏陰偏陽的禍害；並以中正不偏之心來思慮，在進而結合儒道道德實踐思想的精華，就能掌握其中的樞要。」趙中偉：《道者，萬物之宗：兩漢道家形上思維研究》，頁357。

〔註103〕同註101，頁46。

〔註104〕同註101，頁47。

〔註105〕同註101，頁7。

〔註106〕（唐）楊倞注、（清）王先謙集解：《荀子集解・考證》（臺北：世界書局，2005年10月），卷十六，頁379～380。

八、情慾思慮，怒熹惡事

情性爲天生自然最眞實的表現，合於素樸之道，但當感官受外在是與影響，使情性無法保持本然清靜時，欲望就會產生。當欲望產生，清靜情性遭受遮蔽而失自然道性，便會使精氣無法入人身中爲根本而散亡，心知規範無法正確判斷、指引，五藏、肢體便容易造受損傷。因此，《想爾注》點出影響感官的嗜欲之害。

> 銳者，心方欲圖惡。忿者，怒也，皆非道所喜。心欲爲惡，挫還之；怒欲發，寬解之，勿使五藏忿怒也。自威以誡，自勸以長生，於此致當。忿爭激，急弦聲，所以者過。〔註 107〕

造成喪失清靜情性的主要關鍵，在於情緒失調與過度欲望。在情緒失調部分，《想爾注》言忿者怒也，過度的憤怒情緒失去原本清靜的情性與專一的心知判斷規範，非道所喜，有違道意，且憤怒之情會使五藏中金木水火土五行之氣失去和諧而相剋，導致五藏損傷，形體便容易產生疾病發生災禍。

> 五色令人目盲。五音令人耳聾。五味令人口爽。馳騁田獵，令人心發狂。難得之貨令人行妨。〔註 108〕

在欲望方面，《想爾注》依據《老子》原文加以發揮，將影響感官嗜欲分爲目、耳、口、心四官討論：五色指過於絢麗的色彩，易使「目光散故盲〔註 109〕」，五音爲過於華麗的音樂，「非雅音也。鄭衛之聲。抗諍傷人，聽過神去，故聾〔註 110〕」，五味爲過度調味的食物，「道不食之。口爽者，糜爛生瘡〔註 111〕」，田獵享樂容易使心情浮躁失去清靜本性，「心不念正，但念煞无罪之獸，當得不得，故狂〔註 112〕」，奇珍異寶容易使人心生貪念，「道所不欲也。行道致生，不致貨；〃有爲，乃致貨妨道矣〔註 113〕」。

因此，當目執著於觀看炫麗色彩，耳執著於聽更好聽的音樂，口執著於吃更好吃的食物，形體執著於享受外在物欲，心便無法專一，導致五藏之氣無法調和，精氣無法充實人身，造成心無法規範情性與形體而失去本然素樸，違背道意，最終造成精神與形體損傷。

〔註 107〕饒宗頤：《老子想爾注校證》，頁 7。
〔註 108〕同註 107，頁 14～15。
〔註 109〕同註 107，頁 14。
〔註 110〕同註 107，頁 14。
〔註 111〕同註 107，頁 15。
〔註 112〕同註 107，頁 15。
〔註 113〕同註 107，頁 15。

第三節　奉道誡，積善成功，積精成神，神成仙壽

道爲萬物始，中有大神氣，清微恍惚，化生萬物。《想爾注》以道爲初始、至尊，以氣爲本質，並加入道的化身太上老君，建構道教思想理論。在修養論部分，《想爾注》在道教氣論思想與《老子》清靜無爲、素樸寡欲的修養觀基礎之上，加入行道奉誡、積善成功、練氣食氣等道教修煉功夫思想，企圖達到長生成仙的終極修養目的，建構出早期道教的修養理論。以下試論之。

一、結精爲神

> 人之精氣滿藏中，苦無愛守之者。不肯自然閉心，而揣悅之，即大迷矣。……精結成神，陽炁有餘，務當自愛，閉心絕念，不可驕欺陰也。〔註114〕
>
> 精結爲神，欲令神不死，當結精自守。〔註115〕

《想爾注》修養論依循道之規範而來，道自然素樸、生生不息，爲萬物本根，因此，若能將道氣涵養保守於形體當中，便可如生生之道長生不死，故《想爾注》提出結精成神的修養功夫。《想爾注》認爲人爲道之精氣所構成，精氣充盈五藏、骨髓，保養之使不外洩，便可與大神氣相通，當生生神妙陽氣充盈，心神與天道自然相通而清靜不受外識影響，進而達到守一體道之境而長生不死，神成仙壽〔註116〕，此爲道教修養的終極目標〔註117〕。而「精結

〔註114〕饒宗頤：《老子想爾注校證》，頁12。

〔註115〕同註114，頁9。

〔註116〕《新譯老子想爾注》:「元精指稟受於天，與生俱來的生命之本，它雖無形質，卻比有形質的交感之精更根本、更重要。道教稱精氣神爲『三寶』，是生命的三大要素。」顧寶田、張忠利注譯，傅武光校閱:《新譯老子想爾注》，頁22。

〔註117〕鍾肇鵬云:「較《太平經》稍晚的五斗米道以經典《老子想爾注》認爲精是由道派生的一種氣體——精氣，精氣進入人體，就是生命的根源。……這與《管子・內業》以人體爲『精舍』差不多。但《想爾注》認爲神是由精氣結成的，要想神長存，就得結精自固。所以說『結精成神，神成仙壽。』（13 章注）認爲成了神仙就可以長生不死。因此提出修道之士貴在『愛精』、『寶精』。」鍾肇鵬:〈論精氣神〉，頁209。趙中偉云:「在《想爾注》的體系中，人之『精』是來源於『道氣』；要想達到『道氣』，臻於長生，就必須『寶精』。即是道教往後所提倡的『煉精化氣，煉氣化神，煉神還虛，復歸虛無』。」趙中偉:《道者，萬物之宗：兩漢道家形上思維研究》，頁361。

成神，陽炁有餘」，陳慧娟認爲「『陽炁』，或可能是後世道教所謂陽神，內丹家宣揚說：中關十月功成，點盡化爲神，然後於上關煉神還虛，煉盡神（元神）中陰滓，成就一純陽無陰的元神，名爲『陽神』〔註118〕」。

因此，保養精氣變成爲道教修養的重要課題，故《想爾注》云：「夫欲寶精，百行當脩，万善當著，調和五行，喜怒悉去。天曹左契，算有餘數，精乃守之。惡人寶精，唐〔註119〕自苦終不居，必自泄漏也〔註120〕」，若欲保養精氣使之充盈全身，必須行道奉誡、積善成功，如此五臟之氣便得以和諧運行，心神自然清靜，喜怒不入於心，而天神自會庇佑使之無災，進而達到長生仙壽的修養目標〔註121〕。反之，若爲惡之人欲保養精氣，因爲惡不行道誡，或因愛身而耳目享樂，或用「黃帝、玄女、龔子、容成之文相教〔註122〕」之世間僞伎來保養形氣神，則與清靜之道意相反〔註123〕，道氣自然外洩無法涵養全身，天神必將懲罰，使之道去而精氣消散病疾死亡。

二、練氣歸根

> 五藏所以傷者，皆金木水火土氣不和也。和則相生，戰則相剋，隨怒事情，輒有所發。〃一藏則故剋，所勝成病煞人。〃遇陽者，發囚刻王，怒而无傷，雖爾，去死如髮耳。如人衰者，發王刻囚，禍成矣。情性不動，喜怒不發，五藏皆和同相生，與道同光塵也。如此湛然，常常在不亡。〔註124〕

> 人法天地，故不得燥處。常清靜爲務，晨暮露上下，人身氣亦布至。

〔註118〕陳慧娟：《兩漢三家《老子》注養生思想研究》，頁223。

〔註119〕饒宗頤云：「唐，空也。」饒宗頤：《老子想爾注校證》，頁27。

〔註120〕同註119，頁27～28。

〔註121〕李豐楙云：「五斗米道對於《老子道德經》的改造，最能具現其神仙道教的本質的，就是積精成神說。基於批判、破除僞伎、邪文的立場，所以有意闡明『三合意』，在饒氏的研究中，拈出三合意爲天師道教理的精髓，也就是《太平經》卷前所記的想爾之書『記三合以別眞，上下二篇法陰陽。』五斗米道正是備三合意，也就是與《太平經》一貫，強調精氣神三者結合的養生成神說，這是道教早期所提出的較完備的一套理論。」李豐楙：〈老子「想爾注」的形成及其道教思想〉，頁165。

〔註122〕同註119，頁11。

〔註123〕《想爾注》云：「貪榮寵，勞精思，以求財，美食以恣身，此爲愛身者也，不合於道也。」同註119，頁16。

〔註124〕同註119，頁7。

師設晨暮，清靜爲大要。故雖天地有失，爲人爲誡，輒能自反，還歸道素。人德不及，若其有失，遂去不顧，致當自約持也。〔註 125〕

爲了達到結精成神的修養狀態，《想爾注》提出練氣、養氣的修養功夫，稱爲和氣，「所謂和氣，即主張和五臟五行之氣〔註 126〕」，《想爾注》認爲當五臟之氣因外在嗜欲失去清靜本性時，五行之氣必無法和諧充盈全身，五行相剋形體、精神自然遭受損傷，精氣也無法涵養全身。若欲人陽氣壯盛，五行之氣雖錯亂但不會造成損傷，但當人衰弱之時，又欲以強盛之氣克制困囚之氣，必會造成災禍。

因此，《想爾注》主張練氣養身，此時人應法天地自然道理，「常清靜爲務，晨暮露上下，人身氣亦布至」，李遠國云：「行氣應當選擇時間。……主張在早上大地清新、陽氣上升之時、或晚上萬籟寂靜、陰氣退符之時練功，效果最好〔註 127〕」，而具體的方法是：

首先要求清心正定，排除邪想雜念，氣沉丹田，即注中所謂「弱其惡氣，氣歸髓滿」。呼吸行氣，作到深、長、勻、細，綿綿若若，「守柔致氣，法兒小時」，如胎兒一樣的行內呼吸（胎息）。澄神安體，意念守中，求得鬆、定、靜的入靜效果。照注中的說法是：「眞思志道，學知清靜。當時如癡濁也，以能癡濁，樸且欲就矣。」即誠心立志，勤學苦練，明曉清靜無爲大道。這與後世丹法煉己煉意的功夫大致相同。〔註 128〕

如此，必得以使「道氣歸根，愈當清淨也。知寶根清靜，復命之常法也〔註 129〕」，而達到長生不死之境界。而此練氣歸根的修養觀，亦與《周易參同契》當中以四時與十二辰相配之修練養氣之法相同〔註 130〕。

〔註 125〕饒宗頤：《老子想爾注校證》，頁 19。

〔註 126〕梁宗華：〈道家哲學向宗教神學理論的切換——《老子想爾注》「道」論剖析〉，《哲學研究》第 8 期（1999 年），頁 56。

〔註 127〕李遠國：〈論《老子想爾注》中的養生思想〉，頁 43。

〔註 128〕同註 125，頁 43。

〔註 129〕同註 125，頁 20。

〔註 130〕《周易參同契》：「自子丑寅爲春，卯辰巳爲夏，陽火候也。午未申爲秋，酉戌亥爲冬，陰符候也。乃於十二時中，運其火符，應此四時五行，昏明寒暑。」（五代）彭曉撰、（明）涵蟾子編：《金丹正理大全周易參同契眞義》三卷，卷上，彭曉注，頁 21。

三、眞思志道，學知清靜

> 心者，規也，中有吉兇善惡。腹者，道囊，氣常欲實。心爲兇惡，道去囊空。空者耶入，便煞人。虛去心中兇惡，道來歸之，腹則實矣。志隨心有善惡，骨隨腹仰氣。強志爲惡，氣去骨枯，弱其惡志，氣歸髓滿。〔註131〕

> 銳者，心方欲圖惡。忿者，怒也。皆非道所喜。心欲爲惡，挫還之，怒欲發寬解之，勿使五藏忿怒也。〔註132〕

心爲形體、五藏運行之規範、準則，且具吉凶善惡知判斷作用。因此在人身修養上亦扮演重要的角色，《想爾注》認爲腹中能使精氣涵養充盈，道氣便可進入人身，使形體、五臟、骨髓、精神得以清靜，人便可與天道相通，這才是長生久壽之道。反之，若心志受外在感官影響而兇惡，思慮判斷自然無法清明，影響五臟之氣表現失序，精氣便無法長久充盈全身而導致外洩散失，人便無法與道相通而遭受禍患死亡。

> 唯有自守，絕心閉念者，大无極也。〔註133〕

> 情慾思慮怒憙惡事，道不所欲，心欲規之，便即制止解散，令如冰見日散汋。勉信道眞，棄耶知守本樸，無他思慮。心中曠〃但信道，如谷冰之志，東流欲歸海也。求生之人，與不謝，奪不恨，不隨俗轉移。眞思志道，學知清靜，意當時如癡濁也。以能癡濁，樸且欲就矣。然後清靜能覩眾微，內自清明，不欲於俗。清靜大要，道微所樂。〔註134〕

爲使心志回復到清靜本性，《想爾注》提出絕心閉念的修養功夫，《想爾注》認爲一切外在嗜欲會影響情緒思慮的表現，當喜怒影響心志認知判斷作用時，便無法維持清靜道境，五臟之氣自然失序，以致「心神不一，失其所守，爲揣悅，不可長寶〔註135〕」。因此，「清靜大要，道微所樂」，《想爾注》認爲去除多餘外在嗜欲，使心志恢復清靜素樸才是眞思志道，才可眞正達到心神專一，保養精氣使其永存於身，復歸初始至尊道境，才有可能與道相通，長生成仙，故清靜心志便成爲《想爾注》修養功夫中關鍵。

〔註131〕饒宗頤：《老子想爾注校證》，頁6。
〔註132〕同註131，頁7。
〔註133〕同註131，頁36。
〔註134〕同註131，頁18～19。
〔註135〕同註131，頁11。

四、行道奉誡

> 一，道也。設誡，聖人行之爲抱一也，常教天下爲法式也。〔註 136〕
>
> 今佈道誡，教人守誡不違，即爲守一矣。不行其誡，即爲失一也。世間常僞伎，指五藏以名一。瞑目思想，欲從求福，非也，去生遂遠矣。〔註 137〕
>
> 古之仙士，能守信微妙，與天相通，……人行道奉誡，微氣歸之，爲氣淵〃深也，故不可識也。〔註 138〕

道爲萬物初始，至尊無上，在《想爾注》道教思想的轉化之下，道亦成爲了具有賞善罰惡能力的太上老君，加強道的神秘性與世人對道的崇敬、敬畏之心。由於道不可名言，無形恍惚，因此爲了使信徒信服並提供信奉遵守的依據準則，《想爾注》將道的內涵化爲人間具體的規範，即所謂的道誡〔註 139〕。「誡爲淵，道猶水，人猶魚，〃失淵去水則死；人不行誡守道，〃去則死〔註 140〕」，因此，若違道誡，如魚離水則必將亡，反之若能尊道行誡，與天相通，天便會賜福增加年壽，最終就能達到道教成仙長壽的終極目標〔註 141〕。《想爾注》稱尊道行誡的修養功夫爲守一、抱一，一者道也，故

〔註 136〕饒宗頤：《老子想爾注校證》，頁 29。

〔註 137〕同註 136，頁 12。

〔註 138〕同註 136，頁 18。

〔註 139〕李宗定云：「所謂道誡，是將『道』規範化爲可具體奉行的條目。」李宗定：〈從《老子想爾注》論道教老學詮釋系統之建立〉，《高雄道教學院學報》第二期（2006 年 4 月），頁 91；梁宗華云：「至尊且神、不可見知的本體『道』如何落實到形而下的層面而能夠爲人們所體會、所遵循？《想爾注》設計了『道誡』以爲中介，……『道誡』在《想爾注》中占有與『道』同樣重要的位置，是『道』之宗教化的具體形式。『戒約』是宗教形成所必備的條件之一。」梁宗華：〈道家哲學向宗教神學理論的切換——《老子想爾注》「道」論剖析〉，頁 53。陳麗桂云：「而『道』既是『太上老君』、是『神』、是『誡律』，則經《想爾》的詮解與轉移，神（太上老君）與誡律、長生終於取代了『王』，成爲教民崇奉的對象。《想爾》就是透過如此的注解手法，將《老子》的外王論改造成爲宗教論，開展其宗教的養生說。」陳麗桂：《漢代道家思想》，頁 84。

〔註 140〕同註 136，頁 46。

〔註 141〕《太平經》當中亦有相近的說法，云：「人氣亦輪身上下，神精乘之出入。神精有氣，如魚有水，氣絕神精散，水絕魚亡。」王明編：《太平經合校》（全二冊），下冊，頁 727；李宗定云：「守『道誡』即能『守一』，透露出早期道教之「道誡」扣緊長生成仙的觀念，道教始終以此爲其教義核心。」李宗定：〈從《老子想爾注》論道教老學詮釋系統之建立〉，頁 93。

守一即守道、守誡，尊行道誡便可得福長生，若不行道誡，即失道、失一，便無法體道與天相互感應〔註 142〕。而同一時期的《太平經》當中亦相當重視守一之術的修養功夫〔註 143〕。

「世間常僞伎，指五藏以名一。瞑目思想，欲從求福，非也，去生遂遠矣」，在此《想爾注》強調只有《想爾注》所宣揚之道教修養守一清靜的功夫才能眞正達到與天道相通之長生之境，當時其他道教所提出的瞑目思想、修煉五臟者皆世間僞伎，皆無法達到至福長生之道境，反而將遠離長生，故不可不愼。而這裡所指的即是《太平經》一類的修養功夫。《太平經》修養功夫主張懸五藏神像，幽室靜思，故云：

> 四時五行之氣來入人腹中，爲人五藏精神，其色與天地四時色相應也；畫之爲人，使其三合，其王氣色者蓋其外，相氣色次之，微氣最居其內，使其領袖見之。先齋戒居閒善靖處，思之念之，作其人畫像，長短自在。五人者，共居五尺素上爲之。使其好善，男思男，女思女，其畫像如此矣。〔註 144〕

《太平經》認爲五藏神與五行氣相通，故透過畫五藏神像，懸像靜思，便可引五藏神來，進入人身，保養鍛鍊，便可與道相合。但《想爾注》認爲「道眞自有常度，人不能明之，必復佡暮〔註 145〕世間常爲伎，囙出教授，指形名道，令有處所，肷〔註 146〕色長短有分數，而思想之，苦極无福報，此虛詐耳〔註 147〕」，道虛玄不可名言、不可識知，更不可畫之懸像，故凡是不合《想爾

〔註 142〕羅鈴沛云：「《老子想爾注》在思想根本處，是反對持守身體特定部位和存思五臟身神的修練方法的，強調道徒應該遵守道誡，過著合乎道德的生活。道徒只要行善積德，心存善念，心平氣和，遵行道誡，就是守一。這樣的守一法，在宗教生活的實踐上，顯然是相當平實的，在技術性操作上，也沒有《太平經》守一法那樣的複雜。這應該與張魯化道淺末的蜀民有關。……但是，《老子想爾注》認爲遵守道誡一樣可以接通神聖的道氣或精氣，與道同流。」羅鈴沛撰：〈《太平經》與《老子想爾注》守一法的比較〉，頁 89。

〔註 143〕《太平經》：「夫一者，乃道之根也，氣之始也，命之所繫屬，眾心之主也。當欲知其實，在中央爲根，命之府也。……守一者，天神助之。……故守一者延命。」王明編：《太平經合校》（全二冊），上冊，頁 12～13；饒宗頤云：「『守一』蓋《太平經》要旨，《想爾注》亦用之。」饒宗頤：《老子想爾注校證》，頁 59。

〔註 144〕王明編：《太平經合校》（全二冊），上冊，頁 292。

〔註 145〕饒宗頤注：「佡，企。暮，慕。」饒宗頤：《老子想爾注校證》，頁 19。

〔註 146〕饒宗頤注：「肷，服。」同註 145，頁 19。

〔註 147〕同註 145，頁 19。

注》所謂之清靜守一道境，便是世間僞伎，故反對《太平經》之修練之術。但《想爾注》並非反對修煉五藏神，陳麗桂云：「《想爾》這裡所非駁的，絕對不是《黃帝內經・素問》或《河上公章句》一系精氣吐納養生的『腹中神』、『五臟神』，而是《太平經》一系設四時五色神以存思祭拜、消災、解厄、求福之法〔註 148〕」，因此對於五藏神的修養功夫，《想爾注》所提倡的是「眞思志道，學知清靜」。

「人舉事不懼畏道誡。失道意，道即去之，自然如此〔註 149〕」，道誡既爲道在現實人生的具體展現、規範，因此尊道行誡便成爲信徒最重要的修養功夫，透過遵行道誡的過程，使人身精氣與道氣相通，同氣相應，復歸初始之道的境界。同時，太上老君亦爲道的化身，故道誡同樣具有至尊性與神祕性，若不遵行道誡規範，道必將加以懲戒〔註 150〕。

道貴中和，當中和行之，志意不可盈溢違道誡。〔註 151〕

> 道樂質朴，辭無餘，視道言，聽道誡，或不足見聞耳，而難行。能行能用，慶福不可既盡也。〔註 152〕
>
> 天子王公也，雖有榮觀爲人所尊，務當重清靜，奉行道誡也。〔註 153〕
>
> 道人求生，不貪榮名。今王侯承先人之後有榮名，不強求也。道聽之，但欲令務尊道行誡，勿驕溢也。〔註 154〕
>
> 自威以道誡，自勸以長生，於此致當。忿爭激，急弦聲，所以者過。積死遲怒，傷死以疾，五藏以傷，道不能治，故道誡之重，教之丁寧。〔註 155〕

〔註 148〕陳麗桂：〈道家養生觀在漢代的演變與轉化——以《淮南子》、《老子指歸》、《老子河上公章句》、《老子想爾注》爲核心〉，《國文學報》第三十九期，（2006年6月），頁 67。

〔註 149〕饒宗頤：《老子想爾注校證》，頁 31。

〔註 150〕李宗定云：「是故，《想爾注》中屢稱之『道誡』，實取《老子》對『道』的尊崇，然而一轉『道』的形上學性格以爲建立信徒皈依遵從的準則，便是道教對老子詮釋的一個重要開創之路向。」李宗定：〈從《老子想爾注》論道教老學詮釋系統之建立〉，頁 94。

〔註 151〕同註 149，頁 7。

〔註 152〕同註 149，頁 45。

〔註 153〕同註 149，頁 33。

〔註 154〕同註 149，頁 41。

〔註 155〕同註 149，頁 7。

見惡人，誡爲説善，其人聞義則服，可教改也。就申道誡示之，畏以天威，令自改也。〔註 156〕

欲求仙壽天福要在信道，守誡守信，不爲貳過。罪成結在天曹，右契无到而窮，不復在餘也。行道者生，失道者死，天之正法，不在祭餟禱祠也。道故禁祭餟禱祠，與之重罰，祭餟與耶通同，故有餘食器物，道人終不欲食用之也。有道者不處祭餟禱祠之間也。〔註 157〕

在道誡內容方面，由於《想爾注》爲道教成立初期之著作，因此並未系統整理其內容，但從《想爾注》的論述可以看出道誡的內容有兩大類：一爲內在修養，如「道貴中和」、「道樂素樸」、「當重清靜」、「不貪榮名」、「勿驕溢」，《想爾注》認爲此即道之本性，故人應當遵循道理，在內在修養時必須遵行道清靜素樸之理序，除情去欲，不貪慕榮利，行道得道便可長生。反之，當情欲導致心神因激忿而動盪，道氣便無法充盈全身而外洩散失，五臟四肢便無法和諧運動，最終導致傷疾死亡。一爲外在修養，如「誡爲說善」、「守誡守信」、「不爲貳過」、「禁祭餟禱祠」，《想爾注》認爲若能聞道而行善行義，不貳過，便可體道本性之清靜，使心神復歸初始道境便可長生。〔註 158〕因此，《想爾注》也反對不合道誡之祭祀立祠祝禱活動，認爲此是邪文僞伎〔註 159〕，不可遵行，修養功夫只須遵行道之規範即可。

因此，對於不行道誡所產生的後果也提出告誡，《想爾注》一再強調不行道誡必會造成道去身亡的下場。道貴清靜，順天道自然，故「道不憙彊求尊貴〔註 160〕」、「道人求生，不貪榮名。今王侯承先人之後有榮名，不強求也。

〔註 156〕饒宗頤：《老子想爾注校證》，頁 21。

〔註 157〕同註 156，頁 31～32。

〔註 158〕梁宗華云：「《想爾注》中『道誡』的內容從根本上可歸爲兩方面，即內修積精與外行積善，『道誡』的諸多具體條目，如守中和之道、喜怒悉去、知止足，勿貪寶貨、施惠散財除殃、力行忠孝仁義、禁祭餟禱祠等等，皆未脫積精、積善兩途。」梁宗華：〈道家哲學向宗教神學理論的切換——《老子想爾注》「道」論剖析〉，頁 55。

〔註 159〕饒宗頤云：「《想爾注》以『祭餟與耶（邪）通』，因祭祀可以致邪也。與《太平經》說合。蓋以『祭』屬陰，『祭餟』多則陰盛而害陽，此參陰陽家言立論者。」同註 156，頁 69；梁宗華云：「從必然性言，注者認爲人心向道是一種自然而然的主觀的心靈寄託，強調對道的信仰完全是發自心靈的眞誠和自覺，沒有絲毫的強迫和勉強，……因此，《想爾注》特別反對祭餟禱祠等任何外在的形式。」梁宗華：〈道家哲學向宗教神學理論的切換——《老子想爾注》「道」論剖析〉，頁 53。

〔註 160〕同註 156，頁 15。

道聽之，但欲令務尊道行誡，勿驕溢也〔註161〕」，因此一切過度外在嗜欲、名利等皆道所不喜不爲，若爲之必會造成形體內精氣散亡、五藏忿怒，最終「積死遲怒，傷死以疾〔註162〕」。內在修養如此，外在行事治國亦如是，若人爲惡不行義爲善，守信守誡，天曹便會記錄考核，增減年壽，或以天威警示，降下災異，若人君能「設如道意，有身不愛，不求榮好，不奢侈飲食，常弊薄羸行，有天下，必無爲。守樸素，合道意矣〔註163〕」，天道歡喜自然得以長生無災，反之若人君不行道誡，天道不喜，必會降下災禍。《想爾注》以道誡規範與不行道誡的後果警示告誡信眾，使信眾產生畏懼心理，進而達到尊道至高無上與吸引信眾信服的宗教目的。

綜上所述，陳廣忠、梁宗華認爲「《想爾注》在道家特有的道德準則基礎上進一步發揮，使之宗教化，道家所倡清靜無爲、少思寡欲的道德準則遂演爲宗教戒律〔註164〕」，由此觀之，《想爾注》將道家心性修養觀轉化爲道教戒律，成爲道教理論成立的關鍵，也成爲後世道教戒律、科儀產生的基礎。

五、積善成功

> 奉道誡，積善成功，積精成神，神成仙壽，以此爲身寶矣。貪榮寵，勞精思，以求財，美食以恣身，此爲愛身者也，不合於道也。〔註165〕
>
> 聖人法天地，仁於善人，不仁惡人。當王政煞惡，亦視之如芻苟也。是以人當積善功，其精神與天通。〔註166〕

在修養功夫層面上來看，《想爾注》強調必須不違道誡清靜、少欲、素樸等特質，與守信守誡的重要性，若違反者天必降禍減壽。因此，若能奉行道誡，不斷累積善功，便可合於道，與天相互感通，天喜樂則增壽降福，故《想爾注》認爲奉行道誡後須不斷累積，透過持續不間斷的行善積善成功，才能達到精神與天相通之積精成神祇階段，因爲「道性不爲惡事，故能神〔註167〕」、「道設生以賞善，設死以威惡〔註168〕」，道具人格神義，喜美善不爲惡事，

〔註161〕饒宗頤：《老子想爾注校證》，頁41。
〔註162〕同註161，頁7。
〔註163〕同註161，頁16。
〔註164〕陳廣忠、梁宗華著：《道家與中國哲學（漢代卷）》，頁386。
〔註165〕同註161，頁16。
〔註166〕同註161，頁8。
〔註167〕同註161，頁46。
〔註168〕同註161，頁25。

具懲惡賞善之功，因此「人當積善功，其精神與天通。設欲侵害者，天即救之〔註169〕」，當善功感動天地神祇，天地神祇必降福增壽，才能達到神成仙壽的長生不死境界。

因此，多行善功亦爲道誡的重要內容之一，行善功即實踐道的具體內容，人若能積極行善功，爲善去惡，必能合於道意，使人身之精氣與天道相通，同氣相應，天道喜必降吉兆，若遇災異凶惡，天道也會人與天道相通而助其化險爲夷〔註170〕。

由此可知，要能不斷地行善積善便成爲遵行道誡、長生成仙的根本，在結精成神、練氣歸根的內在修養功夫之外，更需透過奉道行誡、積善成功的外在修煉功夫的持之以恆，才能精誠動天，神成仙壽，《想爾注》肯定了外在修煉行善行道的重要性，爲信眾提供具體修煉行善行誡便可體道之方法，對於積極鼓勵民眾行善與對道教、道誡的提倡、發展，皆有重要的推廣作用〔註171〕。

六、太陰道積，練形之宮

> 太陰道積，練形之宮也。世有不可處，賢者避去，託死過太陰中；而復一邊生像，沒而不殆也。俗人不能積善行，死便眞死，屬地官去也。〔註172〕

〔註169〕饒宗頤：《老子想爾注校證》，頁8。

〔註170〕陳麗桂云：「它規定，人只有在行善積德時，其精神、精氣才能與天相通，（因爲天是善的，天道是善的），有任何危險災禍，天才能知而救知。爲惡，則精氣與天不相通，不相感，故有難，天不知，自無從救治。其結果，只有禍害與之類應。」陳麗桂：《漢代道家思想》，頁166；羅因云：「《想爾注》少說呼吸用氣之術，而以積善功取而代之，這應該與其神格化之道論有關，更多地表現出其宗教教訓的本色。」羅因：〈戰國秦漢幾種《老子》注養生思想的遞變——從全身保身、精神境界、技術化導向到宗教教訓的發展〉，頁48。

〔註171〕王璟云：「《老子想爾注》呼籲修仙一事單憑『寶精勿費』、『愛氣養神』的生理修練仍不足以成就，還需輔以道德修爲，行善積德甚至對寶精、愛精有著決定性的影響，《老子想爾注》認爲實踐日用倫常既是一種『善行』同時也是修道過程，如此實現人生與神仙境界並非斷然二分，成仙之事不孤立於世俗之外，無疑使神仙思想更獲大眾所認同。」王璟：〈《老子想爾注》生命倫理觀探究——以積善成仙爲主題〉，《東吳中文學報》第二十三期（2012年5月），頁65。

〔註172〕同註169，頁21。

道人行備，道神歸之，避世託死過太陰中，復生去爲不亡，故壽也。

俗人无善功，死者屬地官，便爲亡矣。〔註173〕

此爲道教太陰練形之術，太陰爲避去託死之處，道積練形之宮，《想爾注》云：「精白與元炁同，同色，黑，太陰中也。於人在腎〔註174〕，精藏之，安如不用爲守黑，天下常法式也〔註175〕」，《想爾注》認爲精者白也，爲道之元氣，是生生陽氣，而太陰黑也，是靜定陰氣。當精氣入人身腹中充實保養，五藏、骨骸便得以合於道意，清靜柔弱如初生赤子，達到長生仙壽境界。而太陰練形是指一種復生之術，人之形體、血脈會消亡沉散，但可透過修練體內精氣，將其保藏於太陰之宮，使其復返初始靜定的狀態，達到雖形體消滅但精氣回復到無形神妙狀態，結精成神。等到修練到達道人的境界，再從太陰練形之宮中恢復形軀血脈，以達到道教「復生去爲不亡」，神成仙壽的境界〔註176〕。

《想爾注》亦言此爲道人修練終極境界，非俗人輕易可達境界，俗人若無遵行道教積善成功，尊道行誡，清靜寡欲等修練功夫，形體便會進入地官死亡而無法復生，俗人若行世間僞伎邪知而練形，「不知長生之道，身皆尸行耳，非道所行，悉尸行也。道人所以得仙壽者，不行尸行，與俗別異，故能成其尸，令爲仙士也〔註177〕」，《想爾注》也強調只有道教仙士道人的修練功夫才能達到眞正「成其尸〔註178〕」之仙士長生之道，否則只是行尸走肉的尸行而已〔註179〕。《想爾注》藉太陰練形之術強化道教練形的神妙性，吸引信徒加入道教修練長生之術。

〔註173〕饒宗頤：《老子想爾注校證》，頁43。

〔註174〕「於人在腎」本作「於人在賢」。腎、賢形近而誤，故饒宗頤校改作腎。同註173，頁36。

〔註175〕同註173，頁36。

〔註176〕陳麗桂云：「《想爾》以地官掌管死亡，提出了另一種空間——『太陰宮』，說它是鍊形之宮，當賢者有難，或死亡時，因爲平日積德行善，故可暫入太陰宮中避之或鍊形，經一段時日後，可死而復生。」陳麗桂：《漢代道家思想》，頁167。

〔註177〕同註173，頁10。

〔註178〕陳麗桂云：「成其尸，指人死後，因修煉太陰鍊形術，可以復活成仙。」陳麗桂：〈道家養生觀在漢代的演變與轉化——以《淮南子》、《老子指歸》、《老子河上公章句》、《老子想爾注》爲核心〉，頁68。

〔註179〕陳慧娟云：「《想爾注》鄙夷所謂『尸人』，所謂『尸人』乃指只有軀殼而無靈魂之人，或者其神離於形體之外，不得自生，也就是行尸走肉之人，這種人只有『形』而無『神』。……所謂『尸生』，亦指形體受損，神明仍在，而爲形神暫離之人，這種人雖云『形神暫離』，但由於其神仍常在，且其人更因修煉之故，其神得以來去自如，來到太陰宮中，因此仍有機會煉其形體。」陳慧娟：《兩漢三家《老子》注養生思想研究》，頁311。

七、食氣

> 仙士與俗人異，不貴榮祿財寶，但貴食母者，身也，於內爲胃，主五藏氣。俗人食穀，〃絕便死；仙士有穀食之，無則食氣；〃歸胃，即腸重囊也。腹之爲實，前章已說之矣。〔註180〕

此言辟穀食氣之術，爲戰國末年以降方士養生之說，由來已久〔註181〕。《想爾注》認爲精氣爲最清靜、自然，能與道相通之物，因此在修養上非常重視結精成神的內在修養功夫，希望透過心神專一、除情去欲等內在修養復歸素樸之道之境界。除了精神上的修練之外，在飲食部分，想要到達道人仙士之境界，《想爾注》提出辟穀食氣之說，「所謂食氣，實際就是調整呼吸、吐納導引的辟穀修煉法〔註182〕」，《想爾注》認爲飲食爲維持生命的方式之一，食物由口進入腸胃，成爲五藏、血脈、骨髓能順利運行與生命延續的重要之因，因此，吃進去的東西變得非常重要。《想爾注》認爲精氣爲人身之根本，充滿各臟器之中，「腹者，道囊，氣常欲實〔註183〕」，故人之飲食亦當以氣爲之寶，因此，想要修練長生仙壽，在呼吸吐納與飲食時當以氣爲貴。

《想爾注》亦舉俗人爲例，認爲俗人以食穀爲主，沒有穀食便會死亡，而仙士除了食穀之外，在沒有穀食之時，會以食氣、吐納來修身鍛鍊，氣爲身之本，腹之寶，這也是仙士得以維持長生之法。

八、結精自守

> 精白與元炁同，同色，黑，太陰中也。於人在腎〔註184〕，精藏之，安如不用爲守黑，天下常法式也。〔註185〕

〔註180〕饒宗頤：《老子想爾注校證》，頁26～27。

〔註181〕《莊子・逍遙遊》：「藐姑射之山，有神人居焉，肌膚若冰雪，淖約若處子，不食五穀，吸風飲露。」王叔岷撰：《莊子校詮》（全三冊），冊一，頁24；《大戴禮記・易本命》：「食氣者神明而壽。」（漢）戴德撰：《大戴禮記》十三卷（上海：上海商務印書館，1976年，《四部叢刊初編・經部》縮印無錫孫氏小淥天藏明嘉趣堂本），頁70。

〔註182〕梁宗華：〈道家哲學向宗教神學理論的切換——《老子想爾注》「道」論剖析〉，頁56。

〔註183〕同註180，頁6。

〔註184〕「於人在腎」本作「於人在賢」。腎、賢形近而誤，故饒宗頤校改作腎。同註180，頁36。

〔註185〕同註180，頁36。

> 精結爲神，欲令神不死，當結精自守。牝者，地也。體性安，女像之，故不掔。男欲結精，心當像地似女，勿爲事先。〔註 186〕

> 陰陽之道，以若結精爲生，年以知命，當名自止。年少之時，雖有，當閑省之。綿〃者微也。從其微少，若少年則長存矣。〔註 187〕

此爲房中之術。《想爾注》言結精成神，神成仙壽，主張透過精氣結守腹中，使心神、五藏、形軀達到道初始清靜之境，以達長生成仙目的。在此基礎之上，《想爾注》將結精成神之理與男女和合之道結合，產生房中之術〔註 188〕。《想爾注》云：「牝，地也，女像之。陰孔爲門，死生之官也，最要，故名根。男茶亦名根〔註 189〕」，《想爾注》認爲男女和合如陽氣與陰氣相生能化生萬物，陽氣生生、陰氣靜定，陰陽二氣相生相成如男女交合。若陽氣過盛，體內精氣便無法靜定持守以至於精氣消散，體內精氣喪失便容易導致死亡。因此，《想爾注》主張男女交合時，男子要使精氣不外洩，節制情欲，精氣微省，陰陽調和，生生陽氣才能綿綿延續，長生久壽〔註 190〕。故云：「能用此道，應得仙壽，男女之事，不可不勤也。〔註 191〕」

由此可知，《想爾注》的房中之術主張節欲守精，才能延壽長生。對於當時世間僞伎「託黃帝、玄女、龔子、容成之文相教，從女不施。思還精補腦，心神不一，失其所守，爲揣悅不可長寶〔註 192〕」，認爲當時世俗房中之術假託

〔註 186〕饒宗頤：《老子想爾注校證》，頁 9。

〔註 187〕同註 186，頁 9。

〔註 188〕羅鈴沛云：「而《老子想爾注》則把天地本根的精、精氣與人身連結，具體化、落實化爲人的精液：……《老子想爾注》把精氣之精與人身精液之連結，應該是採用了當時醫家之說，如《黃帝內經．靈樞．九鍼》就說：『陰中之太陰，腎也』，〈本神〉說：『腎藏精』，〈順氣一日分爲四時〉又說：『腎爲牝藏，其色黑』。因此，精藏於腎，守腎精爲守黑等，應該都受到當時的醫學知識的影響。」羅鈴沛：〈《太平經》與《老子想爾注》守一法的比較〉，頁 91。

〔註 189〕同註 186，頁 9。

〔註 190〕陳麗桂云：「這幾章除了將《老子》作爲生化之母的『道』詮解爲性器之外，更將『精』與『白』當作『精液』來解，說它們都是『生死之官』，以『守黑』爲結精不妄泄，……換言之，男女有大慾，道德有大倫，因此，應該審慎節制，庶保綿綿不絕。它呼籲年輕人注意節制，要結精，勿縱慾，庶免精力早枯，才能得仙壽，並保後嗣不絕。所謂『結精』，便是指的節制性生活，使精不妄洩漏。」陳麗桂：《漢代道家思想》，頁 162～163。

〔註 191〕同註 186，頁 9。

〔註 192〕同註 186，頁 11。

黃帝、玄女之法，講求還精補腦，使精氣逆流入腦等房中僞伎，與自然寡欲之道意不合，因此加以撻伐〔註 193〕。

綜上所述，張陵、張魯等人爲了將玄妙深奧之《老子》轉化爲俗世的道教教義，因此結合兩漢流行的氣論思想、神仙方術，成功地將道教長生、神仙、道誡等觀念與《老子》的清靜無爲的道與養生觀結合，強化了道教思想理論的建構，「是道家轉向道教的一部代表作，它爲五斗米道建立了一套比較完整的神學體系，爲道教奠定了理論基礎〔註 194〕」，而道教一詞也首見於此〔註 195〕，這也使《想爾注》成爲道教初期建立時重要的典籍之一。

〔註 193〕《新譯老子想爾注》：「綜觀《想爾注》的房中思想，其要在養生節欲、結精自守、益壽延年等。反對那些單從御女技藝著眼的方術，其態度是嚴肅的，並無淫亂的內容。」顧寶田、張忠利注譯、傅武光校閱：《新譯老子想爾注》，頁 37。羅鈴沛云：「《老子想爾注》對握固不瀉、還精補腦的房中術，斥爲『世間僞伎』。《老子想爾注》之所以會有這樣強烈的不滿，應是在房中術蔚爲風尚的時期有關。與東漢房中術比較，《老子想爾注》更注重性欲的節制減省，而非握固不瀉、從女不施：……而是從根本上『絕心閉念』，節制情慾，……若上德之人，甚至可以年少時便斷絕性欲。這樣，便可善神早成，應得仙壽。」羅鈴沛：〈《太平經》與《老子想爾注》守一法的比較〉，頁 91～92。

〔註 194〕劉精誠：《中國道教史》，頁 59；《道家與中國哲學（漢代卷）》：「在中國思想史上第一次基於宗教立場，以神學思想詮釋《老子》，把老學的『道』論與長生成仙說、民間道術等融爲一體，……可以說《老子想爾注》是東漢後期道家向道教演變的一個鮮明標誌，在中國思想史尤其是道教發展歷史中有著比較特殊的意義。」陳廣忠、梁宗華著：《道家與中國哲學（漢代卷）》，頁 375～376。

〔註 195〕饒宗頤云：「《想爾注》十七章云：『眞道藏，邪文出，世間常僞伎稱「道教」。皆爲大僞不可用。』是張陵注《老子》已見『道教』一名，此爲『道教』名稱見于載籍之始。」饒宗頤：《老子想爾注校證》，頁 53。

第八章　《周易參同契》道氣論思想

《周易參同契》〔註1〕爲道教重要經典，其內容以兩漢黃老道家思想爲基礎，以《周易》陰陽相生之法爲依據，加上道教煉丹之術，成爲其思想內容。因此，《參同契》的本體論思想，除了依循道家道論思想基礎之外，更是充滿兩漢氣化思想與易學思想內容，以下試論之。

第一節　元精雲布，因氣托初

一、古今道由一

古今道由一。〔註2〕

人所稟軀，體本一無。元精雲布，因氣托初。〔註3〕

《參同契》認爲道者一也，爲古今一切事物的初始形上根源、綱紀〔註4〕，故云：「要道魁柄，統化綱紐〔註5〕」，且道是萬物的本體，故《參同契》以人

〔註1〕以下簡稱《參同契》。

〔註2〕（五代）彭曉撰、（明）涵蟾子編：《金丹正理大全周易參同契眞義》三卷，卷上，頁68。

〔註3〕同註2，卷中，頁95。

〔註4〕馬宗軍云：「那麼『三道由一』的『一』究竟是什麼呢？答曰：太極。而太極即天道。所謂道或天道，大致有兩種含義。其一是說，衍生萬物的本源；其二是說，統攝萬物的理則。」馬宗軍：《《周易參同契》研究》（濟南：齊魯書社，2013年10月），頁126。

〔註5〕同註2，卷上，頁35。

體形軀的形成言初始於無形唯一之道〔註 6〕，而道的狀態為元始精妙之氣，故彭曉注云：「始未者，元氣也。……無涯之元氣者，天地陰陽長生眞精。……陶眞人云：元氣者，人之根本也〔註 7〕」，趙中偉認為「此中『一』或『無』的本質為『元氣』，而『元精』即是『元氣』之精微的部分，即是精氣，是構成人的精神之精微部分〔註 8〕」，由此可知《參同契》中直接以元精論道的創生，皆為初始一也，使得道氣是一，道之內涵即氣〔註 9〕。因此，《參同契》的道已從道家將道視為絕對形上本體，轉化為道氣是一的本體論思想，故道與氣同一位階，同樣具備初始本體義與創生義。

混沌相交接，權輿樹根基。經營養鄞鄂，凝神以成軀。眾夫蹈以出，蝡動莫不由〔註 10〕

「混沌相交接，權輿樹根基」，《參同契》認為初始之道的狀態為混沌之氣，混沌之氣中蘊含陰陽兩種正反創生作用，透過陰陽相生作用，無形之氣凝結為有形之物，而萬物則依循道中自然而然之理化育生成，點出其創生之義〔註 11〕。《參同契》以「混沌」、「權輿」論道，「混沌」說明其為元精、元

〔註 6〕張國華云：「上述『道』義，……則形容『道』的玄冥難測之象，是最高形而上之體，為本體之義。」張國華：〈《周易參同契》創生本體論研究〉收入《2013 反璞歸眞海峽兩岸「道家道教與養生學術研討會」論文集》（高雄：高雄師範大學國文系、高雄道德院，2013 年 10 月），頁 216～217。

〔註 7〕（五代）彭曉撰、（明）涵蟾子編：《金丹正理大全周易參同契眞義》三卷，卷中，頁 95。

〔註 8〕趙中偉：《道者，萬物之宗：兩漢道家形上思維研究》，頁 378。

〔註 9〕元精的提出，影響到後來道教元精、元神、元氣理論的完整。鍾肇鵬云：「內丹派南宗祖師張伯端就提出『元精』『元氣』『元神』之說以代替精氣神說。元精、元氣也是中國古代的哲學名詞。王充《論衡·超奇》篇說：『天稟元氣，人受元精。』略晚于《論衡》的《周易參同契》說『元精渺難睹，推度效符徵。』又云：『元精雲布，因氣托初。』……此言天賦予元氣，人稟受元精而生。所謂『元精』即元氣中最精微的氣。……元氣元精元神說的提出，在哲學上有一定的貢獻。這便于說明人與生物與無生物的區別。（1）元氣是構成天地萬物的物質基礎，不論有生物無生物，一切的物，均稟元氣而成。（2）元精是生命的基因，這是生物所持有的。……（3）人不僅具有元氣元精為有生之物，并有元神主宰，故人為萬物之靈。動植物雖有生命，但不具元神，無思想意識，不能達于神明。只有人纔是精氣神三者的統一體。」鍾肇鵬：〈論精氣神〉，頁 215～216。

〔註 10〕同註 7，卷上，頁 25。

〔註 11〕張國華云：「上述『道』義，……形容『道』的生化作用，是萬物之源，為創生之義。」張國華：〈《周易參同契》創生本體論研究〉，頁 216～217。

氣的狀態，「權輿」為初始之義，點出道具初始本體之義，故《參同契》云：「復有陰陽反復之道，水火相須之理，造化生成之徑，既知其徑，須取其根，根者則天地混元之根也〔註12〕」。

二、道之形象，眞一難圖

道之形象，眞一難圖。變而分布，各自獨居。〔註13〕

天道甚浩廣，太玄無形容，虛寂不可覩，匡郭以消亡，謬誤失事緒，言還自敗傷，別敘斯四象，以曉後來盲。〔註14〕

道體無形，《參同契》承襲自《老子》：「天下之物生於有，有生於無〔註15〕」的觀念，認為道為初始本體，無形無狀，不受有限形體、觀念限制，虛無玄妙，故能化生萬有，為萬物初始本體。為強調道體虛無無形的特質，《參同契》云：「道之形象，眞一難圖」、「太玄無形容，虛寂不可覩」、「寥廓恍惚，莫知其端〔註16〕」、「元精眇難覩，推度效符證〔註17〕」，從感官經驗論之，道是無形虛寂、寥廓、恍惚、難覩，是無形容、莫知其端，是視覺所無法規範限制的，故趙中偉言「天道即『道』；太玄表示極盡玄妙；虛寂表示空虛寂靜；匡廓表示範圍或界限。此再加強化『道』的廣大無限，極盡神秘玄妙，自然無形象，消除了一切有形的框架〔註18〕」。但道雖寥廓恍惚，莫知其端，玄幽難覩，但並非無形虛空，而是元初精妙生生之氣，「元精雲布，因氣托初〔註19〕」，因此，《參同契》認為透過觀察道中陰陽二氣變化生成萬物的過程當中，便可知天地萬物自然變化理序，體道初始無形，生生變化之規律次序。

玄幽遠渺，隔閡相連。應度育種，陰陽之元。寥廓恍惚，莫知其端。……無平不陂，道之自然。變易更盛，消息相應。始復終坤，如循連環。

〔註12〕（五代）彭曉撰、（明）涵蟾子編：《金丹正理大全周易參同契眞義》三卷，卷下，頁157。

〔註13〕同註12，卷中，頁96。

〔註14〕同註12，卷下，頁136。

〔註15〕此據《郭店楚墓竹簡·老子甲編》。《簡帛書法選》編輯組編：《郭店楚墓竹簡·老子·甲本》（北京：文物出版社，2002年10月），頁37。陳錫勇先生云：「『天下之物生於有』據下奪一『有』字重號，據帛書乙本補。」陳錫勇：《老子釋疑》，頁153。

〔註16〕同註12，卷中，頁93。

〔註17〕同註12，卷上，頁33。

〔註18〕趙中偉：《道者，萬物之宗：兩漢道家形上思維研究》，頁376。

〔註19〕同註12，卷中，頁95。

帝王承御，千載長存。〔註20〕

從時空觀念論之，道「玄幽遠渺，隔閡相連」、「匡郭以消亡」、「無平不陂」，不受匡郭範圍限制，不受平陂高低侷限，玄幽遠渺，卻又隔閡相連，實存於宇宙天地之間，故超越包容空間概念，不受空間所限。其次，道「始復終坤，如循連環。帝王承御，千載長存」，如季節復坤連環，無始無終，千載長存，生生不息，在時間觀念上義超越限制，依循生生道理，輪轉不已。由此可知，道不受感官、觀念、時空所限制，無形無限，具有無限超越義。

三、反者道之驗

道窮則反，歸乎坤☷元。恒順地理，承天布宣。〔註21〕

往來洞無極，怫怫被容中。反者道之驗，弱者德之柄。耘鋤宿汚穢，細微爲得調暢。濁者清之路，昏久則昭明。〔註22〕

道爲萬物本體，其中蘊含創生萬物之理，「道窮則反，歸乎坤☷元」，《參同契》認爲道中創生力量是依循正反相生之理序進行，是溝通流行於無形無極之道與有形有限之形物中，天地萬物之所以生成的重要關鍵。《參同契》云：「此天地顯垂眞象，令達者則之，可謂眞陰陽也。復有陰陽反復之道，水火相須之理，造化生成之徑〔註23〕」，道中正反相生創造力量即陰陽二氣，《參同契》認爲道爲元精之氣，其中蘊含陰陽兩種正反力量，透過陰陽正反兩種相對力量交互作用，不同陰陽比例便會產生殊形萬類所須的生化之理，而萬物自能依循各自生成規律次序生長完成。而道無形象可視，但透過觀察天地萬物生成變化規律，便可體會萬物雖然各自有其不同的生成次序，但其中本體皆爲原精之氣，其相生規律原則皆爲正反交感不已之陰陽二氣，故云：「反者道之驗」。

推演五行數，較約而不繁。舉水以激火，奄然滅光明。日月相薄蝕，常在晦朔間。水盛坎侵陽，火衰離晝昏。陰陽相飲食，交感道自然。〔註24〕

〔註20〕（五代）彭曉撰、（明）涵蟾子編：《金丹正理大全周易參同契眞義》三卷，卷中，頁93。

〔註21〕同註20，卷中，頁92。

〔註22〕同註20，卷中，頁102。

〔註23〕同註20，卷下，頁157。

〔註24〕同註20，卷上，頁67。

其次，《參同契》云：「推演五行數，較約而不繁」，五行原為五種初始物類：金木水火土，後來由五種物類歸納成為五種不同氣質，透過五行不同氣類的特質間相生相剋的規律次序，形成創生萬物的氣化理論思想，《參同契》繼承自兩漢的陰陽五行之說，認為萬物生成之理除了正反想種基本的創生力量之外，五行亦是萬物化生的規律次序之一。

四、交感道自然

陰陽相飲食，交感道自然。〔註25〕

陰陽五行為道中創生萬物的生成力量，其相生變化是依循萬物自己而然的生化原則所完成，才能變化萬殊，因此，道生萬物是自然無為的，若刻意造作、有心有為便無法達到自然無為無不為的道境，故《參同契》云：「道之形象，眞一難圖。變而分布，各自獨居〔註26〕」。道生萬物，透過元精之氣化生陰陽兩種相生力量，當陰陽二氣交互作用，其創生作用普遍流行於天地萬物間，產生萬殊陰陽相生可能性，而萬物自身不同陰陽比例生成變化完成，故《參同契》云：「交感道自然」，陰陽相生是《參同契》所謂道生萬物的規律與原則，這也呼應了道家「道法自然」之說。為強調陰陽相生的重要性，《參同契》有云：

物無陰陽，違天背元，牝鷄自卵，其雛不全。夫何故乎？配合未連，三五不交，剛柔離分。施化之精，天地自然，火動炎上，水流潤下，非有師導，使之然也。資始統政，不可復改。〔註27〕

「施化之精，天地自然」，陰陽二氣是道中重要的創生作用，二者缺一不可，透過陰陽二氣交互感應相生，萬物應運而生，「非有師導，使之然也」，知道生萬物是天地自然，無心無為，隨順道中陰陽相生之理，萬物自能順利生成，非有造物者主觀指導才生完成，是客觀自然機率相配而成。此外，《參同契》亦強調孤陽不生，孤陰不成之理，認為陰陽為道中正反相生理序，缺一不可，故舉現實範例證之，言若母雞自行產卵，其幼雛必無法生成，因此，《參同契》云：「物無陰陽，違天背元」、「雄不獨處，雌不孤居〔註28〕」，加

〔註25〕（五代）彭曉撰、（明）涵蟾子編：《金丹正理大全周易參同契眞義》三卷，卷上，頁67。
〔註26〕同註25，卷中，頁96。
〔註27〕同註25，卷中，頁112～113。
〔註28〕同註25，卷中，頁119。

強論述道中陰陽相生作用的重要性，陰陽相生爲道生萬物自然而然的規律次序，若孤陰孤陽，便是違背初始本體之道生萬物的自然法則，如此物必無法正常生成。

綜上所述，《參同契》以道作爲形上初始根本，具有本體、普遍、流行、生生義，無形無限，自然無爲，在《參同契》中除以道稱呼形上本體外，亦以「一、元精、無、混沌、權輿、混元之根、太玄、恍惚」等詞彙指稱本體之道，藉以強調道的無形、初始與生生神妙性。

其次，《參同契》的道論思想除了承襲道家以道爲尊的思想源流，更云：「元精雲布，因氣托初〔註29〕」，賦予氣有初始精妙生生流行之義，將氣與道視爲同一位階，形成《參同契》道氣論思想的特色。由此可知，《參同契》的道論結合了兩漢陰陽五行氣化思想，與《易傳》「一陰一陽之謂道〔註30〕」的陰陽相生觀，建構出《參同契》中以道爲尊，以氣爲用，道氣是一的本體觀，而這也成爲《參同契》天道宇宙觀與道教內丹、外丹之術的思想根源，形成《參同契》道教道氣論思想理論基礎。

第二節　乾坤者，易之門戶，衆卦之父母。坎離匡郭，運轂正軸

> 大易情性，各如其度，黃老用究，較而可御，爐火之事，眞有所據，三道由一，俱出徑路。〔註31〕

《參同契》在兩漢氣論思想興盛的時代背景之下，以黃老道家思想爲其理論基礎，建構以道氣爲本的本體論，並結合《周易》陰陽相生乾坤之理，運用在道教鼎爐丹道之中，形成道教初期重要的煉丹著作。而《參同契》的宇宙論思想便是以道氣爲本，建構在漢易陰陽消息與漢代氣化宇宙論的思想之上，同時論及外丹修煉之術，形成特殊的陰陽丹道氣化宇宙論。

〔註29〕（五代）彭曉撰、（明）涵蟾子編：《金丹正理大全周易參同契眞義》三卷，卷中，頁95。

〔註30〕（魏）王弼、（晉）韓康伯注、（唐）孔穎達等正義：《周易正義》十卷，卷七，〈繫辭上〉，頁148。

〔註31〕同註29，卷下，頁134。

一、牝牡四卦，以爲橐籥，覆冒陰陽之道

（一）陽往則陰來，輻輳而輪轉

> 天地設位，而易行乎其中矣。天地者，乾坤之象也；設位者，列陰陽配合之位也〔註32〕；易謂坎離，坎離者，乾坤二用。二用無爻位，周流行六虛，往來既不定，上下亦無常。幽潛淪匿，變化於中，包囊萬物，爲道紀綱。〔註33〕

道爲萬物初始本體，萬物皆由道所生，而道如何化生萬物，《參同契》透過陰陽易道思想建構之。道形上超越，玄妙不可視，其中蘊含無形初始元精之氣，化生陰陽二氣，陰陽二氣中具正反兩種生生力量，透過一陰一陽交互作用，產生出化育具體天地萬物的創生力量，《參同契》認爲這種作用與《周易》之理相同，《周易》中觀日、月、星辰、山川、雲氣、雷電等自然界現象變化，以陰爻、陽爻記錄其現象與變化規律，並以卦爻辭呈現其特色，《參同契》運用《周易》卦氣思想中陰陽爻位變化之理，詮釋氣化宇宙生成規律，「此中突顯『易』具有日月流行，循環不息的意義〔註34〕」，故云：「天地設位，而易行乎其中矣」。〔註35〕

「易者象也。懸象著明，莫大乎日月，窮神以知化，陽往則陰來，輻輳而輪轉，出入更卷舒〔註36〕」，在《周易》中乾卦、坤卦爲天地萬物變化之始，乾卦純陽，坤卦純陰，是陰陽變化的根本，是《周易》六十四卦生成基礎，是天地化生之始，乾卦象徵陽、剛、日、火、男之象，坤卦象徵陰、柔、月、水、女之象，而這都是由乾坤二卦的變化而生，故云：「乾坤者，易之門户，眾卦之父母。坎離匡郭，運轂正軸〔註37〕」。

坎離二卦爲乾坤二卦落實於天地萬物間的陰陽相生變化作用，乾升於坤爲坎，故坎卦二陰中一陽，坤降於乾爲離，故離卦二陽中一陰，《參同契》認

〔註32〕「列」本作「即」。古本作「列」，今從校改。（五代）彭曉撰、（明）涵蟾子編：《金丹正理大全周易參同契眞義》三卷，卷上，頁22。

〔註33〕同註32，卷上，頁22。

〔註34〕趙中偉：《道者，萬物之宗：兩漢道家形上思維研究》，頁396。

〔註35〕劉精誠云：「魏伯陽『推類結字』，提出了『日月爲易』之説，……正是爲了把『易』字説成是象徵陰陽的變化，把乾坤二卦作爲易的門户，把內、外丹的理論全用『日月爲易』的學説統一起來。後來陳摶的《無極圖》《先天圖》，也受到《參同契》『日月爲易』的影響。」劉精誠：《中國道教史》，頁65。

〔註36〕同註32，卷上，頁25。

〔註37〕同註32，卷上，頁15。

爲乾坤爲陰陽變化之體，坎離爲陰陽變化之用，乾坤坎離四卦皆爲陰陽消息變化基礎，孕育化生天地萬物，因此，天地萬物皆蘊含乾坤坎離之陰陽變化，在卦氣思想之下的氣化宇宙論、四時節氣等生化次序當中並無四卦之位，故云：「二用無爻位，周流行六虛，往來既不定，上下亦無常」。

> 牝牡四卦，以爲橐籥，覆冒陰陽之道。〔註38〕
>
> 乾剛坤柔，配合相包。陽稟陰受，雌雄相須。須以造化，精氣乃舒。坎離冠首，光曜垂敷。玄冥難測，不可畫圖。聖人揆度，參序元基。四者混沌，徑入虛無。〔註39〕

因此，《參同契》以「牝牡四卦」乾坤坎離說明陰陽二氣相生變化之理，認爲陰陽二氣爲元精之氣所初生，道中最重要的創生作用，溝通流行於形上虛無混沌之道，與形下天地萬物間，具有無形、流動的特色，透過陰陽二氣相互作用產生不同的陰陽比例，化生天地間殊形萬類，成爲道中變化創生萬物的紀綱、法則〔註40〕，故云：「幽潛淪匿，變化於中，包囊萬物，爲道紀綱」，而「『陰陽』變化，不只是化生的功能；並在道家煉丹的過程中，亦必須依循『陰陽』的變化，才能煉成丹藥〔註41〕」。

（二）五行相克，更為父母

> 五行守界，不妄盈縮。易行周流，屈伸反覆。〔註42〕

道生萬物，透過陰陽二氣交互相生作用，與乾坤坎離四正卦卦氣變化之下，天地、日月、四時應運而生，而在乾坤坎離四卦的作用之下，於天地間產生五種基本氣類：金木水火土，透過五行氣類不同屬性間相生作用，五星、

〔註38〕（五代）彭曉撰、（明）涵蟾子編：《金丹正理大全周易參同契眞義》三卷，卷上，頁17。

〔註39〕同註38，卷中，頁71。

〔註40〕馬宗軍云：「乾坤坎離四卦擬象的就是一個宇宙的動態結構。乾坤爲天地之體，坎離爲乾坤之用。乾坤內外相包，『列陰陽配合之位』，坎離上下升降於其中。」馬宗軍：《《周易參同契》研究》，頁112。

〔註41〕趙中偉：《道者，萬物之宗：兩漢道家形上思維研究》，頁412。王鐵云：「《參同契》認爲《易》理與養性、煉丹的一致，主要在於後二者的要素、過程與《易》所概括的宇宙模式相一致。……這是認爲乾、坤、坎、離四卦是宇宙的主體，並且也是養性和丹法的主體。……《易》道與養性、煉丹的根本同一之處，在於乾坤坎離所代表的陰陽兩方面及其運動和相互作用。」王鐵：《漢代學術史》，頁145。

〔註42〕同註38，卷中，頁77。

二十八星宿生成，「易行周流，屈伸反覆」，天地、節氣、星辰、萬物便在二氣五行卦氣消息、反覆作用之中生長完成，周行不息。反之，若陰陽五行之氣滯塞不通，無法順利相生完成，氣類相感，便會造成五行二十八宿運行不和諧，天象異常，節氣失時，人世間也會有災異產生，故《參同契》云：「要道魁柄，統化綱紐。爻象內動，吉凶外起，五緯錯順，應時感動。四七乖戾，誃離俯仰。〔註 43〕」由此可知，五行相生在天地宇宙運行變化的過程當中扮演相當重要的角色。

> 推演五行數，較約而不繁。舉水以激火，奄然滅光明。日月相薄蝕，常在晦朔間。水盛坎侵陽，火衰離晝昏。陰陽相飲食，交感道自然。〔註 44〕

《參同契》以陰陽卦氣的觀念，從宇宙生化過程的角度，詮釋道生萬物的生成圖式，認爲道化生陰陽二氣，陰陽生四時五行，萬物應運而生，因此，透過五行相生過程的推演，加上陰陽消息作用，成爲天地日月萬物相生運行的重要關鍵，「陰陽相飲食，交感道自然」，二氣五行相生作用是自然無爲的，是依循萬物自身二氣五行生化比例相互感應創造完成，而這也成爲了道生萬物的基本法則。

> 五行相克，更爲父母。母含滋液，父主稟與，凝精流形，金石不朽。審專不泄，得成正道。〔註 45〕

除了五行相生，創生萬物之外，《參同契》中亦強調五行相剋的力量，《參同契》云：「五行相克，更爲父母」，五行相剋作用是再生的能力，透過水剋火、火剋金、金剋木、木剋土、土剋水的作用，能夠鍛煉金石，使其精華重新凝結，化爲長生還丹，就如同父母創生赤子的力量，重新賦予新生的能力，若能鍛煉服食並專一心性修養，使之常保形體當中不外泄，便可到達長生不老成仙正道，因此，五行相剋便成爲了道教丹道成仙思想的重要理論基礎。

〔註 43〕（五代）彭曉撰、（明）涵蟾子編：《金丹正理大全周易參同契眞義》三卷，卷上，頁 35。

〔註 44〕同註 43，卷上，頁 67。

〔註 45〕同註 43，卷中，頁 111。

二、乾坤括始終，八卦布列曜

（一）類如雞子，白黑相符

蔡邕曰：言天體者有三家，一曰周髀；二曰宣夜；三曰渾天。〔註46〕

漢代天體觀主要有三種說法：第一爲周髀說，《晉書斠注・卷十一・天文志》云：「古言天者有三家，一曰蓋天，二曰宣夜，三曰渾天。……蔡邕所謂周髀者，即蓋天之說也〔註47〕」，而《周髀算經》的內容記錄許多漢代當時關於蓋天說的說法〔註48〕，是三說當中起源最早的〔註49〕。

第二爲宣夜說，宣夜說主張天沒有具體形象，所有星體皆是浮於天體之中，或高或下，而星體輪轉則是靠氣化流行周遊於天體間〔註50〕。

第三爲渾天說，渾天說主張天地如雞卵，天如蛋殼，地如中之蛋黃，天中有水承載大地，天地間則充滿陰陽二氣如卵白，日月星辰便在天體間周旋運行〔註51〕。

類如鷄子，白黑相符。〔註52〕

乾剛坤柔，配合相包。〔註53〕

坎離匡郭，運轂正軸。〔註54〕

〔註46〕（南朝宋）范曄撰、（唐）李賢注、（清）王先謙集解：《後漢書集解》一百二十卷（全二冊），卷五十九，頁667。

〔註47〕（唐）房玄齡撰、（清）吳士鑑、劉承幹同注：《晉書斠注》百三十卷（全二冊），卷十一〈天文志〉，頁190。

〔註48〕薄樹人云：「《周髀》即《周髀算經》，一向被人們視爲蓋天說的經典，大約成書於西元一世紀前後。」說見薄樹人編：《中國天文學史》，頁112。

〔註49〕陳遵嬀云：「這三家裡面，以蓋天說起源最早。蔡邕說《周髀》就是古代的蓋天說，實際蓋天說的由來，遠在《周髀》成書以前。天圓地方說可以說是蓋天說的起源，所以有人把它叫做第一次蓋天說。《大戴禮》和《呂氏春秋》都有記載。」陳遵嬀著：《中國古代天文學簡史》，頁160。

〔註50〕《晉書斠注・卷十一・天文志》云：「天了無質，仰而瞻之，高遠無極，眼瞀精絕，故蒼蒼然也。……日月眾星，自然浮生虛空之中，其行其止，皆須氣焉。」同註47，卷十一〈天文志〉，頁190。

〔註51〕《渾天儀》云：「渾天如雞子，天體圓如彈丸。地如雞中黃，孤居於內，天大而地小。天表裏有水，天之包地，猶殼之裏黃。天地各乘氣而立，載水而浮。……天轉如車轂之運也，周旋無端，其形渾渾，故曰渾天也。」（漢）張衡撰：《渾天儀》一卷，頁1。

〔註52〕（五代）彭曉撰、（明）涵蟾子編：《金丹正理大全周易參同契眞義》三卷，卷中，頁99。

〔註53〕同註52，卷中，頁71。

〔註54〕同註52，卷上，頁15。

《參同契》的天體觀是以渾天說爲主、宣夜說爲輔，並在天地萬物皆一氣流行的基礎之上，運用乾坤陰陽變化之理詮釋之，故在渾天的基礎上加入宣夜的天無形質，皆一氣輪轉流行的觀念，構成其天體觀。因此，戴建平云：

> 乾坤象徵天地定位，乾外坤內，運轉循環，即是渾天說的「渾天雞子」模型。與渾天說不同的是，《周易參同契》中，天並不是有形質的，而且拋棄了「大地載水而浮」的觀念，吸收了宣夜說「天無形質」的思想，即《參同契》所說的「天道甚浩廣，太玄無形容，虛寂不可覩，匡郭以消亡」、「仲尼讚鴻濛，乾坤德洞虛」。天是一個沒有形體的無限廣漠的虛寂空間，只有陰陽二氣運行流行。坎離轂轉，正是象徵陰陽二氣的上下浮沉。〔註55〕

因此，《參同契》在道氣本體觀與陰陽卦氣宇宙論思想之下，以渾天與宣夜說構成其天體觀，並將天地乘陰陽二氣運行生成天文、曆法、卦氣的過程，轉化爲詮釋人懷胎十月，胚胎孕育形成的身體觀，並與鉛汞鍛煉相生金丹作用結合，形成道教煉丹之術，說明天人相應，氣類感通，藉此建構道教煉丹理論基礎〔註56〕。

（二）循斗而招搖，執衡定元紀

> 法象莫大乎天地兮，玄溝數萬里。河鼓臨星紀兮，人民皆驚駭。晷影妄前却兮，九年被凶咎。皇上覽視之兮，王者退自改。關鍵有低昂兮，害氣遂奔走。江淮之枯竭兮，水流注于海。天地之雌雄兮，

〔註55〕戴建平：《魏晉自然觀研究》（南京：南京大學歷史系中國古代史專業博士論文，2001年），頁131～132；陳德興云：「這是一個以乾坤坎離爲動態的空間結構、參合古代『渾天說』和『宣夜說』的宇宙模型。乾坤者，象天地之位、相包之象，和『渾天說』之義；……坎離者，謂天地中陰陽配合之用，若《易》中言〈乾〉之『用九』，〈坤〉之『用六』，『六』、『九』言其陰陽稟賦之性能。其用無爻位，幽潛淪匿，周流於六虛之中。乾坤坎離者，爲『牝牡四卦』，該天地之體用；其動如橐籥，『虛而不屈，動而愈出』，若道之生萬物，此又合『宣夜說』。」陳德興：《兩漢氣化宇宙論之研究》，頁243～244。

〔註56〕馬宗軍云：「《參同契》以《周易》蓋天說爲基礎，吸收了「渾天說」的「基本內核」和「宣夜說」的「合理內核」，提出了「乾、坤、坎、離」的宇宙結構論，並利用「河圖五行」數建構了人體模型，使「天道」與「丹道」有機地結合起來。」馬宗軍：《《周易參同契》研究》，導論，頁18。

徘徊子與午。寅申陰陽祖兮，出入復終始。循斗而招搖兮，執衡定元紀。〔註57〕

此云天人同氣相應之理，《參同契》言陰陽二氣變化爲天地間節氣變化與星辰運行次序的基礎，冬至十一月斗指子，此時陰氣極盛陽氣始萌，夏至五月斗指午，此時陽氣極盛陰氣始萌，立春正月斗指寅，立秋七月斗指申，此時陰陽二氣均分，「循斗而招搖兮，執衡定元紀」，斗杓便在十二辰中周行運轉，對應陰陽消息終始變化，訂定節氣時序。而「人所稟軀，體本一無。元精雲布，因氣托初〔註58〕」，人的本質亦爲精妙元氣，與天地同，因此天地人物一切事理，舉凡戰爭、旱象等人世間的災禍產生，皆與天象輪轉變化息息相關，《參同契》云：「河鼓臨星紀兮」，河鼓，牽牛北方星宿，主戰事〔註59〕，星紀，斗指牽牛，冬至，爲日月星辰運行之初〔註60〕，當河鼓運行失序，干犯日月星辰運行常理時，便會有戰事產生。「晷影妄前却兮，九年被凶咎」，當日影進退變化失去法度時，天地間便會出現災禍。其關鍵原因在於天地間陰陽二氣消息失去原有規律，導致害氣散布，影響日月星辰運行使江河乾涸枯竭。因此人君施政，必須觀天象變化，依循天道運行之理。

辰極受正，優游任下。明堂布政，國無害道。內以養己，安靜虛無。原本隱明，內照形軀。閉塞其兌，築固靈株。三光陸沉，溫養子珠，視之不見，近而易求。〔註61〕

〔註57〕（五代）彭曉撰、（明）涵蟾子編：《金丹正理大全周易參同契眞義》三卷，卷下，頁125。

〔註58〕同註57，卷中，頁95。

〔註59〕《史記・天官書第五》：「牽牛爲犧牲。其北河鼓。河鼓大星，上將；左右，左右將。」（漢）司馬遷撰、（南朝宋）裴駰集解：《史記》一百三十卷（全二冊），冊一，卷二十七，頁515。《漢書・蒯伍江息夫傳第十五》：「因建言：『往年熒惑守心，太白高而芒光，又角星茀於河鼓，其法爲有兵亂。』」（漢）班固撰、（唐）顏師古注、（清）王先謙補注：《漢書補注》一百卷（全二冊），冊二，卷四十五，頁1050。

〔註60〕《爾雅・釋天第八》：「星紀，斗牽牛也。」（晉）郭璞注、（宋）邢昺疏：《爾雅注疏》十卷，卷六，頁98。《漢書・律歷志上》：「斗綱之端連貫營室，織女之紀指牽牛之初，以紀日月，故曰星紀。五星起其初，日月起其中，凡十二次。日至其初爲節，至其中斗建下爲十二辰。視其建而知其次。」（漢）班固撰、（唐）顏師古注、（清）王先謙補注：《漢書補注》一百卷（全二冊），冊一，卷二十一上，頁414。

〔註61〕同註57，卷上，頁39。

文昌統錄，詰責台輔，百官有司，各典所部。〔註62〕

循據璿璣，升降上下。周流六爻，難以察覩。故無常位，爲易宗祖。〔註63〕

古人觀天象運行變化，發現天道運行有其規律次序，皆是遵循陰陽消息相生法則，因而將日月星辰命名，賦予人類社會的官職稱謂，對應人事政治變化，形成星官概念〔註64〕。《參同契》的宇宙論中延續星官之說，「辰極」指北極星，北極星居中，象徵帝王居於明堂施政統治天下〔註65〕。「三光」指日月星，象徵朝廷，爲君主執政朝廷所在〔註66〕。「文昌」指朝廷官員，負責輔佐保衛君王〔註67〕。「璿璣」指北斗七星，象徵帝車，運行天下，控制四方，

〔註62〕（五代）彭曉撰、（明）涵蟾子編：《金丹正理大全周易參同契眞義》三卷，卷上，頁36。

〔註63〕同註62，卷中，頁83。

〔註64〕陳遵嬀云：「這些星座樹立了一切星座組織的基礎，其名稱都是按陰陽五行的理論來定的。使天上世界的名稱，都反映了地下人間社會的事物，這樣看了屬於某星座中的變化現象，就可以占和它相應的人間社會事物的吉凶禍福。」陳遵嬀：《中國天文學史》第二冊，頁23。

〔註65〕《爾雅．釋天第八》：「北極謂之北辰。」（晉）郭璞注、（宋）邢昺疏：《爾雅注疏》十卷，卷六，頁98。《後漢書．天文志上第十》：「《易》曰：『天垂象，聖人則之。庖犧氏之王天下，仰則觀象於天，俯則觀法於地。』觀象於天，謂日月星辰。觀法於地，謂水土州分。形成於下，象見于上。故曰天者北辰星，合元垂燿建帝形，運機授度張百精。三階九列，二十七大夫，八十一元士，斗、衡、太微、攝提之屬百二十官，二十八宿各布列，下應十二子。天地設位，星辰之象備矣。」（南朝宋）范曄撰、（唐）李賢注、（清）王先謙集解：《後漢書集解》一百二十卷（全二冊），冊二，志第十，頁1164。彭曉云：「辰極受正，優游任下者，爲神胎居中宮，喻君處明堂如北辰也。陰陽五行之氣，臣下也。但君臣理內，如北辰正天之中，則陰陽五行之氣和順，……君得以養已安靜，任運虛無，自然變化也。」同註62，卷上，頁39。

〔註66〕《史記．天官書第五》：「南宮朱鳥，權、衡。衡，太微，三光之廷。」（漢）司馬遷撰、（南朝宋）裴駰集解：《史記》，冊一，卷二十七，頁512。陳遵嬀云：「衡是並列於權東的大星座，叫做太微，這是天帝的南宮，乃三光即日月五星入朝的宮廷。」陳遵嬀：《中國天文學史》第二冊，頁13。

〔註67〕《史記．天官書第五》：「斗魁戴匡六星曰文昌宮：一曰上將，二曰次將，三曰貴相，四曰司命，五曰司中，六曰司祿。在斗魁中，貴人之牢。魁下六星，兩兩相比者，名曰三能。三能色齊，君臣和；不齊，爲乖戾。輔星明近，輔臣親彊；斥小，疏弱。」（漢）司馬遷撰、（南朝宋）裴駰集解：《史記》一百三十卷（全二冊），冊一，卷二十七，頁510。彭曉云：「文昌統錄者，斗魁戴筐六星，曰文昌宮：一曰上將，二曰次將，三曰貴相，四曰司命，五曰司祿，六曰司災。輔者，魁下六星，兩兩而比者，曰三台，主宰天下，上佐天子，理陰陽，順四時，下遂萬物之宜，使卿大夫各得任其職，則象鼎內受天地萬

訂定四時五行卦氣規律，掌管天地萬物節氣變化〔註 68〕。星官各司其職，管理天象變化規律次序，對應人事亦如是，人君施政亦須遵循天道變化規律，才能達到「優游任下」、「國無害道」，對應到人身修養，亦才能「內以養己，安靜虛無。原本隱明，內照形軀。閉塞其兌，築固靈株」，使元氣涵養體內不外流失。

由此可知，《參同契》依循漢代氣化宇宙論與十二消息卦氣說，建構其天體宇宙星辰運行圖示，並以此爲理論依據，發展出道教陰陽氣化宇宙論，並在此基礎之上，結合天人感應、氣類相感思想，詮釋道教內丹心性修養與外丹煉丹服食之術，爲道教丹道思想提供理論基礎。

（三）天地設位，而易行乎其中

> 所謂卦氣說，就是以《坎》、《震》、《離》、《兌》四正卦主一年四季。即：《坎》主冬；《震》主春；《離》主夏；《兌》主秋。再以此四卦的二十四個卦爻分主一年二十四節氣。……每個節氣又分三候：「初候」、「次候」、「末候」。每個節氣爲十五天，所以每候主五天。這樣，由二十四節氣又推衍出七十二候。再以《坎》、《震》、《離》、《兌》之外的六十卦之每爻分主一日，凡主三百六十日。一年之中尚餘五日四分日之一，以每日八十分計之，總得四百二十分，均分於六十卦中，每卦主六又八十分之七日，此即古人談卦氣時所謂「六日七分」的來歷。〔註 69〕

《參同契》在漢易卦氣說的基礎之上，發展成道教卦氣之說，成爲其陰陽消息易學式氣化宇宙論的內容，以此作爲內外丹道修養論的理論基礎，以下試論之。

物之氣而生成變化也。陰陽既乖，四時失度，猶運火符之士，調燮過差，故云詰責也。」同註 61，卷上，頁 36～37。

〔註 68〕《史記・天官書第五》：「北斗七星，所謂『旋、璣、玉衡以齊七政』。杓攜龍角，衡殷南斗，魁枕參首。用昏建者杓；杓，自華以西南。夜半建者衡；衡，殷中州河、濟之閒。平旦建者魁；魁，海岱以東北也。斗爲帝車，運于中央，臨制四鄉。分陰陽，建四時，均五行，移節度，定諸紀，皆系於斗。」（漢）司馬遷撰、（南朝宋）裴駰集解：《史記》一百三十卷（全二冊），冊一，卷二十七，頁 509～510。彭曉云：「謂上文云：乾坤爲道之規矩，欲順陰陽之則，須循魁斗之行，變化備於六爻。」（五代）彭曉撰、（明）涵蟾子編：《金丹正理大全周易參同契眞義》三卷，卷中，頁 83。

〔註 69〕劉國樑：《道教與周易》（北京：北京燕山出版社，1994 年 1 月），頁 13。

1、六十卦周，張布為輿

牝牡四卦，以爲橐籥，覆冒陰陽之道，猶工御者，準繩墨，執銜轡，正規矩，隨軌轍，處中以制外，數在律曆紀。月節有五六，經緯奉日使，兼并爲六十，剛柔有表裏。〔註 70〕

陰陽相生規律爲卦氣變化的基礎，而卦氣說則以乾坤坎離四卦詮釋陰陽相生之理，與日月運行次序與律曆、節氣變化規律法則。「月節有五六，經緯奉日使」，此爲月令節候之說，《參同契》認爲一年三百六十日，二十四節氣，每一節氣主十五日，而每一節氣可分爲初候、次候、末候三候，故每月以五日爲一節候，故一月共可分爲六候，而節候便在陰陽卦氣變化間日月周行不已。

「兼并爲六十，剛柔有表裏」，此爲六十卦納甲說，「六十卦納甲說，即是將一個月分爲六十個晝夜，與六十卦相配，藉以闡述每日早晚用火的程序〔註 71〕」，《參同契》云：「朔旦屯直事，至暮蒙當受，晝夜各一卦，用之依次序〔註 72〕」、「既未至晦爽，終則復更始，日辰爲期度，動靜有早晚〔註 73〕」。《參同契》以卦氣論之，六十四卦中乾坤坎離爲陰陽相生作用無爻位，故以六十卦配一月日數，一日旦暮各配一卦，以代表其卦氣之陰陽消息，自屯蒙爲始，既濟未濟爲終，然後周而復始，晝夜不息。

二十八日 渙 ䷺	二十五日 漸 ䷴	二十二日 困 ䷮	十九日 損 ䷨	十六日 晉 ䷢	十三日 頤 ䷚	初十日 噬嗑 ䷔	初七日 謙 ䷎	初四日 小畜 ䷈	初一日 屯 ䷂
二十八暮 節 ䷻	二十五暮 歸妹 ䷵	二十二暮 井 ䷯	十九暮 益 ䷩	十六暮 明夷 ䷣	十三暮 大過 ䷛	初十暮 賁 ䷕	初七暮 豫 ䷏	初四暮 履 ䷉	初一暮 蒙 ䷃
二十九日 中孚 ䷼	二十六日 豐 ䷶	二十三日 革 ䷰	二十日 夬 ䷪	十七日 家人 ䷤	十四日 咸 ䷞	十一日 剝 ䷖	初八日 隨 ䷐	初五日 泰 ䷊	初二日 需 ䷄

〔註 70〕（五代）彭曉撰、（明）涵蟾子編：《金丹正理大全周易參同契眞義》三卷，卷上，頁 17。

〔註 71〕劉國樑：《道教與周易》，頁 30。張濤云：「《參同契》所取的煉丹用火的時辰，是依據納甲說，將每日用事的兩卦各配以十二地支，從而顯示出一日之內的陰陽變化。……可見，《參同契》之說是要借納甲之說以明煉丹之道。」張濤：《秦漢易學思想研究》，頁 376～377。

〔註 72〕同註 70，卷上，頁 19。

〔註 73〕同註 70，卷上，頁 19。

初二暮 訟䷅	初五暮 否䷋	初八暮 蠱䷑	十一暮 復䷗	十四暮 恆䷟	十七暮 睽䷥	二十暮 姤䷫	二十三暮 鼎䷱	二十六暮 旅䷷	二十九暮 小過䷽
初三旦 師䷆	初六旦 同人䷌	初九旦 臨䷒	十二旦 无妄䷘	十五旦 遯䷠	十八旦 蹇䷦	二十一旦 萃䷬	二十四旦 震䷲	二十七旦 巽䷸	三十旦 既濟䷾
初三暮 比䷇	初六暮 大有䷍	初九暮 觀䷓	十二暮 大畜䷙	十五暮 大壯䷡	十八暮 解䷧	二十一暮 升䷭	二十四暮 艮䷳	二十七暮 兌䷹	三十暮 未濟䷿

《參同契》以卦氣說作爲其建構氣化宇宙論中四時、節候的理論基礎，然朱伯崑云：「《參同契》的六十四卦說，來於漢易卦氣說。卦氣說以坎離震兌四正卦統率其他六十卦，而《參同契》則以乾坤坎離代替四正卦，此是受了京房和《易緯》的影響〔註 74〕」，又云：「《參同契》爲了解釋煉丹藥的形成，發揮了京房和《易緯》的觀點，把坎離兩卦看成是六十四卦變易的依據〔註 75〕」，故《參同契》云：「乾坤者，易之門戶，眾卦之父母。坎離匡廓，運轂正軸〔註 76〕」，並以此作爲其內外丹道理論基礎。

2、春夏據內體，從子到辰巳，秋冬當外用，自午訖戌亥

春夏據內體，從子到辰巳，秋冬當外用，自午訖戌亥。〔註 77〕

〔註 74〕朱伯崑：《易學哲學史》全四卷，第一卷，頁 249～250。王鐵云：「書中提到六十卦值日，『屯以子申，蒙用寅戌』，也是用的京房爻辰，《京氏易》對東漢學術的影響，也於此可見一斑。」王鐵：《漢代學術史》，頁 146。

〔註 75〕同註 74，第一卷，頁 248。高懷民云：「今魏伯陽的六十卦直日雖形式上類似孟、焦、京；實質上大爲不同。孟、焦、京的直日法是以六十卦配一年三百六十日、十二月、二十四節氣；今魏氏是以六十卦配一月三十日及每日的十二辰；孟、焦、京是創造了另一套新卦序，以『卦氣起中孚』起算，魏氏則依序卦傳的次第，從屯蒙開始。……乾鑿度是以六十四卦主歲，每歲兩卦，依序卦傳次第，先乾坤、次屯蒙，次需訟……歷三十二歲而周六十四卦。今魏伯陽的六十卦直日，在互相比照之下，很顯然是揉合了易緯乾鑿度與孟、焦、京之說，更縮小其規模而成；因爲丹道修煉最要緊的是日與時辰，年歲與節候爲次要。」高懷民：《兩漢易學史》（臺北：中國學術著作獎助委員會，1970 年 12 月），頁 261～262。

〔註 76〕（五代）彭曉撰、（明）涵蟾子編：《金丹正理大全周易參同契眞義》三卷，卷上，頁 15。

〔註 77〕同註 76，卷上，頁 20。

此爲四時與卦氣、十二支相配。《參同契》認爲春季陰氣減弱，陽氣上升，夏季陰氣閉藏，陽氣極盛，以應一卦六爻中下三爻，稱爲內體，搭配十二支，「自子丑寅爲春，卯辰巳爲夏，陽火候也〔註78〕」。秋季陽氣減弱，陰氣上升，冬季陽氣閉藏，陰氣極盛，以應一卦六爻中上三爻，稱爲外用，搭配十二支，「午未申爲秋，酉戌亥爲冬，陰符候也〔註79〕」。《參同契》以陰陽消息詮釋四時節氣變化，並搭配十二地支、十二消息卦，以應十二月陰陽二氣的消長與節氣變化。

其次，《參同契》云：「既未至晦爽，終則復更始，日辰爲期度，動靜有早晚。〔註80〕」卦氣之說終而復始，除象徵四時十二月的運行之外，亦可用來表示早晚日辰時序變化，彭曉云：「謂陽屬動，陰屬靜，於十二辰中，早晚分隔，陰陽升降火數，周而復始，更互用之也〔註81〕」，古人亦將一日分爲十二辰，以十二支表示，子到巳爲一點至十三點，此爲早晨至中午，陽氣漸增陰氣遞減至陽氣極盛陰氣潛藏，《參同契》稱爲進陽火〔註82〕，午到亥爲十三點至一點，此爲午後至清晨，陽氣遞減陰氣漸增，至陰氣極盛陽氣潛藏，《參同契》成爲退陰符〔註83〕。透過陰陽二氣消長與一日十二時的搭配，成爲《參同契》修養與煉丹時辰的理論依據。

> 賞罰應春秋，昏明順寒暑，爻辭有仁義，隨時發喜怒，如是應四時，五行得其理。〔註84〕

此爲陰陽刑德觀。《參同契》認爲陰陽二氣消息變化規律，當與人事賞罰相應，故春季陽氣發生，生機蓬勃，此時人事當施予獎賞，秋季陰氣肅殺，萬物蕭瑟，此時人事當給予刑罰。因此，當人事刑德賞罰與陰陽消息法則相互搭配，自然能與四時五行、十二日辰、十二月消息運行次序相互感應，合於天道規律，達到順天應時，天下太平無災。

〔註78〕（五代）彭曉撰、（明）涵蟾子編：《金丹正理大全周易參同契眞義》三卷，卷上，彭曉注，頁21。

〔註79〕同註78，卷上，彭曉注，頁21。

〔註80〕同註78，卷上，頁19。

〔註81〕同註78，卷上，頁19～20。

〔註82〕劉國樑云：「道教內丹學以復卦所在的子時爲一陽發生之兆，採用法天象地的模擬法煉製內丹，此時正是起陽火之時。」劉國樑：《道教與周易》，頁6。

〔註83〕彭曉云：「陽火自子進符，至巳純陽用事，乃內陰求外陽也。陰符自午退火，至亥純陰用事，乃外陽附內陰也。此內外之體，盛衰之理，始復而終坤，皆爻象則之也。」同註78，卷上，頁20。

〔註84〕同註78，卷上，頁20。

十二消息卦	復	臨	泰	大壯	夬	乾	姤	遯	否	觀	剝	坤
	䷗	䷒	䷊	䷡	䷪	䷀	䷫	䷠	䷋	䷓	䷖	䷁
月份	子	丑	寅	卯	辰	巳	午	未	申	酉	戌	亥
	十一	十二	正	二	三	四	五	六	七	八	九	十
四季	冬		春			夏			秋			冬
刑德	刑		德			德			刑			刑

3、道窮則反，歸乎坤元。恒順地理，承天布宣

在漢代易學思想中，有十二消息卦之說，以復、臨、泰、大壯、夬、乾、姤、遯、否、觀、剝、坤等十二卦，詮釋十二月份陰陽二氣的消長變化，《參同契》云：

> 朔旦爲復䷗，陽氣始通。出入無疾，立表爲剛。黃鐘建子，兆乃滋章。播施柔暖，黎蒸得常。〔註 85〕
>
> 臨䷒爐施條，開路正光。光耀漸進，日以益長。丑之大呂，結正低昂。〔註 86〕
>
> 仰以成泰䷊，剛柔並隆。陰陽交接，小往大來。輻輳於寅，運而趨時。〔註 87〕
>
> 漸歷大壯䷡，挾列卯門。榆莢墮落，還歸本根。刑德相負，晝夜始分。〔註 88〕
>
> 夬䷪陰以退，陽昇而前。洗濯羽翮，振索宿塵。〔註 89〕
>
> 乾䷀健盛明，廣被四鄰。陽終於巳，中而相干〔註 90〕。〔註 91〕

〔註 85〕（五代）彭曉撰、（明）涵蟾子編：《金丹正理大全周易參同契眞義》三卷，卷中，頁 83。

〔註 86〕同註 85，卷中，頁 84。

〔註 87〕同註 85，卷中，頁 85。

〔註 88〕同註 85，卷中，頁 86。

〔註 89〕同註 85，卷中，頁 87。

〔註 90〕「中而相干」本作「中而相于」。彭曉注云：「中而相干者，陽極陰生，謂下文陰干陽德也。」故作「于」，形近而誤，今從注文校改。同註 85，卷中，頁 88。

〔註 91〕同註 85，卷中，頁 87。

姤☰始紀敘，履霜最先。井底寒泉，午爲蕤賓。賓伏於陰，陰爲主人。〔註92〕

遯☰世去位，收歛眞精。懷德俟時，栖遲昧冥。〔註93〕

否☰塞不通，萌者不生。陰伸陽屈，沒陽姓名。〔註94〕

觀☰其權量，察仲秋情。任蓄微稚，老枯復榮。薺麥芽櫱，因冒以生。〔註95〕

剝☶爛肢體，消滅其形。化氣既竭，亡失至坤。〔註96〕

道窮則反，歸乎坤☷元。恒順地理，承天布宣。〔註97〕

十二消息卦以復卦爲首，因復卦一陽始生，陽氣始萌芽，陰氣極盛，萬物滋生徵兆顯於此，故以復卦爲十二消息卦規律初始〔註98〕。從日辰觀之，此時爲初一清晨，從節氣觀之，此時冬至斗杓建子十一月，律應黃鍾。臨卦陽氣漸增，陰氣作用仍然強盛，此時建丑十二月，律應大呂。泰卦陽氣增強，始與陰氣作用相當，陰陽二氣相互作用，萬物聚生，此時建寅正月，律應太簇。大壯卦陽氣增強，陰陽二氣此時作用相當，故晝夜均等，陰陽刑德生殺作用不相上下，此時陽氣始盛於陰氣，陰氣雖弱但仍發揮作用，故榆樹雖開花卻於此時掉落，知陽氣生生中仍帶肅殺之氣，此時建卯二月，律應夾鍾。夬卦陽氣強盛，陰氣衰弱消退，鳥類洗滌羽翼高飛，象徵萬物蓬勃生長，此時建辰三月，律應姑洗。乾卦陽氣極盛，陰氣潛藏，陽氣強盛，故其生生之德作用剛健中正，遍布四方，此時建巳四月，律應中呂。

姤卦陽氣極盛，陰氣始萌，故霜雪徵兆已現，井底泉水寒氣始生，此時建午五月，律應蕤賓。遯卦陽氣作用仍然強盛，陰氣漸增，陽氣收斂其精華如遁隱栖息於山林間，君子亦須合陰陽消息收斂其德行，此時建未六月，律

〔註92〕（五代）彭曉撰、（明）涵蟾子編：《金丹正理大全周易參同契眞義》三卷，卷中，頁88。

〔註93〕同註92，卷中，頁89。

〔註94〕同註92，卷中，頁90。

〔註95〕同註92，卷中，頁90～91。

〔註96〕同註92，卷中，頁91。

〔註97〕同註92，卷中，頁92。

〔註98〕劉國樑云：「復卦☷初九是陽爻，其餘五爻是陰爻，象徵陽爻動於黃泉之下，萬物萌動。因爲復卦位當十一月，乃立冬之時，正是氣候變化，萬物蠢蠢萌動之時。以復卦爲萬物兆基，說明宇宙萬物的變化當以此爲始，變化無窮。」劉國樑：《道教與周易》，頁5。

應林鍾。否卦陽氣退卻隱沒，陰氣漸長增強，陰陽二氣滯塞不通，交錯不相交，故萬物無法萌芽化生，此時建申七月，律應夷則。觀卦陽氣消微，陰氣強盛，陰陽刑德作用相當，節氣仲秋，晝夜平均，此時陰氣始盛於陽氣，陽氣雖弱但仍發揮作用，故老枯薺麥又復生之芽，知陰氣肅殺仍含生生陽氣，此時建酉八月，律應南呂。剝卦陽氣消滅微弱，陰氣強盛，天地生化之氣衰竭喪失，此時建戌九月，律應無射。坤卦陽氣潛藏，陰氣極盛，陰陽消息自此復返於初，陰氣極盛之後陽氣又將萌芽，輪轉生生不息，此時建亥十月，律應應鍾。

十二消息卦由復卦一陽五陰初始，至乾卦六陽，陽氣由隱微除漸增強，以致乾卦達到全陽極盛境界，自此陽氣由盛轉衰，姤卦一陰五陽至坤卦六爻全陰，陰氣由萌芽至於全盛，自此由回復到復卦循環不已。透過陰陽消息卦，《參同契》結合斗杓所指方位，帶入十二支，以象十二月與十二辰，並加入十二月律，用以詮釋十二月萬物消息的狀態，在種種不同結構圖式的結合之下，構成其以陰陽卦氣爲主的曆法觀。

其次，對於十二月律與卦氣的搭配，《參同契》以隱喻的方式結合論述，如「輻輳於寅」，輳有聚集之義，與太簇之簇意義相同，故以輻輳象泰卦律應太簇；「榆莢墮落」，以榆莢象徵大壯卦律應夾鍾；「洗濯羽翮」，以洗羽象徵夬卦律應姑洗；「中而相干」，以陽氣純正於中象徵律應中呂。兩漢時期對十二月律與十二月的搭配說法者眾，而《參同契》在此基礎之上，更進一步的與十二消息卦作出結合，但月律名稱與卦氣的配合與詮釋並非每卦都搭配詮釋合宜，且詮釋簡略並未完整詳細說明。可知《參同契》在數的觀念相同的情況之下作出搭配結合，重點在於統合卦氣與月律觀，作爲卦氣曆法觀的理論基礎，進而發揮運用於煉丹運火與修養觀之上〔註 99〕。

綜上所述，《參同契》以十二消息卦的陰陽消長思想爲基礎，結合十二辰、十二月律理論，企圖建構以卦氣爲主的陰陽曆法觀，透過曆法觀的詮釋，強調陰陽消息的關鍵重要性，進而由天道自然循環觀念進入落實於身體之中，

〔註 99〕張濤云：「這說明《參同契》是十分注重十二消息卦之說的。俞琰曾在《周易參同契發揮》中依《參同契》之義，制有十二消息卦圖，其圖式反映的既是一年也是一個月煉丹用火的大致程序。就一年而言，十一月子，復卦用事，煉丹則起文火；至十月亥，坤卦用事，武火止息。就一月而言，復卦用事，即八卦納甲說的震卦用事，坤卦用事與八卦納甲相同。」張濤：《秦漢易學思想研究》，頁 378～379。

說明天人是一，道氣是一的思想，始陰陽消息次序成爲其內外丹道修養論的理論依據。

4、日月弦望，八卦成象

納甲說爲漢代觀察月亮朔望，並結合卦氣變化所產生的說法。所謂納甲，是以月亮的晦朔盈虧象徵八卦，又以十天干分納於八卦，而舉十天干之首「甲」以概其餘，故名「納甲」。〔註100〕《參同契》繼承此說，有云：

> 壬癸配甲乙，乾坤括始終。七八數十五，九六亦相當，四者合三十，陽氣索滅藏。八卦布列曜，運移不失中。〔註101〕

此爲《參同契》說明八卦月體納甲之理。納甲之數以天干與八卦相配，但天干數十，故以「壬癸配甲乙」，天干與八卦之數便可相合。一月三十日，一至十五日陽氣漸增，十五日陽氣最盛，十六日至三十日，陽氣漸消，三十日「陽氣索滅藏」，而月亮正是依循陽氣消長次序產生盈虧變化，週而復始，運行不已〔註102〕。《參同契》結合月之盈虧、陰陽二氣消息，與天干、八卦次序，構成其納甲之理〔註103〕。

> ䷗復卦建始萌，長子繼父體，因母立兆基。消息應鍾律，升降據斗樞。三日出爲爽，☳震庚受西方。八日☱兌受丁，上弦平如繩。十五乾體就，盛滿甲東方。蟾蜍與兔魄，日月氣雙明，蟾蜍視卦節，

〔註100〕劉國樑云：「納甲說據說是京房所創，但孟喜注《易・中孚》六四爻的『月既望』已謂：『十六日也。』（張惠言《易義別錄》卷一）可證納甲淵源較古。」參見劉國樑注譯：《新譯周易參同契》，頁 7。王鐵云：「《參同契》的月體納甲說，是對京房的納甲體系的解釋。」王鐵：《漢代學術史》，頁 146。

〔註101〕（五代）彭曉撰、（明）涵蟾子編：《金丹正理大全周易參同契眞義》三卷，卷上，頁 32。

〔註102〕蕭漢明云：「可見魏伯陽通過月相納甲法所要說明的是天道陰陽的運動。七八九六，少陽少陰老陽老陰，前者爲易數，後者爲易氣，數氣可以互相轉換，三十即易氣運動的一個終始循環周期。導致這一終始循環周期形成的根本原因在於日月的運行。」劉大鈞主編：《象數易學研究（第三輯）》（成都：巴蜀書社，2003 年 3 月），〈虞翻易學與《周易參同契》〉，頁 99。

〔註103〕朱伯崑云：「《參同契》在易學史上影響大的是月體納甲說。此說的目的是用來說明煉丹運火時，其火候隨每月月亮的盈虧而轉移。」朱伯崑：《易學哲學史》全四卷，第一卷，頁 257；張濤云：「就《參同契》的理論學說而言，在易學史上影響最大的還是它的月體納甲說。在易學領域，京房、《易緯》的納甲說最爲著名。正是在此基礎上，《參同契》提出自己的納甲說，目的是用來說明煉丹運火之時，其火候隨每月月亮的盈虛而變化，故稱月體納甲說。」張濤：《秦漢易學思想研究》（北京：中華書局，2005 年 3 月），頁 374。

兔者吐生光。七八道已訖，屈折低下降。〔註 104〕

十六轉受統，☴巽〔註 105〕辛見平明，☶艮〔註 106〕直於丙南，下弦二十三，☷坤乙三十日，東北喪其朋，節盡相禪與，繼體復生龍。〔註 107〕

以八卦卦象論月之盈虧，坎納戊、離納己於中宮，在陰陽二爻交互相生作用之下，月之盈虧變化出現。《參同契》云：「昂畢之上，☳震出爲徵。陽氣造端，初九潛龍。陽以三立，陰以八通〔註 108〕」，十二月律卦氣中復卦爲一陽復始之卦，是坤卦六陰爻初變一陽於下，形成內卦震卦之象，震卦，長男之象〔註 109〕，有初始之意，如乾卦初九「潛龍，勿用」，尚未顯露，震納庚於二十八星宿之西方七宿：奎、婁、胃、昂、畢、觜、參。「三日震動，八日☱兌行。九二見龍，和平有明〔註 110〕」，初八上弦，陽爻由震之一陽升爲二陽爻，如乾卦九二「見龍在田，利見大人」，月顯現可見，兌納丁。「三五德就，☰乾體乃成。九三夕惕，虧折神符。盛衰漸革，終還其初〔註 111〕」，十五日月滿之象，三爻盡爲陽爻，如乾卦九三「君子終日乾乾，夕惕若，厲无咎」，月雖圓滿持續，但物極必反，盛極而衰，月將由盈轉虧，乾納甲壬於二十八星宿之東方七宿：角、亢、氐、房、心、尾、箕。

「☴巽繼其統，固濟操持。九四或躍，進退道危〔註 112〕」，十六日月圓，陰爻始出於下，如乾卦九四「或躍在淵，無咎」，月滿之後，雖即將轉虧，但仍爲月圓之象，巽納辛。「☶艮主進止，不得踰時。二十三日，典守弦期。九五飛龍，天位加嘉〔註 113〕」，二十三日下弦，陰爻上升爲二陰爻，如乾卦九五「飛龍在天，利見大人」，月圓之後轉爲下弦，陽爻位於高位，固守其

〔註 104〕（五代）彭曉撰、（明）涵蟾子編：《金丹正理大全周易參同契眞義》三卷，卷上，頁 29～30。

〔註 105〕「☴巽」本作「☲巽」，形近而誤，今校改。

〔註 106〕「☶艮」本作「☴艮」，形近而誤，今校改。

〔註 107〕同註 104，卷上，頁 31。

〔註 108〕同註 104，卷中，頁 79。

〔註 109〕《周易·說卦》：「乾，天也，故稱乎父。坤，地也，故稱乎母。震一索而得男，故謂之長男。」（魏）王弼、（晉）韓康伯注、（唐）孔穎達等正義：《周易正義》十卷，卷九，頁 185。

〔註 110〕同註 104，卷中，頁 79。

〔註 111〕同註 104，卷中，頁 79。

〔註 112〕同註 104，卷中，頁 79。

〔註 113〕同註 104，卷中，頁 79～80。

位不失其時，猶在天之嘉位，艮納丙於二十八星宿之南方七宿：井、鬼、柳、星、張、翼、軫。「六五☷坤承，結括終始。韞養眾子，世爲類母〔註114〕」，三十日月晦，此時卦爲全陰坤卦，如乾卦上九「亢龍有悔」，坤爲母，象徵物極必反，生生不息，坤納乙癸於東北方，月雖隱沒於二十八星宿之北方七宿：斗、牛、女、虛、危、室、壁，卦象必由坤卦之全陰轉爲一陽之震卦，月將再現於東方畢、昴之間，故云：「上九亢龍，戰德于野，用九翩翩，爲道規矩。〔註115〕」

以陰陽相生論月之盈虧，蟾蜍，日之象，兔魄，月之象，日月陰陽爲月晦朔變化基礎，在日月、陰陽、坎離相互作用之下，月之朔望盈虧變化規律產生。初三「陽氣造端」，月亮始出於西方，初八，陽氣漸增，月「上弦平如繩」，十五日，陽氣自隱微到達極盛，月圓現於東方，「虧折神符。盛衰漸革，終還其初」，自此陽氣從極盛即將轉弱衰退。十六日，陽氣由極盛轉弱衰微，月雖「見平明」，但將由盈轉虧，二十三日，陰氣漸增，陽氣減弱，月下弦現於南方，三十日，陽氣完全隱沒，月於「東北喪其朋」。而當一月結束，陽氣潛藏，月失其光，然而「陽數已訖，訖則復起。推情合性，轉而相與〔註116〕」，終而復始，陽氣必將再現於其端於初三之時。

《參同契》於納甲之說將陰陽、四方、八卦、天干、二十八宿搭配，詮釋一月之盈虧變化，並強調陰陽相生週而復始，生生不息。其次，納甲之說將一月分爲六節：初三、初八、十五、十六、二十三、三十，根據一月當中月之陰陽變化之關鍵作出搭配與詮釋，形成八卦納甲之說，並成爲其外丹之術中運火次序的理論基礎〔註117〕。

〔註114〕（五代）彭曉撰、（明）涵蟾子編：《金丹正理大全周易參同契眞義》三卷，卷中，頁80。

〔註115〕同註114，卷中，頁80。

〔註116〕同註114，卷中，頁80。

〔註117〕朱伯崑云：「八卦納甲說。此說乃《參同契》的主要觀點。所謂月體納甲，即指此而言。此說是以月亮的盈虧，說明一月之中用火的程序。其以坎離兩卦配日月，其他六卦代表月亮的盈虧過程，八卦各配以干支。」朱伯崑：《易學哲學史》全四卷，第一卷，頁260。段致成云：「『月體納甲說』主要是在說明一月之中煉丹運火（火候）的操作程序，使修煉者可以透過一個精細的火候與時空（時間、方位）結合的方法來掌握火候陰陽節律的進退之機。」段致成：《道教丹道易學研究～～以《周易參同契》與《悟眞篇》爲核心的開展》（臺北：國立師範大學國文研究所博士論文，2005年7月），頁89。

初八 兌☱ 丁	望 乾☰ 甲壬	十六 巽☴ 辛
	中宮 坎☵離☲ 戊　己	
初三 震☳ 庚	晦 坤☷ 乙癸	二十三 艮☶ 丙

5、二用無爻位，周流行六虛

> 天地設位，而易行乎其中矣。天地者，乾坤之象也；設位者，列陰陽配合之位也〔註 118〕；易謂坎離，坎離者，乾坤二用。二用無爻位，周流行六虛，往來既不定，上下亦無常。幽潛淪匿，變化於中，包囊萬物，爲道紀綱。〔註 119〕

所謂六虛即「六甲孤虛」之說。漢人將十二地支與十天干相配記日辰時發現無法完全相符，必定會有虛孤者，因此訂定六甲虛孤法，例如：在甲子旬當中無戌亥，故以戌亥爲孤，辰巳爲虛〔註 120〕。參見下表〔註 121〕。

一	甲乙丙丁戊△己△庚辛壬癸 子丑寅卯辰○巳○午未申酉
二	甲乙丙丁戊△己△庚辛壬癸 戌亥子丑寅○卯○辰巳午未
三	甲乙丙丁戊△己△庚辛壬癸 申酉戌亥子○丑○寅卯辰巳

〔註 118〕「列」本作「即」。古本作「列」，今從校改。（五代）彭曉撰、（明）涵蟾子編：《金丹正理大全周易參同契眞義》三卷，卷上，頁 22。

〔註 119〕同註 118，卷上，頁 22。

〔註 120〕《史記・龜策列傳第六十八》：「日辰不全，故有孤虛。」裴駰集解：「甲乙謂之日，子丑謂之辰。六甲孤虛法：甲子旬中無戌亥，戌亥即爲孤，辰巳即爲虛；甲戌旬中無申酉，申酉爲孤，寅卯即爲虛；甲申旬中無午未，午未爲孤，子丑即爲虛；甲午旬中無辰巳，辰巳爲孤，戌亥即爲虛；甲辰旬中無寅卯，寅卯爲孤，申酉爲戌；甲寅旬中無子丑，子丑爲孤，午未即爲虛。」（漢）司馬遷撰、（南朝宋）裴駰集解：《史記》一百三十卷（全二冊），冊二，卷一百六十八，頁 1328。

〔註 121〕劉國樑：《道教與周易》，頁 41。

四	甲乙丙丁戊△己△庚辛壬癸 午未申酉戌○亥○子丑寅卯
五	甲乙丙丁戊△己△庚辛壬癸 辰巳午未申○酉○戌亥子丑
六	甲乙丙丁戊△己△庚辛壬癸 寅卯辰巳午○未○申酉戌亥

而《參同契》認爲「乾坤者，易之門户，眾卦之父母。坎離匡郭，運轂正軸〔註122〕」，因此便引六虛說用以詮釋乾坤坎離四卦之體用變化之法。劉國樑云：「魏伯陽認爲，乾象天，爲陽，坤象地，爲陰，乾坤二卦即是陰陽的象徵。坎卦離卦爲乾坤兩卦之用，沒有爻位，它的成象即是往來升降於乾坤兩卦的内卦外卦之中而成。這是《周易參同契》受六虛說影響的記載〔註123〕」，因此，《參同契》認爲十二消息卦以復、臨、泰、大壯、夬、乾、姤、遯、否、觀、剝、坤等十二卦象徵十二個月的陰陽消息變化，其中便無坎離二卦，因乾坤爲陰陽變化的展現，而坎離則作用於陰陽之中。而在八卦納甲中則是以震、兌、乾、巽、艮、坤等六卦象徵一月中月體之朔望變化，而坎離二卦則是作爲變化原則故不在變化當中，故《參同契》云：「二用無爻位，周流行六虛，往來既不定，上下亦無常」，即指坎離二卦。而坎離二卦雖不在此變化當中，卻是陰陽變化的根本，眞實作用於各卦陰陽爻位之中，故《參同契》云：「幽潛淪匿，變化於中，包囊萬物，爲道紀綱」。〔註124〕

〔註122〕（五代）彭曉撰、（明）涵蟾子編：《金丹正理大全周易參同契眞義》三卷，卷上，頁15。

〔註123〕劉國樑：《道教與周易》，頁 42；賴錫三云：「也就是由於坎離匡廓、陰陽互藏的其宅的『即』之結構，坎離兩卦才能在牝牡四卦中又脫穎而出，成爲『包囊萬物、爲道綱紀』的作用關鍵。值得一提的是，自《參同契》以後，坎離二卦乃具有其特別重要的地位，這可以從後來内丹家的取坎塡離、龍虎交媾……等說法，得到有力的證明，……《參同契》雖承繼了《易傳》和易緯對天地乾坤的陰陽辯證之強調，但在理論的發明上，提出這種坎離二用的觀點，實更加有利地突顯了陰中即陽、陽中即陰的辯證動態性理趣。」賴錫三：〈《周易參同契》的「先天—後天學」與「内養—外煉一體觀」〉，《漢學研究》第 20 卷第 2 期（2002 年 12 月），頁 114～115。

〔註124〕詳說參見朱伯崑：《易學哲學史》全四卷，第一卷，頁250；張濤云：「《易傳》極重乾坤兩卦，京房、《易緯》又進一步將乾坤視爲『陰陽之根本』而將坎離視爲『陰陽之性命』，但並未展開論述。《參同契》發揮京房、《易緯》的觀點，用乾坤坎離四卦建構起一個宇宙圖式。……《參同契》雖推崇乾坤坎離四卦，但又以坎離爲變化的根據，爲宇宙圖式的動態因素。」張濤：《秦漢易學思想研究》，頁 372。

以無治有，器用者空，故推消息，坎離沒亡。〔註 125〕

因此，雖然在卦氣變化之中，不見坎離二卦，但坎離二卦卻非空無，只是虛其位潛藏於卦氣變化當中，所以表面雖云「坎離沒亡」，但事實上是「以無治有」，如此才能包羅萬有，也才能成爲陰陽變化之原則、道之綱紀。因此，段致成認爲：

此處魏伯陽明顯運用到《老子・十一章》……中「無」的思想。所以《周易參同契》非常重視「晦朔之交」，因爲它是天地與人本原的「元精元氣」的醞釀期。而《周易參同契》的黃老思想也在這個過程中呈現，因此此一時期是修養的關鍵，也是煉丹的根據。而黃老思想重「虛靜」，因此相應於時間上的空無階段，在修養上也必須講求虛靜。〔註 126〕

（四）推演五行數，較約而不繁

五行相生相剋爲《參同契》中重要的宇宙生化作用，《參同契》云：「推演五行數，較約而不繁。舉水以激火，奄然滅光明。日月相薄蝕，常在晦朔間。水盛坎侵陽，火衰離晝昏。陰陽相飲食，交感道自然。〔註 127〕」五行之數與陰陽交互作用之下，混沌鴻濛之道自然而然化育萬物。五行之數，《周易・繫辭》有云：「天一，地二；天三，地四；天五，地六；天七，地八；天九，地十。〔註 128〕天數五，地數五，五位相得而各有合〔註 129〕」，鄭康成注云：「天一生水于北，地二生火于南，天三生木于東，地四生金于西，天五生土于中。〔註 130〕」知古人觀天地變化，訂出五行生成之數，天者奇數，主生化作用，地者偶數，主完成作用，並將五行與五方搭配，形成五行學說架構。

〔註 125〕（五代）彭曉撰、（明）涵蟾子編：《金丹正理大全周易參同契眞義》三卷，卷上，頁 23。

〔註 126〕段致成：〈修丹與天地造化同途——試論「外丹」與「內丹」派對《周易參同契》的不同詮釋路徑〉，《輔仁宗教研究》第九期（2004 年夏），頁 186。

〔註 127〕同註 125，卷上，頁 67。

〔註 128〕朱熹云：「此簡本在第十章之首。程子曰宜在此，今從之。此言天地之數，陽奇陰偶，即所謂《河圖》者也。」（宋）朱熹：《周易本義》十二卷（臺北：成文出版社有限公司，1976 年，嚴靈峯輯《無求備齋易經集成》據光緒九年景宋咸淳刊本影印），二十八冊，繫辭上傳第五，頁 397。

〔註 129〕（魏）王弼、（晉）韓康伯注、（唐）孔穎達等正義：《周易正義》十卷，卷七，頁 153。

〔註 130〕（漢）鄭康成注、（宋）王應麟輯：《鄭氏周易注》三卷（北京：中華書局，1985 年，《叢書集成初編》本），卷下，頁 50。

1、土旺四季，羅絡始終

《參同契》承襲自《周易》以降五行學說觀念，運用於其宇宙生成論當中，以詮釋五行配四時節氣。《參同契》云：

> 日合五行精，月受六律紀，五六三十度，度竟復更始。〔註131〕
>
> 言不苟造，論不虛生，引驗見效，校度神明，推類結字，原理爲證。坎戊月精，離己日光，日月爲易，剛柔相當，土旺四季，羅絡始終，青赤黑白，各居一方，皆稟中宮，戊己之功。〔註132〕

在天地日月生成當中，日主陽、奇數，月主陰、偶數，故日調和五行之氣之精華，化生五星，月容受六律六呂，化生十二月律，五六三十，日月星辰運轉，搭配十二月律次序，構成一月三十日，一年四時輪轉運行，終而復始，生生不已。

由此可知，五行主五星與四時運行之理，《參同契》云：「土旺四季，羅絡始終，青赤黑白，各居一方，皆稟中宮，戊己之功」，日月表陰陽相生作用，爲卦氣中最基本的生成作用，《參同契》將五行搭配上八卦、天干、四時、五色、五方，形成其五行圖示，以下列表觀之。

五　行	木	火	土	金	水
天　干	甲乙	丙丁	戊己	庚辛	壬癸
八　卦	震	離		兌	坎
五　色	青	赤	黃	白	黑
五　方	東	南	中	西	北
四　時	春	夏	季夏	秋	冬

《參同契》認爲五行相生次序化生四時變化次第，五行中木火金水，主四時之春夏秋冬，搭配五色之青赤白黑，掌五星之木火金水星運行，八卦之震離兌坎，四方之東南西北，天干之甲乙、丙丁、庚辛、壬癸。在四時遞嬗過程當中，皆蘊含陰陽、坎離相生作用，故云：「土旺四季」，四時運行皆由五行之土統攝，因此四時皆蘊含戊己土中陰陽相生作用，故《參同契》云：「坎戊月精，離己日光」、「青赤黑白，各居一方，皆稟中宮，戊己之功」，土主八

〔註131〕（五代）彭曉撰、（明）涵蟾子編：《金丹正理大全周易參同契眞義》三卷，卷上，頁37。

〔註132〕同註131，卷上，頁24。

卦之坎離，天干之戊己，五色之黃，五方之中，配以季夏，具有居中統籌陰陽相生作用之功〔註 133〕。

動靜有常，奉其繩墨。四時順宜，與氣相得。剛柔斷矣，不相涉入。五行守界，不妄盈縮。易行周流，屈伸反覆。〔註 134〕

御政之首，管括微密，開舒布寶。要道魁柄，統化綱紐。爻象內動，吉凶外起，五緯錯順，應時感動。四七乖戾，誃離俯仰。〔註 135〕

因此，陰陽五行之氣和諧相生，五星二十八宿運行合宜，四時調順，皆按自然理序運行，互不干預相涉，周流不息，政治自能清明太平，百姓自能自足安樂〔註 136〕。反之，氣類相感，若外在人爲政治衰敗混亂，戰爭禍患四起，便會導致陰陽五行之氣不調，五星、四時、節氣、二十八星宿的運行失序，寒暑次第大亂，天便會降下災異警示人君。因此只要人君行仁義道德，遵循天道運行規律治國，政治社會必能太平無災。故云：「二至改度，乖錯委曲。隆冬大暑，盛夏霜雪。二分縱橫，不應刻漏。風雨不節，水旱相伐，蝗蟲湧沸，群異旁出。天見其怪，山崩地裂。孝子用心，感動皇極。近出己口，遠流殊域。或以招禍，或以致福，或興太平，或造兵革。四者之來，由乎胸臆。〔註 137〕」。由此可知，《參同契》的天具有人格神的意味，具有喜怒、賞罰作用，故云：「賞罰應春秋，昏明順寒暑，爻辭有仁義，隨時發喜怒，如是應四時，五行得其理〔註 138〕」。

2、青龍處房六兮，春華震東卯。白虎在昴七兮，秋芒兌西酉。朱雀在張二兮，正陽離南午

陰陽得其配兮，淡泊而相守。青龍處房六兮，春華震東卯。白虎在昴七兮，秋芒兌西酉。朱雀在張二兮，正陽離南午。三者俱來朝兮，

〔註 133〕蕭漢明云：「就月相納甲而言，日月居於中宮戊己土位，月相的晦朔弦望，將因日月之動而成；推而廣之，知道日月居中之意即把握了天道之樞紐，是以無論內丹與爐火，都應循此天道，做到『三物一家，都歸戊己』。」劉大鈞主編：《象數易學研究（第三輯）》，頁 99。

〔註 134〕（五代）彭曉撰、（明）涵蟾子編：《金丹正理大全周易參同契眞義》三卷，卷中，頁 77。

〔註 135〕同註 134，卷上，頁 35。

〔註 136〕張濤云：「《參同契》還曾強調，卦氣不效，則分至寒溫皆失節度，各種災異也會雜然紛出。……這些說法也肯定是受了卦氣說的影響。」張濤：《秦漢易學思想研究》，頁 370。

〔註 137〕同註 134，卷中，頁 74～75。

〔註 138〕同註 134，卷上，頁 20。

家屬爲親侶。本之但二物兮，末乃爲三五，三五併爲一兮。都集歸二所〔註139〕。治之如上科兮，日數亦取甫。〔註140〕

陰陽五行相生，構成二十八星宿，《參同契》將五行與二十八星宿之四方七宿、四時、八卦、四方、地支當互搭配：東方七宿青龍屬木，居房宿，主春、八卦之震、地支之卯；西方七宿白虎屬金，居昂宿，主秋、八卦之兌，地支之酉；南方七宿朱雀屬火，居張宿，主夏、八卦之離、地支之午。

《參同契》除將五行與二十八星宿搭配之外，更帶入五行生剋觀。《參同契》云：「青龍處房六兮」，青龍屬木，六爲水之成數，水生木，屬五行相生觀念，故相互搭配；白虎屬金，七爲火之成數，火剋金，屬五行相剋觀念。在道教煉丹思想中，五行相生爲萬物生成之理，而五行相剋則爲煉成還丹的重要思想理論基礎，故透過五行與五行生成數的搭配，說明五行生剋作用在天地星辰間的作用與表現。以下列表觀之。

五　行	木	火	土	金	水
四方七宿	青龍： 角亢氐房心尾箕	朱雀： 井鬼柳星張翼軫		白虎： 奎婁胃昴畢觜參	玄武： 斗牛女虛危室壁
星宿位於	房	張		昂	
四　時	春	夏		秋	冬
八　卦	震	離		兌	坎
四　方	東	南		西	北
地　支	卯辰巳	午未申		酉戌亥	子丑寅
相應之數	六	二		七	

綜上所述，《參同契》將陰陽卦氣展現在四時刑德、十二消息卦、納甲說、六虛說，又將五行與二十八星宿相配，形成陰陽氣化宇宙世界，並以此爲基礎，成爲其天人相應，身體修養觀與煉丹之術的理論依據。故王明云：

漢代這種將天地陰陽運行、配合五行、八卦、六十四卦、十二時辰……所形成的一套納甲說、十二消息說、六虛說、卦氣說等卦爻象數對

〔註139〕劉國樑云：「謂都集中歸於玄牝、尾閭，或乾坤鼎器。二，或作『一』，指玄牝或中宮黃庭。」劉國樑注譯：《新譯周易參同契》，頁165。

〔註140〕（五代）彭曉撰、（明）涵蟾子編：《金丹正理大全周易參同契眞義》三卷，卷下，頁128。

應之法，再被運用到煉丹術的火候中來，結果形成丹道與易道結合的濫觴，此舉乃創於魏伯陽之手。〔註141〕

第三節　人所稟軀，體本一無。元精雲布，因氣托初

一、須以造化，精氣乃舒

乾剛坤柔，配合相包。陽稟陰受，雌雄相須。須造化，精氣乃舒。〔註142〕

五行相克，更爲父母。母含滋液，父主稟與，凝精流形，金石不朽。審專不泄，得成正道。〔註143〕

施化之精，天地自然，火動炎上，水流潤下，非有師導，使之然也。資始統政，不可復改。〔註144〕

精爲道之元精之氣中施化凝結的精妙作用，《參同契》認爲道中陰陽乾坤相生、五行相克作用激盪，其中能具體化生萬物的作用爲精氣，精氣蘊含凝結施化作用，透過精氣凝結施化，殊形萬類得以生成，且「元精雲布，因氣托初〔註145〕」、「乾動而直，氣布精流；坤靜而翕，爲道舍廬〔註146〕」，精氣作用源於道之初始元精，因此精氣的流布依循道法自然的特質，隨順萬物自己然之變化特質而賦予凝結生成作用，非有師導指揮，自然無爲。由此可知，精氣具有凝結作用，爲有形形體生成之基礎，具有本質義涵。

〔註141〕王明：《道家和道教思想研究》（北京：中國社會科學出版社，1990年8月），〈《周易參同契》考證〉，頁241～242。王鐵云：「月體納甲也好，十二消息卦也好，《參同契》都是用來說明宇宙間有陽長陰退、陰長陽退這樣的循環運動的普遍規律，而人體的生命活動和丹釜中藥物的變化，也都從這樣的規律，所以人的起居動靜、煉丹起火時間和周期日數的選擇也都必須順應這樣的規律。」王鐵：《漢代學術史》，頁146～147。

〔註142〕（五代）彭曉撰、（明）涵蟾子編：《金丹正理大全周易參同契眞義》三卷，卷中，頁71。

〔註143〕同註142，卷中，頁111。

〔註144〕同註142，卷中，頁112～113。

〔註145〕同註142，卷中，頁95。

〔註146〕同註142，卷中，頁96。

二、稟乎胞胎，受氣元初

人所稟軀，體本一無。元精雲布，因氣托初。〔註147〕

稟乎胞胎，受氣元初〔註148〕

氣為元精之氣，為萬物初始，與道同一，因此《參同契》言古今道由一，體本一無，因氣托初，道氣皆為萬物初始，故氣亦具有初始根源之義，故云：「因氣托初」、「受氣元初」，人之形軀、腑臟、感官皆須透過元精之氣的賦予得以生成。《參同契》中氣除了蘊含初始之義，氣同時也具有流行義，「元精雲布」、「氣布精流〔註149〕」，當元精之氣流行，落實於形軀當中便成為溝通形體、五臟間的重要作用，因此形體透過精氣凝結而完成，而腑臟、感官的作用與判斷則須透過元精之氣的充實與流行得以正常運行，故氣具有流行義，為人身之根源。

三、窮神以知化

易者象也。懸象著明，莫大乎日月，窮神以知化，陽往則陰來，輻輳而輪轉，出入更卷舒。〔註150〕

神為生生神明作用，即陰陽二氣相生作用，「易謂坎離，坎離者，乾坤二用〔註151〕」，《參同契》認為道生萬物其中最關鍵的生化作用為大易乾坤坎離之陰陽相生變化作用，透過道中易之乾坤二用，萬物得以產生生生變化作用，因此《參同契》中的神指陰陽二氣相生作用，具有生生創造之義。當陰陽神氣落實於人身當中便成為生生判斷思慮的產生，稱為精神，故《參同契》云：「務在順理，宣耀精神，神化流通，四海和平〔註152〕」，由於陰陽神氣為道中生生易理，道法自然，落實於人身中之精神必然合於自然生生道理因此，當精神隨順陰陽相生之道中生生之理，與道相合，便可使精氣充盈，元精之氣流行全身，人便得以歸根反元，長生永存，擴而大之，政治上當君王能使神氣流通，精氣充盈，元精之氣流行不已，便能作出清明判斷，國家自然得以

〔註147〕（五代）彭曉撰、（明）涵蟾子編：《金丹正理大全周易參同契眞義》三卷，卷中，頁95。
〔註148〕同註147，卷中，頁112～113。
〔註149〕同註147，卷中，頁96。
〔註150〕同註147，卷上，頁25。
〔註151〕同註147，卷上，頁22。
〔註152〕同註147，卷下，頁138。

長治久安，天下太平。由此可知，生生神氣具有生生不息之創造作用，是心志思慮產生的關鍵所在。

綜上所述，道生萬物，透過陰陽二氣相生作用產生，人之初生亦如是，《參同契》認爲人之初生是透過虛無道體中初始元精之氣之精妙凝結作用而成，構成人的本質，其中陰陽二氣相生，落實於人身化成生生神氣，成爲人心志思慮判斷的根源，而精氣、神氣之所以能在形體間順利流行，皆是透過元精之氣充實流行於人身而完成。由於道與天地萬物和人的本質是一，故可相互感通。因此《參同契》云：

> 類如鷄子，白黑相符，縱廣一寸，以爲始初。四肢五臟，筋骨乃俱。彌歷十月，脫出其胞。骨弱可卷，肉滑若鉛。〔註153〕

《參同契》認爲天人是一，因此天地生成運行的狀態與人懷胎生子的狀態亦可相互對應。《參同契》言人懷胎孕育過程如渾天說，渾天說主張道生天地，天如卵殼在上，地如卵黃依靠水承載居於其中，天地間充滿陰陽二氣，化生繁衍萬物。人懷胎十月過程亦如此，人之胚胎爲父母陰陽相生結合之精氣，初始大小長寬一寸，經母體孕育，生成四肢五臟，懷胎十月後骨弱筋柔之赤子出生。

《參同契》將人懷胎孕育過程與渾天說天地化生萬物過程相應比擬，強調「白黑相符」、「男女相須，含吐以滋，雌雄錯雜，以類相求〔註154〕」，陰陽相生作用在人孕育化生過程的重要性，同時，《參同契》也點出孤陽不生，孤陰不成之理，故云：「關關雎鳩，在河之洲，窈窕淑女，君子好逑。雄不獨處，雌不孤居。玄武龜蛇，蟠虬相扶，以明牝牡，竟當相須。假使二女共室，顏色甚姝，蘇秦通言，張儀結媒，發辯利舌，奮舒美辭，推心調諧，合爲夫妻，弊髮腐齒，終不相知〔註155〕」，天地萬物生化過程皆爲陰陽相生，若二陰相生，縱使純陰美好，細心調和，也無法孕育相生。

四、三物一家，都歸戊己

> 丹砂木精，得金乃并，金水合處，木火爲侶。四者混沌，列爲龍虎，龍陽數奇，虎陰數偶。肝青爲父，肺白爲母，腎黑爲子，心赤爲女，

〔註153〕（五代）彭曉撰、（明）涵蟾子編：《金丹正理大全周易參同契眞義》三卷，卷中，頁99。
〔註154〕同註153，卷中，頁114。
〔註155〕同註153，卷中，頁119～120。

脾黃爲祖，子五行始。三物一家，都歸戊己。〔註 156〕

《參同契》以五行相生討論五臟間的相互關係，《參同契》認爲五臟間相互作用關係與五行相生次序相互對應，五行相生次序爲「金生水、水生木、木生火、火生土、土生金」，故木爲父，金爲母，火爲女，水爲子，木精爲丹砂，五行屬火，金爲鉛，五行屬水，陰陽水火相生，「金水合處，木火爲侶」，金爲水之母，木爲火之父，而土爲木火金水之祖，爲五行相生之始，故云：「三物一家，都歸戊己」，五行中不論是金水、木火、土三物皆以戊己土爲初始〔註 157〕。由此可知，五行相生次序是由陰陽二氣相互作用所生，其中以土爲尊，正好與漢代以黃爲正色之五行觀相契合，而五臟的生成之理亦以陰陽相生爲基礎。因此，五行與五臟相配：丹砂爲汞，五行主火，五臟主心，木生火，故稱爲木精，木五臟主肝；金爲鉛，五行主水，五臟主腎，金生水，金五臟主肺，而木火金水宗祖爲土，土五臟主脾，故五臟以脾爲主。關於五行中陰陽相生之理，《參同契》言「龍陽數奇，虎陰數偶」，以龍屬陽屬奇，以虎屬陰屬偶，或言「金水合處，木火爲侶」，木屬陽金屬陰，火屬陽水屬陰，皆在說明陰陽相生之理，對應到五臟相生運行之理，則說明肝心爲陽，肺腎爲陰，陰陽相生，便可鍛鍊使宗祖之五臟之主脾強健，對應到煉丹之術也是配合此陰陽五行「三物一家」、「三五併爲一〔註 158〕」之理完成〔註 159〕。因此，《參同契》的五行配五臟之說，除了說明五行生剋之理，同時也爲其外丹術中鍛煉金丹過程奠定理論基礎〔註 160〕。

〔註 156〕（五代）彭曉撰、（明）涵蟾子編：《金丹正理大全周易參同契眞義》三卷，卷中，頁 116。

〔註 157〕張濤云：「三指火、金、木，五指土（或指五行中的土、木火、金水等三組），『三五與一』亦謂木火（即丹砂）、金水（即鉛）與土結合，便可以成爲『天地至精』的金丹。再次，《參同契》將脾視爲五臟之主，比喻土是藥物煉成丹藥的根基，同時根據五行相生解釋五臟之間以及藥物之間的關係。」張濤：《秦漢易學思想研究》，頁 371。

〔註 158〕同註 156，卷下，頁 128。

〔註 159〕馬宗軍云：「在《參同契》中，『河圖』、『洛書』既是一個人體生命模型，也是一個爐鼎煉丹模型，而陰陽五行則是煉丹的動力與張力所在。也就是說，『河圖』、『洛書』、陰陽五行對外丹內丹均有普適性。」馬宗軍：《《周易參同契》研究》，頁 159。

〔註 160〕朱伯崑云：「『金水合處』，指鉛融爲液體。『木火爲侶』，指從硫化汞分解出水銀，與鉛水同處。『四者混沌』，指金水木火合而爲一。『列爲龍虎』，指其中具有白虎和青龍二藥物。虎偶龍奇相配合，成爲丹藥。……其以脾爲五臟之祖，用來比喻土作爲藥物乃煉成丹藥的根基。……『三物』，指金水木或金水

五　行	木	火	土	金	水
五　臟	肝	心	脾	肺	腎
五　色	青	赤	黃	白	黑
五行相生	木爲火之父	木之女	水火木金之祖	金爲水之母	金之子
五行天干	甲乙	丙丁	戊己	庚辛	壬癸

五、耳目口三寶

> 辰極受正，優游任下。明堂布政，國無害道。內以養己，安靜虛無。原本隱明，內照形軀。閉塞其兌，築固靈株。三光陸沉，溫養子珠，視之不見，近而易求。〔註 161〕

> 耳目口三寶，閉塞勿發通。眞人潛深淵，浮游守規中，旋曲以視聽，開闔皆合同，爲己之樞轄，動靜不竭窮。離氣內榮衛，坎乃不用聰，兌合不以談，希言順鴻濛，三者既關鍵，緩體守空房。委志歸虛無，無念以爲常。〔註 162〕

此云耳目口三寶。彭曉云：「易曰：坎爲耳，離爲目，兌爲口。坎離兌，乃水火金也〔註 163〕」、「閉塞其兌者，兌，口也〔註 164〕」，三寶又稱三光，在感官作用中，《參同契》特別強調耳目口，並與八卦中坎離兌、五行之水火金相應，陰陽五行相生相成，化生四肢五臟與三寶，至此形軀完備。

耳目口三寶作用各殊，分別掌管聽覺、視覺、言語，而這些感官作用最佳狀態是清靜虛無，故《參同契》云：「坎乃不用聰」，耳不須刻意聆聽，「離氣內榮衛」，榮衛〔註 165〕者，營衛〔註 166〕也，泛指體內精氣，營氣指具體流

火，火木皆指水銀升華；『戊已』，指中央土。『三物一家』，同上文所說的『三性以合會，本性共宗祖』是一致的。」朱伯崑：《易學哲學史》全四卷，第一卷，頁 256。

〔註 161〕（五代）彭曉撰、（明）涵蟾子編：《金丹正理大全周易參同契眞義》三卷，卷上，頁 39。

〔註 162〕同註 161，卷中，頁 101。

〔註 163〕同註 161，卷中，頁 102。《周易・說卦》：「乾爲首。坤爲腹。震爲足。巽爲股。坎爲耳。離爲目。艮爲手。兑爲口。」（魏）王弼、（晉）韓康伯注、（唐）孔穎達等正義：《周易正義》十卷，卷九，頁 185。

〔註 164〕同註 161，卷上，頁 39。

〔註 165〕《難經・藏府配像第五》：「三十二難曰：五藏俱等，而心肺獨在膈上者，何也？然：心者血，肺者氣，血爲榮，氣爲衛，相隨上下，謂之榮衛，通

行於經脈中的血氣〔註 167〕，衛氣指流行於經脈中的無形精氣〔註 168〕，二者爲溝通體內五臟六腑感官間的生生神妙作用。目爲五臟六腑之精〔註 169〕，能自然分辨外在事物，作爲內在臟腑感官間精氣流行判斷作用依據。「兊合不以談」，口閉塞不刻意言談，三者隨順自然，清靜虛無，

便可使血氣通暢，精氣流行，思慮清明，元神之氣涵養體內，與道相通。

「三光陸沉，溫養子珠，視之不見，近而易求」，耳目口三者若能潛藏不外顯，安靜虛無，自然可涵養體內生生精氣，不須向外探求，故三寶爲《參同契》內在修養的重要關鍵，而「三者既關鍵，緩體守空房。委志歸虛無，無念以爲常」，耳目口若能虛靜涵養，使精氣充盈保養於體內，便可使心志思慮復歸道體清靜虛無的狀態，專一清明不受過度思慮意念干擾，影響認知判斷作用，由此可知，心爲五臟六腑感官之主，居於形軀之中主宰引導四肢五臟六腑感官各司其職，無思無慮，如眾星依循天道規律圍繞北辰運行，自然而然，無心無爲，周行不已。

行經絡，營周於外，故令心肺在膈上也。」（周）盧國秦越人撰、（唐）呂廣等註、（明）王九思等校正：《難經集註》五卷（臺北：臺灣商務印書館，1975 年 6 月，《四部叢刊初編子部》據上海商務印書館縮印日本活字本），卷三，頁 56。

〔註 166〕《靈樞經・營衛生會第十八》：「黃帝曰：夫血之與氣，異名同類。何謂也？岐伯荅曰：營衛者，精氣也，血者，神氣也，故血之與氣，異名同類焉。」不著撰人、（宋）史崧校正：《靈樞經》十二卷，卷四，頁 48～49。

〔註 167〕《靈樞經・營衛生會第十八》：「岐伯荅曰：中焦亦並胃中，出上焦之後，此所受氣者，泌糟粕，蒸津液，化其精微，上注于肺脈乃化而爲血，以奉生身，莫貴于此，故獨得行于經隧，命曰營氣。」《靈樞經・邪客第七十一》：「營氣者，泌其津液，注之於脈，化以爲血，以榮四末，內注五藏六府，以應刻數焉。」同註 166，卷四，頁 48；卷十，頁 109。

〔註 168〕《靈樞經・衛氣第五十二》：「黃帝曰：五藏者，所以藏精神魂魄者也；六府者，所以受水穀而行化物者也。其氣內干五藏，而外絡肢節。其浮氣之不循經者，爲衛氣；其精氣之行于經者，爲營氣。陰陽相隨，外內相貫，如環之無端。」同註 166，卷八，頁 88～89。

〔註 169〕《靈樞經・大惑論第八十》：「目者，五藏六府之精也，營衛魂魄之所常營也，神氣之所生也。故神勞則魂魄散，志意亂。是故瞳子黑眼法於陰，白眼赤脈法於陽也。故陰陽合傳而精明也。目者，心使也。心者，神之舍也，故神精亂而不轉。卒然見非常處精神魂魄，散不相得，故曰惑也。」同註 166，卷十二，頁 130。

六、歸根反元，近在我心

> 二氣玄且遠，感化尚相通，何況近存身？切在於心胸。陰陽配日月，水火爲効徵。〔註 170〕

陰陽二氣相生感通，其生生作用落實於人身，居處存養於心中，故心具陰陽相生神妙作用，虛靜清明，成爲血氣順暢流行，四肢五臟合宜運作，耳目口等感官正常認知判斷的主宰，具有統御作用。

> 耳目口三寶，閉塞勿發通。……三者既鍵，緩體守空房。委志歸虛無，無念以爲常。證難以推移，心專不縱橫，寢寐神相抱，覺悟候存亡。顏色浸以潤，骨節益堅強。排却衆陰邪，然後立正陽。修之不輟休，庶氣雲雨行。淫淫若春澤，液液象解冰，從頭流達足，究竟復上昇，往來洞無極，怫怫被容中。〔註 171〕

心爲形體感官與精神思慮之主，「三者既關鍵，緩體守空房」，耳目口三寶爲感官對外認知的關鍵，掌管聽覺視覺言語，三者最清明的狀態爲安靜閉塞，不受外在事物牽引影響，形體便得以舒緩，心靈便得以虛靜專一。《參同契》認爲心至爲關鍵，當一切感官認知活動回復初始安靜，耳不以聽，目不以明，口不以談，心自然能夠到達「委志歸虛無，無念以爲常」，空虛安靜，以無念爲念的狀態。故《參同契》云：「證難以推移，心專不縱橫，寢寐神相抱，覺悟候存亡」，專一虛靜的心志是無時無刻充盈形體與精神之中不外洩，亦無法以外在經驗探知改變，而當心志達到虛無安靜的狀態時，自然而然形體之顏色潤澤、筋骨強韌，陰邪之氣無法進入，正陽之氣充盈全身，體內之血氣、精神便得以順暢流行溝通全身感官、筋骨、臟腑，對外展現出復歸虛靜道體，自然無爲的境界。

故《參同契》云：「黃老自然，含德之厚，歸根反元，近在我心，不離己身，抱一毋舍，可以常存〔註 172〕」，心爲形氣神之主，是四肢五臟三寶能否閉塞含養，流行暢通於全身的重要關鍵，而心是否虛無安靜，維持自然專一的狀態便成爲人是否能「反根歸元」、長生久視的依據，也是《參同契》修養功夫的根基所在。而人君對外治理天下，是否能發號施令不違天時，避凶致福，維持太平的關鍵，亦皆在胸臆之中。

〔註 170〕（五代）彭曉撰、（明）涵蟾子編：《金丹正理大全周易參同契眞義》三卷，卷中，頁 100～101。

〔註 171〕同註 170，卷中，頁 101～102。

〔註 172〕同註 170，卷下，頁 138。

七、陰陽爲度，魂魄所居

> 陰陽爲度，魂魄所居。陽神日魂，陰神月魄。魂之與魄，互爲宅室。〔註 173〕

元精雲布，化生陰陽二氣，陰陽二氣作用於人身之中，陽氣化爲魂神，陰氣化爲精魄，魂爲玄妙之氣，主無形生生作用，具有流行義，魄爲精妙之氣，主靜定完成作用，具有形質義，陰陽二氣交互作用，體內魂魄之氣溝通成爲無形精神與有形血氣臟腑間能正常運行的重要依據。

由此可知，魂魄爲形體與精神之所以能正常溝通流行的重要關鍵，當體內陰陽二氣交互作用合於天地乾坤運行規律時，魂魄便得以順暢流行於血脈臟腑間，使感官虛靜，心知判斷清明，形體強韌而長生久壽，故云：「若達此，會乾坤。刀圭霑，淨魄魂。得長生，居仙村〔註 174〕」。反之，若陰陽二氣失和，無法交互相生相成作用，溝通流行於臟腑血脈當中，便會使感官過度沉溺於外在嗜欲，心知判斷受外在事物影響而失去原本清明，形體終將因背離天道而邁向死亡，故云：「氣索命將絕，體死亡魂魄〔註 175〕」。

八、性主處內，情主營外

> 性主處內，立置鄞鄂。情主營外，築爲城郭。城郭完全，人物乃安。爰斯之時，情合乾坤。乾動而直，氣布精流；坤靜而翕，爲道舍廬。〔註 176〕

對性情的論述，《參同契》著墨不多，綜觀秦漢時期對性情的定義，《荀子・正名》：「生之所以然者謂之性；性之和所生，精合感應，不事而自然謂之性〔註 177〕」、《禮記・中庸》云：「天命之謂性，率性之謂道〔註 178〕」，性爲道賦予人的初始本質，是天生自然的狀態，清明安靜。《荀子・正名》：「性之好、惡、喜、怒、哀、樂謂之情〔註 179〕」、《禮記・樂記》云：「人生而靜，天之性也；感於物而動，性之欲也。物至知知，然後好惡形焉。好惡無節於

〔註 173〕（五代）彭曉撰、（明）涵蟾子編：《金丹正理大全周易參同契眞義》三卷，卷中，頁 96。
〔註 174〕同註 173，卷下，頁 142～149。
〔註 175〕同註 173，卷上，頁 66。
〔註 176〕同註 173，卷中，頁 96。
〔註 177〕（唐）楊倞注、（清）王先謙集解：《荀子集解・考證》，卷十六，頁 379～380。
〔註 178〕（漢）鄭玄注、（唐）孔穎達正義：《禮記正義》六十三卷，頁 879。
〔註 179〕同註 177，卷十六，頁 379～380。

內，知誘於外，不能反躬，天理滅矣〔註 180〕」，情爲人心感知外在事物影響時最自然眞實的反應，會產生喜怒哀樂好惡等不同的情緒表現，爲天生自然的表現。

「性主處內，立置鄞鄂。情主營外，築爲城郭」，性爲天生自然的狀態，存養於形體之內，爲道之元精作用於人身的初始狀態，情爲天生自然的表現，作用於形體之外，爲天生之性對外在事物認知的直接反應。故云性主內、情主外，性情作用合於虛靜道體，人身內外本性情感表現便得以完全。

綜上所述，性情爲人天生內在本體及其外與物接時之所以能有合宜表現的基礎，當體內陰陽二氣交互作用合於天地乾坤運行規律，魂魄便得以流行溝通順暢，性情亦得以清靜自然，復歸於虛無安靜之道體。由此可知，《參同契》性情觀以陰陽二氣相生之理爲其作用之理論基礎，性情是否安定清靜便成爲人身修養是否能回復至初始道境的關鍵所在。

第四節　推曉太象，必得長生

> 參同契者，參雜也，同通也，契合也，謂與諸丹經理，通而契合也。〔註 181〕

《參同契》是參雜貫通融合黃老之學、《周易》思想與丹道爐火之術的一部經典，其以黃老氣化宇宙論與《周易》陰陽相生思想爲基，用以詮釋道教內丹精神修養與外丹服食練丹之術，故元代俞琰《周易參同契發揮》阮登炳序云：「《參同契》乃萬古丹經之祖〔註 182〕」。

而修養論爲《參同契》一書的主題思想，在黃老道氣思想與《周易》卦氣理論基礎之上，詮釋道教內外修養功夫，可見其將《老》、《莊》、黃老思想轉化爲道教內在心性修養、練氣養神與外在煉丹服食之術的源流與過程。以下試以內丹心性氣化修養論與外丹服食煉丹之氣化修養論兩部分論述之。

〔註 180〕（漢）鄭玄注、（唐）孔穎達正義：《禮記正義》六十三卷，卷三十七，頁 666。

〔註 181〕（五代）彭曉撰、（明）涵蟾子編：《金丹正理大全周易參同契眞義》三卷，卷下，頁 156。

〔註 182〕（元）俞琰：《周易參同契發揮》，序第一。

一、引內養性，黃老自然，含德之厚，歸根反元

（一）安靜虛無

> 辰極受正，優游任下。明堂布政，國無害道。內以養己，安靜虛無。原本隱明，內照形軀。閉塞其兌，築固靈株。三光陸沉，溫養子珠，視之不見，近而易求。〔註183〕

> 耳目口三寶，閉塞勿發通。眞人潛深淵，浮游守規中，旋曲以視聽，開闔皆合同，爲己之樞轄，動靜不竭窮。離氣內榮衛，坎乃不用聰，兌合不以談，希言順鴻濛，三者既關鍵，緩體守空房。委志歸虛無，無念以爲常。證難以推移，心專不縱橫，寢寐神相抱，覺悟候存亡。〔註184〕

《參同契》的心性修養功夫延續道家心性修養的傳統，講求安靜虛無，「耳目口三寶，閉塞勿發通」，《參同契》認爲形體間耳目口等感官應閉塞潛沉，便可不受外在聽覺、視覺言語等外在情識變化而影響，「閉塞其兌，築固靈株」、「三光陸沉，溫養子珠」，當耳目口等外與物接之感官閉塞，榮衛之氣便得以充盈固守全身不外泄，溫和潤澤之氣得以含養五臟六腑、四肢九竅。「內以養己，安靜虛無」，當形體舒緩，感官臟腑皆能固守其間之氣時，主宰統御之心便得以虛靜專一，不因外在情識而有所改變，當心志思慮回復本然之虛無安靜，形體內陰陽二氣調暢和諧，人之本性便可復歸初始清靜之道，而這便是內在心性修養最佳的狀態。

（二）含精養神

> 當斯之際，天地媾其精，日月相撢持。雄陽播玄施，雌陰化黃包。混沌相交接，權輿樹根基。經營養鄞鄂，凝神以成軀。眾夫蹈以出，蠕動莫不由。〔註185〕

> 神氣滿室，莫之能留。守之者昌，失之者亡。動靜休息，常與人俱。〔註186〕

〔註183〕（五代）彭曉撰、（明）涵蟾子編：《金丹正理大全周易參同契眞義》三卷，卷上，頁39。

〔註184〕同註183，卷中，頁101～102。

〔註185〕同註183，卷上，頁25。

〔註186〕同註183，卷上，頁47。

要達到「內以養己，安靜虛無」的內在心性修養境界，其中的關鍵之一在於養神，神又稱神氣、神明、精神，爲形體間生生神妙作用，「經營養鄞鄂，凝神以成軀」，當道生人時，元精之氣間陰陽二氣交互作用，其生生不息之神妙作用進入形軀，成爲溝通流行於形體間虛無安靜之思慮判斷力量，「知白守黑，神明自來〔註 187〕」，《參同契》認爲神氣作用是與身俱來，是道之元精所賦予人身清明虛靜的狀態，與道相通，舉凡形體間心志思慮作用與流行於臟腑感官間之精氣，皆須透過生生神氣主宰溝通，才能使形體、思慮作用和諧，復返於初始之道之狀態。

神氣對於人內在心性修養相當重要，「神氣滿室，莫之能留」，但人常因外在嗜欲、名利影響到心志判斷，進而導致體內血氣、精神失去原有虛無安靜而無法充盈而外泄。「守之者昌，失之者亡」，因此，常保神氣使之充盈體內便成爲心性修養的關鍵。而使神氣滿盈的方法，《參同契》認爲是「動靜休息」，當神氣回復到安靜閒適，其生生神妙作用便可清明，與道相通，故能源源不絕，充盈滿室，使心志判斷正確，血氣精神流行全身不外泄，感官閉塞不受外在嗜欲影響，到達虛無自然之道之狀態，此即養神〔註 188〕，如此，人便可「長樂無憂〔註 189〕」、「安穩可長生〔註 190〕」。

> 顏色浸以潤，骨節益堅強。排却眾陰邪，然後立正陽。修之不輟休，庶氣雲雨行。淫淫若春澤，液液象解冰，從頭流達足，究竟復上昇，往來洞無極，怫怫被容中。〔註 191〕

因此，當心性復歸安靜虛無道體時，體內元氣源源不絕，陽氣生生飽滿，外在陰邪災厄之氣便無法侵入體內，表現於外，便可使面容顏色紅潤、筋骨關節強健，最終達到「將欲養性，延年却期〔註 192〕」的眞人仙壽之境，故《參同契》云：「引內養性，黃老自然，含德之厚，歸根反元，近在我心，不離己身，抱一毋舍，可以常存〔註 193〕」。

〔註 187〕（五代）彭曉撰、（明）涵蟾子編：《金丹正理大全周易參同契眞義》三卷，卷上，頁 43。

〔註 188〕趙中偉云：「養神，即是保持精神狀態的靈明蕪雜，使其飽滿，而不致受到情欲的干擾及傷害。」趙中偉：《道者，萬物之宗：兩漢道家形上思維研究》，頁 446。

〔註 189〕同註 187，卷上，頁 51。

〔註 190〕同註 187，卷下，頁 140。

〔註 191〕同註 187，卷中，頁 102。

〔註 192〕同註 187，卷中，頁 95。

〔註 193〕同註 187，卷下，頁 138。

志士又須徹聲色，去嗜慾，棄名利，投靈山，絕常交，結仙友，隱密潛修，晝夜無怠，方可期望，或不如是，則虛勞動爾。〔註 194〕

爲使心性達到安靜虛無的境界，除了使神氣滿盈，內在心性安靜之外，《參同契》強調去除外在嗜欲的功夫。因爲影響安靜心性的原因，除了感官外與物接所產生的認知、情識外，還包括感官過度注重外在視聽享受與心志過度追求欲望名利，以致於心性失去原本安靜虛無的狀態，使得血氣鬱結不通，神氣外泄，形體壽命損傷死亡。因此，《參同契》提出「徹聲色，去嗜慾，棄名利」，去除外在感官與內在心志過度的欲望，使血氣、精神皆回復到恬淡安寧，當神氣滿室，精氣充盈，便可使形體強健，容貌紅潤，卻期延命，長生成仙。

（三）凝精流形

五行相克，更爲父母。母含滋液，父主稟與，凝精流形，金石不朽。審專不泄，得成正道。〔註 195〕

心性安靜虛無，感官心知閉塞，外在嗜欲去除，生生元氣得以「築固靈株」、「溫養子珠」，爲人能延年卻期，長生久壽的首要條件。在固守元氣之後要使其間陰陽五行相生作用源源不絕，生生不已，且和順調暢溝通於五臟六腑間，才能使元氣不滅、神氣滿室而不泄漏，心性清靜專一，復歸初始之道，而到達長生不朽的道教修養最高境界，故《參同契》云：「凝精流形，金石不朽」。因此，如何鍛鍊體內精氣便成爲固守元氣之後的重要課題〔註 196〕。

《參同契》認爲元精之氣無法滿盈而泄漏之因，在於體內陰陽五行之氣失序，導致五臟之氣無法生生流行不已，因此，要使體內五臟之氣生生不息，關鍵在於修煉體內陰陽五行之氣。《參同契》云：「腎黑爲子，心赤爲女，脾黃爲祖，子五行始。三物一家，都歸戊己〔註 197〕」，腎五行屬水，水性就下，屬陰，心五行屬火，火性炎上，屬陽，脾五行屬土，爲五行初始根源。由此

〔註 194〕（五代）彭曉撰、（明）涵蟾子編：《金丹正理大全周易參同契眞義》三卷，卷下，頁 158。

〔註 195〕同註 194，卷中，頁 111。

〔註 196〕賴錫三云：「《參同契》也強調這種純粹性養，自然也能達到『黃中漸通理，潤澤達肌膚』、『氣布精流』的身體氣化境界。想必，《參同契》繼承了那種秦漢之際以來的氣化觀點，認爲生命的本質在於元氣，而身體只是精氣所化生的場所，乃爲精氣所滋生充沛。所以，當內修養性而使內在精氣神因專注而順暢且提升時，這個場所化的身體也很自然地會受到滋潤提升，甚至轉化。」賴錫三：〈《周易參同契》的「先天—後天學」與「內養—外煉一體觀」〉，頁 134。

〔註 197〕同註 194，卷中，頁 116。

可知，修煉五行之氣的關鍵在於鍛煉體內腎水、心火之氣，使腎水之氣上升，心火之氣下降，「乾動而直，氣布精流；坤靜而翕，爲道舍廬〔註198〕」，陰陽相生結合，脾臟之氣便可源源不絕，充盈於形體之中。

> 朔旦屯直事，至暮蒙當受，晝夜各一卦，用之依次序〔註199〕
>
> 既未至晦爽，終則復更始，日辰爲期度，動靜有早晚。〔註200〕

修煉體內五臟之氣時，《參同契》強調須順天應時，也就是順應天道運行陰陽消息變化時序來進行凝精煉氣修養功夫。以三十日每日旦暮言之，初一朝用屯卦，暮用蒙卦，三十日朝用既濟，暮用未濟，《參同契》認爲每日早晚陰陽二氣變化不同，白天陽氣漸增，陰氣減弱，午後陰氣增強，陽氣潛藏，故早晚須分別依據不同卦氣變化作爲進符退火之修煉次序，每月始於屯蒙，終於既濟未濟，周而復始，輪轉不息。

除了言每月每日用卦次第之外，《參同契》更進一步強調每日十二辰煉氣之進符退火之陰陽二氣變化法則。

> 春夏據內體，從子到辰巳，秋冬當外用，自午訖戌亥。〔註201〕
>
> 賞罰應春秋，昏明順寒暑，爻辭有仁義，隨時發喜怒，如是應四時，五行得其理。〔註202〕

《參同契》以四時與十二辰相配，說明一日修煉養氣的陰陽消息次序，「自子丑寅爲春，卯辰巳爲夏，陽火候也。午未申爲秋，酉戌亥爲冬，陰符候也。乃於十二時中，運其火符，應此四時五行，昏明寒暑〔註203〕」，十二辰中，子時至巳時陽氣漸增至極盛，此時煉氣應進陽火，配合陰陽消長而加強運氣養身。午時至亥時陰氣漸增至極盛，此時煉氣應退陰符，配合陰氣漸強而收斂其氣。

《參同契》以陰陽五行與卦氣次序，說明修身煉氣必須遵循陰陽消息盛

〔註198〕（五代）彭曉撰、（明）涵蟾子編：《金丹正理大全周易參同契眞義》三卷，卷中，頁96。

〔註199〕彭曉注：「凡運晝夜陰陽升降火數，皆依約卦爻晝夜各一卦直事，始以屯蒙二卦爲首，朝屯暮蒙，從此爲次敘也。」同註198，卷上，頁19。

〔註200〕彭曉注：「既未者，既濟未濟二卦也。晦爽者，晦朔陰陽明暗，往復也。日辰爲期度，動靜有早晚者，謂陽屬動，陰屬靜，於十二辰中，早晚分隔，陰陽升降火數，周而復始，更互用之也。」同註198，卷上，頁19～20。

〔註201〕同註198，卷上，頁20。

〔註202〕同註198，卷上，頁20。

〔註203〕同註198，卷上，彭曉注，頁21。

衰之理，與四時終而復始輪轉不息之規律，如此才能透過合於天道自然理序，使體內陰陽五行之氣與天道相互感應，以至生生不息，滿盈閉藏與體內，達到道教煉氣修養終極目的。

> 惟昔聖賢，懷玄抱眞，伏鍊九鼎，化跡隱淪，含精養神，通德三光，津液輳理，筋骨緻堅，眾邪辟除，正氣常存，積累長久，變形而仙。

〔註 204〕

綜上所述，《參同契》提出虛無安靜、凝精流形，希望從精神層面的虛靜養神、去除嗜欲，到形質層面的含精煉氣、生生不息，強調「懷玄抱眞」、「含精養神，通德三光」，使形體內陰陽二氣作用和諧，進而讓形體間有形之血氣流行，耳目口三光閉塞勿泄、五臟之氣作用調和，筋骨強健，與無形之神氣滿室，精神清明，心志專一，思慮判斷清晰，如此，便可使元精充盈，正氣長存體內，自然能返性於初，道成德就，趨吉避凶，長生久壽，歸根返元，趨近天道，變化成仙〔註 205〕。而《參同契》的「含精養神」之說也成爲道教「煉精化氣，煉氣化神，煉神還虛」修煉內丹之說的根源〔註 206〕。

且更進一步，《參同契》提出「伏鍊九鼎，化跡隱淪」，帶入道教煉丹服食修養思想，希望在「投靈山，絕常交，結仙友，隱密潛修，晝夜無怠」的反覆修煉之下達到「變形而仙」，道教修養論終極目標卻期延命，長生不死的眞人神仙的境界。由此可看出《參同契》在道家修養功夫的基礎之上，結合陰陽五行與《周易》卦爻法則，發展至道教外丹服食煉丹之術的理論過程。

〔註 204〕（五代）彭曉撰、（明）涵蟾子編：《金丹正理大全周易參同契眞義》三卷，卷下，頁 123。

〔註 205〕趙中偉云：「道教認爲精的消耗，就是對生命的消耗，精盡之時，即是生命的完結之時。因此，安養身心的根本在於含精。」趙中偉：《道者，萬物之宗：兩漢道家形上思維研究》，頁 445。鍾肇鵬云：「《參同契》融會黃老、爐火、《周易》三者爲一。借爻象以明內外丹之道。關于內丹修煉的『精』『氣』『神』三者都講到了，……其要點爲（1）含養『精』『神』，使精液達于三田，至于肌膚湊理，則筋骨堅強，正氣長存，邪氣消除。……（2）最早提出『性』『命』與修煉養生的關係，內丹家煉精、氣、神，性命雙修時導源于此。（3）主張積久漸修，所以說：『修之不輟修』，『纍積長久，變形而仙。』」鍾肇鵬：〈論精氣神〉，頁 210。

〔註 206〕劉精誠云：「總之，《參同契》強調要鍛鍊內在的精氣神，以神運精氣，結而成丹。此書已基本具備了後來道教的『煉精化氣』、『煉氣化神』，最後到『煉神還虛』的一些基本步驟。因而，此書一直被唐宋以後內外丹家奉爲理論基礎，被奉爲『丹經之祖』。」劉精誠：《中國道教史》，頁 66。

二、金以砂為主，稟和於水銀。變化由其眞，終始自相因

> 務在順理，宣耀精神，神化流通，四海和平，表以為曆，萬世可循，敍以御政，行之不繁，引內養性，黃老自然，含德之厚，歸根反元，近在我心，不離己身，抱一毋舍，可以常存，配以伏食，雄雌設陳，挺除武都，八石棄捐。〔註207〕

《參同契》的修養論除了內在心性與含精養神的修養功夫之外，更強調外在服食煉丹之術對形體修養的重要性，是邁向卻期延命，變化成仙的重要步驟，因此，全書在陰陽五行與黃老、《周易》的思想理論之下，建立起道教煉丹術的理論、過程與方法，「從化學史的角度說，《參同契》可以說是為中國古代的煉金術奠定了基礎，也是世界上保留下來的最早的煉金術的著作。從易學史的角度看，此書以《周易》中的陰陽說，特別是漢易中的卦氣說，解釋煉丹術，標誌著漢易發展的另一傾向，成為後來道教易學的先驅〔註208〕」，以下就《參同契》煉丹術理論、過程、步驟與目標作一整理論述。

（一）偃月法爐鼎

> 圓三五，寸一分，口四八，兩寸唇，長尺二，厚薄均。腹臍三，坐垂溫。〔註209〕

關於煉丹鼎器結構，《參同契》中作出敘述與規範，「圓三五」，彭曉注云：「鼎周圍一尺五寸，中虛五寸，文張隨註云：此名太一爐，圓象天，方象地，狀若蓬壺，亦如人之身形，三層象三丹田也，故三光、五行、四象、八卦，盡在其中矣。〔註210〕」鼎爐之狀象天圓地方，分為上中下三層，象徵天地人，又象修煉之人身，亦分為上中下三丹田，因此，不論是天地間三光日月星、五星、四時、八卦節氣之理，或人身中三光耳目口、五臟、四肢、八卦卦氣流行，以至於以鼎爐鍛煉長生之還丹過程，其中皆蘊含三光、五行、四象、八卦相生相剋變化之理。是故不論天地運行之理，亦或內丹、外丹修煉功夫，皆以其鼎爐為變化修煉之基礎。

〔註207〕（五代）彭曉撰、（明）涵蟾子編：《金丹正理大全周易參同契眞義》三卷，卷下，頁138。
〔註208〕朱伯崑：《易學哲學史》全四卷，第一卷，頁246。
〔註209〕同註207，卷下，頁142～143。
〔註210〕同註207，卷下，頁142。

「寸一分，口四八，兩寸唇，長尺二，厚薄均，腹臍三，坐垂溫」，彭曉云：「厚一寸一分。口偃開，如金之鍋釜，卧唇仰折，周圍約三尺二寸，明心橫有一尺。立唇環匝高二寸。鼎通身長一尺二寸，上水入鼎八寸。通身厚一寸一分，令均勻也。鼎通身腹底通直，令上中下等。鼎懸於竈中不著地，懸胎鼎是也。〔註211〕」此言鼎爐規格。鼎爐須通身厚一寸一分，使其均勻，丹藥才能在其間優游變化，而鼎爐通身由口至腹至底須上中下等分，以象天地人、三丹田三者齊正，煉丹時須將鼎爐懸吊於爐火之上，加以鍛煉，丹藥作用才能聚集其間產生陰陽相剋、還原再生的力量，煉爲金丹。

旁有垣闕，狀似蓬壺。環匝關閉，四通踟躕。守禦密固，閼絕奸邪。曲閣相通，以戒不虞。〔註212〕

「環匝關閉，四通踟躕。守禦密固，閼絕奸邪」，鼎爐於煉丹時首重守禦密固的工作，也就是鼎爐必須完全密封，使鍛煉還丹的作用能完全閉塞固守於鼎爐之間，勿使泄漏，如此才能使陰陽二氣確實作用其間，不使邪氣進入影響鉛汞還原、陰陽相剋作用的完成，而此爲煉丹關鍵，不可不慎。

（二）首尾武，中間文

陰在上，陽下奔。首尾武，中間文。始七十，終三旬，二百六，善調勻。〔註213〕

煉丹時火候的掌控也至爲關鍵，此言陰陽作用對煉丹與火候的影響，「陰在上，陽下奔」，煉丹時以水至於鼎廬中，水爲陰，水性就下，下以火鍛煉之，火爲陽，火性炎上，在水火、陰陽交互作用之下，鼎爐中的丹藥鉛汞於其間鍛煉燒製完成。「首尾武，中間文。始七十，終三旬，二百六，善調勻」，燒煉時的火候，應順應十二消息卦氣間陰陽二氣消長原則進行，彭曉云：「巳午是陰陽界，分巳爲陽子尾，午爲陰亥首，故火武也。巳午兩向中間，陰陽進退，各得其中，故火文也。七十，三旬，二百六，都合三百六十日，應周天火數也，於其間細意調勻火符，不令失天地之大數〔註214〕」。乾卦建巳，陽氣極盛，姤卦建午，陰氣始萌，此爲陰陽消長之界，由子至巳，陽氣漸增，燒

〔註211〕（五代）彭曉撰、（明）涵蟾子編：《金丹正理大全周易參同契眞義》三卷，卷下，頁142～143。

〔註212〕同註211，卷上，頁47。

〔註213〕同註211，卷下，頁144～145。

〔註214〕同註211，卷下，頁144～145。

煉當進陽火，由午至亥，陰氣漸增，燒煉當退陰符〔註215〕，故《參同契》言由冬至子時始七十日，與夏至終前三十日，鍛煉當用武火，其餘中間二百六十日，鍛煉當用文火，此為煉丹火候之術之規律，應仔細均匀掌握調和，以應周天陰陽二氣消息變化次第，而朱伯崑認為此理之根源為月體納甲之說〔註216〕。

（三）金以砂為主，稟和於水銀

知白守黑，神明自來，白者金精，黑者水基。水者道樞，其數名一。陰陽之始，玄含黃芽。五金之主，北方河車。故鉛外黑，内懷金華，被褐懷玉，外為狂夫。〔註217〕

此言煉丹丹藥，白為汞，黑為鉛，鉛汞燒煉，變化生成還丹〔註218〕「大黍米〔註219〕」。根據陰陽五行相生相剋之理，《參同契》論述煉丹藥物鉛汞之性質與變化。所謂鉛，《參同契》云：「五金之主，北方河車。故鉛外黑」、「偃月法爐鼎，白虎為熬樞〔註220〕」，鉛又稱為金、胡粉，為還丹之母，五行屬金，金象西方，獸白虎。八卦象坎，坎為水，水色黑，象月，屬陰。坎卦卦象為二陰中一陽，象坎中有眞金，色白，如鉛外黑內含白金，故云：「玄含黃芽」、「黃芽鉛〔註221〕」、「内懷金華，被褐懷玉，外為狂夫」〔註222〕。

火記不虛作，演易以明之。偃月法爐鼎，白虎為熬樞；汞日為流珠，青龍與之俱。舉東以合西，魂魄自相拘。〔註223〕

〔註215〕《參同契》云：「自子丑寅為春，卯辰巳為夏，陽火候也。午未申為秋，酉戌亥為冬，陰符候也。」（五代）彭曉撰、（明）涵蟾子編：《金丹正理大全周易參同契眞義》三卷，卷上，頁21。

〔註216〕朱伯崑云：「火候有兩種：一是文火，一是武火。減炭為文火，即溫火；加炭為武火，指火勢加劇。就一個月說，十五以前用文火，十五以後用武火。就一年說，冬至後減炭，用文火；夏至後加炭，用武火。火候隨月亮的盈虧和四時的寒溫而變化。」朱伯崑：《易學哲學史》全四卷，第一卷，頁258。

〔註217〕同註215，卷上，頁43。

〔註218〕《參同契》云：「巨勝尚延年，還丹可入口。金性不敗朽，故為萬物寶」；「色轉更為紫，赫然稱還丹。粉提以一丸，刀圭最為神」、「金來歸性初，乃得稱還丹」。同註215，卷上，頁56、66、68。

〔註219〕同註215，卷下，頁129。

〔註220〕同註215，卷上，頁52。

〔註221〕同註215，卷下，頁145。

〔註222〕彭曉云：「故鉛外黑内懷金華者，諸鉛未化白金之前，混於礦内，外貌黑而内藏金華，猶被褐懷玉之狂夫也。」同註215，卷上，頁44。

〔註223〕同註215，卷上，頁52～53。

丹砂木精，得金乃并，金水合處，木火爲侶。四者混沌，列爲龍虎，龍陽數奇，虎陰數偶。〔註 224〕

所謂汞，《參同契》云：「汞日爲流珠，青龍與之俱」、「丹砂木精」，汞又稱爲砂、水銀，爲煉丹之藥，五行屬木，象東方，獸青龍。八卦象離，離爲火，火色白〔註 225〕，獸朱雀，象日。離卦卦象爲二陽中一陰，象離中有眞水，水五行生數爲一，象陰陽變化之始〔註 226〕，色黑，如汞爲金石但流動若水。

由此可知，《參同契》將鉛汞性質以陰陽五行卦氣之理相互搭配：言鉛，指坎卦象水，五行屬金；汞，指離卦象火，五行屬木，故云鉛汞相生，如「金水合處，木火爲侶」。《參同契》同時結合陰陽五行與卦氣相生之理，詮釋鉛汞相生變化情形，然一切變化皆以陰陽相生爲基礎，「復有陰陽反復之道，水火相須之理，造化生成之徑〔註 227〕」，透過鉛汞性質變化關係，帶出正是因爲鉛汞卦象裡陰中有陽，陽中有陰，陰陽相生，才能煉成還丹，故陰陽相生才是萬物之所以造化生生之根基，才是《參同契》丹道之理論基礎〔註 228〕。

金爲水母，母隱子胎。水者金子，子藏母胞。眞人至妙，若有若無。髣髴大淵，乍沉乍浮。退而分布，各守境隅。〔註 229〕

鉛汞之間的關係如母與子，根據五行相生之理，金生水，水生木，故「金爲水母，母隱子胎」，金爲水之母，水爲木之母，象眞金生鉛汞，並潛藏其間，故云：「水者金子，子藏母胞」，水生於金，故水中蘊含有金，如鉛外色黑，水色黑，其中蘊含有金，金色白。汞色白，但其中蘊含眞水，水色黑。由此

〔註 224〕（五代）彭曉撰、（明）涵蟾子編：《金丹正理大全周易參同契眞義》三卷，卷中，頁 116。

〔註 225〕彭曉云：「火數遇陰，云火白是也，金水得用，故多白少赤。」同註 224，卷下，頁 145。

〔註 226〕《參同契》云：「水者道樞，其數名一。」彭曉云：「水數一，爲天地陰陽五行萬物之始也，水一，火二，木三，金四，土五是也。」同註 224，卷上，頁 43。

〔註 227〕同註 224，卷下，頁 157。

〔註 228〕馬宗軍云：「《參同契》以『坎離』爲煉丹的藥物。『坎離』二卦一爲陰中含陽之象、一爲陽中含陰之象，分別指水、火等相對相剋、成雙成對的兩類事物。在外丹，指燒煉金丹的原料鉛和汞；在內丹，指維持人的生命的先天元素——元精（元氣）和元神。今以人身論之，則陽性爲乾，陰性爲坤。陰中之陽爲坎（即所謂虎之弦氣），陽中之陰爲離（即所謂龍之弦氣），是乾坤之二用。……其中『坎』爲元精或元氣，離爲元神。」馬宗軍：《《周易參同契》研究》，頁 115。

〔註 229〕同註 224，卷上，頁 44。

可知，鍛煉鉛汞製成還丹的過程，《參同契》運用五行相生之理，詮釋鉛汞性質間的相互關係，同時也遵循陰陽坎離之理，說明陰中有陽，陽中有陰，陰陽相生相成爲萬物生化基礎，缺一不可〔註 230〕。綜上所述，今將鉛汞關係整理列表觀之。

	別稱	八卦	色	日月	男女	五行	五行相生	五方	五獸	五臟
鉛	金 黃芽 胡粉	坎水 ☵	黑 水色黑，內白金顯	月 月中有兔，陰含陽	雄金 男	金	金生水，母生子	西	白虎	肺白爲母，腎黑爲子
汞	水銀 砂 丹砂 木精	離火 ☲	白 火色白，內有眞水	日 日中有烏，陽含陰	雌火 女	木	木生火，父生女	東	青龍	肝青爲父，心赤爲女

陰火白，黃芽鉛。兩七聚，輔翼人。贍理腦，定昇玄。子處中，得安存？來去遊，不出門。漸成大，情性純。卻歸一，還本原。〔註 231〕

胡粉投火中，免壞還爲鉛。冰雪得溫湯，解釋成太玄。金以砂爲主，稟和於水銀。變化由其眞，終始自相因。〔註 232〕

但若欲鍛煉還丹，使鉛汞性質改變，還原爲初始金丹，便須要運用五行相剋之理，《參同契》云：「陰火白，黃芽鉛」、「胡粉投火中，免壞還爲鉛。冰雪得溫湯，解釋成太玄。金以砂爲主，稟和於水銀」，煉丹時須將鉛汞置入

〔註 230〕盧國龍云：「煉丹術始於漢初，當時即有人燒煉鉛丹，如《淮南子・人間訓》說：『鉛之與丹，異類殊色，而可以爲丹者，得其數也。』青白色的礦物質鉛，經過燒煉能變成紅色的丹，紅色的丹砂經過燒煉則變成白色的汞，這兩種看起來正好相反的化學現象，在《參同契》流系的丹道理論中就被解釋爲陰陽互含。鉛是陰中含陽，本來的青白色，與五行色中的北方水、黑色相近似，陰含陽又正符合八卦方位中北方的坎卦卦象；丹砂是陽中含陰，本來的赤色正如南方火、赤色相同，陽含陰則符合南方的離卦卦象。這一系列的巧合，不但使《參同契》『因《易》以明之』，即援引甚談八卦九宮、五行方色的漢《易》象數學發明丹道原理，同時也強化了鉛汞即陰陽精氣的觀念。」盧國龍：〈論唐五代道教的生機觀——《參同契》與唐五代道教的外丹理論〉，收入陳鼓應編《道家文化研究》第 11 輯：道教易專號（北京：生活、讀書、新知三聯書店，1997 年 10 月），頁 102。

〔註 231〕（五代）彭曉撰、（明）涵蟾子編：《金丹正理大全周易參同契眞義》三卷，卷下，頁 145～146。

〔註 232〕同註 231，卷上，頁 58。

鼎爐密封懸吊，下以武火、文火按陰陽卦氣時序鍛煉，「兩七聚，輔翼人」，五行相剋關係爲火剋金，因此，當鉛汞遇火時，鉛如白虎之氣，汞如青龍之氣，兩者交互作用，便會產生還原反應〔註233〕，「瞻理腦，定昇玄。子處中，得安存」，鉛汞之氣於鼎爐中升降化育，使原先潛藏於鉛汞間之眞金得以還原析出，「來去遊，不出門。漸成大，情性純」，陽氣上升，陰氣下沉，陰陽坎離之氣於密封之鼎爐間升降沉浮，如「眞人至妙，若有若無。髣髴大淵，乍沉乍浮。退而分布，各守境隅〔註234〕」，終使眞金上升，水銀下沉，逐漸凝結完成，還原爲眞金，還丹煉成。「變化由其眞，終始自相因」，如冰雪遇熱化爲初始之水一般，皆因本質是一，爲陰陽五行之氣，故能產生氣類相感，同氣相求變化，最終到達歸一還原之境。

> 乾坤者，易之門户，眾卦之父母。坎離匡郭，運轂正軸。牝牡四卦，以爲橐籥，覆冒陰陽之道，猶工御者，準繩墨，執銜轡，正規矩，隨軌轍，處中以制外，數在律曆紀。月節有五六，經緯奉日使，兼并爲六十，剛柔有表裏。〔註235〕

除此之外，彭曉云：「魏公謂修金液還丹，與造化同途，因托易象以論之，莫不採天地混沌眞一之氣，而爲根基〔註236〕」，彭曉認爲《參同契》以陰陽乾坤坎離變易之道說明煉丹鼎爐、丹藥與火候〔註237〕。其中「乾坤」指鼎爐，「易」指丹藥生成，「坎離」指藥物，坎爲鉛，離爲汞，亦指水火，火指藥物蒸餾，水指藥物熔爲液體〔註238〕。而煉丹時要注意火候，故云：「牝牡四卦，以爲橐

〔註233〕彭曉云：「兩七者，後篇云青龍處房六兮，白虎在昴七兮，喻青龍七宿之氣，與白虎七宿之氣，合聚神胎，輔翼而生靈汞眞人也，緣鼎器立三才，中宮爲人，故中篇云：眞人潛深淵，浮游守規中是也。」（五代）彭曉撰、（明）涵蟾子編：《金丹正理大全周易參同契眞義》三卷，卷下，頁145～146。

〔註234〕同註233，卷上，頁44。

〔註235〕同註233，卷上，頁15～17。

〔註236〕同註233，卷上，頁15～16。

〔註237〕盧國龍云：「《參同契》之所謂『易』，模糊的指意或許也涉及六十四卦之體系，但更明確的指意無疑是坎離日月，『日月爲易』、『易謂坎離』是《參同契》的基本觀念，坎離日月則又隱喻鉛汞藥物。鉛汞在爐鼎中的交合，被擬義爲日月在天地間的輪轉而氣交，反過來說，天地間的無窮造化就顯示出爐鼎內的秘密。」盧國龍：《道教哲學》（北京：華夏出版社，1998年1月），頁482。

〔註238〕賴錫三云：「天地陰陽的交錯化生之理，乃是普遍性地或隱含、或彰顯地呈現在人、事、物之中；而且，陰陽交媾以化生之理，乃是來自天生原成的自然之理，並非後天學習和約定俗成的。同理可知，《參同契》的煉丹一事也不例

籥，覆冒陰陽之道，猶工御者，準繩墨，執銜轡，正規矩，隨軌轍」，煉丹火候控制須像駕馭馬車般謹慎，並配合陰陽卦氣律曆變化，才得以完成「修金液還丹」的過程，由此可知，《參同契》以陰陽易卦之理作爲丹道之理的基礎，進而以卦氣說詮釋煉丹的全部過程。〔註239〕

（四）三物相含受，變化狀若神

以金爲隄防，水入乃優游。金計有十五，水數亦如之。臨爐定銖兩，五分水有餘。二者以爲眞，金重如本初。其三遂不入，火二與之俱。三物相含受，變化狀若神。下有太陽氣，伏蒸須臾間。先液而後凝，號曰黃轝焉。〔註240〕

還丹煉製過程極爲繁複，根據《參同契》記載由鉛汞要製爲還丹大致須經過三個過程。第一，由鉛汞凝結還原爲金丹，《參同契》言當鉛汞進入鼎爐之中，鉛中眞金便在水銀汞之隄防之下產生氣化反應，陰陽二氣上下升降，如入水中優游。鉛汞變化與五行生成數變化相應，「金計有十五，水數亦如之」，鉛汞還原爲眞金的過程，如同五行相生，以土爲四行之祖，鉛爲金、汞爲水屬木，加上火之鍛煉，還原爲眞金爲土，土天干配戊己〔註241〕，知水數爲五行始，在「金火木三物同功，首尾造化，俱歸戊己者，是故脾黃爲藥之祖也〔註242〕」，其生成之數爲十五。

「二者以爲眞，金重如本初。其三遂不入，火二與之俱」，二者，鉛汞於陰陽五行生剋變化中還原爲眞金，眞金本蘊含於鉛汞中，故經還原變化重量不變，三物爲金火木，其三者眞土也，土爲金火木之祖，故能無所不入，發生陰陽五行生剋還原變化，火二者爲鉛汞，鉛爲金爲坎屬水、汞爲水爲離屬火。

外，本來就隱含陰陽造化之密於其中；甚至煉丹一事乃如同天地創化萬物的重現、或者至少也是和天地造化同構的。所以，《參同契》乃以「乾坤」兩卦來象徵鼎爐（代表陰陽活動的場域），而「坎離」兩卦即象徵藥物（代表陰陽精氣的活動本身），而其餘六十卦即象徵火候（代表陰陽精氣的運行律則）。」賴錫三：〈《周易參同契》的「先天—後天學」與「內養—外煉一體觀」〉，頁119。

〔註239〕朱伯崑：《易學哲學史》全四卷，第一卷，頁249。

〔註240〕（五代）彭曉撰、（明）涵蟾子編：《金丹正理大全周易參同契眞義》三卷，卷上，頁64。

〔註241〕《參同契》：「金水合處，木火爲侶。四者混沌，列爲龍虎，龍陽數奇，虎陰數偶。肝青爲父，肺白爲母，腎黑爲子，心赤爲女，脾黃爲祖，子五行始。三物一家，都歸戊己。」同註240，卷中，頁116。

〔註242〕同註240，卷中，彭曉注，頁117。

因此，於鼎爐間「三物相含受，變化狀若神。下有太陽氣，伏蒸須臾間。先液而後凝，號曰黃轝焉」，太陽氣爲子時復卦初始精妙陽氣。當鉛汞遇火產生五行相剋反應，陰陽五行之氣作用其間，升降變化玄妙，在太陽精氣的伏蒸之下，原爲液體之鉛汞逐漸凝結爲初始金丹，象金火木還原爲眞土，土色黃，故號曰黃轝〔註 243〕。

先白而後黃兮，赤黑達表裏。名曰第一鼎兮，食如大黍米。自然之所爲兮，非有邪僞道。〔註 244〕

金丹變化先白後黃，如鉛汞作用中鉛色外黑內白，汞色白中蘊含眞水，水色黑，鉛汞還原，內白金顯，故色先白。初始白金繼續鍛煉，在金火木作用下眞金凝結而成，故色後黃。而原先赤黑之表逐漸因陰陽五行與太陽精氣之作用下，由液體還原爲眞金之狀，「名曰第一鼎兮，食如大黍米」，此爲丹藥第一變化過程，自鉛汞變化爲「黃轝」、「金砂黃芽」，由於初始金丹狀如黍米大，故號曰大黍米〔註 245〕。

歲月將欲訖，毀性傷壽年。形體爲灰土，狀若明窗塵。〔註 246〕

第二，初始金丹煉成後，配合時序與陰陽五行變化，再加以鍛煉，毀壞鉛汞還原初始金丹之性，回歸五行之祖土德之土的狀態，此時金丹化爲灰土般輕盈細微若窗上微塵之狀〔註 247〕。此爲丹藥變化的第二時期。

〔註 243〕彭曉云：「既產金砂，母亦不損，故云金重如本初也。其三遂不入者眞土也，金火木爲三物，被水火二者，遂辰與之俱入器中，乃得三性和會，二味相拘，變化若神也。金母始因太陽精氣伏蒸，遂能滋液而後凝結，是名黃轝焉。」（五代）彭曉撰、（明）涵蟾子編：《金丹正理大全周易參同契眞義》三卷，卷上，頁 65；張濤云：「在談及丹藥形成時，《參同契》提出『三五與一』說，用五行生剋關係來闡明鉛汞加溫起反應而轉化爲金丹的過程。」張濤：《秦漢易學思想研究》，頁 371。

〔註 244〕（五代）彭曉撰、（明）涵蟾子編：《金丹正理大全周易參同契眞義》三卷，卷下，頁 129。

〔註 245〕彭曉云：「內胎金水變化之狀，先白者，乃金吐玉液也。後黃者，乃液變黃芽也。赤黑達表裏者，水火陰陽精氣通達胎氣也。金液還丹，爲第一鼎者，號曰金砂黃芽也。古文龍虎經曰：穀爲金精，水環黃液是也。日食一粒，如黍米大，三年限滿，白日沖天，又曰眾丹之靈跡，長生莫不由，蓋道門有二十四品大丹，皆由第一鼎。金砂黃芽而始，若不由此而始者，乃旁門有質之藥，非金液還丹之列也。」同註 244，卷下，頁 130～131。

〔註 246〕同註 244，卷上，頁 64～65。

〔註 247〕彭曉云：「以至周星，陰陽五行，功考互滿，退位藏形，盡歸功於中宮黃帝土德也。故云毀性傷壽年，歸土德而化土，則精神狀若明窗塵也」。同註 244，卷上，頁 65。

擣治并合之，持入赤色門。固塞其際會，務令致完堅。炎火張於下，晝夜聲正勤。始文使可修，終竟武乃陳。候視加謹慎，審察調寒溫。周旋十二節，節盡更須親。氣索命將絕，體死亡魂魄。色轉更爲紫，赫然稱還丹。粉提以一丸，刀圭最爲神。〔註 248〕

第三，《參同契》強調火候的重要，故曰進入「赤色門」，此時須將煉丹根基鼎爐密封完固，使丹藥安於鼎中，加強火候鍛煉。爲使陽氣上升，陰氣沉降，火候方面應隨晝夜月之晦朔變化，子至巳時，爲一日之初，應用文火，午至亥時，一日終結，應用武火，終而復始，自子至亥時，火候以應一日十二節氣，反覆鍛煉，當陰陽五行之氣鍛煉終結，原先輕微之土色變化爲紫金，以刀圭提煉揉製丹丸，具神妙長生之效之還丹完成〔註 249〕。〔註 250〕

巨勝尚延年，還丹可入口。金性不敗朽，故爲萬物寶。術士服食之，壽命得長久。土遊於四季，守界定規矩。金砂入五內，霧散若風雨。薰蒸達四肢，顏色悅澤好。髮白皆變黑，齒落生舊所。老翁復丁壯，耆嫗成姹女。改形免世厄，號之曰眞人。〔註 251〕

巨勝，胡麻也〔註 252〕，《參同契》發現人食胡麻得以益壽延年，了解到透過飲食不易腐敗的植物，可使壽命延長之理，而眞金不朽，道教視爲「天地元氣之祖」、「萬物之母」，故希望透過煉丹服食，達到長生久視、羽化仙壽的目標。

〔註 248〕（五代）彭曉撰、（明）涵蟾子編：《金丹正理大全周易參同契眞義》三卷，卷上，頁 66。

〔註 249〕彭曉云：「擣治丹基，堅完固濟，然後安鼎內，號曰赤色門。上水流下，下火炎上，晦朔進退，晝夜昇降，文發子初，武隨巳止，午起陰符，以至於亥，運之否泰，調以寒溫，十二節終，終則更始，一周火足，魂魄改形，轉爲紫金，赫然成丹，符之一粒，刀圭便成神妙之功，述無盡已」。同註 248，卷上，頁 66～67。

〔註 250〕朱熹言丹藥三變：「以金爲隄防，水入乃優游。金計有十五，水數亦如之。臨爐定銖兩，五分水有餘。二者以爲眞，金重如本初。其三遂不入，火二與之俱。三物相含受，變化狀若神。下有太陽氣，伏蒸須臾間。先液而後凝，號曰黃轝焉」，此言丹之第一變也。「歲月將欲訖，毀性傷壽年。形體爲灰土，狀若明窗塵」，此似第二變也。「擣治并合之，持入赤色門。固塞其際會，務令致完堅。炎火張於下，晝夜聲正勤。始文使可修，終竟武乃陳。候視加謹慎，審察調寒溫。周旋十二節，節盡更須親。氣索命將絕，體死亡魂魄。色轉更爲紫，赫然稱還丹。粉提以一丸，刀圭最爲神」，此第三變也。（宋）朱熹：《周易參同契註》二卷（臺北：藝文印書館，1962 年 6 月，影明《正統道藏》本），卷上，頁第十六～第十七。

〔註 251〕同註 248，卷上，頁 56～57。

〔註 252〕彭曉云：「巨勝，胡麻也，人食之尚得延年，況金液還丹入口，豈不長生乎？」同註 248，卷上，頁 57。

明者省厥旨，曠然知所由。勤而行之，夙夜不休。服食三載，輕舉遠遊，跨火不焦，入水不濡，能存能亡，長樂無憂。〔註 253〕

御白鶴，駕龍鱗，遊太虛，謁仙君，錄天圖兮號眞人。〔註 254〕

此言服食丹藥所達之長生成仙境界。《參同契》認爲透過鍛煉丹藥，配合節氣火候，化成紫金還丹，服食三年，夙夜終始不怠，三年之後，作用便可進入五臟四肢，使精氣流行，神氣滿盈，展現於外可使容貌顏色潤澤，白髮轉黑，落齒再生，返老還童，更可乘鶴駕龍，羽化飛仙，自由穿梭水火之中，由於太虛仙君之境，無憂無慮，成爲長生仙壽之眞人〔註 255〕，「這裡所描述的眞人與神仙形象有三：有突破肉體限制的能力，不被水火物質所滅；有超越時空的能力，能駕馭神物、長生不老；有免除輪迴的能力，能遨遊太虛，回歸永恆，與神格化的本體—太乙合眞〔註 256〕」，此爲道教修養的終極目標。

綜上所述可知，《參同契》的外丹之術主要是以五行生剋之理論述鉛汞鍛煉還原成金丹的過程〔註 257〕，加上《周易》卦氣消息變化作爲鍛煉丹藥的火候依據，奠定後世道教金丹之術的理論基礎，成爲道教煉丹術最早最完整的著述之一，故《周易參同契解》王夷跋云：「嘗聞先達高象先詩云：『金碧龍虎參同契，留爲萬古丹中王，又古今諸仙，多尊《參同契》爲丹法之祖』。〔註 258〕」

是非歷藏法，內視有所思，履行步斗宿，六甲次日辰。陰道厭九一，濁亂弄元胞。食氣鳴腸胃，吐正吸外邪。晝夜不臥寐，晦朔未嘗休。身體日疲倦，恍惚狀若痴。百脈鼎沸馳，不得澄清居。累土立壇宇，

〔註 253〕（五代）彭曉撰、（明）涵蟾子編：《金丹正理大全周易參同契眞義》三卷，卷上，頁 51～52。

〔註 254〕同註 253，卷下，頁 142～149。

〔註 255〕彭曉云：「還丹始生於眞金，金體故無敗朽，然眞金者，是天地元氣之祖，以爲萬物之母，道德經曰：『無名天地之始，有名萬物之母』是也。天地之先一氣，爲初而生萬象，金是水根，取爲藥基，是故眞金母能產金砂而成還丹也。土遊四季，爲丹道始終也。魏公喻後人修鍊服之神妙不同凡藥，此砂入口，如雲霧風雨，竟徑入五臟四肢，還童却老，變髮生牙，長生久視矣。」同註 253，卷上，頁 57～58。

〔註 256〕張國華：〈《周易參同契》創生本體論研究〉，頁 221。

〔註 257〕朱伯崑云：「其以五行配以某種藥物，有的還不是很清楚，需進一步探討。但以五行說明鉛、汞、丹砂、黃芽物質的性質及其轉變的形態，以五行相生和相克的關係說明上述物質加火後分解和化合的過程，最後融爲一體，成爲丹藥，這一點是清楚的。」朱伯崑：《易學哲學史》全四卷，第一卷，頁 256。

〔註 258〕（南宋）陳顯微撰：《周易參同契解》（臺北：台灣商務印書館，1983 年，景印清文淵閣《四庫全書》本），冊 1058，頁 622。

朝暮敬祭祠。鬼物見形象，夢寐感慨之。心歡意喜悅，自謂必延期，遽以夭命死，腐露其形骸。舉措輒有違，悖逆失樞機。諸術甚眾多，千條有萬餘，前却違黃老，曲折戾九都。〔註259〕

同時，《參同契》也提醒世人世間求得長生之術眾多，如：「是非歷藏法，內視有所思」，此爲內思之法，透過內在省視，存想修養之術。「履行步斗宿」，此爲七星步法，透過腳踩七星斗宿之形的科儀之術。「六甲次日辰」，此爲甲子、甲寅、甲辰、甲午、甲申、甲戌等六甲配合十二日辰之法。「陰道厭九一，濁亂弄元胞」，此爲混亂元胎之房中術。「食氣鳴腸胃」，此爲辟穀食氣之法。「吐正吸外邪」，此爲呼吸吐納之術。「晝夜不臥寐，晦朔未常休」，此爲運動導引之術。「累土立壇宇，朝暮敬祭祠」，此爲祭祀神靈之術。《參同契》認爲此皆爲世間僞技，只會導致形體勞累，精神疲倦，血氣無法得到清靜而背離黃老自然之道而終至死亡。是故，除了服食煉氣，體道守一之外，其他一切皆世間僞技，不可不慎。

綜上所述，《參同契》以黃老道家思想與《周易》陰陽消息觀爲基礎，完成內外丹道思想〔註260〕，成爲「萬古丹經之祖〔註261〕」，《參同契》由老莊心性修養觀出發，作爲其內丹煉氣養息之術的根本，再由內丹之術推演至外在煉丹服食之術，企圖透過煉氣與服食達到長生成仙之道教修養的終極目標，爲此建構出一套完整的道教道氣論內外丹道修養觀〔註262〕，故賴錫三云：「內養和外煉一體性工夫論基礎，是建基在元氣論這個存有論和世界觀〔註263〕」，由此可知，這不但對於內丹煉氣養氣之說之理論有更完整的闡發，尤其對後世道教服食煉丹之術的完整產生重大的影響。

〔註259〕（五代）彭曉撰、（明）涵蟾子編：《金丹正理大全周易參同契眞義》三卷，卷上，頁48～49。

〔註260〕張濤云：「《參同契》易學反映了漢代象數易學與煉丹術的結合，主旨在於援引《周易》以爲煉丹術的理論依據。其理論思維的核心內容是陰陽變化五行生剋理論。」張濤：《秦漢易學思想研究》，頁379。

〔註261〕（元）俞琰撰：《周易參同契發揮》，序第一。

〔註262〕張國華云：「內養之丹與外煉之丹既以爐火爲中介，則丹道修煉至此即從後天上轉先天，此爲『逆溯』。逆溯理論使《契》進一步結合陰陽五行、卦象而形成月體納甲、十二消息卦等概念，其借助煉丹術的火候術語，便形成圓滿的丹道與易道、大道結合之三道合一創生本體理論。」張國華：〈《周易參同契》創生本體論研究〉，頁220。

〔註263〕賴錫三撰：〈《周易參同契》的「先天—後天學」與「內養—外煉一體觀」〉，摘要，頁109。

第九章　漢代道氣論思想評價與影響

第一節　漢代道氣論思想比較

綜上所述，透過對《淮南鴻烈》、《老子指歸》、《老子想爾注》、《太平經》、《老子想爾注》、《周易參同契》的道氣論思想理論建構，可以看出六部典籍中的思想特色，同時也可看出漢代黃老道家思想逐漸轉變爲道教思想的過程中道氣論在其中扮演的重要位置，以下整理觀之。

一、漢代黃老道氣論思想

西漢初年，黃老盛行，《淮南》爲漢初黃老思想重要著作，在道氣論思想部分，《淮南》尊道爲形上初始本體，無形而超越，而氣爲道中蘊含關鍵元素，屬於道本氣化論，此外，《淮南》將一視爲道，轉化了《老子》道生萬物之說，強調道獨一無二、至高無上的特質，而這也成爲道教視道氣神是一，爲至高無上神祇的理論根源之一。在氣化宇宙論部分，《淮南》建構一龐大博雜氣化宇宙世界觀，並在天人相感、氣類相應的基礎之上，完成形氣神並重的氣化身體觀，爲復歸初始道境，《淮南》主張原心反性、虛靜專一、養神和氣之氣化身體觀。由此可知，《淮南》以陰陽氣化詮釋天地人事規範，修養觀方面仍強調內在心性修養，故成爲漢初集黃老道家思想之大成之作，然而其道氣論思想架構除了深刻影響其後黃老思想的發展，同時也爲道教道氣論思想的建立提供理論基礎。

西漢末年至東漢時期的《指歸》與《河上公章句》則是在《淮南》之後重要的黃老著作，比較《指歸》與《河上公章句》的道氣論思想發現，兩者在道氣論思想上仍以道爲尊，爲道本氣化論〔註1〕，對於道生萬物過程的論述皆言「道生一」，以一代替道作爲闡述道生萬物的具體過程，而氣則是一中重要元素，建構上下是一的氣化整體世界。而在氣化宇宙論部分，兩書皆發揮《老子》：「道生一，一生二，二生三，三生萬物〔註2〕」之宇宙生化過程，並以氣詮釋之，呈現出漢代黃老道家氣化宇宙論之特色。在心性身體觀與氣化修養論上，兩者皆指出氣的重要性，《指歸》言重神愛氣，《河上公章句》言愛氣養神，由此可看出兩者在黃老道家清靜無爲的修養觀上更加強調了養氣的重要性，而《指歸》所提出的重神愛氣修養觀，影響了道教形神不滅修養論的產生，成爲道教內丹修養思想的重要內容之一〔註3〕。此外，《河上公章句》呼吸吐納與五臟神觀念的提出更影響了其後道教修養觀與《太平經》心性身體觀中五臟神祇理論的建立，而「重神愛氣」、「愛氣養神」的氣化修養觀更影響了「道教往後所提倡的『煉精化氣，煉氣化神，煉神還虛，復歸虛無』〔註4〕」的養生觀的完成，成爲道教修養論的理論根源與基礎。

二、漢代道教道氣論思想

東漢末年，由於社會動盪不安，因此人民期待新的信仰產生，道教思想在這種社會風氣之下逐漸形成，此一時期，道教思想代表的著作爲《太平經》、《想爾注》、《參同契》，其中道氣論思想的轉變也成爲黃老道家思想轉變爲道教思想的重要關鍵之一。

〔註1〕王俊彥先生云：「自老子提出『道生一，一生二，二生三，三生萬物』一語，歷代詮釋者以道爲本體論，氣爲宇宙化生論爲大宗，……由宋明成熟的氣本論反溯漢代三家注老覺察《指歸》道本氣化論立場明確。《河上公》仍屬道本氣化論，但氣位階以提高近本體。」王俊彥：〈《老子指歸》、《老子道德經河上公章句》、《老子想爾注》的氣論〉，頁66。

〔註2〕此據馬王堆帛書乙本，缺文據通行本補。國家文物局古文獻研究室編：《馬王堆漢墓帛書【壹】》，乙本釋文，頁89。（魏）王弼註：《老子道德眞經》二卷，卷二，四十二章，頁462。

〔註3〕鍾肇鵬云：「《淮南子》和《老子指歸》都以神爲本，主張神不沒滅，這就爲後來道教的長生成仙和神不滅論，打下了理論基礎。」鍾肇鵬：〈論精氣神〉，頁205。

〔註4〕趙中偉：《道者，萬物之宗：兩漢道家形上思維研究》，頁361。

在《太平經》、《想爾注》、《參同契》的道氣論思想部分，雖然三者皆已爲道教著作，但可看出《太平經》屬於道本氣化論〔註5〕，其仍尊道爲初始本體，因此道爲至尊，道中有一，一爲初始元氣化生萬物，使元氣蘊含初始本體義與創生義，開啓後世對氣本論的討論。而《想爾注》、《參同契》皆視道即一即氣，屬於道氣本體論〔註6〕，由此可以看出道教本體論思想早期受到黃老思想影響，以至於轉變爲道氣本體論的過程。此外，《太平經》、《想爾注》在本體論的部分加入神祇觀，建構初期道教神仙系統，並將道與神置於同一位階，而「其後道教『一氣化三清』之說實由此濫觴〔註7〕」，這也爲道教神本論奠定理論基礎。

氣化宇宙論思想部分，《太平經》當中仍保有漢代黃老氣化宇宙論思想的特色，並在《周易・繫辭》的基礎之上建構出獨特的三合氣化整體世界，將一切事物綰合於陰、陽、和氣的三合架構當中。《想爾注》則以道教修養觀爲理論重心，因此除了提到「道炁常上下，經營天地內外，所以不見，清微故也〔註8〕」、「天地廣大，常法道以生〔註9〕」之外，並未對氣化宇宙生成觀提出詳細理論建構，由此可知《想爾注》已逐漸由黃老道家思想轉向道教著重修煉、養生的思想重心。《參同契》則是站在煉丹的角度出發，爲詮釋丹道與天地運行之道相通，《參同契》結合漢代黃老道家氣化宇宙觀以及漢易卦氣說，建構出陰陽卦氣宇宙觀，作爲煉丹術的理論基礎。因此，透過氣化宇宙論的比較也可看出道教著作受漢代黃老道家思想的影響，以及逐漸脫離氣化宇宙世界觀的論述，轉向強調道教養生修煉功夫的過程。

《太平經》與《參同契》在心性身體觀與氣化修養論的部分則是較爲相似，其與黃老道氣論相同處在於同樣以氣作爲建構形精氣神的理論基礎，而

〔註5〕張立文云：「這裡似乎出現道和氣兩個本原。其實，道比氣更根本。道不僅與元氣密切相聯繫，而且使天氣、地氣、人氣上下貫通，發生變化。離開道，氣就不能化變成萬物。……可見，《太平經》是以道爲萬物本原的。」張立文：《道》（臺北：漢興書局有限公司，1994年5月），頁109。

〔註6〕王俊彥先生云：「《想爾注》則直接將道氣並稱，蘊含了後世主張『無不能生有』，即道不能生氣思路的初緣，進而有後世將本體論，宇宙論統爲一氣流行的氣本論。」王俊彥：〈《老子指歸》、《老子道德經河上公章句》、《老子想爾注》的氣論〉，頁66。

〔註7〕梁宗華：〈道家哲學向宗教神學理論的切換——《老子想爾注》「道」論剖析〉，頁53。

〔註8〕饒宗頤：《老子想爾注校證》，頁17。

〔註9〕同註8，頁33。

最大的區別則是在於《太平經》指出道中有一，一者天也，天神也，而神的觀念除了天之氣、陽精之氣，亦指神靈，而《想爾注》更直接言道即氣即太上老君，因此人與神皆以氣爲本質，可相互貫通，也因此透過修養功夫便可體道便有機會進入長生不死的神仙境界。而受到黃老道氣論的影響，《太平經》、《想爾注》、《參同契》的修養論皆分爲內在心性修養與外在形體修煉兩部分，內在心性修養方面，延續黃老思想特色，主張虛靜專一，練氣養神便可復道歸根，在外在修煉部分，三者各自站在道氣是一的基礎之上提出存思、食氣、懸像、道誡、善功等等修煉功夫，企圖透過種種與道相通之方術能達到長生不死的境界〔註 10〕。而《參同契》則是第一部完整建構煉丹術理論基礎的著作，因此其內容詳細論述煉丹之鼎器、火候、丹藥與鍛煉丹藥的變化過程，完成了以道氣本體論與卦氣說爲本之丹道經典，對後世道教煉丹術的發展產生深刻影響。綜上所述，三部經典各自從不同角度出發，其目的皆是企圖爲道教建構理論基礎，達到長生不死的終極目標，而三者對道教道氣論思想內容的闡述，皆爲後世道教思想理論的成熟完整奠下良好的理論基礎，具有時代意義。

漢代道氣論思想歸納表

	道氣本體論		氣化宇宙論	氣化心性身體觀	氣化修養觀
	道氣論	一			
淮南鴻烈	道本氣化（宇宙生元氣）	道即一（一也者，無敵之道）	天地未形，馮馮翼翼，洞洞灟灟，故曰太始。太始生虛霩，虛霩生宇宙，宇宙生元氣，元氣有涯垠	精：精妙之氣 氣：血氣、氣志 神：精神 心：形之主、五藏之主	心性：原心反性、虛靜恬愉、養其神，和弱其氣，平夷其形
老子指歸	道本氣化（氣化連通）	道生一（一即道之子、德、氣）	道爲之無，德爲之始，神明爲經，太和爲紀，清濁爲家，萬物爲子	精：太和之氣 氣：血氣 神：神明、精神、陰陽二氣 心：身之主	心性：除情去欲、重神愛氣

〔註 10〕曾維加云：「《想爾注》中提出的這些寶精愛氣的修煉方法爲後世道教繼承發展，演變爲內丹修煉之術 」曾維加：〈從《太平經》與《老子想爾注》看早期道教神仙思想的形成〉，頁 245。

老子河上公章句	道本氣化（從道受氣）	道生一（一即道之子、德、元氣、道之精氣、太和之精氣	道始所生者一也，一生陰與陽也，陰陽生和、清、濁三氣，分爲天地人也，天地人共生萬物也	精：太和之精氣、道之精氣 氣：（身之本） 神：精神、五臟神 心：（道賦予人身之主宰）	心性：除情去欲、愛氣養神 形體：呼吸吐納
太平經	道本氣化（元氣行道）	道中有一（一即生之道，元氣所起、眾心之主）	氣之法行於天下地上，陰陽相得，交而爲和，與中和氣三合，共養凡物	形：太陰、包養萬物、主成 精：地之精、中和之精、主養 氣：中和之氣、主溝通 神：太陽天氣、陽精、主心、主生、神祇 心：五臟之主、心神、天之神	心性：清靜專一、愛氣尊神重精 形體：存思、食氣、懸像、道誡、神藥、針灸、丹書吞字、神祝
老子想爾注	道氣本體（道氣常上下）	道即一（一即道誡，一散形爲氣，聚形爲太上老君）	道炁常上下，經營天地內外	精：道精、道之別氣、精白、元氣 氣：散形之道、神祇、道氣 神：大神氣、精神、主生 心：規也	心性：結精成神、練氣歸根、心志清靜 形體：道誡、善功、食氣、太陰練形、房中
周易參同契	道氣本體（元精雲布，因氣托初）	道即一（一即元精）	乾坤括始終，八卦布列曜	精：精氣 氣：元精 神：陰陽二神 心：（道賦予人身之主宰）	心性：安靜虛無、含精養神、凝精流行 形體：服食丹藥

第二節　後世影響

綜上所述，透過對《淮南鴻烈》、《老子指歸》、《老子想爾注》、《太平經》、《老子想爾注》、《周易參同契》的道氣論思想理論建構與比較，可以看出六部典籍中的思想特色，同時也可看出漢代黃老道家思想逐漸轉變爲道教思想的過程，除此之外，漢代道氣論思想亦對後來的氣論、玄學、理學、道教等方面的發展產生重要的影響，以下分述其影響與評價。

一、氣論

（一）道本氣化論轉向道氣本體論

今觀漢代道氣論思想之流變，發現成書時間較早之《淮南鴻烈》與《老子指歸》、《老子河上公章句》兩本注解《老子》的著作，其本體論思想仍依循黃老道家傳統，尊道爲形上超越初始本體，但受漢代氣化宇宙論的影響，皆以氣釋道，並以氣爲道中重要內涵，具備生生創造與凝結作用，成爲無形道體之所以化生殊形萬類之重要關鍵，因此，其內容雖皆以氣爲論述重心，並以氣建構其本體、宇宙以及身體、修養論，但氣爲道所生，爲道之下最初始之生化作用，故可稱爲道本氣化論。其次，在身體修養論的部分，《淮南鴻烈》、《指歸》與《河上公章句》仍是繼承道家修養論的傳統，著重心性修養功夫，主張虛靜無爲、除情去欲，但《指歸》提出「重神愛氣」，而強調養生的《河上公章句》云：「修道於身，愛氣養神，益壽延年〔註 11〕」，可知兩書修養論部分逐漸著重形體修養，因此這也被視爲道教修養論的理論依據，影響後來道教修養理論的發展。

而東漢末年成書之《太平經》仍視道爲萬物元首，但同時強調元氣具有本根之義，並爲創生天地萬物根源，故仍屬道本氣化論。而《老子想爾注》與《周易參同契》之道氣本體論思想，則是直接視道與氣在同一位階，《想爾注》更將道氣連稱，兩書雖未直接稱道者氣也，但可視爲道氣本體論，而這個轉變也影響了後世氣本論的出現，具有相當重要的關鍵位置。

其次，《太平經》與《想爾注》中將道轉化爲至尊神祇，《太平經》的至尊神祇爲天君，天君與氣相通故能指揮元氣之化生，知《太平經》之道、氣、天君爲同一位階。《想爾注》則是直言道氣是一，一散形爲氣，聚形爲太上老君，將老子神化爲道教至尊神祇太上老君，至此，完成道教初期的神靈系統建立與道教理論建構的奠基，促成道教的正式出現。

綜上所述，自《春秋繁露》論元氣爲天地本原〔註 12〕，《淮南》亦有元氣

〔註 11〕（漢）河上公章句：《老子道德經》二卷，卷下，〈修觀第五十四〉，頁 16。

〔註 12〕《春秋繁露．王道第六》：「元者，始也，言本正也。道者，王道也。王者，人之始也。王正則元氣和順、風雨時、景星見、黃龍下。王不正則上變天，賊氣并見。」（漢）董仲舒撰、蘇輿義證：《春秋繁露義證》，頁 100～101。張立文云：「在中國哲學發展史上，董仲舒較早提出『元氣』範疇，並說明元氣爲本始之氣，但他對元氣產生萬物和人類的過程沒有展開論述。」張立文：《氣》，頁 63。

之說〔註 13〕，至此，氣便成爲漢代詮釋天道運行化生的重要元素，其後王充《論衡》亦以元氣作爲天地初始之氣〔註 14〕。而東漢末年道教經典《太平經》言「元氣行道〔註 15〕」、《想爾注》言「道炁常上下，經營天地內外〔註 16〕」，皆可看出道教逐漸轉化氣的地位，使之與道之位階相等，而這一轉變除了促使唐代道教氣本論思想的完成，同時開啓宋明氣本論的產生，宋代氣學家張載《正蒙・太和篇第一》云：

> 太虛無形，氣之本體，其聚其散，變化之客形爾。……太虛不能無氣，氣不能不聚而爲萬物，萬物不能不散而爲太虛。……知虛空即氣，則有無、隱顯、神化、性命通一無二，顧聚散、出入、形不形，能推本所從來，則深於易者也。〔註 17〕

張載認爲太虛無形的狀態即氣，故氣具有初始本體義，而其太虛即氣之說即是由《淮南》虛霩的概念而來〔註 18〕。而其後明代氣學家王廷相云：

> 元氣之外無太極，陰陽之外無氣，以元氣之上，不可意象求，故曰太極。以天地萬物未形，渾淪冲虛，不可以名義別，故曰元氣。〔註 19〕

延續此說，直接視元氣爲萬物本體，由此可知，漢代道氣論思想的討論成爲宋明氣本論思想重要的理論根源，影響深遠。

〔註 13〕〈天文〉：「天地未形，馮馮翼翼，洞洞灟灟，故曰太始。太始生虛霩，虛霩生宇宙，宇宙生元氣，元氣有涯垠。清陽者薄靡而爲天，重濁者凝滯而爲地。」（漢）劉安：《淮南子》二十一卷，卷三〈天文〉，頁 18。

〔註 14〕《論衡・卷第十三・超奇篇》：「天稟元氣，人受元精」；〈卷第二十・論死篇〉：「人未生，在元氣之中；既死，復歸元氣。元氣荒忽，人氣在其中」；〈卷第二十三・言毒篇〉：「萬物之生，皆稟元氣」。（漢）王充著、黃暉校釋：《論衡校釋（附劉盼遂集解）》（全四冊），冊二，頁 615；冊三，頁 875；冊三，頁 949。

〔註 15〕王明編：《太平經合校》（全二冊），上冊，頁 16。

〔註 16〕饒宗頤：《老子想爾注校證》，頁 17。

〔註 17〕（宋）張載：《張載集》（臺北：漢京文化事業有限公司，2004 年 3 月），頁 7～8。

〔註 18〕李霞云：「張載又對莊子的氣有聚散說及《淮南子》以『虛霩』論氣的思想加以提煉，將秦漢時期的氣本原論發展到氣本體論的新形態。」李霞：《道家與中國哲學（明清卷）》（北京：人民出版社，2005 年 5 月），頁 226。

〔註 19〕（明）王廷相著、王孝魚點校：《王廷相集》（全四冊）（北京：中華書局，1989 年 9 月），冊二，頁 597。

（二）自然氣論

> 道德不生萬物，而萬物自生焉；天地不含羣類，而羣自託焉；自然之物不求爲王，而物自王焉。故天地億萬，而道王之；眾陽赫赫，王天王之；陰氣滲滲，而地王之；倮者穴處，而聖人王之；羽者翔虛，而神鳳王之；毛者蹠實，而麒麟王之；鱗者水居，而神龍王之；介者澤處，而靈龜王之；百川並流，而江海王之。凡此九王，不爲物主，而物自歸焉；無有法式，而物自治焉；不爲仁義，而物自附焉；不任知力，而物自畏焉。何故哉？體道合和，無以物爲，而物自爲之化。〔註20〕

《指歸》在詮釋道生物萬物的原則時強調「萬物自生」、「物自爲之化」，認爲道中蘊含生生理序，自然無爲，因此萬物皆因循自己然之理便得以生成，而這一強調道法自然，萬物自化的觀念影響了漢代自然氣論思想的發展。王充《論衡・卷第三・物勢篇》云：

> 儒者論曰：「天地故生人。」此言妄也。夫天地合氣，人偶自生也；猶夫婦合氣，子則自生也。夫婦合氣，非當時欲得生子，情欲動而合，合而生子矣。且夫婦不故生子，以知天地不故生人也。然則人生於天地也，猶魚生於淵，蟣虱生於人也〔註21〕，因氣而生，種類相產。萬物生天地之間，皆一實也。或〔註22〕曰：「天地不故生人，人偶自生。」〔註23〕

《論衡》所提出「因氣而生」、「人偶自生」之物自生的觀念，強調天地人物皆陰陽五行氣化之萬殊比例偶然合和生成萬物之說，正是受到《指歸》「道德不生萬物，而萬物自生焉」影響，這也可看出《指歸》對漢代自然氣論思想的發展所產生的影響。〔註24〕

〔註20〕（漢）嚴遵撰、（唐）谷神子註：《道德眞經指歸》，卷五，〈江海篇〉，頁283～284。

〔註21〕「猶魚生於淵，蟣虱生於人也」本作「猶魚之於淵，蟣虱之於人也」。黃暉云：「劉先生曰：『《御覽》九一一引作「猶魚生泉，蟣虱生於人也」。兩「之」字並作「生」，正與上句「人生於天地」之義相承，疑當從之。』」（漢）王充著、黃暉校釋：《論衡校釋（附劉盼遂集解）》（全四冊），冊一，頁144。

〔註22〕「或」本作「傳」。黃暉云：「劉先生曰：『此仲任設論之辭，非所謂儒者傳書語也。「傳」當作「或」，字之誤耳。』」同註21，冊一，頁144。

〔註23〕同註21，冊一，頁144。

〔註24〕王德有云：「這一思想對東漢王充天道自然思想的形成有很大的影響。……這種『天不能故生人』、『人偶自生』、『物偶自生』的思想，正是《指歸》『萬物

二、易學

《周易參同契》爲漢代第一部完整建構煉丹術的道教經典，其內容融合大易、黃老、鼎爐，並詳細詮釋煉丹術的理論基礎與修練過程，爲結合漢易卦氣、黃老陰陽五行形成鼎爐煉丹之術，《參同契》中形成獨特的卦氣說，如六十卦納甲、十二消息卦、六虛納甲之說，並結合陰陽五行觀，構成獨特的丹道卦氣思想，在漢易的發展當中具有一席之地。因此，《參同契》在易學上的影響與貢獻，主要有二：

（一）結合丹道與《周易》思想。《參同契》爲煉丹之術的理論建構，結合丹道思想與漢易卦氣之說，形成獨特的丹道卦氣觀，《參同契》「將卦氣說同煉丹術結合起來，以《周易》的原理解說煉丹的理論和方法。此書提出月體納甲說，成爲道教易學的先驅。《參同契》解易，從易學史的角度看，亦屬於象數學派，對後來易學的發展也起了一定的影響〔註25〕」，同時更成爲道教最早的煉丹術的理論根源，也爲後世道教解易奠定良好的基礎。

（二）對後世易學思想家的影響。《參同契》由道教說易，其所建構獨特的丹道卦氣說，對後世易學家亦產生不小的影響，如王弼的玄學派易學〔註26〕和虞翻八卦納甲之說〔註27〕皆受《參同契》以丹道卦氣說的影響而發揮其說，

自生』、『物自爲之化』的思想的再現。不同的是，它更富有針對性和戰斗性，矛頭直指神學目的論。」（漢）嚴遵著、王德有點校：《老子指歸》，頁17～18。

〔註25〕朱伯崑：《易學哲學史》全四卷，第一卷，頁218。康學偉：「《周易參同契》並非易學專著，而只是借助周易以講道家煉丹術，可看作是漢易卦氣說、陰陽五行說與煉丹術相結合的產物。但是，它所包含的易學又是不可忽視的，他發展了漢易的一些基本觀點，創建了道教解易的系統，在易學史上影響很深遠。」廖名春、康學偉、梁書弦：《周易研究史》（湖南：湖南出版社，1991年7月），頁132。

〔註26〕張濤云：「融通《易》、《老》，以《易》、《老》相發明，這是道教易學的重要特點。在這方面，《參同契》具有重要的開創之功。《參同契》自敘其題旨，明確將參合《易》、《老》作爲煉丹的理論依據，指出：『《大易》性情，各如其度。黃老用究，較而可御。爐火之事，眞有所據。三道由一，俱出徑路。』這對後來的易學家包括王弼玄學派易學家以《老》解《易》不無影響。凡此種種，都表明《參同契》在易學轉型過程中的重要作用。」張濤：《秦漢易學思想研究》，頁380。

〔註27〕周立升云：「八卦納甲有京房創立，經魏伯陽援《易》入丹道，籍象術易學推闡還丹之理，進而創立丹道易學之月體納甲說。《參同契》的月體納甲，無論就思想內容擬或理論深度都大大超越了漢初的京氏之學。魏伯陽精湛的丹道易學深深影響了虞翻，魏氏的月體納甲成了『周易虞氏學』的重要內容。如果說魏伯陽以京氏納甲推闡還丹之理是援《易》入『道』的話，那麼虞翻借

可知《參同契》在漢易當中亦扮演相當重要的角色。

由此可知《參同契》在易學上的價值與貢獻，同時更對魏晉玄學、宋明理學以及道教內外丹道思想產生深遠的影響。

三、玄學

> 有虛之虛者開導稟受，無然然者而然不能然也；有虛者陶冶變化，始生生者而不能生也；有無之無者而神明不能改，造存存者而存不能存也；有無者纖微玄妙，動成成者而成不能成也。故，虛之虛者生虛者〔註28〕，無之無者生無者〔註29〕，無者生有形者。……是故，無無無始，不可存在，無形無聲，不可視聽，稟無授有，不可言道，無無無之無，始未始之始，萬物所由，性命所以，無有所名者謂之道。〔註30〕

《老子指歸》的道論思想特色是以道體虛靜無爲爲本，並透過陰陽氣化生生之理詮釋建構其氣化整體世界觀。因此，《指歸》運用虛無、初始、無名、無形等觀念辭彙反覆論證道之虛無超越，而此一特色影響了魏晉玄學的發展。如魏晉玄學家王弼在注解《老子》：「无名，萬物之始也，有名，萬物之母也〔註31〕」時，便說「凡有皆始於無，故未形無名之時則爲萬物之始，及其有形有名之時則長之育之亭之毒之爲其母也。言道以無形無名始成萬物，

魏氏納甲詮釋《周易》則是引『道』入《易》。」周立升：《兩漢易學與道家思想》（上海：上海文化出版社，2001年11月），頁286。馬宗軍亦云：「東漢魏伯陽作《參同契》，標誌著道教易學的產生。……而《參同契》對於《易》理的運用，則援引自孟喜、京房一系的納甲法、卦氣説等思想，是將漢易象數學轉用於煉丹。……東漢魏伯陽著《參同契》一書，將《周易》的卦象與日月運行規律結合起來，提出「日月爲易」説，以神仙丹道老莊之術參合易理，研其機而究其深，成爲道教易學的代表作。虞翻爲之作注，並繼承、發展了『月體納甲説』。」馬宗軍：《《周易參同契》研究》，頁469～470。

〔註28〕「虛之虛者生虛者」本作「虛之虛者生虛虛者」。王德有云：「『虛』字衍。上文言『有虛者』，此處應是『虛之虛者生虛者』。」（漢）嚴遵著、王德有點校：《老子指歸》，頁19。

〔註29〕「無之無者生無者」本作「無之無者生無無者」。王德有云：「『無』字衍。上文言『有無者』，下文言『無者生有形者』，此處應是『無之無者生無者』。」同註28，頁20。

〔註30〕（漢）嚴遵撰、（唐）谷神子註：《道德眞經指歸》，卷二，〈道生一篇〉，頁133～135。

〔註31〕國家文物局古文獻研究室編：《馬王堆漢墓帛書【壹】》，甲本釋文，頁10。

以始以成而不知其所以玄之又玄〔註32〕」，可知王弼時已跳脫兩漢氣論思想的框架，以無名、無形、初始、虛玄等觀念辭彙詮釋《老子》之道體虛無。由此可知，「《指歸》本體論思想對後世影響頗大。魏晉時期何晏、王弼以『無』爲本的貴無論就是這種思想的發展〔註33〕」。

由此可知，「《指歸》是漢代道家思潮轉變爲魏晉玄學的重要中間環節，考察《指歸》的思想，可以更好地了解魏晉貴無論產生的前期過程，《指歸》的歷史價值也正在這裡〔註34〕」，眾家學者皆肯定《指歸》在兩漢氣論思想風氣之下以虛無、初始等觀念對道論所做的重新的詮釋功夫，對後來的魏晉玄學的發展產生重要的影響。

四、理學

> 丹砂木精，得金乃并，金水合處，木火爲侶。四者混沌，列爲龍虎，龍陽數奇，虎陰數偶。肝青爲父，肺白爲母，腎黑爲子，心赤爲女，脾黃爲祖，子五行始。三物一家，都歸戊己。〔註35〕

《參同契》爲「萬古丹經之祖〔註36〕」，其中思想以黃老、易學、丹道爲主，構成道教內外丹道煉氣養息與鍛煉丹道思想之理論基礎，「在談及丹藥形成時，《參同契》提出『三五與一』說，用五行生剋關係來闡明鉛汞加溫起反應而轉化爲金丹的過程〔註37〕」，此一論述除了對道教外丹思想產生重要影響之外，其以陰陽五行卦氣說對丹道鍛煉詮釋的過程，也成爲宋明理學當中太極圖說的思想淵源。朱彝尊云：

> 自漢以來，諸儒言易莫有太極圖者，惟道家者流有上方大洞眞元妙經，著太極三五之說。……陰陽至精之數三五本魏伯陽《參同契》，要之太極圖說，唐之君臣已先知之矣。陳摶居華山，曾以無極圖刊

〔註32〕（魏）王弼註：《老子道德眞經》二卷，卷一，一章，頁391～392。

〔註33〕（漢）嚴遵著、王德有點校：《老子指歸》，頁15～16。陳麗桂云：「嚴遵以卜爲業，自然是深通《周易》的，他以指歸解老，情志卻類莊周，又多擷莊以解老，是會道三玄的大學者。我們相信，不只是王弼的貴『無』說，即便是其他玄學家，如郭象的『獨化』說，也都受到《老子指歸》的啓示。」陳麗桂：《漢代道家思想》，頁227～228。

〔註34〕任繼愈主編：《中國哲學發展史（秦漢）》，頁650。

〔註35〕（五代）彭曉撰、（明）涵蟾子編：《金丹正理大全周易參同契眞義》三卷，卷中，頁116。

〔註36〕（元）俞琰：《周易參同契發揮》，冊226，序第一。

〔註37〕張濤：《秦漢易學思想研究》，頁371。

> 諸石爲圜者，四位五行，其中自下而上，初一曰玄牝之門，次二曰煉精化氣，煉氣化神，次三五行定位曰五氣朝元，次四陰陽配合，曰取坎塡離，最上曰煉神還虛，復歸無極，故謂之無極圖，乃方士修煉之術爾。相傳搏受之呂嵒，嵒受之鍾離權，權得其說于伯陽，伯陽聞其旨于河上公在道家，……元公取而轉易之，亦爲圜者四位五行，其中自上而下，最上曰無極而太極，次二陰陽配合曰陽動陰靜，次三五行定位曰五行各一其性，其四曰乾道成男，坤道成女，最下曰化生萬物，更名之爲太極圖，仍不沒無極之旨。〔註38〕

由此可知，陳摶、周敦頤、邵雍等宋代理學家的無極圖說、太極圖說皆是發揮《參同契》的丹道思想變化而成，進而成爲宋明理學中重要的思想內涵〔註39〕，同時也是宋代理氣本體論思想的理論基礎〔註40〕，由此皆可見《參同契》對宋明理學的發展產生深遠的影響〔註41〕。

〔註38〕（清）朱彝尊：《曝書亭集》（臺北：臺灣商務印書館，1975年6月，《四部叢刊》初編集部據上海商務印書館縮印原刊本），卷五十八，〈太極圖授受考〉，頁447。

〔註39〕牟鐘鑒云：「《參同契》引《易》論內外丹，可以說是將《易》用於科學（自然是夾雜在宗教中的科學）最成功的著作。其後陳摶等人又將其易學抽出加以發展，成先天圖、《太極圖》，經周敦頤、邵雍等的闡釋，成爲宋理學中的重要內容，在中國哲學史中別開生面，成一重要學說。」牟鐘鑒等撰：《道教通論——兼論道家學說》（濟南：齊魯書社，1993年12月），頁370。朱伯崑亦云：「《參同契》的易學，是爲煉丹術服務的。但它創建了道教解易的系統，其在道教思想史和易學史上都起了很大的影響。宋初華山道士陳摶，以《參同契》的易學理論爲指導，以煉內丹爲宗旨，將道教易學同煉內丹聯繫起來，在易學史上創立了先天圖易。以後經過邵雍等人，發展爲宋明易學中的圖書學派或象數學派。邵雍等人的易學哲學，如其乾南坤北、坎西離東說，其根源可以追溯到《參同契》。」朱伯崑：《易學哲學史》全四卷，第一卷，頁269。

〔註40〕盧國龍云：「回到『元精渺難睹，推度效符證』的命題上。這句話在《參同契》中的本意，是就還丹火候而說的，……對於丹家來說，鉛汞藥物稟受陰陽元氣，是一個不容置疑的邏輯前提或基本信念。他們所關注的，是元精元氣在丹鼎中的變化節序，所以要『推度』，要在丹鼎之外求得『符證』。然而，就在這種推度和求符證的運思中，卻表現出丹道關於天地宇宙之自然造化的理論。放在思想史上看，這種理論上承漢代之元氣本元說，上啓宋代之理氣本體論，是中國思想史上一個具有承傳轉合之歷史功能的過渡性階段。」盧國龍：〈論唐五代道教的生機觀——《參同契》與唐五代道教的外丹理論〉，頁109。

〔註41〕劉精誠云：「《參同契》把《周易》的理論與內丹、外丹的修煉相結合，使道教方術在理論結合上邁出了重要的一步。此書對後來道教發展影響甚大，被奉爲『丹經之祖』，對宋代理學亦很有影響。」劉精誠：《中國道教史》，頁67。

五、道教

（一）道教道氣本論的產生

綜上所述，今觀兩漢道氣論思想著作《淮南鴻烈》、《老子指歸》、《老子河上公章句》、《太平經》、《老子想爾注》、《周易參同契》，可看出兩漢時期黃老道家氣論思想逐漸轉向道教氣論思想的發展過程，而這也成為東漢末年道教成立與道教理論的完整的重要關鍵因素。

> 道教以得道成仙為終極的理想目標，為了達到這一目標，它在創立之初，就致力於探討宇宙天地的變化之道，並推天道以明人事，注重研究自我的生命構成。但由於「道」是超言絕相的存在，因此在表達宇宙的創生和生命的活力時，道教又接受了傳統文化中的「氣」的概念，以氣的聚散變化來說明宇宙的生化以及一切生命體的生死成壞。〔註 42〕

而漢代道教初期著作當中《太平經》云：「元氣行道，以生萬物〔註 43〕」、《老子想爾注》云：「道炁常上下，經營天地內外〔註 44〕」、《周易參同契》云：「元精雲布，因氣托初〔註 45〕」，可以看出三者皆以氣為道之內涵與生化作用，甚至將道氣連稱，雖仍標舉道為初始本根，並未直接言道者氣也，但已可看出道教為理論建構視道氣為一的思想特色。進而已有學者將《太平經》與《想爾注》視為元氣本體論，認為這是道教本體論的特色〔註 46〕，雖然「《太平經》始終沒有像《太上養生胎息經》〔註 47〕或《性命圭旨》

〔註 42〕孫亦平：《杜光庭思想與唐宋道教的轉型》（南京：南京大學出版社，2004 年 7 月），頁 258。

〔註 43〕王明編：《太平經合校》（全二冊），上冊，頁 16。

〔註 44〕饒宗頤：《老子想爾注校證》，頁 17。

〔註 45〕（五代）彭曉撰、（明）涵蟾子編：《金丹正理大全周易參同契眞義》三卷，卷中，頁 95。

〔註 46〕趙中偉云：「『道』就是『氣』，『道』的內涵是『氣』，『道』與『氣』不二，『道』與『氣』是一事。……《想爾注》強調『道』『氣』合一，以煉『氣』証『道』，則產生養『氣』成仙的宗教之路。」趙中偉：《道者，萬物之宗：兩漢道家形上思維研究》，頁 338。楊寄林云：「這一以貫之的東西，就是『道』；而元氣則居於『道』前，在『道』之上。這同老莊以來把『道』視為宇宙的最高本原以迥然有別，具有氣一元論的新特色。當然，其中也充滿神祕的因素，但惟其如此，它才是道教的理論。」楊寄林譯注：《太平經今注今譯》（上、下卷），〈太平經綜論〉，頁 25。

〔註 47〕《太上養生胎息氣經》：「夫道為萬氣之主，道者，氣也。」不著撰人：《太上

〔註 48〕那樣直接說『道者氣也』、『夫道者何物也？一言以定之，曰氣也』〔註 49〕」，但這也影響了後來唐代道教本體論中直接視道為氣之道教氣本體論的產生〔註 50〕。

（二）金丹術的完成

道教煉丹之術的發展與完成和《參同契》有密切關係。馬宗軍云：

> 《參同契》不僅繼承和運用易學理論的基礎上闡發了內外丹思想，因而具有崇高的歷史地位，成為「萬古丹經王」，而且對後世道教的發展，特別是在易學、外丹、內丹思想方面都產生了深遠影響。〔註 51〕

《參同契》云：「大易情性，各如其度，黃老用究，較而可御，爐火之事，真有所據，三道由一，俱出徑路〔註 52〕」，知其主旨由黃老道本體出發，並以易卦陰陽消息變化為生化原則，並在黃老愛氣養氣的修養基礎之上，體悟氣類相感、天人相應，故將此道運用完成丹鼎爐火鍛煉之術。因此，後世道教金丹鍛煉之術的完整便是在《參同契》的基礎之上發展而成〔註 53〕，故有「萬古丹經之祖〔註 54〕」之稱。而魏晉時期金丹之術的代表著作葛洪《抱朴子內篇》便深受其影響。王明云：

養生胎息氣經》一卷（臺北：藝文印書館，1962 年 5 月，影明《正統道藏》本），頁第二。

〔註 48〕《性命圭旨》：「道也者，果何謂也？一言以定之曰：氣。」傅鳳英注譯：《新譯性命圭旨》（臺北：三民書局股份有限公司，2005 年 10 月），〈元集・大道篇〉，頁 4。

〔註 49〕陳麗桂：《秦漢時期的黃老思想》，頁 218。

〔註 50〕唐代道教學者杜光庭云：「道者虛無之炁也，混沌之宗，乾坤之祖」、「陰陽雖廣，天地雖大，非道氣所育，大聖所運，無由生化成立矣」。（唐）杜光庭：《太上老君說常清靜經註》一卷（臺北：藝文印書館，1962 年 5 月，影明《正統道藏》本），頁第二、（唐）杜光庭：《道德真經廣聖義》五十卷（臺北：藝文印書館，1962 年 5 月，影明《正統道藏》本），卷二，頁第六。

〔註 51〕馬宗軍：《《周易參同契》研究》，頁 465。

〔註 52〕（五代）彭曉撰、（明）涵蟾子編：《金丹正理大全周易參同契真義》三卷，卷下，頁 134。

〔註 53〕王明云：「自漢而唐而宋，論煉丹者，代不乏人，溯流尋源，大要如爾：魏伯陽導其源，鍾呂衍其流，劉（海蟾）張（紫陽）薛（紫賢）陳（泥丸）揚其波。由外丹而內丹，流變滋多，《參同契》洵千古丹經之祖也。」王明：《道家和道教思想研究》，〈《周易參同契》考證〉，頁 288。

〔註 54〕（元）俞琰：《周易參同契發揮》，序第一。

> 東漢晚期《周易參同契》一書是所謂丹經之祖，魏伯陽已經作了理論性的概括和描述。但是《參同契》裏缺乏煉丹的具體方法和實驗，在科學技術上，《抱朴子》確比《參同契》優勝得多。像〈金丹〉和〈黃白〉兩篇那樣具體地介紹多種煉丹的方法，尤其是像〈黃白篇〉記錄以武都雄黃作黃金的方法已經這樣詳密，這在葛洪以前的任何道書裏所沒有的。〔註55〕

因此在魏晉時期葛洪《抱朴子內篇》對金丹術理論、實驗的完整記錄之下，影響了後世煉丹術的發展，唐宋外丹術的興盛〔註56〕皆是站在《參同契》與《抱朴子內篇》的基礎之上開拓完成的。

然而，《參同契》金丹術的啓發除了成爲中國道教思想中的重要內涵，更是促成中國的醫學與化學的研究〔註57〕，甚至煉丹術傳入西方，對西方的醫學、化學與科學的發展，皆有深遠重要的影響〔註58〕。

然而，畢竟鍛煉金丹之丹藥鉛汞爲重金屬，服食後會產生中毒反應，在外丹術興盛的唐代便出現大量記載，因此，也引起不少批判，「而來自道教內部的批判，雖然抑止了道教修煉方術在『外求』金丹大藥之方向上的努力，卻促使它更加轉向人體內部『精、氣、神』的『內煉』上〔註59〕」，開啓後代內丹術興盛的發展。

〔註55〕王明：《抱朴子內篇校釋（增訂本）》（北京：中華書局，2010年1月），序言，頁12～13。

〔註56〕劉精誠云：「唐代是道教全面發展的時期，也是外丹術即煉丹藥煉黃金的鼎盛時期。外丹術在魏晉南北朝已有所發展。葛洪曾在羅浮山煉丹，其《抱朴子》《內篇》中收錄丹法即達四、五十種。……魏晉以來，道士們不斷進行煉丹合藥的實踐活動，累積了豐富的經驗，爲唐代煉丹術的興盛打了基礎。」劉精誠：《中國道教史》，頁177～178。

〔註57〕馬宗軍云：「《參同契》作爲道門中人和神仙家的經典性著作，在中國科學史、思想史上具有相當重要的學術價值。它既爲後世煉丹家確立了煉丹（無論是內丹還是外丹）的理論基礎（道的層次），也爲他們提供了直接或間接的煉丹方法（術的層次），從而推動了我國在醫藥、養生、化學等方面的進步。同時，《參同契》也爲很多思想家如陳摶、周敦頤、朱熹等提供了豐富的思想資料，進而促進了中國辯證思維的發展。」馬宗軍：《《周易參同契》研究》，頁465。

〔註58〕劉國樑云：「它奠定了道教金丹理論的基礎，開啓了化學科學先河。……是世界上公認的現存煉丹書中最古的一部。中國煉丹術傳到阿拉伯，在由此傳往歐洲。在歐洲文藝復興以後，經醫藥化學的階段轉變爲化學科學。」劉國樑注譯：《新譯周易參同契》，導論，頁25。

〔註59〕任繼愈主編：《中國道教史》上，頁472。

（三）內丹術的開展

《參同契》云：

> 內以養己，安靜虛無。原本隱明，內照形軀。閉塞其兌，築固靈株。三光陸沉，溫養子珠，視之不見，近而易求。〔註60〕

> 耳目口三寶，閉塞勿發通。眞人潛深淵，浮游守規中，旋曲以視聽，開闔皆合同，爲己之樞轄，動靜不竭窮。離氣內榮衛，坎乃不用聰，兌合不以談，希言順鴻濛，三者既關鍵，緩體守空房。委志歸虛無，無念以爲常。〔註61〕

此言耳目口三寶，亦指水火金〔註62〕，爲煉丹時將鉛汞置於鼎爐中鍛煉，鉛汞水火坎離之氣於鼎爐間浮游變化便可還原爲初始金丹，初始金丹再經鍛煉變成灰土，此時虛閉塞鼎爐，再經鍛煉便可形成紫金還丹。然而，後世學者便根據《參同契》文與漢代氣論對身體精氣神與五臟、五官論述的基礎之上，將金丹之術轉化爲內丹修練之術，如朱熹云：「此乃以內事言之，於經中最爲要〔註63〕」、「坎離、水火、龍虎、鉛汞之屬，只是互換其名，其實只是精氣二者而已，精，水也、坎也、龍也，汞也；氣，火也、離也、虎也、鉛也，其法以神運精氣，結而爲丹，陽氣在下初成水，以火煉之，則凝成丹〔註64〕」，朱熹將此段視爲內養之術，言鉛汞鍛煉即內養精氣，透過煉養精氣變化神明，以還原至初始虛靜道境。因此，陳兵云：

> 朱熹「物物各一太極」之論，與其說取之於佛教月水之喻，無寧說多分取之於內丹學人身—小天地、人身—太極之說，大量融攝了內丹學理的宋代理學，在南宋末以後被道教丹書所大量引證，是很自然的事。〔註65〕

〔註60〕（五代）彭曉撰、（明）涵蟾子編：《金丹正理大全周易參同契眞義》三卷，卷上，頁39。

〔註61〕同註60，卷中，頁101。

〔註62〕彭曉云：「易曰：坎爲耳，離爲目，兌爲口。坎離兌，乃水火金也。」同註60，卷中，頁102。

〔註63〕（宋）朱熹撰：《周易參同契註》二卷（臺北：藝文印書館，1962年6月，影明《正統道藏》本），卷上，頁第九。

〔註64〕同註63，卷上，頁第十二。

〔註65〕任繼愈主編：《中國道教史》下，頁563。

唐宋以後的學者，便在《參同契》鍛煉還丹的基礎之上發展成爲內丹修養之術以及太極圖說，這不但對道教內丹練氣功夫具有重要影響，同時也對宋明理學家如朱熹、周敦頤等產生深遠的影響。

綜觀漢代道氣思想的發展過程，《淮南鴻烈》、《老子指歸》、《老子河上公章句》、《太平經》、《老子想爾注》以及《周易參同契》等書承上啓下，先是對漢代黃老思想的繼承，將氣化宇宙論思想之下的道本體論發展成道本氣化論，再道教思想的需求之下發揮爲道氣本體論，開啓後代對道氣是一、道在氣先、道在氣中的討論，影響到氣本論的產生。

其次，從思想史的角度觀之，此一時期對道氣的討論成果豐碩，六部經典各有所長，《淮南鴻烈》開啓並奠定漢代道氣論思想。而《老子指歸》對於同一時期的王充自然氣論思想的發展具有重要影響，同時更開啓魏晉玄學之風的盛行，此外道教氣論思想著作《周易參同契》等更對宋明理學的發展產生極爲深遠的影響〔註 66〕。

再者，從道教思想發展的角度觀之，透過《淮南鴻烈》、《老子指歸》、《老子河上公章句》的道本氣化論思想建構之下，將漢代對氣化宇宙論討論的重心逐漸轉變爲對形體、精神修養的關注，其中重氣養神、固守精氣等觀念更是成爲道教修養思想的重要內涵，影響到《太平經》與《老子想爾注》，初步完成道教道氣本體思想的理論建構與道教誡律、科儀、修養思想的完成，對後來道教思想的興盛具有重要的影響。

而《周易參同契》的鍛煉還丹之術的完成，影響魏晉、唐朝以降道教學者對金丹術、內丹術的完整與實踐〔註 67〕，同時更開啓中國對化學、火藥理論的認知，甚至影響到西方世界，成爲西方化學、醫學與科學的發展，皆可見此六部經典的影響與價值所在。

〔註 66〕盧國龍云：「《參同契》將其《易》理和方法轉用於煉丹，另闢蹊徑，將孟京《易》的天道觀能夠跨越佛教的歷史性衝擊，存微繼絕，承傳轉載到唐五代道教中，成爲與佛教世界觀相頡抗的重要理論基礎，並以其對於傳統理論和信念的維護，爲宋儒理學的興起完成了歷史性的鋪墊。站在思想史的角度看待《參同契》，則其承傳轉載歷史的功能不但於《易》學史有價值，於唐宋思想史也有重要的價值。」盧國龍：《道教哲學》，頁 472～473。

〔註 67〕盧國龍云：「再從道教史的角度看，《參同契》的傳播，第一是使金丹術上升到系統理論的高度，第二是引導到教完成了由外丹向內丹的轉化。」同註 66，頁 473。

引用文獻

一、古籍（採四部分類法，每類之著作，均依著者時代先後排比）

經

1. 《春秋左傳正義》六十卷，（周）左丘明傳、（晉）杜預注、（唐）孔穎達正義臺北：藝文印書館 《十三經注疏》本，2001 年 12 月。
2. 《尚書正義》二十卷，（漢）孔安國傳、（唐）孔穎達等正義，臺北：藝文印書館，《十三經注疏》本，2001 年 12 月。
3. 《大戴禮記》十三卷，（漢）戴德撰，上海：上海商務印書館 《四部叢刊初編．經部》縮印無錫孫氏小淥天藏明嘉趣堂本，1976 年。
4. 《說文解字注》，（漢）許愼撰、（清）段玉裁注，臺北：洪葉文化事業有限公司據經韵樓臧版影印，2001 年 10 月。
5. 《孟子注疏》十四卷，（漢）趙岐注、（宋）孫奭疏，臺北：藝文印書館 《十三經注疏》本，2001 年 12 月。
6. 《周禮注疏》四十二卷，（漢）鄭玄注、（唐）賈公彥疏，臺北：藝文印書館，《十三經注疏》本，2001 年 12 月。
7. 《禮記正義》六十三卷（漢）鄭玄注、（唐）孔穎達正義臺北：藝文印書館 《十三經注疏》本，2001 年 12 月。
8. 《鄭氏周易注》三卷，（漢）鄭康成注、（宋）王應麟輯，北京：中華書局，《叢書集成初編》本，1985 年。
9. 《釋名》八卷，（漢）劉熙撰，臺北：臺灣商務印書館，《四部叢刊》初編經部據上海商務印書館縮印江南啚書館藏明嘉靖翻宋刻本，1975 年 6 月。
10. 《論語注疏》二十卷，（魏）何晏等注、（宋）邢昺疏，臺北：藝文印書館 《十三經注疏》本，2001 年 12 月。

11. 《周易正義》十卷，(魏) 王弼、(晉) 韓康伯注、(唐) 孔穎達等正義，臺北：藝文印書館 《十三經注疏》本，2001 年 12 月。
12. 《爾雅注疏》十卷，(晉) 郭璞注、(宋) 邢昺疏，臺北：藝文印書館 《十三經注疏》本影嘉慶二十年重刊宋本，2001 年 12 月。
13. 《周易本義》十二卷，(宋) 朱熹撰，臺北：成文出版社有限公司，嚴靈峯輯《無求備齋易經集成》據光緒九年景宋咸淳刊本影印，1976 年。

史

1. 《史記》一百三十卷 (全二冊)，(漢) 司馬遷撰、(南朝宋) 裴駰集解，臺北：藝文印書館據清乾隆武英殿刊本景印，2005 年 2 月。
2. 《漢書補注》一百卷 (全二冊)，(漢) 班固撰、(唐) 顏師古注、(清) 王先謙補注，臺北：藝文印書館據清光緒庚子春日長沙王氏校刊本，1996 年 8 月。
3. 《前漢紀》三十卷，(漢) 荀悅撰，臺北：臺灣商務印書館，《四部叢刊》初編史部，據上海商務印書館縮印無錫孫氏小淥天藏明刊本，1975 年 6 月。
4. 《戰國策校注》十卷，(漢) 劉向校、高誘注、(宋) 鮑彪校注、(元) 吳師道重校，臺北：臺灣商務印書館，《四部叢刊》初編史部據上海商務印書館縮印江南圖書館藏元至正刊本，1975 年 6 月。
5. 《國語》二十一卷 (魏) 韋昭注臺北：臺灣商務印書館《四部叢刊》初編史部據上海商務印書館縮印杭州葉氏藏明金李校刊本 1975 年 6 月。
6. 《高士傳》三卷，(晉) 皇甫謐撰、(明) 吳琯校，臺北：藝文印書館，《百部叢書集成》據《古今逸史》景印，1968 年。
7. 《三國志集解》六十五卷，(晉) 陳壽撰、(南朝宋) 裴松之注、(清) 盧弼集解，臺北：藝文印書館，1955 年。
8. 《華陽國志》十二卷 (全五冊)，(晉) 常璩撰，臺北：藝文印書館，《百部叢書集成》《函海》據宋本重刊又以各本校注於每字之下，故據影印，1968 年 。
9. 《後漢書集解》一百二十卷 (全二冊)，(南朝宋) 范曄撰、(唐) 李賢注、(清) 王先謙集解，臺北：藝文印書館據乙卯秋中長沙王氏校刊本景印，1996 年 8 月。
10. 《魏書》一百四十卷 (全二冊)，(北齊) 魏收撰，臺北：藝文印書館，據清乾隆武英殿刊本景印，1996 年 8 月。
11. 《晉書斠注》百三十卷 (全二冊)，(唐) 房玄齡撰、(清) 吳士鑑、劉承幹同注，臺北：藝文印書館，據清乾隆武英殿刊本景印，1996 年 8 月。

12. 《隋書》八十五卷，（唐）長孫無忌等撰，臺北：藝文印書館，據清乾隆武英殿刊本景印，1996 年 8 月。
13. 《舊唐書》二百卷（全二冊），（後晉）劉昫撰，臺北：藝文印書館，據清乾隆武英殿刊本景印，1996 年 8 月。
14. 《唐書》二百二十五卷（全三冊），（宋）歐陽脩等撰，臺北：藝文印書館，據清乾隆武英殿刊本景印，1996 年 8 月。
15. 《宋史》四百九十六卷（全七冊），（元）脫脫等撰，臺北：藝文印書館，據清乾隆武英殿刊本景印，1996 年 8 月。

子

1. 《郭店楚墓竹簡・老子・甲本》，《簡帛書法選》編輯組編，北京：文物出版社，2002 年 10 月。
2. 《郭店楚墓竹簡・老子・乙、丙本》，《簡帛書法選》編輯組編，北京：文物出版社，2002 年 10 月。
3. 《墨子》十五卷，（周）墨翟撰，臺北：臺灣商務印書館，《四部叢刊》初編子部據上海商務印書館縮印明嘉靖唐堯臣本，1975 年 6 月。
4. 《呂氏春秋校正》，（周）呂不韋等撰、（清）畢沅校正，四川：四川人民出版社，《諸子集成新編（九）》，1998 年 2 月。
5. 《韓非子》二十卷，（周）韓非撰，臺北：臺灣商務印書館，《四部叢刊》初編子部，據上海商務印書館縮印黃蕘圃校宋鈔本，1975 年 6 月。
6. 《難經集註》五卷，（周）秦越人撰、（魏）呂廣注、（唐）楊玄操集注、（明）王九思等校正，臺北：臺灣商務印書館，《四部叢刊初編子部》據上海商務印書館縮印日本活字本，1975 年 6 月。
7. 《馬王堆漢墓帛書【壹】》，國家文物局古文獻研究室編，北京：文物出版社，1980 年 3 月。
8. 《淮南子》二十一卷（漢）劉安撰，臺北：台灣商務印書館，《四部叢刊》正編子部據上海涵芬樓景印劉泖生影寫北宋本，1979 年 11 月。
9. 《鹽鐵論》十卷，（漢）桓寬撰，臺北：臺灣商務印書館，《四部叢刊》初編子部據上海商務印書館縮印長沙葉氏藏明涂楨本，1975 年 6 月。
10. 《道德眞經指歸》，（漢）嚴遵撰、（唐）谷神子註，臺北：藝文印書館，影明《正統道藏》本，1962 年 4 月。
11. 《道德眞經指歸》，（漢）嚴遵撰、（唐）谷神子註，臺北：中國子學名著集成編印基金會，《中國子學名著集成——宋元明清善本叢刊》據明萬曆間胡震亨刊《秘冊彙函》本，1978 年 12 月。
12. 《西京雜記》六卷（漢）劉歆撰臺北：台灣商務印書館《四部叢刊》初編子部據上海商務印書館縮印江安傅氏雙鑑樓藏明刻本 1979 年。

13. 《渾天儀》一卷，（漢）張衡撰，臺北：藝文出版社，《百部叢書集成》據清嘉慶問經堂刊洪頤煊輯《經典集林》本影印，1968 年。
14. 《風俗通義》十卷，（漢）應劭撰，臺北：台灣商務印書館，《四部叢刊》初編子部據上海商務印書館縮印常熟瞿氏藏元本，1979 年。
15. 《老子道德經》二卷，（漢）河上公章句，臺北：臺灣商務印書館，《四部叢刊》初編子部據上海商務印書館縮印常孰瞿氏藏宋本，1975 年 6 月。
16. 《周髀算經》二卷，（漢）趙君卿注，臺北：臺灣商務印書館《四部叢刊》初編子部據上海商務印書館縮印南陵徐氏積學齋明刊本 1975 年 6 月。
17. 《老子道德真經》二卷，（魏）王弼註臺北：中國子學名著集成編印基金會 影明刊本，1978 年 12 月。
18. 《神仙傳》十卷，（晉）葛洪撰，臺北：藝文印書館，《百部叢書集成》據《夷門廣牘》本景印，1968 年。
19. 《搜神記》二十卷，（晉）干寶撰，臺北：藝文印書館，《百部叢書集成》據《學津討原》本影印，1968 年。
20. 《三洞珠囊》十卷，（唐）王懸河輯，成都：四川人民出版社，《諸子集成續編》影《正統道藏》本，1998 年。
21. 《管子校正》上下冊，（唐）尹知章注、（清）戴望校正，臺北：世界書局，1958 年 5 月。
22. 《唐開元占經》，（唐）瞿曇悉達撰，臺北：育林出版社，據《四庫全書》本影印，1994 年 10 月。
23. 《道德真經疏外傳》，（唐）玄宗注，臺北：藝文印書館，影明《正統道藏》本，1962 年 4 月。
24. 《荀子集解．考證》，（唐）楊倞注、（清）王先謙集解，臺北：世界書局 2005 年 10 月。
25. 《道德真經廣聖義》五十卷，（唐）杜光庭撰，臺北：藝文印書館，影明《正統道藏》本，1962 年 5 月。
26. 《太上老君說常清靜經註》一卷，（唐）杜光庭撰，臺北：藝文印書館，影明《正統道藏》本，1962 年 5 月。
27. 《金丹正理大全周易參同契真義》三卷，（五代）彭曉撰、（明）涵蟾子編，臺北：中國子學名著集成編印基金會，《中國文學名著集成——宋元明清善本叢刊》據國立中央圖書館藏明刊本景印，1978 年 12 月。
28. 《張載集》，（宋）張載撰，臺北：漢京文化事業有限公司，2004 年 3 月。
29. 《道德真經藏室纂微篇》十卷，（宋）陳景元撰，上海：上海古籍出版社，《續修四庫全書．子部．宗教類》據民國涵芬樓影印明正統道藏本，1997 年。
30. 《南華真經章句餘事．闕誤》，（宋）陳景元撰，臺北：藝文印書館，據明《正統道藏》本影，1962 年 8 月。

31. 《周易參同契註》二卷，（宋）朱熹撰，臺北：藝文印書館，影明《正統道藏》本，1962 年 6 月。
32. 《靈樞經》十二卷，不著撰人、（宋）史崧校正，臺北：臺灣商務印書館，《四部叢刊初編子部》據上海商務印書館縮印明趙府居敬堂本，1975 年 6 月。
33. 《老子鬳齋口義》二卷，（宋）林希逸撰，臺北：藝文印書館《無求備齋老子集成初編》據宋刊本景印，1970 年。
34. 《宋本老子道德經古本集註》二卷，（宋）范應元撰，臺北：藝文印書館《無求備齋老子集成初編》據上海涵芬樓續古逸叢書景宋本景印，1965 年。
35. 《周易參同契解》，（宋）陳顯微撰，臺北：台灣商務印書館，景印清文淵閣《四庫全書》本，1983 年。
36. 《黃氏日抄》九十七卷，（宋）黃震撰，臺北：臺灣商務印書館，《文淵閣四庫全書》本，1983 年。
37. 《周易參同契發揮》，（元）俞琰撰，臺北：藝文印書館，影明《正統道藏》本，1962 年 5 月。
38. 《茅山志》三十三卷，（元）劉大彬撰，臺北：藝文印書館，影明《正統道藏》本，1962 年 8 月。
39. 《太上養生胎息氣經》一卷，不著撰人，臺北：藝文印書館，影明《正統道藏》本，1962 年 5 月。
40. 《傳授經戒儀注訣》，不著撰人，臺北：藝文印書館，1962 年 9 月，影明《正統道藏》本。
41. 《莊子闕誤》，（明）楊慎撰，臺北：藝文印書館，《百部叢書集成》據清乾隆李調元輯刊《函海》本影印，1968 年。
42. 《老子章義》二卷，（清）姚鼐撰，臺北：藝文印書館，《無求備齋老子集成續編》據同治庚午冬桐城吳氏重付刊於邢上獨山莫友芝檢本影，1970 年。
43. 《淮南天文訓補注》，（清）錢塘撰，臺北：藝文印書館，《百部叢書集成》據清道光錢熙祚校刊指海叢書影印，1968 年。
44. 《札樸》，（清）桂馥撰，北京：中華書局，1992 年。
45. 《讀書雜志》（全二冊）（清）王念孫著臺北：世界書局據同治庚午十一月金陵書局重刊本影印 1988 年 11 月。
46. 《淮南子》二十一卷，（漢）劉安撰、（漢）高誘註、（清）莊逵吉校，臺北：中國子學名著集成編印基金會，影清嘉慶甲子（九年）姑蘇聚文堂重刊莊逵吉本，1978 年 12 月。
47. 《諸子平議》（第二冊），（清）俞樾撰，臺北：中國文獻出版社，《春在堂全書》(全八冊),1968 年 9 月。
48. 《香草續校書》(全二冊),(清) 于鬯著,北京:中華書局,2006 年 7 月。
49. 《淮南子校理》,(清) 吳承仕撰,1924 年。
50. 《淮南子斠補》,(清) 呂傳元撰,影戴庵叢書,1926 年。

集

1. 《楚辭補注》十七卷,(漢) 劉向集、(漢) 王逸章句、(宋) 洪興祖補注,臺北:臺灣商務印書館,《四部叢刊》初編集部據上海商務印書館縮印江南圖書館藏明覆宋刊本,1975 年 6 月。
2. 《曝書亭集》,(清) 朱彝尊撰,臺北:臺灣商務印書館,《四部叢刊》初編集部據上海商務印書館縮印原刊本,1975 年 6 月。

二、近人專書(依編著者姓氏筆劃排列)

1. 于大成著,《中國歷代思想家(四)——劉安》臺北:臺灣商務印書館 1999 年 2 月。
2. ———,《淮南鴻烈論文集》(全二冊),臺北:里仁書局,2005 年 12 月。
3. 王叔岷撰,《莊子校詮》(全三冊),臺北:中央研究院歷史語言研究所,2007 年 6 月。
4. ———,《諸子斠證》,北京:中華書局,2007 年 10 月。
5. 王夢鷗著,《鄒衍遺說考》,臺北:台灣商務印書館 1966 年 1 月。
6. 王卡點校,《老子道德經河上公章句》,北京:中華書局,2006 年 10 月。
7. 王平著,《《太平經》研究》,臺北:文津出版社,《大陸地區博士論文叢刊》1992 年北京大學博士論文,1995 年 10 月。
8. 王明著,《道家和道教思想研究》,北京:中國社會科學出版社,1990 年 8 月。
9. 王明編,《太平經合校》(全二冊),北京:中華書局,1997 年 10 月。
10. 王明撰,《抱朴子內篇校釋(增訂本)》,北京:中華書局,2010 年 1 月。
11. 王鐵著,《漢代學術史》,上海:華東師範大學出版社,1995 年 12 月。
12. 王德有譯注,《老子指歸譯注》,北京:商務印書館,2004 年 12 月。
13. (漢) 嚴遵著、王德有點校,《老子指歸》,北京:中華書局,2009 年 6 月。
14. 王云度著,《劉安評傳》,南京:南京大學出版社 2006 年 4 月。
15. (明) 王廷相著、王孝魚點校,《王廷相集》(全四冊),北京:中華書局,1989 年 9 月。
16. 方立天著,《中國古代哲學問題發展史》(上冊),北京:中華書局,1992

年 12 月。
17. 卢央著，《易學與天文學》，北京：中國書店，2006 年 1 月。
18. 任繼愈主編，《中國道教史》上，臺北：桂冠圖書股份有限公司，1991 年 10 月。
19. 任繼愈主編，《中國道教史》下，臺北：桂冠圖書股份有限公司，1991 年 10 月。
20. 任繼愈、張岱年、馮契、湯一介等編，《中國哲學史通覽》，上海：東方出版中心，1996 年 8 月。
21. 任繼愈主編，《中國哲學發展史（秦漢）》北京：人民出版社，1998 年 5 月。
22. 朱伯崑著，《易學哲學史》全四卷，北京：昆侖出版社，2005 年 4 月。
23. 牟鍾鑒著，《呂氏春秋與淮南子思想研究》，濟南：齊魯書社，1987 年 9 月。
24. 牟鐘鑒等撰，《道教通論——兼論道家學説》，濟南：齊魯書社，1993 年 12 月。
25. 牟宗三等著；項維新、劉福增主編，《中國哲學思想論集・兩漢魏晉隋唐篇》，臺北：水牛圖書出版公司，1992 年 5 月。
26. 李養正著，《道教與諸子百家》，北京：北京燕山出版社，1993 年 11 月。
27. 李德范輯，《敦煌道藏》（全五冊），北京：中華全國圖書館文獻縮微複製中心，1999 年 12 月。
28. 李增著，《淮南子》，臺北：三民書局股份有限公司 1992 年 7 月。
29. ———，《淮南子哲學思想研究》，臺北：洪葉文化事業有限公司，1997 年 10 月。
30. 李霞著，《道家與中國哲學（明清卷）》，北京：人民出版社，2005 年 5 月。
31. （清）陳立撰、吳則虞點校，《白虎通疏證》（全二冊），北京：中華書局，1994 年 8 月。
32. 何寧撰，《淮南子集釋》（全三冊），北京：中華書局，2006 年 4 月。
33. 汪榮寶撰、陳仲夫點校，《法言義疏》（全二冊），北京：中華書局，1997 年 10 月。
34. 周桂鈿著，《秦漢哲學》，武漢：武漢出版社 2006 年 5 月。
35. 周立升著，《兩漢易學與道家思想》，上海：上海文化出版社，2001 年 11 月。
36. 金春峰著，《漢代思想史》，北京：中國社會科學出版社，1997 年 12 月。
37. 南懷瑾著，《中國道教發展史略述》，臺北：老古文化事業公司，1991 年 2 月。

38. 胡適撰，《中國中古思想史長篇》，合肥：安徽教育出版社，2006 年 8 月。
39. 高亨著，《重訂老子正詁》，上海：開明書店，1948 年 5 月。
40. 徐復觀著，《兩漢思想史》全三冊，上海：華東師範大學出版社，2004 年 2 月。
41. 馬敘倫撰，《老子校詁》，北京：中華書局，1974 年 12 月。
42. ———，《讀兩漢書記》一卷，北京：國家圖書館出版社，《漢書》研究文獻輯刊（全十冊），據民國十六年（1927）商務印書館鉛印本影，2008 年 8 月。
43. 馬宗軍著，《《周易參同契》研究》，濟南：齊魯書社，2013 年 10 月。
44. 孫亦平著，《杜光庭思想與唐宋道教的轉型》，南京：南京大學出版社，2004 年 7 月。
45. 高懷民著，《兩漢易學史》，臺北：中國學術著作獎助委員會，1970 年 12 月。
46. 高麗珍著，《淮南子神話與古代地理知識的探討》，臺北：揚智文化 1993 年 4 月。
47. 陶建國著，《兩漢魏晉之道家思想》，臺北：文津出版社，1990 年 3 月。
48. 陶磊著《《淮南子・天文》研究：從數術史的角度》濟南：齊魯書社 2003 年 7 月。
49. 章太炎撰，《檢論》九卷，臺北：世界書局，《章氏叢書（正續編、家書、年譜）》（全二冊）影浙江圖書館校刊本，1982 年 4 月。
50. 章太炎撰，《菿漢微言》一卷，臺北：世界書局，《章氏叢書（正續編、家書、年譜）》（全二冊）影浙江圖書館校刊本，1982 年 4 月。
51. 許地山編，《道教史》，臺北：牧童出版社，1976 年 9 月。
52. 許維遹撰，《呂氏春秋集釋》，上海：上海書店，《民國叢書》第五編據清華大學 1935 年版景印，1996 年 12 月。
53. 許匡一譯注，《淮南子》（全二冊），臺北：台灣古籍出版有限公司，2005 年 12 月。
54. 陳寅恪撰，《陳寅恪集・金明館叢稿初編》，北京：生活、讀書、新知三聯書局，2001 年 6 月。
55. 陳遵嬀撰，《中國古代天文學簡史》，臺北：木鐸出版社，1982 年 4 月。
56. ————，《中國天文學史》第二冊，臺北：明文書局股份有限公司，1985 年 5 月。
57. ————，《中國天文學史》第五冊，臺北：明文書局股份有限公司，1998 年 11 月。

58. （周）呂不韋等撰、陳奇猷校釋，《呂氏春秋校釋》（全二冊），臺北：華正書局有限公司，2004年6月。
59. 陳鼓應著《管子四篇詮釋——稷下道家代表作解析》北京：商務印書館2006年4月。
60. 陳廣忠譯注，《淮南子譯注》，吉林：吉林文史出版社，1996年11月。
61. 陳廣忠著，《中國道家新論》，合肥：黃山書社2001年11月。
62. 陳廣忠、梁宗華著，《道家與中國哲學（漢代卷）》，北京：人民出版社2005年5月。
63. 陳錫勇著，《老子校正》，臺北：里仁書局，2003年9月。
64. ————，《老子釋疑》，臺北：國家出版社，2012年2月。
65. ————，《老子論集》，臺北：國家出版社，2015年1月。
66. 陳麗桂著，《秦漢時期的黃老思想》，臺北：文津出版社，1997年2月。
67. 陳麗桂校注，《新編淮南子》（全二冊），臺北：國立編譯館，2002年4月。
68. 陳麗桂著，《戰國時期的黃老思想》，臺北：聯經出版社2005年11月。
69. ————，《漢代道家思想》，臺北：五南圖書出版有限公司，2013年11月。
70. 陳德和著，《淮南子的哲學》，嘉義：南華管理學院，1999年2月。
71. 陳靜著，《自由與秩序的困惑——《淮南子》研究》，昆明：雲南大學出版社，2004年11月。
72. 張立文著，《氣》臺北：漢興書局有限公司，1994年5月。
73. ————，《道》臺北：漢興書局有限公司，1994年5月。
74. ————，《天》臺北：七略出版社，1996年11月。
75. ————，《心》臺北：七略出版社，1996年11月。
76. 張運華著，《先秦兩漢道家思想研究》，吉林：吉林教育出版社，1998年12月。
77. 張濤著，《秦漢易學思想研究》，北京：中華書局，2005年3月。
78. 傅鳳英注譯，《新譯性命圭旨》，臺北：三民書局股份有限公司，2005年10月。
79. 傅勤家著，《中國道教史》，北京：商務印書館，2011年10月。
80. （漢）王充著、黃暉校釋，《論衡校釋（附劉盼遂集解）》（全四冊），北京：中華書局，2006年12月。
81. 勞健撰，《老子古本考》二卷，臺北：藝文印書館，《無求備齋老子集成續編》據辛巳秋手稾本影印，1970年。

82. 湯一介著，《魏晉南北朝時期的道教》，臺北：東大圖書股份有限公司，1988 年 12 月。
83. 曾春海著，《兩漢魏晉哲學史（修訂版）》，臺北：五南圖書出版股份有限公司，2004 年 1 月。
84. 楊寄林譯注，《太平經今注今譯》（上、下卷），石家庄：河北人民出版社，2002 年 4 月。
85. 楊樹達著，《淮南子證聞・鹽鐵論要釋》，上海：上海古籍出版社，2006 年 12 月。
86. 楊儒賓主編，《中國古代思想中的氣論及身體觀》，臺北：巨流圖書公司，1997 年 2 月。
87. 楊有禮著，《新道鴻烈：淮南子與中國文化》，開封：河南大學出版社，2005 年 4 月。
88. 雷健坤著，《綜合與重構——《淮南子》與中國傳統文化》，北京：開明出版社 2000 年 9 月。
89. 劉家立撰，《淮南集證》（全三冊），臺北：廣文書局，1978 年 7 月。
90. 劉精誠著，《中國道教史》，臺北：文津出版社，1998 年 4 月。
91. 劉國樑著，《道教與周易》，北京：北京燕山出版社，1994 年 1 月。
92. 劉國樑注譯，《新譯周易參同契》，臺北：三民書局股份有限公司，2010 年 1 月。
93. 劉文典撰，《淮南鴻烈集解》（全二冊），北京：中華書局，2006 年 3 月。
94. 劉長林著，《中國象科學觀——易、道與兵、醫（修訂版）》（上、下冊），北京：社會科學文獻出版社 2008 年 1 月。
95. 劉大鈞主編，《象數易學研究（第三輯）》，成都：巴蜀書社，2003 年 3 月。
96. 廖其發著，《先秦兩漢人性論與教育思想研究》，重慶：重慶出版社，1999 年 12 月。
97. 廖名春、康學偉、梁書弦著，《周易研究史》，湖南：湖南出版社，1991 年 7 月。
98. 趙中偉著，《道者，萬物之宗：兩漢道家形上思維研究》，臺北：紅葉文化事業有限公司，2004 年 4 月。
99. 熊鐵基、馬良懷、劉韶軍著，《中國老學史》，福建：福建人民出版社，1997 年 7 月。
100. 蔣錫昌著，《老子校詁》，臺北：東昇出版事業有限公司，1980 年 4 月。
101. 鄭良樹著，《淮南子斠理》，臺北：嘉新水泥公司文化基金會研究論文，1969 年。

102.鄭慧生著，《古代天文曆法研究》，河南：河南大學出版社，1995 年 7 月。
103.鄭素春著，《道教信仰、神仙與儀式》，臺北：臺灣商務印書館股份有限公司，2002 年 3 月。
104.黎翔鳳撰，《管子校注》（全三冊），北京：中華書局，2006 年 4 月。
105.盧國龍著，《道教哲學》，北京：華夏出版社，1998 年 1 月。
106.謝松齡著，《天人象：陰陽五行學說史導論》，山東：山東文藝出版社，1997 年 4 月。
107.謝承仁著，《中華傳統思想文化淵源》，北京：人民出版社，2004 年 10 月。
108.薄樹人編，《中國天文學史》，臺北：文津出版社，1996 年 5 月。
109.鄺芷人著，《陰陽五行及其體系》，臺北：文津出版社，2003 年 7 月。
110.戴黍著，《淮南子治道思想研究》，廣州：中山大學出版社，2005 年 9 月。
111.羅光著，《中國哲學思想史（兩漢、南北朝篇）》，臺北：台灣學生書局，1978 年 11 月。
112.羅熾主編，《《太平經》注譯》（上中下），重慶：西南師範大學出版社，1996 年 8 月。
113.饒宗頤著，《老子想爾注校證》，上海：上海古籍出版社，1991 年 11 月。
114.（漢）董仲舒撰、蘇輿義證，《春秋繁露義證》北京：中華書局，2002 年 8 月。
115.顧頡剛主編，《古史辨》第五冊，臺北：藍燈文化事業股份有限公司，1987 年 11 月。
116.顧寶田、張忠利注譯，傅武光校閱，《新譯老子想爾注》，臺北：三民出版社，2008 年 8 月。
117.（日）小野澤精一、福永光司、山井涌編；李慶譯《氣的思想——中國自然觀與人的觀念的發展》，上海：上海人民出版社，2007 年 3 月。

三、學位論文（依編著者姓氏筆劃排列）

1. 江佳蒨撰，《《老子河上公注》思想考察》，臺北：國立臺灣大學中國文學研究所碩士論文，2001 年。
2. 呂佩玲撰，《《老子河上公注》思想探究》，台中：東海大學中國文學系碩士論文，2004 年。
3. 段致成撰，《《太平經》思想研究》，臺北：淡江大學中國文學系碩士論文，2000 年 6 月。
4. 段致成撰，《道教丹道易學研究——以《周易參同契》與《悟眞篇》爲核心的開展》，臺北：國立臺灣師範大學國文學系博士論文，2005 年 7 月。

5. 陳麗桂撰，《淮南鴻烈思想研究》（上下），臺北：國立臺灣師範大學國文研究所博士論文 1983 年 3 月。
6. 陳德興撰，《兩漢氣化宇宙論之研究》，臺北：輔仁大學哲學系博士論文，2005 年。
7. 陳慧娟撰，《《老子河上公注》氣論研究》，高雄：國立高雄師範大學國文學系碩士論文，2006 年。
8. 陳慧娟撰，《兩漢三家《老子》注養生思想研究》，高雄：高雄師範大學國文學系博士論文，2010 年。
9. 曾錦華撰，《呂氏春秋十二紀紀首、淮南子時則訓及禮記月令之比較研究》，臺北：國立政治大學中國文學研究所碩士論文，1988 年 6 月。
10. 楊婉羚撰，《《淮南鴻烈》氣論思想研究》，臺北：中國文化大學中國文學研究所碩士論文，2009 年 1 月。
11. 戴建平撰，《魏晉自然觀研究》，南京：南京大學歷史系中國古代史專業博士論文，2001 年。
12. 簡松興撰，《西漢天人思想研究——以《淮南子》、《春秋繁露》、《史記》爲中心》，臺北：輔仁大學中國文學系博士論文，1998 年 6 月。

四、期刊論文（依編著者姓氏筆劃排列）

1. 王俊彥撰，〈《老子指歸》、《老子道德經河上公章句》、《老子想爾注》的氣論〉，《諸子學刊》2014 年第二期，上海：華東師範大學先秦諸子研究中心，2014 年 12 月。
2. 王璟撰，〈《老子想爾注》生命倫理觀探究——以積善成仙爲主題〉，《東吳中文學報》第二十三期，2012 年 5 月。
3. 白光華撰，〈我對《淮南子》的一些看法〉臺北：文史哲出版社，陳鼓應主編《道家文化研究》（第六輯），2000 年 8 月。
4. 杜保瑞撰，〈嚴君平《老子指歸》哲學體系的方法論檢討〉，《哲學與文化》第 341 期（第 29 卷第 10 期），臺北：哲學與文化月刊雜誌社，2002 年 10 月。
5. 李增撰，〈論河上公注老之氣化宇宙觀特色〉，《哲學與文化》第 352 期（第 30 卷第 9 期），臺北：哲學與文化月刊雜誌社，2003 年 9 月。
6. 李豐楙撰，〈老子「想爾注」的形成及其道教思想〉，《東方宗教研究》新一期，1990 年 10 月。
7. 李遠國撰，〈論《老子想爾注》中的養生思想〉，《中國道教》第六期，2005 年 6 月。
8. 李宗定撰，〈從《老子想爾注》論道教老學詮釋系統之建立〉，《高雄道教學院學報》2，2006 年 4 月。

9. 李美燕撰，〈漢代樂律與天人思想同構之宇宙圖式及方法意義〉，臺北：國立政治大學中文學系編《第三屆漢代文學與思想學術研討會論文集》，2000年12月。
10. 吳志鴻撰，〈兩漢的宇宙論思想：宇宙發生論與結構論之探討〉，臺北：哲學與文化月刊雜誌社，《哲學與文化月刊》，第395期（第卅卷第九期），2009年9月。
11. 林俊宏撰，〈氣、身體與政治——「老子河上公注」的政治思想分析〉，《政治科學論叢》第十九期，2003年12月。
12. 段致成撰，〈修丹與天地造化同途——試論「外丹」與「內丹」派對《周易參同契》的不同詮釋路徑〉，《輔仁宗教研究》第九期，2004年夏。
13. 洪嘉琳撰，〈《淮南子・原道》之得道論〉，臺北：輔仁大學中國文學系所編《第二屆先秦兩漢學術全國研究生論文發表會論文集》，2000年6月。
14. 卿希泰撰，〈《老子河上公章句》的成書時代與基本思想初探〉，《輔仁宗教研究》第二十二期，2011年春。
15. 陳鼓應撰，〈從《呂氏春秋》到《淮南子》論道家在秦漢哲學史上的地位〉，臺北：國立臺灣大學文史哲學報，2000年6月。
16. 陳福濱撰，〈「老子指歸」中「道」思想之探究〉，《哲學與文化》第352期（第30卷第9期），臺北：哲學與文化月刊雜誌社，2003年9月。
17. 陳錫勇撰〈一「言」說「河上」：《老子》河上公注本成書在王弼注本之後論證〉，臺北：中國文化大學中國文學系編《第五屆新子學國際學術研討會會議論文集》，2017年10月。
18. 陳麗桂撰，〈《淮南子》與《春秋繁露》中的感應思想〉，臺北：輔仁大學中國文學系所編《先秦兩漢論叢》（第一輯），1999年7月。
19. ————，〈《淮南子》中的陰陽學（一）——天文〉，臺北：國立政治大學中國文學系編《第四屆漢代文學與思想學術研討會論文集》，2003年4月。
20. ————，〈道家養生觀在漢代的演變與轉化——以《淮南子》、《老子指歸》、《老子河上公章句》、《老子想爾注》爲核心〉，《國文學報》39，2006年6月。
21. ————，〈先秦儒道的氣論與黃老之學〉，收入哲學與文化月刊雜誌社編《哲學與文化月刊》第398期（第卅三卷第八期），臺北：哲學與文化月刊雜誌社，2006年8月。
22. ————，〈《老子想爾注》解老〉，《華中師範大學學報（人文社會科學版）》，第48卷第1期，2009年1月。
23. 梁宗華撰，〈道家哲學向宗教神學理論的切換——《老子想爾注》「道」論剖析〉，《哲學研究》第8期，1999年。

24. ————，〈《太平經》的道家理論型態及其神學化〉，《東岳論叢》第 22 卷第 4 期，2001 年 7 月。

25. 曾維加撰，〈從《太平經》與《老子想爾注》看早期道教神仙思想的形成〉，《求索》第五期，2003 年。

26. 黃玉麟撰，〈道器之間：《淮南子・天文訓》以氣爲樞的道物歷程〉，臺北：哲學與文化月刊雜誌社 《哲學與文化月刊》，第 399 期（第卅四卷第八期），2007 年 8 月。

27. 裘錫圭撰，〈郭店《老子》簡初探〉，收入陳鼓應編《道家文化研究》第 17 輯：郭店楚簡專號，北京：生活、讀書、新知三聯書店，1999 年 8 月。

28. 蒲亨強撰，〈道教音樂特徵簡論〉，收入陳鼓應主編《道家文化研究》第九輯：道家與道教學術研討會論文專號，上海：上海古籍出版社，1996 年 6 月。

29. 鄭萬耕撰，〈嚴君平哲學思想述略〉，《北京師範大學學報（社會科學版）》第 3 期，1984 年。

30. 鍾肇鵬撰，〈論精氣神〉，收入陳鼓應主編《道家文化研究》第九輯：道家與道教學術研討會論文專號，上海：上海古籍出版社，1996 年 6 月。

31. 盧國龍撰，〈論唐五代道教的生機觀——《參同契》與唐五代道教的外丹理論〉，收入陳鼓應編《道家文化研究》第 11 輯：道教易專號，北京：生活、讀書、新知三聯書店，1997 年 10 月。

32. 賴錫三撰，〈《周易參同契》的「先天—後天學」與「內養—外煉一體觀」〉，《漢學研究》第 41 期（第 20 卷第 2 期），2002 年 12 月。

33. 薛明生撰，〈試論《太平經》及《老子想爾注》有關持戒在得道過程之作用的思想淵源〉，《東方論壇》第 5 期，2005 年。

34. 羅因撰，〈戰國秦漢幾種《老子》注養生思想的遞變——從全身保身、精神境界、技術化導向到宗教教訓的發展〉，《東吳中文學報》第十九期，2010 年 5 月。

35. 羅鈴沛撰，〈《太平經》與《老子想爾注》守一法的比較〉，《東吳中文學報》第三十期，2015 年 11 月。

36. 張國華撰，〈《周易參同契》創生本體論研究〉收入《2013 反璞歸眞海峽兩岸「道家道教與養生學術研討會」論文集》，高雄：高雄師範大學國文系、高雄道德院，2013 年 10 月。

參考文獻

一、古籍（採四部分類法，每類之著作，均依著者時代先後排比）

經

1. 《論語注疏》二十卷，（魏）何晏集解、（宋）邢昺疏，臺北：中國子學名著集成編印基金會《中國子學名著集成——宋元明清善本叢刊》據明熊九岳等校刊本，1978 年 12 月。
2. 《周易本義》，（宋）朱熹著，臺北：大安出版社，2009 年 8 月。

子

1. 《老子甲本及卷後古佚書》，《馬王堆漢墓帛書》整理小組，北京：文物出版社，《馬王堆漢墓帛書》【壹】，1974 年 9 月。
2. 《老子乙本及卷前古佚書》，《馬王堆漢墓帛書》整理小組，北京：文物出版社《馬王堆漢墓帛書》【壹】，1974 年 9 月。
3. 《易林注》十六卷，（漢）焦延壽撰，臺北：臺灣商務印書館，《四部叢刊》初編子部據上海商務印書館縮印北京圖書館藏元本烏程蔣氏藏影元鈔本，1975 年 6 月。
4. 《老子四種》，（魏）王弼等著，臺北：大安出版社，1999 年 2 月。
5. 《老子道德經注》二卷，（魏）王弼撰、（唐）陸德明釋文，臺北：世界書局股份有限公司，影華亭張氏原本，2005 年 1 月。
6. 《老子道德經》，（魏）王弼注，臺北：藝文印書館，《百部叢書集成》本，1967 年。
7. 《道德眞經註》四卷，（晉）王弼注，臺北：藝文印書館 《無求備齋老子集成初編》，據明刊正統道藏本景印，1970 年。
8. 《唐開元占經》，（唐）瞿曇悉達撰，臺北：台灣商務印書館，景印清文淵閣《四庫全書》本 1983 年。

9. 《淮南許注異同詁》（坿補遺續補），（清）陶方琦撰，上海：上海古籍出版社《續修四庫全書》據北京圖書館藏據北京圖書館藏清光緒刻本影印，1995 年。
10. 《讀老札記》二卷，（清）易順鼎撰，臺北：藝文印書館，據清光緒十年《寶瓠齋雜俎》刊本影印，1970 年。
11. 《讀淮南子札記》，（清）陶鴻慶撰，臺北：世界書局，1975 年 11 月。
12. 《淮南舊注參正》，（清）馬宗霍撰，濟南：齊魯書社，1984 年 3 月。

二、近人專書（依編著者姓氏筆劃排列）

1. 中國道教協會、蘇州道教協會編，《道教大辭典》，北京：華夏出版社，1995 年 1 月。
2. 李澤厚著，《中國古代思想史論》，臺北：谷風出版社 1987 年 9 月。
3. 李剛著，《漢代道教哲學》，四川：巴蜀書社，1995 年 5 月。
4. 俞理明著，《《太平經》正讀》，成都：巴蜀書社，2001 年 4 月。
5. 章炳麟撰，《檢論》九卷，四川：四川人民出版社，《諸子集成續編》冊九影《章氏叢書》本，1998 年 1 月。
6. 陳錫勇著，《郭店楚簡老子論證》，臺北：里仁書局，2005 年 9 月。
7. ————，《老子釋義》，臺北：國家出版社，2006 年 1 月。
8. 陳國符著，《道藏源流攷》（全二冊），北京：中華書局，1992 年 4 月。
9. 張立文著，《天》，臺北：七略出版社 1996 年 11 月。
10. 勞思光著，《新編中國哲學史（二）》，臺北：三民書局 2002 年 10 月。
11. 馮友蘭著，《中國哲學史新編》第三冊，臺北：藍燈文化事業 1991 年 12 月。
12. 項維新、劉福增主編，《中國哲學思想論集（總論篇）》，臺北：牧童出版社 1976 年 8 月。
13. 劉師培撰，《老子斠補》，臺北：藝文印書館，《無求備齋老子集成續編》據民國二十五年《劉申叔遺書》排印本影印，1970 年。
14. 鄭良樹著，《淮南子通論》，臺北：海洋詩社，1964 年 5 月。
15. 鄭成海著，《老子河上公注斠理》，臺北：臺灣中華書局，1971 年 5 月。
16. ————，《增訂老子河上公注疏證》，臺北：華正書局，2008 年 9 月。
17. （漢）揚雄撰、（宋）司馬光集注、劉韶軍點校，《太玄集注》北京：中華書局，2005 年 3 月。
18. 熊鐵基著，《秦漢新道家》，上海：上海人民出版社，2001 年 3 月。
19. （漢）嚴遵撰、樊波成校箋，《老子指歸校箋》，上海：上海古籍出版社，2013 年 8 月。

20. 謝承仁著，《中華傳統思想文化淵源》，北京：人民出版社 2004 年 10 月。
21. （日）大淵忍爾著；雋雪艷、趙蓉譯，《敦煌道經目錄編》，濟南：齊魯書社，2016 年 10 月。

三、學位論文（依編著者姓氏筆劃排列）

1. 王清祥撰，《《老子河上公注》之研究》，臺北：輔仁大學宗教學研究所碩士論文，1992 年。
2. 王璟撰，《黃老思想治身治國一體之理論研究——以《淮南子》爲中心》，臺北：國立臺灣師範大學國文研究所碩士論文 2001 年。
3. 王國忠撰，《杜光庭道氣論思想研究》，臺北：中國文化大學中國文學系碩士論文，2011 年 6 月。
4. 石翔甄撰，《儒家思想與太平經關係之初探》，新竹：玄奘大學宗教學系碩士論文，2012 年。
5. 林宣佑撰，《兩漢《老子》注中之「道論」研究——以《河上公注》、《指歸》、《想爾注》爲論》，臺北：輔仁大學哲學研究所碩士論文，2004 年。
6. 紀喬蓓撰，《王充《論衡》氣論思想研究》，臺北：中國文化大學中國文學系碩士論文，2009 年 7 月。
7. 孫永龍撰，《陰陽五行與《太平經》關係之研究》，高雄：國立高雄師範大學國文學系博士論文，2011 年。
8. 陳怡君撰，《《淮南鴻烈》中「無爲」概念之探討》，臺北：國立台灣大學哲學研究所碩士論文 2004 年 6 月。
9. 陳義堯撰，《嚴遵《老子指歸》義理析論》，臺北：國立臺灣師範大學國文學系碩士論文，2006 年。
10. 陳玉芳撰，《《太平經》「氣」、「人」關係論》，臺北：國立政治大學中國文學研究所碩士論文，2011 年。
11. 莊曉蓉撰，《身國一理的《老子河上公章句》》，臺北：華梵大學東方人文思想研究所碩士論文，2003 年。
12. 郭立民撰，《淮南子政治思想之研究》，臺北：國立政治大學政治學研究所博士論文 1989 年。
13. 郭敏惠撰，《《太平經》形神思想研究》，臺北：中國文化大學哲學研究所碩士論文，2005 年。
14. 張建群撰，《《太平經》的成書與「太平」思想研究》，臺北：國立臺灣師範大學國文學系博士論文，2005 年。
15. 曾清炎撰：《《太平經》的倫理思想》，新竹：玄奘人文社會學院宗教學研究所碩士論文，2003 年。

16. 黃琪撰，《淮南子「道」之研究——天、人、治道之貫通》，臺中：私立東海大學哲學研究所碩士論文，1995 年 1 月。
17. 黃淑貞撰，《淮南子天道觀之研究》，高雄：高雄師範大學國文研究所碩士論文 1997 年 6 月。
18. 黃惠玲撰，《周易參同契之十二消息卦研究》，高雄：國立高雄師範大學回流中文系碩士論文，2005 年。
19. 黃嘉琳撰，《揚雄《太玄》《法言》之氣論思想研究》，臺北：中國文化大學中國文學系碩士論文 2008 年 6 月。
20. 黃嘉琳撰，《虞翻易學的氣論思想研究》，臺北：中國文化大學中國文學系博士論文，2014 年 6 月。
21. 劉智妙撰，《淮南子無爲思想研究》，高雄：高雄師範大學國文研究所碩士論文 1988 年 5 月。
22. 劉爲博撰，《嚴遵《老子指歸》研究》，臺北：國立臺灣師範大學國文學系碩士論文，2000 年。
23. 賴昇宏撰，《禮記氣論思想研究》，臺北：中國文化大學中國文學系博士論文，2010 年 1 月。
24. 蕭又寧撰，《董仲舒《春秋繁露》氣論思想研究》，臺北：中國文化大學中國文學系碩士論文，2009 年 1 月。
25. 蕭雁菁撰，《《想爾注》、《河上公注》、王弼《老子注》「道論」比較——兼與五斗米道經系之探微》，高雄：國立成功大學中國文學研究所碩士論文，2012 年 6 月。
26. 羅正孝撰，《《太平經》生命觀之研究》，嘉義：南華大學宗教學研究所碩士論文，2003 年。

四、期刊論文（依編著者姓氏筆劃排列）

1. 丁原明撰，〈《淮南子》道論新探〉，《齊魯學刊》1994 年第 6 期。
2. 方素眞撰，〈《周易參同契》幾個功法的詮釋問題〉，《成大宗教與文化學報》1，2001 年 12 月。
3. ————，〈太一生水與《周易參同契》的關係〉，《成大宗教與文化學報》2，2002 年 12 月。
4. 王德裕撰，〈《淮南子》哲學思想述評〉，《重慶師院學報哲社版》1994 年第四期。
5. 杜保瑞撰，〈《河上公注老》的哲學體系之方法論問題檢討　（上）〉，《哲學與文化》第 336 期（第 29 卷第 5 期），臺北：哲學與文化月刊雜誌社，2002 年 5 月。

6. ————，〈《河上公注老》的哲學體系之方法論問題檢討（下）〉，《哲學與文化》第 337 期（第 29 卷第 6 期），臺北：哲學與文化月刊雜誌社，2002 年 6 月。
7. 呂錫琛撰，〈論《太平經》的倫理思想〉，《哲學與文化》337 期（第 29 卷第 6 期），臺北：哲學與文化月刊雜誌社，2002 年 6 月。
8. 李松駿撰，〈從《周易參同契》看內丹學對黃老理論的吸收與轉化〉，《有鳳初鳴年刊》10，2015 年 11 月。
9. 周立升撰，〈《淮南子》的易道觀〉，臺北：文史哲出版社陳鼓應主編《道家文化研究》（第二輯），2000 年 8 月。
10. 林富士撰，〈《太平經》的神仙觀念〉，《中央研究院歷史語言研究所集刊》，2009 年 6 月。
11. 金春峰撰，〈《老子河上公章句》產生的時代與思想特色〉，《中道雜誌社》，1990 年 9 月。
12. 段致成撰，〈「太平經」中的「建除」學說〉，《鵝湖月刊》293 期，1999 年 11 月。
13. ————，〈張伯端《悟眞篇》與《周易參同契》的關係〉，《丹道研究》1，2006 年 7 月。
14. 馬承玉撰，〈《老子想爾注》與《老子指歸》之關係〉，《宗教學研究》第四期，2008 年。
15. 袁光儀撰，〈《太平經》承負報應思想探析〉，《成大宗教與文化學報》2，2002 年 12 月。
16. 陳福濱撰，〈《太平經》氣化論思想之探究〉，《哲學與文化》387 期（第 33 卷第 8 期），臺北：哲學與文化月刊雜誌社，2006 年 8 月。
17. 陳廣忠撰，〈嚴遵「老子指歸」的思想特色〉，《中國文化研究所學報》9，2000 年。
18. 陳玉芳撰，〈《太平經》三一思維的調和觀〉，《有鳳初鳴年刊》6，2010 年 10 月。
19. 陳明聖撰，〈《太平經》的趨吉避凶論初探〉，《成大宗教與文化學報》17，2011 年 12 月。
20. 曹維加撰，〈從《太平經》與《老子想爾注》看早期道教神仙思想的形成〉，《求索》第五期，2003 年。
21. 曹劍波撰，〈《老子想爾注》養生智慧管窺〉，《宗教學研究》第二期，2004 年。
22. 曹景年撰，〈《太平經》元氣論思想淺述〉，《道教月刊》38，2009 年 2 月。
23. 張運華撰，〈身國並重的道家養生論——論「老子河上公章句」〉，《宗教哲學》第二卷第一期，1996 年 1 月。

24. 張超然撰，〈經驗與教法：《太平經》「內學」之研究〉，《丹道文化》37，2011 年 6 月。
25. 楊琇惠撰，〈《太平經》神仙思想探微〉，《成大宗教與文化學報》2，2002 年 12 月。
26. 雷健坤撰，〈《淮南子》與《春秋繁露》的思想比較〉，《晉陽學刊》第六期 2002 年。
27. 雷健坤撰，〈從《老子想爾注》看神仙思想的宗教理論化〉，《北京行政學院學報》第六期，2002 年。
28. 劉爲博撰，〈試論嚴遵《老子指歸》中的「道」〉，《思辨集》3，1999 年 12 月。
29. 趙雅博撰，〈從「道德指歸」看嚴遵的思想（上）〉，《哲學與文化》第 296 期（第 26 卷第 1 期），臺北：哲學與文化月刊雜誌社，1999 年 1 月。
30. ————，〈從《道德指歸》看嚴遵的思想（下）〉，《哲學與文化》第 297 期（第 26 卷第 2 期），1999 年 2 月。
31. 蔡振豐撰，〈嚴遵、河上公、王弼三家《老子》注的詮釋方法及其對道的理解〉，《國立臺灣大學文史哲學報》52，2000 年 6 月。
32. 潘柏年撰，〈《老子河上公章句》之道論〉，《思辨集》4，2001 年 4 月。
33. 鄭志明撰，〈「太平經」的養生觀〉，《鵝湖月刊》299 期，2000 年 5 月。
34. ————，〈「太平經」的貴生觀〉，《鵝湖月刊》300 期，2000 年 6 月。
35. ————，〈從「太平經」談道教的生命觀〉，《中華道教學院南臺分院學報》1，2000 年 9 月。
36. 蕭雁菁撰，〈從「氣」看《老子河上公注》身與國的聯繫與擴展〉，《有鳳初鳴年刊》第七期，臺北：東吳大學，2011 年 7 月。
37. 蘇慧萍撰，〈論《老子指歸》與《老子道德經河上公章句》的天道思想〉，《問學》12，2008 年 6 月。
38. 蘇寧撰，〈論《老子想爾注》的道教和諧思想〉，《道教月刊》20，2007 年 8 月。